신용주 · 김혜수 공저

PARENT EDUCATION FOR THE NEXT GENERATION

학지사

부모됨의 보람과 성취감은 이 세상의 그 무엇과도 비교하기 어렵다. 그런 만큼 부모로서 자녀를 정성 들여 양육하고, 우리 사회에서 바람직한 시민으로 성장하도록 이끄는 역할은 결코 쉬운 일이 아니다. 좋은 부모가 된다는 것은 단순히 사랑하는 남녀가 만나 가정을 이루고 자녀를 낳아 건강하고 바르게 양육하는 것을 뛰어넘는, 더 광범위한 역할의 범주를 포함하는 것이다. 개인적으로, 또 사회적으로 나아가 국가적 차원에서 볼 때 바람직한 부모역할을 수행하는 것은 매우 중요하고 또 가치 있는 일이다. 그러나 대부분의 예비 부모는 부모역할에 대해 기대와 동시에 막연한 부담감을 느낀다.

2020년도부터 전 세계를 뒤흔든 코로나 팬데믹은, 우리의 일상은 물론 결혼과 출산, 취업, 가치관, 생활양식 등 삶의 다양한 영역에 상당한 영향을 미치고 있다. 비혼, 졸혼, 매년 새로운 기록을 경신하고 있는 저출산, 3포(연애, 결혼, 출산 세 가지를 포기)를 넘어 N포 세대(N가지를 포기한 세대) 등의 용어가 증가하는 현상은 현시대가 결혼과 가정을 이루며 사는 것이 쉽지 않은 세상임을 나타낸다. 가정에서의 자녀교육과 사회화 기능은 약화되고 있으며, 과열된 입시경쟁 체제 아래에서 다음 세대의 인성교육은 상대적으로 경시되어 왔다. 가족을 둘러싼 환경이 변화하면서 출산율은 가히 세계 최하위권에 속하게 되었고, 이혼율 증가에 따른 가족해체의 증가 및 고령사회의 도래로 인한 노인 부양의 부담 등 여러 가지 문제가 대두되면서 가족의 안정성이 점점 더 위협받고 있는 상황이다. 과거 대가족 사회에서는 미흡하게나마 부모역할에 대한 학습이 세대 간에 자연스럽게 이루어졌으나, 요즈음은 핵가족화되고 맞벌이가정이 증가하면서 자녀양육에 어려움을 겪고 있는 실정이다. 불안정한 가족 속에서 제대로 부모가 될 준비를 미처 하지 못한 채 부모가 됨에 따라 부모와 자녀가 함께 어려운 상황을 맞게 되는 경우도 늘고 있다.

한편으로는 과거에 비해 저출산 현상이 심화됨에 따라 소수의 자녀에게 많은 가족 자원을 지원하고 정성을 들여 자녀교육에 헌신하는 부모도 증가하고 있다. 이러한 열성적인 부모역할 수행의 긍정적 측면과 함께 지나친 교육열로 인한 사회문제도 적지 않게 나타나고 있다. 이와 같이 부모역할을 수행하기 어려워짐에 따라 전 생애에 걸친 부모교육의 필요성이 높아지고 있으며, 아동수당 및 양육수당의 도입, 무상교육이나 육아휴직 등과 같은 제도적 지원이 점점 확대되고 있는 추세다. 이에 따라 다원화되고 있는 자녀양육의 맥락을 반영한 새로운 부모역할 모형의 정립이 이루어져야 할 것이다.

특히 다음 세대의 부모가 될 성인 초기의 젊은이들에게는 가정과 부모역할에 대한 체계적인 준비교육이 더욱 절실히 요구된다. 이 시기에 배우는 부모교육의 이론과 기술은 미래의 부모역할 수행에 더없이 큰 자산이 될 것이다. 부모기에 대한 아무런 준비 없이 무계획적으로 부모역할을 수행하게 될 경우 많은 시행착오를 겪게 됨은 물론, 자녀양육 과정에서 여러 가지 어려움에 봉착하여 좌절하게 될 가능성이 높다.

대부분의 젊은이는 바람직한 배우자를 만나는 일부터 가족을 형성하고 자녀를 양육하는 과정에서 무수히 많은 선택과 갈등을 경험한다. 이와 같은 연속적인 선택의 과정에서 젊은 시절에 학습한 부모됨의 준비나 부모교육의 영향력은 상당히 중요하다. 이러한 문제의식에서 출발하여 저자들은 미래의 부모가 될 젊은이들은 물론 이미 부모이거나 예비 부모들에게 가정과 부모역할에 대한 유용한 지식 및 정보를 제공하여 그들의 부모로서의 삶을 충실하게 이끌어 주고자 이 책을 집필하였다. 장차 부모역할을 효과적으로 수행하면서 자녀와 함께 건강하고 행복한 가정을 이루는 데 이 책이 도움이 되기를 희망한다.

이 책은 총 13개의 장으로 구성되어 있으며, 사회환경의 변화와 다양한 가족, 결혼과 가족, 예비 부모기부터 부모됨, 부모양육이론, 효과적인 자녀훈육, 부모교육이론 및 부모교육 프로그램, 부모로서 직면하게 될 상황별·가족유형별 등 광범위한 맥락에서 요구되는 부모역할에 대해 소개하고 있다. 특히 부모교육의 목적은 부모와 자녀의 삶의 질을 높이고 가족 체계를 건강하고 기능적으로 만들기 위한 것이므로 이에 부합하는 내용으로 구성하였다. 구체적으로 예비 부모기부터 자녀의 발달단계에 따른 부모역할 및 부모교육과 관련한 다양한 이론과 프로그램을 소개하였으며, 자녀의 가정생활, 학교생활, 사회생활 등 상황에 따른 부모역할과 함께 효과적인 자녀훈육법을 제시하였다. 또한 외둥이, 쌍둥이, 장애아, ADHD 아동, 학대 아동 등 특별한 관심이 필요한 자녀를 위한 부모역할을 조명하였고, 한부모가족, 다문화가족, 재혼가족, 맞벌이가족 등 다양한 가족 유형에 따른 부모역할에 대해 알아보았다.

　저자들은 부모역할과 부모교육이라는 내용을 예비 부모는 물론 이미 부모가 된 사람들의 시각에서도 공감할 수 있도록 집필하려고 노력하였다. 아무쪼록 이 책이 부모역할의 소중함을 인식하고 건강한 가족문화를 선도할 다음 세대를 위한 부모교육의 지침서가 되었으면 한다.

　이 책의 출판을 아낌없이 지원해 주신 학지사 김진환 사장님과 편집 및 출판 과정을 세밀히 살펴 주신 편집부 직원들 그리고 이 책에 도움이 되는 귀한 사진 자료를 제공해 주신 동료 교수님들과 친지 여러분께 감사드린다. 끝으로, 집필 기간 내내 따뜻한 격려를 아끼지 않은 가족에게도 고마움을 전한다.

2021년 8월
저자 일동

차례

제1장

사회 환경의 변화와
다양한 가족

1. 현대사회와 가족

1) 코로나 팬데믹과 사회변동

현대사회는 4차 산업혁명, 첨단 과학과 기술문명의 발달, 지식기반 사회 등으로 대변되며, 세계화의 물결로 말미암아 다양한 문화와 가치관이 공존하고 있다. 디지털 기술, 바이오산업, 물리학 등 3개 분야의 융합된 기술들이 경제 체제와 사회 구조를 급격히 변화시키는 4차 산업혁명(Fourth Industrial Revolution: 4IR)의 진행(Klaus Schwab, 2016) 그리고 2020년 이후 전 세계를 강타하고 있는 코로나 팬데믹(COVID-19 pandemic)에 따른 변화 양상도 두드러진다. 그 결과 현대사회 구조의 전반적인 패러다임이 변화하고 있으며, 이에 따라 개인의 생활양식은 물론 가족의 구조도 점점 다양해지고 있다.

특히 코로나 팬데믹으로 인한 코로나 블루도 심각한 사회문제로 부각되고 있다. 코로나 블루(blue)란 '코로나'와 '우울감(blue)'이 합쳐진 신조어로서, 코로나의 확산 및 사태의 장기화로 인해 일상에 큰 변화가 발생함으로써 생긴

🎧 코로나 시대의 거리두기를 지키는 시민들

우울감이나 무기력증을 의미한다. 코로나 블루 현상은 결혼 및 출산에 직간접적으로 부정적인 영향을 주고 있다.

코로나 팬데믹은 우리의 일상은 물론 결혼, 취업, 가치관까지 광범위하게 영향을 미치고 있다. 이로 인해 예전과는 완전히 다른 예측 불허한 뉴 노멀(new normal) 시대를 살아가고 있는 2030 세대의 변화 양상을 '코로나 트라이앵글'이라 부른다(조선일보, 2021). '코로나 트라이앵글'이란 비정규직, 만혼·비혼, 자산 양극화를 의미한다. 이러한 '코로나 트라이앵글' 현상과 함께 가족과 관련된 변화 양상을 살펴보면 다음과 같다(신용주 외, 2021).

첫째, 통계청이 발표한 고용 동향에 따르면, 코로나로 인한 고용시장의 한파로 안정적인 상용직 일자리가 감소함에 따라 20~30대 청년 세대들은 불안정한 임시·일용직으로 일자리를 구해야 하는 고용불안 현상을 보이고 있다. 한국고용정보원에 따르면, 2020년 5월 기준 29세 이하 대졸자 중 첫 일자리가 상용직인 사람(106만 7,000명)은 5.9%(6만 7,000명) 감소한 반면, 임시·일용직인 사람(35만 8,000명)은 1.5%(5,000명) 증가한 것으로 나타났다(조선일보, 2021).

둘째, 이러한 청년 세대의 고용불안은 혼인, 출산 등을 현실적으로 감당하기 어렵다는 판단으로 이어져 결혼과 출산을 미루거나 포기하는 경향을 보이고 있다. 연애·결혼·출산을 선택으로 여기는 20~30대에게 비연애·비결혼·비출산의 '3비(非) 문화'는 점점 더 당연하게 여겨지는 분위기이다(중앙일보, 2021).

셋째, 결혼한 가정의 경우에도 코로나 팬데믹으로 인해 면역력이 약한 산모가 코로나를 염려하거나 태아에게 수직 감염될지도 모른다는 우려로 인해 임신 시기를 미루고자 하는 움직임이 크다. 이러한 비연애·비결혼·비출산의 '3비(非) 문화'와 코로나로 인한 출산 기피 현상은 '인구 쇼크'로 이어질 뿐 아니라 가족생활주기를 형성하는 데 부정적인 영향을 주고 있다.

넷째, 자산 시장에서 뒤처진 20~30대는 이른바 '영끌·빚투'로 주택을 구입하거나 주식이나 비트코인에 투자하여 아슬아슬한 경제불안의 주역이 되었다는 우려의 목소리가 크다. 영혼까지 끌어모은다는 의미의 '영끌', 빚을 내어 투자한다는 의미의 '빚투' 열풍은 청년 세대의 불안정한 경제 상황을 대변하고 있다. 하지만 더욱 심각한 문제는 아직도 코로나-19 여파가 지속되면서 고용불안, 혼인·출산 기피 현상, 경제적 양극화 현상이 심화되고 있다는 것이다. 코로나-19가 종식되어 청년 세대의 불안정한 고용시장, 가족 요인, 자산 격차가 점차 완화되기를 기대해 본다.

2) 가족의 변화 양상

급변하고 있는 사회에 적응하는 문제는 21세기를 살아가는 사람들에게 필연적인 과제이다. 사회의 변화 양상에 따라 가족구조, 가족문화 그리고 가족 가치관(family values)도 점차 변모하고 있다. 가족의 소규모화 현상이 보편화되어 전통적인 확대가족보다는 부부 중심의 핵가족(nuclear family) 형태가 더 확산되고 있다. 아울러 과거와는 달리 한부모가족, 재혼가족, 동성가족, 공동체가족 등과 같은 다양한 형태의 가족 비율이 점점 증가하고 있다. 이에 따라 다양한 가족 유형에 대한 사회적 인식도 자연스럽게 변화되고 있다. 현대사회의 여러 특성 중 가정의 기능에 영향을 미치는 요인을 살펴보면 다음과 같다(신용주 외, 2017; 유안진 외, 2000; 이순형 외, 2010).

첫째, 우리는 전통적인 농업사회, 산업사회, 후기산업사회를 지나 지식기반 사회, 4차 산업혁명 시대에 살고 있다. 현대사회는 남녀 구분 없이 전문화된 개인의 능력이 중시되므로 여성의 취업 기회는 날로 증가하고 있으며, 이에 따라 자연스럽게 가정에서의 남성과 여성의 역할도 변화하고 있다. 특히 우리 사회는 산업사회에서 후기산업사회, 세계화와 함께 글로벌 지식기반 사회, 4차 산업혁명 시대로 빠르게 진입하면서 핵가족화, 맞벌이가족의 증가, 저출산, 다문화의 특성이 뚜렷해지고 있다.

둘째, 현대 가족의 삶은 직업이나 자녀의 교육을 중심으로 영위된다. 이에 따라 거주지의 이동이 잦아지게 되며, 친인척 간의 결속력은 약해지기 쉽다. 배우자 선택에 있어서 부모보다는 혼인 당사자의 의지가 점점 더 중요시되고 있다. 결혼의 형태도 과거의 중매혼보다는 연애혼 또는 중매와 연애를 혼합한 절충혼을 더 선호하고 있다.

셋째, 현대사회의 가장 큰 특징 중 하나인 인간소외 및 비인간화 현상과 함께 수많은 가치의 혼재 속에 바람직한 가치를 찾기 어려운 가치 부재 현상이 두드러지며, 개인의 이익만을 추구하는 개인주의가 더욱 팽배해지고 있다. 각 가정 내에서는 부모-자녀 간의 세대 차이뿐만 아니라 가치관의 차이도 심화되고 있으며, 사회 내에서는 자기 가족의 이익만을 우선시하는 가족이기주의도 팽배한 실정이다. 이에 따라 상대적으로 자녀의 인성을 함양하고 사회화 기능을 수행하는 가정교육의 강화가 더욱 절실하게 요구되고 있다.

사회가 변화함에 따라 가족의 기능도 변화하고 있다. 전반적으로 가족의 경제적·교육적·종교적 기능은 약화되고 있는 반면, 자녀양육의 기능과 가족 구성원에게 정서적 지원을 제공하는 기능은 강화되고 있는 추세이다. 가족의 기능에 있어서 변화 양상을 살펴보면 다음과 같다(신용주 외, 2017; 최혜순 외, 2019).

첫째, 가정은 고유한 교육적 기능의 하나로 자녀의 사회화를 담당하고 있다. 인간이 태어나서 가장 먼저 접하는 사회화 기관인 가정에서는 자녀가 속한 사회에 잘 적응할 수 있도록 사회화가 이루어진다. 자녀는 가정에서 인격을 형성하고, 언어, 생활양식, 사회 규범, 문화 등을 익히고 가치관을 내면화함으로써 사회 구성원으로 성장할 수 있다. 가정은 인간이 태어나자마자 사회화가 일어나는 교육의 장이었으나, 교육이 점차 전문화되고 제도화됨에 따라 교육적 기능은 점차 교육기관으로 옮겨 가게 되었다. 부모들도 자녀에 대한 교육적 기능을 교육기관에서 해 주기를 기대하는 것이 현실이다. 아울러 오늘날의 가족은 점차 개인주의적 성향이 짙어지고, 부모-자녀 세대의 문화와 가치관의 차이가 심화되고 있다. 이에 따라 가족 규범이 느슨해지거나 가족 윤리와 가치관을 상실하게 되어 가정의 사회화 기능은 점차 약화되고 있다.

둘째, 핵가족 체제 내에서는 자녀양육에 대한 관심이 높다. 특히 물질적으로 풍요로운 현대사회에서는 사회적으로 교육의 기회가 확대되었을 뿐만 아니라 자녀교육에 대한 경제적인 지원이 더욱 용이해졌다. 과거에 비해 양성평등한 가족 가치관이 점차 확산되고 있는 것도 특징이다. 또한 저출산 현상으로 인해 자녀 수가 감소됨에 따라 어머니뿐 아니라 아버지도 자녀양육에 관심과 지원을 기울이고 있다.

셋째, 가족 구성원 간의 정서적 기능이 과거에 비해 중시되고 있는 경향이다. 결혼으로 형성된 가정은 부부의 애정적 기능과 생산적 기능을 통해 자녀의 출산이 이루어지며, 부모의 자녀양육 기능이 더해진다. 또한 21세기와 같은 무한경쟁 시대에 가족 구성원들의 노동력을 위한 재충전, 그리고 스트레스와 긴장된 삶의 회복을 위한 휴식 공간으로서 가정의 정서적 기능이 더욱 요구되고 있다. 가족 구성원에게 심리적 지지를 제공하는 가족의 정서적 기능은 점점 강화되고 있는 실정이다.

현대사회의 급격한 변화로 인해 인간소외 현상 및 비인간화 현상은 가족 내에서도 쉽게 발견할 수 있다. IT 기술의 발달에 따라 자녀가 컴퓨터 또는 스마트폰을 과다하게 사용하고 있으며, 이러한 현상은 역시 부모에게도 나타나고 있다. 이로 인해 부모와 자녀 간의 대화 시간이 점차 줄어들어 상호 정서적 교류 및 공감대 형성에 적지 않은 어려움을 초래하고 있다. 부모는 자녀와 가정에서 한 공간에 있으면서도 소외감을 느끼며, 자녀는 컴퓨터나 스마트폰, TV 등에 몰입하거나 방에서 혼자 보내는 시간이 늘어나 비인간화 현상이 심화될 우려가 있다.

최근에는 물리적 결손가정뿐만 아니라 심리적 결손가정도 점차 증가하고 있다. '심리적 결손가정'이란 생물학적 부모가 존재하고 사회경제적 수준이 중류계층 이상이더라도 부부간의 불화나 가족 구성원 간의 갈등이 빈번하여 불행한 가정을 의미한다. 이런 심리적 결손가정의 증가는 아동·청소년 비행과도 직간접적으로 연결되어 있어 가정환경이 이들에게 미치는 영향이 얼마나 큰지 짐작할 수 있다(장휘숙, 1999). 현대사회의 변화로 가족의 기능적 변화를 가져왔으며, 이로 인해 가정교육 및 부모교육의 중요성이 다시 부각되고 있다.

2. 다양한 가족 구조와 현황

우리나라 가족의 두드러진 변화 양상을 살펴보면, 형태적인 측면으로는 '가족 규모의 축소'를 들 수 있으며, 구조적인 측면에서는 '가족 구조의 다양화'로 요약할 수 있다(신용주 외, 2017). 먼저, '가족 규모의 축소'와 관련하여 평균 가구원 수의 감소, 1인 가구의 증가, 저출산 현황을 살펴보고자 한다. 다음으로, '가족 구조의 다양화'와 관련해서는 무자녀가족, 한부모가족, 재혼가족, 분거가족, 맞벌이가족, 다문화가족, 입양가족의 현황을 소개하고자 한다. 가족의 현황을 살펴봄으로써 가족 규모의 축소 및 가족 구조의 다양화 현상에 대한 이해를 돕고, 가족 유형을 고려한 부모역할, 자녀양육 등과 같은 대응 방안을 강구할 수 있다.

1) 가족 규모의 축소

현대 가족 구조의 가장 두드러진 형태적 변화 양상으로는 '핵가족화'와 함께 '가족의 소규모화'이다. 2019년 11월 기준 우리나라에 거주하는 총인구(외국인 포함)는 5,178만 명으로 2018년도에 비해 15만 명(0.3%) 증가한 것으로 나타났다(통계청, 2020g). 구체적으로, 2018년에 비해 내국인은 5,000만 명, 외국인은 178만 명으로 내국인은 2만 2,000명(0.04%), 외국인

은 12만 7,000명(7.7%) 증가한 것으로 나타났다. 이와 같이 우리나라 인구
는 외국인을 포함하여 소폭 증가하고 있는 것으로 나타났다.

　가족 규모의 축소 현상은 우리나라를 포함하여 전 세계적인 변화 양상이
다. 우리나라는 평균 가구원수는 감소하고 있는 반면, 가구수는 증가하고 있
는 것으로 나타나, 두드러진 가족 규모의 축소 현상을 보여 주고 있다. 통계
청 분석에 따르면, 가구원수의 변화는 출산율과 가구 구성의 변화를 반영하
고 있다. 자녀 수에 대한 의사결정이나 가구 유형 선택의 경우 가족 가치관이
나 가족 규범의 영향을 받기도 하지만, 경제적 여건 등과 같은 현실적인 제약
요인의 영향도 받는다. 따라서 가구원수는 개인과 가족의 미시적 환경 요인
뿐 아니라(https://www.index.go.kr/unify/idx-info.do?idxCd=4229&clasCd=7),
이를 둘러싸고 있는 거시적 환경 요인이 함께 상호작용한 결과로 분석된다.

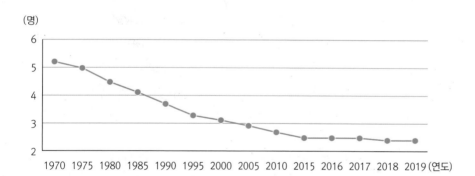

[그림 1-1] 평균 가구원수

출처: 통계청(2020f). 인구주택총조사; 통계청(각 연도). 「인구총조사」.

　전국 가구의 평균 가구원수는 1970년 5.2명에서 1980년 4.5명, 1990년
3.7명, 2000년 3.1명, 2010년 2.7명, 2019년 2.4명으로 꾸준히 감소하고 있
는 추세이다. 평균 가구원수의 감소 현상의 원인으로는 출산율 저하, 핵가
족화 및 1인 가구 증가 등을 들 수 있다. 특히 저출산 현상으로 인해 인구 증
가율은 상당히 둔화되었다. 인구 증가율보다는 총 가구 증가율이 더 크게

나타나, 전체적으로 가족 규모가 축소되고 있다.

가족 규모의 축소는 3세대 이상 거주하는 확대 가족 비중이 감소하고 1세대 가구 및 1인 가구 비중이 증가하는 현상과 관련이 있다. '1인 가구'라 함은 1명이 생계를 유지하는 생활 단위를 말한다(「건강가정기본법」 제3조). 즉, 1인 가구란 혼자서 독립적으로 취사, 취침 등의 생계를 유지하는 가구를 의미한다.

가구원수를 기준으로 가구유형을 살펴보면, 1985년부터 2005년까지는 4인 가구가 주된 가구유형이었는데, 2010년에는 2인 가구, 2015년부터는 1인 가구가 주된 가구유형이 되었다. 4인 가구 비율은 1990년 29.5%에서 2019년 16.2%로 감소한 반면, 1인 가구 비율은 1990년 9.0%에서 2019년 30.2%로 증가하였다. 이 결과로 미루어 볼 때, 우리나라의 평균 가구원수 감소 현상에 1인 가구의 증가가 상당한 영향을 미쳤음을 알 수 있다.

이와 같이 1인 가구의 증가세가 두드러져서, 1인 가구의 비율은 1975년 4.2%에서 2019년 30.2%로 약 7.5배가량 증가하였다. 이러한 1인 가구 증가의 원인은 다양하나, 청년들의 비혼·만혼·이혼으로 인한 1인 가구화, 그리고 고령화로 인한 독거노인의 증가 등을 꼽을 수 있다. 이와 같은 1인 가구의 증가 현상은 향후에도 계속될 것으로 전망된다.

[그림 1-2] 연도별 1인 가구 규모(2000^T~2019^R)

출처: 통계청(2020b). 2020 통계로 보는 1인 가구.

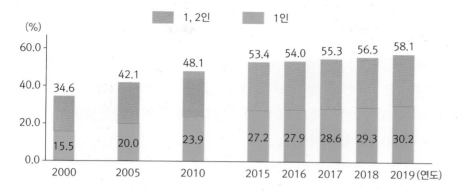

[그림 1-3] 연도 및 가구원수별 가구 규모(2000^T~2019^R)

출처: 통계청(2020f). 인구주택총조사.

〈표 1-1〉 가구원수별 가구구성과 평균 가구원수   (단위: 천 가구, %, 명)

연도	가구수	가구원수별 가구구성						평균 가구원수
		1인 가구	2인 가구	3인 가구	4인 가구	5인 가구	6인 이상 가구	
1970	5,576	–	9.7	13.3	15.5	17.7	43.8	5.2
1975	6,648	4.2	8.3	12.3	16.1	18.3	40.7	5
1980	7,969	4.8	10.5	14.5	20.3	20	29.8	4.5
1985	9,571	6.9	12.3	16.5	25.3	19.5	19.5	4.1
1990	11,355	9	13.8	19.1	29.5	18.8	9.8	3.7
1995	12,958	12.7	16.9	20.3	31.7	12.9	5.5	3.3
2000	14,312	15.5	19.1	20.9	31.1	10.1	3.3	3.1
2005	15,887	20	22.2	20.9	27	7.7	2.3	2.9
2010	17,339	23.9	24.3	21.3	22.5	6.2	1.8	2.7
2015	19,111	27.2	26.1	21.5	18.8	4.9	1.5	2.5
2016	19,368	27.9	26.2	21.4	18.3	4.8	1.4	2.5
2017	19,674	28.6	26.7	21.2	17.7	4.5	1.3	2.5
2018	19,979	29.3	27.3	21	17	4.3	1.2	2.4
2019	20,343	30.2	27.8	20.7	16.2	3.9	1	2.4

출처: 통계청(2020g). 인구총조사.

가족 규모의 축소는 〈표 1-1〉에 나타난 평균 가구원수의 지속적인 감소 추세를 보면 알 수 있다. 또한 가구원수별 증감 추이를 구체적으로 살펴보면, 4인 가구 이상의 비율은 1995년 이후로 꾸준히 감소하고 있는 반면, 1인 가구와 2인 가구는 지속적으로 증가하고 있는 추세이다. 2019년도 일반 가구 중 1인 또는 2인 가구가 58.1%를 차지하였는데, 이 결과는 2018년 56.5%에서 1.5%p 증가한 것이다.

1인 가구를 연령별로 살펴보면, 70세 이상이 18.4%, 20대가 18.2%, 30대가 16.8% 순으로 높게 나타났다. 성별로 분석해 보면, 1인 가구 중 남성은

〈표 1-2〉 성별 및 연령별 1인 가구   (단위: 천 가구, %)

연령	2018년[R]			2019년[R]		
	1인 가구			1인 가구		
		남성	여성		남성	여성
계	5,849	2,906	2,942	6,148	3,054	3,094
	(100.0)	(100.0)	(100.0)	(100.0)	(100.0)	(100.0)
20세 미만	58	28	31	59	29	31
	(1.0)	(1.0)	(1.0)	(1.0)	(0.9)	(1.0)
20~29세	1,020	543	477	1,118	587	531
	(17.4)	(18.7)	(16.2)	(18.2)	(19.2)	(17.2)
30~39세	993	637	356	1,036	664	372
	(17.0)	(21.9)	(12.1)	(16.8)	(21.7)	(12.0)
40~49세	864	546	318	872	550	322
	(14.8)	(18.8)	(10.8)	(14.2)	(18.0)	(10.4)
50~59세	974	543	431	999	562	437
	(16.7)	(18.7)	(14.7)	(16.3)	(18.4)	(14.1)
60~69세	870	367	503	933	398	534
	(14.9)	(12.6)	(17.1)	(15.2)	(13.0)	(17.3)
70세 이상	1,069	243	826	1,132	264	867
	(18.3)	(8.4)	(28.1)	(18.4)	(8.7)	(28.0)

출처: 통계청(2020f). 인구주택총조사.

30대(21.7%), 여성은 70세 이상(28.0%)이 가장 높게 나타났다.

　20대 또는 30대 가구주의 1인 가구 비율의 증가는 직업상의 이유로 부모와 함께 살지 않고 거주지 독립을 하는 젊은 층이 증가했기 때문이다. 또한 노년기의 장기화로 인하여 독거노인 가구가 증가하고 있다. 특히 60대 이상의 노년층에서의 1인 가구의 증가는 배우자와 사별 후에 홀로 거주하는 독거 노인 가구의 증가와 관련 있다(신용주 외, 2018).

　가족 규모의 축소 현상의 대표적인 원인 중 하나로는 출산력 감소, 즉 저출산 현상을 들 수 있다. 2019년도 출생아 수는 30만 3,100명으로 전년도보다 2만 3,700명(-7.3%) 감소한 것으로 나타났다. 합계출산율(Total Fertility Rate: TFR)이란 여성 1명이 평생 낳을 것으로 예상되는 평균 출생아 수를 의미하는데, 2019년도 우리나라의 합계출산율은 0.92명으로 2018년(0.98명)보다 0.06명(-5.9%) 감소한 수치이다. 조(粗)출생률이란 인구 1천 명당 출생아 수를 의미하며, 2019년도 조출생률은 5.9명으로, 역시 전년도보다 0.5명(-7.3%) 감소한 것으로 나타났다. 우리나라는 두드러진 저출산 현상으로 인해 합계출산율, 조출산율 모두 지속적으로 감소하고 있는 추세이다(통계청, 2020d).

〈표 1-3〉 출생아 수 및 합계출산율(2009~2019p)

(단위: 천 명, %, 인구 1천 명당 명, 가임 여자 1명당 명)

		2009	2010	2011	2012	2013	2014	2015	2016	2017	2018	2019p
출생아 수		444.8	470.2	471.3	484.6	436.5	435.4	438.4	406.2	357.8	326.8	**303.1**
전년대비	증감	-21.0	25.3	1.1	13.3	-48.1	-1.0	3.0	-32.2	-48.5	-30.9	**-23.7**
	증감률	-4.5	5.7	0.2	2.8	-9.9	-0.2	0.7	-7.3	-11.9	-8.7	**-7.3**
조출생률		9.0	9.4	9.4	9.6	8.6	8.6	8.6	7.9	7.0	6.4	**5.9**
합계출산율		1.15	1.23	1.24	1.30	1.19	1.21	1.24	1.17	1.05	0.98	**0.92**
전년대비	증감	-0.04	0.08	0.02	0.05	-0.11	0.02	0.03	-0.07	-0.12	-0.08	**-0.06**
	증감률	-3.6	6.7	1.5	4.3	-8.5	1.5	2.8	-5.4	-10.2	-7.1	**-5.9**

출처: 통계청(2020d). 인구동향조사: 출생·사망통계 잠정 결과..

우리나라의 저출산 현상은 '초저출산'이라는 또 다른 단어를 만들어 냈다. 이와 같은 심각한 저출산 현상은 다른 선진국보다 훨씬 빠르게 진행되고 있는데, 그 원인으로는 경기침체와 노동시장의 불안정, 가족 형성의 지연과 약화 그리고 양성평등의식의 확산 등을 들 수 있다(통계개발원, 2020). 아울러 개인 및 가족 가치관의 변화에 따른 결혼관 및 자녀관의 약화, 결혼의 연기 및 기피 현상으로 인한 미혼율 증가, 기혼 부부의 자녀양육 부담 증가 그리고 여성의 경제활동 증가 등의 요인들도 저출산에 영향을 주고 있다(신용주 외, 2018). 이러한 출산력 저하로 인해 우리나라는 생산연령인구가 감소하고 있을 뿐 아니라 유례없이 빠른 속도로 고령화가 진행되고 있다.

가족 규모의 축소는 가족 구성원의 상호작용에 영향을 미칠 수 있다. 전체적으로 가족관계의 범위는 부부관계와 부모-자녀 관계로 축소되고 있으며, 친족 간의 결속력과 친밀도도 점차 약화되고 있는 실정이다. 또한 과거에 비해 상대적으로 친가 친척보다는 외가 친척과의 유대관계가 강해지고 있는 경향이다. 핵가족 체제는 부부 중심으로 이루어지므로 부부간의 감정적 상호작용 및 긴장 여부에 따라 가족의 안정성이 좌우될 수 있다. 저출산 현상으로 인한 자녀 수의 감소는 내 가족, 내 자녀만 위하는 가족이기주의로 발전할 우려를 낳고 있으며, 가족 가치관 및 효(孝) 의식에도 많은 영향을 주고 있다.

[그림 1-4] 출생아 수 및 합계출산율 추이(1970~2019ᴾ)

출처: 통계청(2020d). 인구동향조사: 출생·사망통계 잠정 결과.

2) 가족 구조의 다양화

사회의 급격한 변화와 함께 가족 가치관이 변화하고, 다양한 가족 구조가 출현하고 있다. 독신과 이혼, 재혼, 고령화 현상으로 인하여 1인 가구, 한부모가족, 재혼가족 등 다양한 가족 유형이 증가하는 추세이다. 이 외에도 맞벌이가족, 분거가족, 소년소녀가장가족, 무자녀가족, 조손가족, 다문화가족, 입양가족 등 가족 형태가 다양해지고 있다. 이에 따라 다양한 유형의 가정환경을 고려한 부모역할 수행, 자녀양육, 경제적 적응 등 당면 과제가 사회에 이슈화되고 있다.

(1) 무자녀가족

무자녀가족은 출산 의도를 기준으로 자발적 무자녀가족과 비자발적 무자녀가족으로 구분할 수 있다. 자발적 무자녀가족은 계획적 무자녀가족(intentional childless family)으로서 '자녀를 갖지 못하는(childless)' 것이 아니라, '자녀를 갖지 않는(child-free)' 개념을 부각시킴으로써 자발적 무자녀가족(voluntarily childless family)이라는 결정이 선택임을 강조한다. 다시 말해 자발적 무자녀가족이란 생식 능력(fertility)이 있으나, 영구적으로 자녀를 갖지 않는다는 확고한 결정을 내린 부부를 의미한다. 무자녀가족은 다시 무자녀 결정을 내린 시기에 따라 결혼 전부터 무자녀를 선택한 초기 결정자와 자녀 갖기를 반복적으로 연기하다 무자녀를 선택하는 후기 결정자로 구분할 수 있다(유영주, 2004).

최근 출생 코호트(cohot)에서 결혼은 수용하나 자녀의 출산은 선택으로 간주하는 무자녀가정이 증가하고 있다. 무자녀 기혼여성은 인구나 경제적 요인보다는 자녀의 필요성과 부모역할 등 태도 요인이 출산계획에 더 많은 영향을 미치는 것으로 나타났다(KOSTAT통계플러스, 2020, 봄호).

자녀가 없어도 된다고 생각하는 이유에 대한 응답을 살펴보면, 유자녀 기혼여성과 무자녀 기혼여성의 의견에는 명확한 차이가 나타났다. 유자녀 기혼여성은 자녀가 없어도 된다고 생각하는 이유에 대하여 '아이가 행복하게 살기 힘든 사회여서'(29.0%)와 '경제적으로 여유롭게 생활하기 위해서'(25.2%)라고 응답한 비중이 높게 나타났다. 반면, 무자녀 기혼여성은 '부부만의 생활을 즐기고 싶어서'(24.2%)와 '불임'(19.9%)의 비중이 높게 나타났다.

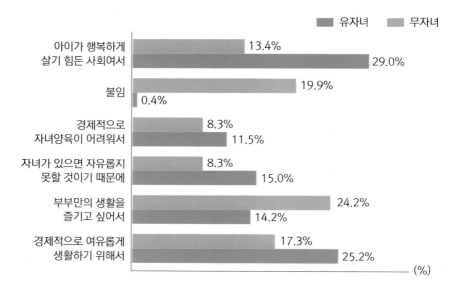

[그림 1-5] 자녀가 없어도 된다고 생각하는 이유(유자녀 및 무자녀 기혼여성)

출처: KOSTAT통계플러스(2020, 봄호). 첫 출산으로의 이행과 무자녀 가구.

한국의 사회동향 2015(통계개발원, 2015)에 따르면, 가족 형태별 분포에서 무자녀가족은 1990년 9.3%에서 1995년 12.6%, 2000년 14.8%, 2005년 18.0%, 2010년에는 20.6%로 그 비율이 점차 증가하고 있다.

우리나라에서 무자녀가족의 비율이 상승하는 원인을 살펴보면 다음과 같다(KOSTAT통계플러스, 2020).

첫째, 생물학적 요인으로 인해 무자녀가족이 증가하고 있다. 구체적으로, 혼인 연령이 상승하고, 미세먼지 등 환경오염의 영향으로 인한 불임의 증가를 들 수 있다.

둘째, 여성의 활발한 경제활동 참여 및 가족과 자녀에 대한 가치관의 변화로 무자녀가족이 증가하고 있다. 출산으로 인한 기회비용과 경력단절은 무자녀를 선택하게 하는 경제적 원인으로 작용한다. 또한 전통적인 성역할, 가족주의 가치관, 가부장적 가족문화가 점차 사라지는 대신 개인주의 가치관이 확산됨에 따라 출산을 필수가 아니라 개인의 선택으로 여기는 자발적 무자녀 가구가 증가하였다.

무자녀가족이 저출산 현상을 심화시킨다는 사실을 고려할 때, 자발적 무자녀가족에게 출산 의도를 부여하는 방향으로 향후 저출산 대책을 모색해 볼 수 있을 것이다. 우리 사회에서 아직까지도 무자녀가족에게 사회적 편견이 있을 수 있다. 하지만 무자녀가족을 비정상적으로 해석하거나, 그들을 이기적인 사람이라고 평가해서는 안 될 것이다. 그들의 선택이 다름을 존중하는 사회 분위기가 조성되어야 할 것이다. 아울러 무자녀 부부는 자녀 출산에 대한 원가족과 사회의 압력을 현명하게 극복함과 동시에 부부가 친밀감을 계속 유지하고 결속력을 강화시킬 수 있는 방법을 적극적으로 강구해야 할 것이다. 예를 들면, 취미나 여가 활동을 공유하거나, 서로 소통하고 배려하는 가정생활을 누리는 것이 바람직하다.

(2) 한부모가족

한부모가족은 이혼, 부모 중 한쪽의 사망, 별거, 유기, 가출 등으로 인한 한쪽 부모의 부재로 부(父) 또는 모(母) 중의 한 사람과 자녀로 구성된 가족이다. 자녀가 부모 중 누구와 동거하느냐에 따라 한부모가족을 모자가족 혹은 부자가족으로 분류한다.

'한부모가족'이란 용어는 과거의 부정적이고 결손의 의미가 강했던 편부모가족에서 하나로도 온전하고 가득하다는 의미의 우리말 '한'을 한부모에 사용함으로써 그들이 다른 가족과 같이 건강하고 행복할 수 있다는 의미를 담고 있다.

한부모가구란 일반 가구 중 한부 또는 한모와 미혼자녀로 구성된 가구를 의미한다. 통계청 조사에 따른 한부모가구 비율의 변화 양상을 살펴보면, 한부모가구는 2016년 154만 가구에서 2019년 152만 9천 가구로 감소하였으며, 전체가구에서 한부모가구가 차지하는 비율은 2016년 7.8%에서 2019년 7.3%로 감소하고 있다(통계청, 2020g). 우리나라의 한부모가족 비율은 2014년도(10.5%)까지 증가세를 보이다가 그 이후부터 현재까지 감소세를 이어 가고 있다.

한부모가족의 부 또는 모는 생계를 책임지는 것과 동시에 혼자서 부모역할을 수행하며 자녀를 양육해야 하는 이중고를 겪는다. 더욱이 한부모가족

〈표 1-4〉 한부모가구 비율
(단위: 천 가구, %)

		2010	2011	2012	2013	2014	2015	2016	2017	2018	2019
현황	전체 가구	17,339	17,687	18,119	18,388	18,705	19,561	19,838	20,168	20,500	20,891
	한부모가구	1,594	1,639	1,796	1,880	1,970	1,608	1,540	1,533	1,539	1,529
	한부모가구 비율	9.2	9.3	9.9	10.2	10.5	8.2	7.8	7.6	7.5	7.3

출처: 통계청(2020g). 인구총조사; 통계청 e-나라지표. 장래가구 추계/인구총조사(한부모가구 비율), http://www.index.go.kr/potal/main/EachDtlPageDetail.do?idx_cd=1578

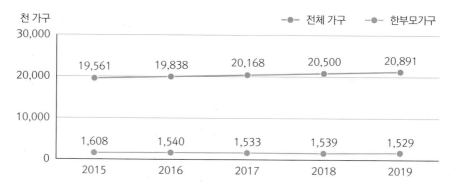

[그림 1-6] 한부모가구 현황

출처: 통계청(2020g). 인구총조사.

을 심리적으로 힘들게 하는 요인 중 하나는 한부모가족에 대한 사회적 편견이다. 사회의 부정적 편견과 부당한 대우는 한부모를 더욱 외롭고 힘들게 하며, 그들의 자립 의지를 꺾는 요인이 된다(여성부, 중앙건강가정지원센터, 2006: 신용주 외, 2011 재인용; http://seoulhanbumo.or.kr). 따라서 한부모가족을 개인의 다양한 가족 상황에 대한 그들 나름의 선택임을 존중해 주는 태도가 필요하다.

한부모가족을 위해 정부 차원뿐만 아니라 민간 차원에서도 보다 통합적이고 체계적인 지원이 필요하다. 이혼이나 미혼 가구 증가 추세에 따라 이혼 및 미혼 가구의 경제적 자립이나 자녀 양육 및 교육 지원 방안 등이 한부모가족 정책에 반영되어야 할 것이다.

우리나라는 「한부모가족지원법」에 의거하여, 소득인정액이 기준 중위소득 60% 이하인 한부모가족을 대상으로 아동양육비, 아동교육지원비, 생계비의 복지급여를 지원하고 있다. 또 부 또는 모의 연령이 만 24세 이하인 청소년 한부모가족에게는 소득인정액이 기준 중위소득 72% 이하인 한부모가족을 대상으로 아동양육비, 아동교육지원비, 생계비, 자립촉진수당, 고등학생 교육비, 검정고시 학습비 등의 복지급여를 지원하고 있다(http://www.mogef.go.kr).

이 외에도 주택 우선 분양 및 지원 정책의 확대, 다양한 양육지원 프로그램의 확대, 가족 대상 교육 및 온 · 오프라인 상담 프로그램의 확대, 의료지원 서비스의 확대, 나아가 한부모가족의 삶의 질을 향상할 수 있는 여가지원 정책의 확대 그리고 4차 산업혁명 시대에 부응하는 실질적인 직업 교육 및 훈련 등 다양한 영역의 복지 지원의 필요성이 제기되고 있다.

한편, 한부모가족 발생을 예방하기 위해서는 가족을 형성하는 출발선에서부터 체계적으로 지원하는 것이 바람직하다. 결혼 준비 교육, 예비 부부교육 등은 물론이고, 이혼을 고민하거나 이혼과 관련된 의사결정 시 이혼과 관련한 어려움 및 적응 등에 대한 이혼 준비 교육 및 상담 프로그램 등도 제공되어야 할 것이다(신용주 외, 2018).

(3) 재혼가족

재혼가족은 한 명 이상이 재혼인 성인 남녀로 구성된 가족을 의미한다. 재혼이 전체 혼인에서 차지하는 비중은 남녀 모두 점차 감소하고 있는 추세이다(통계청, 2020e). 2019년도 기준 남녀 모두 초혼인 부부는 전체 혼인의 76.9%, 남녀 모두 재혼인 부부는 12.3%를 차지하여, 전년 대비 초혼과 재혼 모두 감소 추이를 보였다.

성별로 재혼가족의 현황을 살펴보면, 남성의 경우 전체 혼인 중 재혼이 16.5%, 여성의 경우 전체 혼인 중 재혼이 18.6%를 차지한 것으로 나타났다. 평균 재혼 연령은 남성은 49.6세, 여성은 45.2세로 전년도에 비해 남성은 0.7세, 여성은 0.5세 상승하였는데, 이는 10년 전에 비해 남성은 4.0세, 여성은 4.1세 각각 상승한 수치이다.

일반적으로 재혼은 초혼에 비해 사랑과 같은 감정적인 요인보다는 경제적 안정, 자녀양육 문제, 외로움, 사회적 시선으로부터의 탈피 등과 같은 현실적인 동기에 의해 이루어지는 경우가 많다. 이러한 동기는 현실적 문제의 해

〈표 1-5〉 혼인종류별 건수(2009~2019년) (단위: 천 건, %)

		2009	2010	2011	2012	2013	2014	2015	2016	2017	2018	2019	구성비	전년 대비 증감	전년 대비 증감률
계*		309.8	326.1	329.1	327.1	322.8	305.5	302.8	281.6	264.5	257.6	239.2	100.0	-18.5	-7.2
남성	초혼	255.8	273.0	277.4	275.9	273.8	257.9	256.4	238.1	222.5	216.3	199.5	83.4	-16.9	-7.8
남성	재혼	53.8	53.0	51.6	51.1	48.9	47.5	46.4	43.3	41.7	41.1	39.4	16.5	-1.7	-4.1
여성	초혼	250.7	268.5	272.6	270.5	268.4	251.5	250.0	232.4	216.8	210.3	193.9	81.1	-16.4	-7.8
여성	재혼	58.8	57.5	56.4	56.5	54.3	53.9	52.7	48.9	47.4	46.7	44.5	18.6	-2.2	-4.8
남(초)+여(초)		236.7	254.6	258.6	257.0	255.6	239.4	238.3	221.1	206.1	200.0	184.0	76.9	-16.0	-8.0
남(재)+여(초)		13.9	13.9	13.9	13.5	12.8	12.0	11.7	11.1	10.5	10.2	9.8	4.1	-0.4	-4.3
남(초)+여(재)		19.0	18.3	18.7	18.9	18.2	18.4	18.0	16.7	16.2	15.9	15.0	6.3	-0.9	-5.9
남(재)+여(재)		39.8	39.1	37.7	37.6	36.1	35.5	34.7	32.1	31.1	30.7	29.4	12.3	-1.3	-4.3

* 미상 포함, 남(초): 남자 초혼, 남(재): 남자 재혼, 여(초): 여자 초혼, 여(재): 여자 재혼.
출처: 통계청(2020e). 2019년 혼인·이혼 통계.

〈표 1-6〉 평균 초혼 및 재혼 연령(2009~2019년)   (단위: 세)

		2009	2010	2011	2012	2013	2014	2015	2016	2017	2018	2019	증감 전년 대비	증감 10년 전 대비
초혼 연령	남성	31.6	31.8	31.9	32.1	32.2	32.4	32.6	32.8	32.9	33.2	33.4	0.2	1.8
	여성	28.7	28.9	29.1	29.4	29.6	29.8	30.0	30.1	30.2	30.4	30.6	0.2	1.9
재혼 연령	남성	45.7	46.1	46.3	46.6	46.8	47.1	47.6	48.2	48.7	48.9	49.6	0.7	4.0
	여성	41.1	41.6	41.9	42.3	42.5	43.0	43.5	44.0	44.4	44.6	45.2	0.5	4.1

출처: 통계청(2020e). 2019년 혼인 · 이혼 통계.

결에 대한 과도한 기대감으로 이어질 수 있으며, 이러한 기대감이 생각보다 빨리 충족되지 않을 경우에 자칫하면 재혼 초기부터 혼란, 갈등, 실망, 좌절 감 등을 유발하는 원인으로 작용할 수 있다. 따라서 재혼가족의 경우 현실적 인 문제를 정확하게 인식함과 동시에 적절한 기대 수준을 설정하고, 가족생 활의 적응 등의 문제를 차근차근히 해결해 가는 노력이 필요하다.

재혼은 초혼에 비해 고려해야 할 요인이 더욱 많다. 예를 들어, 재혼의 경 우, 가족 구조가 복잡하고 그 경계가 모호하여 가족 구성원의 역할이 모호할 수 있다. 대부분 결혼 초기에는 부부관계가 부모-자녀 관계보다 우선하지 만, 유자녀 재혼가족의 경우 새로 결합한 부부관계보다 더 강력하고 친밀한 부모-자녀 관계가 우선할 수 있으므로 가족 내 갈등이 발생할 소지가 있다. 또한 재혼가족은 초혼가족에 비해 가족문화나 가치관, 친밀감을 쌓아 가는 과정에서 심리적 · 정서적 갈등이 있을 수 있다. 예를 들어, 재혼가족의 자녀 가 친엄마나 친아빠에게 애정이 있는 상황에서 새엄마나 새아빠에게 애정을 갖게 된다면 자녀들은 심리적으로 충성심(loyalty)의 갈등을 겪을 수 있다.

이러한 재혼가족의 어려움에도 불구하고 재혼가족은 다음과 같은 강점을 가질 수 있다. 재혼으로 인해 부부는 동반의 기쁨이 재형성되는 기회를 가질 수 있다. 또한 재혼가족은 한부모가족보다 경제적으로 긍정적인 변화를 가 져올 수 있다. 재혼가족은 한부모가족에 비해 부모역할의 책임을 함께 나누어질 수 있다. 한부모로서 모든 책임을 혼자 담당했던 것에 비해 재혼가족은 새로운 가족 구성원과 함께 그 책임을 공유할 수 있다(한미현 외, 2021).

재혼가족이 건강하기 위해서는 가족 구성원 모두가 서로의 차이점을 존중하고, 새로운 가족에 적응하는 시간이 걸린다는 점을 인식해야 한다. 특히 재혼이 도구적인 측면에서 현실적인 욕구충족의 수단, 즉 생계나 자녀양육 문제의 해결 수단으로 인식되어서는 안 된다는 점과 재혼가족에서도 부부관계가 모든 가족 관계의 중심이어야 한다는 점을 인식해야 한다.

또한 사회적으로는 이혼 및 재혼에 대한 인식의 전환이 필요하다. 재혼가족의 성공적인 적응 사례를 발굴하여 사회적 인식을 긍정적으로 전환하도록 하되, 재혼을 지나치게 미화하기보다는 현실적인 문제나 갈등을 현명하게 해결하는 모습을 있는 그대로 보여 주어 열린 마음으로 재혼을 이해할 수 있도록 한다.

(4) 분거가족

전통적으로 가족은 가족 구성원이 공동으로 거주하는 것으로 간주되었다. 그러나 최근 세계화, 교통과 통신의 발달, 맞벌이부부의 증가에 따른 높은 직업 성취 욕구, 자아실현의 추구, 자녀의 학업 등의 이유로 공동으로 거주하지 않는 비동거가족(commuter family)인 분거(分居)가족이 증가하고 있다. 한 가족이 특정 이유로 둘 이상의 가구를 형성하여 비교적 장기간 별거 생활을 하거나, 동거를 하더라도 가족 구성원의 출타가 장기적이거나 빈번할 경우 분거가족이라 한다.

분거가족은, 특히 맞벌이부부의 경우 가족 구성원의 직업 유지 또는 자녀 교육 등의 이유로 분거하는 경우가 가장 흔하다. 이와 같이 직업이나 교육의 이유로 형성된 분거가족은 향후에도 점차 증가할 것으로 전망된다. 분거가족의 예로는 맞벌이부부가 자녀를 돌볼 수 없는 경우 자녀를 외가나 친가에 맡겨 놓고 주말에만 함께 시간을 보내는 주말부부 가족, 자녀의 학업을 위해 자녀와 어머니는 외국에서 생활하고 아버지는 우리나라에 남아서 학비와 생활비를 조달하는 기러기 가족 등이 있다.

우리나라의 분거가족의 현황을 2018년 사회조사결과(통계청, 2018)를 통해 살펴보면, 국내외에 직장, 학업 등의 이유로 배우자나 미혼자녀와 떨어져 살고 있는 분거가족이 20.1%로 나타났다. 가족의 분거 비율은 2014년 이후 소폭 증가한 것으로 나타났다.

가족이 국내에서 따로 사는 이유로는 직장의 비율이 학업보다 2배 정도 높은 반면, 국외의 경우는 직장과 학업의 비율이 비슷한 수준으로 나타났다. 배우자와 떨어져 사는 경우는 직장(67.3%)이 주된 이유였으며, 미혼자녀와는 직장(57.3%)과 학업(35.6%)으로 인해 떨어져 사는 경우가 대부분으로 나타났다.

이와 같은 비동거형 분거가족의 증가로 인해 오늘날에는 가족을 정의할 때 '동거'의 개념을 부각하기보다는 가족 구성원 간의 정신적 유대 측면을 더욱 강조하고 있는 경향이다. 따라서 분거가족에는 가족 공동의 목표에 대한 가족 구성원 간의 합의, 시간과 다양한 활동 등을 공유하는 개방성, 다양한 채널을 통한 의사소통 기회의 확대 등이 요구된다(신용주 외, 2017; 유영주, 2004). 교통 및 통신의 발달이 분거가족의 생활이나 정서적 유대감에 많

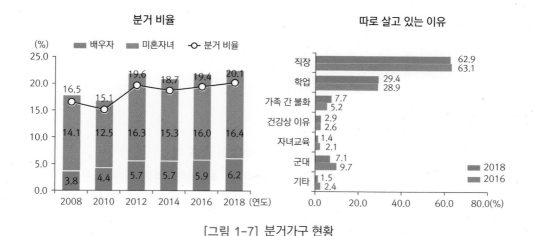

[그림 1-7] 분거가구 현황

출처: 통계청(2018). 2018년 사회조사 결과.

〈표 1-7〉 분거가족의 따로 살고 있는 이유 (가구주, 복수 응답)　　　　　　　　　　　(단위: %)

	분거가족 가구 비율[1]	따로 살고 있는 이유[2]						
		직장	학업	가족 간 불화	건강상 이유	자녀교육 지원	군대	기타
2016년	19.4	63.1	28.9	5.2	2.6	2.1	9.7	2.4
2018년	20.1	62.9	29.4	7.7	2.9	1.4	7.1	1.5
국내	18.6	63.4	27.2	8.1	3.1	1.3	7.7	1.0
국외	2.0	48.1	48.0	2.7	0.4	2.6	-	6.5
배우자	6.2	67.3	1.2	16.2	8.0	4.6	-	2.7
미혼자녀	16.4	57.3	35.6	3.9	0.5	-	8.7	1.0

주: 1) 배우자나 미혼자녀가 타지역(국외 포함)에 살고 있는 가구주임
　　2) 한 가구주당 여러 명의 자녀가 동시에 타지에 살고 있는 경우가 있으므로, '따로 살고 있는 이유'의 합이
　　　100%를 넘을 수도 있음
출처: 통계청(2018). 2018년 사회조사 결과.

은 도움을 줄 수 있지만, 가족 구성원의 적극적인 노력이 없다면, 오히려 비동거로 인한 가족 구성원의 고립감이 가중될 수 있으며, 나아가 부부관계나 부모-자녀 관계를 심각한 위기 상황에 빠뜨려 가족 해체와 같은 사회문제를 유발할 수 있다.

　사회 변화에 따라 분거가족의 증가가 불가피한 이상, 분거가족 구성원이 가족의 소중함을 깨닫고 가족원 간의 유대를 강화할 수 있는 다양한 분거가족 지원 방안이 모색되어야 한다.

(5) 맞벌이가족

　맞벌이가족이란 동거 여부와 상관없이 부부가 모두 일자리를 점유하고 있는 취업자로 구성된 가족을 의미한다. 최근에는 여성의 사회참여가 증가함에 따라 맞벌이가족이 전체 유배우 가구의 약 45% 정도 차지하고 있다. 2019년 10월 기준 유배우 가구 중 맞벌이가구는 566만 2천 가구로 46.0%를 차지하였는데, 이는 2018년도(46.3%)보다 0.3%p 소폭 감소한 수치이

다. 연령대별로 살펴보면, 유배우 가구 중 맞벌이가구의 비중은 40~49세가 54.2%로 가장 높았으며, 그다음으로는 50~64세, 30~39세 순으로 높게 나타났다.

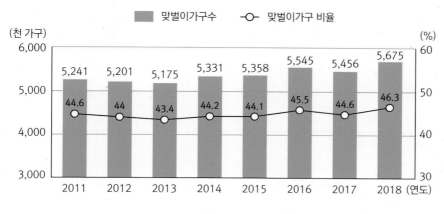

[그림 1-8] 맞벌이가구 현황

출처: 통계청(2020h). 지역별 고용조사.

우리나라 가정 중 절반에 가까운 맞벌이가족의 부모는 직장 일과 가사를 이중으로 담당하는 어려움과 함께 자녀양육의 문제로 힘들어하고 있다. 현실적으로 맞벌이부모의 경우 보육시설이 제공하는 서비스만으로는 늦은 귀가로 인한 야간 시간대의 아동 보호와 양육 등이 적절하게 이루어질 수 없다는 문제점이 끊임없이 제기되어 왔다.

맞벌이가족은 다음과 같은 특성을 지닌다(신용주 외, 2018; 이순형 외, 2010).

첫째, 맞벌이가족의 부모와 자녀는 일상적으로 부모-자녀 간 분리를 경험해야 한다. 그러므로 자녀는 부모의 출근, 불쾌한 이별, 부모의 퇴근, 반가운 만남, 매일 반복되는 장시간의 분리 경험 등의 일상생활에 익숙해져야 하므로 애착과 사회성 발달에 어려움이 생길 수 있다.

둘째, 맞벌이가족의 부모는 자녀와 접촉하는 물리적 시간이 상대적으로

〈표 1-8〉 맞벌이가구 비율 (단위: 천 가구, %)

	2016			2017			2018			2019		
	유배우가구	맞벌이가구	비율	유배우가구	맞벌이가구	비율	유배우가구	맞벌이가구	비율	유배우가구	맞벌이가구	비율
전체	12,190	5,545	45.5	12,224	5,456	44.6	12,245	5,675	46.3	12,305	5,662	46
15~29세	186	72	38.6	179	66	36.8	175	68	38.6	171	68	40.1
30~39세	2,081	950	45.7	2,015	954	47.3	1,939	968	49.9	1,849	929	50.2
40~49세	3,235	1,705	52.7	3,175	1,655	52.1	3,104	1,683	54.2	3,008	1,631	54.2
50~64세	4,539	2,262	49.8	4,604	2,240	48.7	4,677	2,360	50.5	4,800	2,404	50.1
65세 이상	2,149	556	25.9	2,251	542	24.1	2,350	596	25.4	2,478	631	25.5

출처: 통계청(2020h). 지역별 고용조사.

부족하다. 더욱이 부모의 경우에는 육체적 피곤함으로 인해, 자녀의 경우에는 감정적 상실감으로 인한 심리적 피로로 인해 부모-자녀 간 상호작용의 질이 부모의 기대 수준에 못 미칠 수 있다.

셋째, 맞벌이가족의 경우에는 부모 외에 주 양육자를 두어야 하므로 양육의 일관성과 질적 보장을 유지하기 어려울 수 있다. 특히 우리나라의 경우 자녀가 어릴수록 주로 친인척과 같은 가족에게서 양육 지원을 제공받음으로써 양육지원자의 잦은 교체나 공백 등이 발생하고 비일관적인 양육이 이루어져 자녀의 애착 경험에 부정적인 영향을 미칠 수 있다.

넷째, 맞벌이가족의 부모, 특히 여성의 경우 직장 일과 가사 및 양육을 겸해서 수행하기 때문에 신체적으로 피곤하고 심리적인 스트레스와 피로가 가중되어 삶의 질 저하 문제가 대두된다. 취업 여성의 삶의 질은 결혼 만족도와 남편의 가사 참여도와 관련성이 깊다. 그러므로 여성이 가정생활과 직장생활 사이에서 경험하는 역할긴장을 최소화하기 위해 가사노동에 대한 고정관념에서 탈피하여 가사분담을 하여야 한다(허혜경 외, 2017).

일반적으로 맞벌이가정의 경우 부모가 자녀와 함께 지내는 물리적인 시간이 부족하므로 자녀의 정서 발달에 부정적인 영향을 미칠 것이라 생각하기 쉽고, 또 많은 맞벌이부모가 이러한 이유로 부모역할에 많은 부담감과 자녀에 대한 죄책감을 가지기도 한다. 하지만 단순히 어머니의 취업 또는 맞벌이 상황 자체가 자녀 발달에 영향을 미치는 것이 아니다. 맞벌이가정의 경우 일과 양육에 대한 부모의 태도, 부부 상호 간의 지원, 대리 양육의 질, 부모와 대리양육자 간의 양육방식의 일관성, 자녀 요인(성격 · 기질 · 발달단계 등) 등 다양한 변인이 복합적으로 작용하여 영유아에게 영향을 주는 것으로 많은 연구에서 보고하고 있다(정계숙 외, 2019).

　정부에서 제공하는 양육지원 서비스만으로는 맞벌이부모의 자녀양육에 어려움이 많으므로 다양한 형태의 아이돌봄 서비스나 양육지원 혜택을 더욱 확충시킬 필요가 있다. 일 · 가정 양립의 활성화를 위하여 「남녀고용평등과 일 · 가정 양립 지원에 관한 법률」(약칭 남녀고용평등법)을 사회적 상황에 맞게 순차적으로 개정함과 동시에 관련 정책에 대한 정부의 지원이 요구된다.

(6) 다문화가족

　2008년에 제정된 「다문화가족지원법」에서는 '다문화가족'을 "출생에 의한 한국 국적의 한국인과 외국 국적의 배우자로 이루어진 가족(혼인 귀화자 포함)"으로 규정하고 있다. 즉, 다문화가족은 서로 상이한 국적(출신 국가) 또는 민족 출신의 구성원으로 이루어진 가족을 의미하며, 현재 국내에서는 결혼이민자가족, 외국인근로자가족, 탈북자가족 등 서로 다른 사회문화적 배경을 지닌 구성원이 가정을 이루는 경우를 모두 포함한다.

　다문화가족을 이루는 다문화 혼인 현황을 살펴보면, 2019년 다문화 혼인은 24,721건으로 전년도(23,773건)보다 948건(4.0%) 증가한 것으로 나타났다. 2019년 전체 혼인은 23만 9천 건으로 전년보다 7.2% 감소한 반면, 다문화 혼인은 4.0% 증가한 것이다. 또한 전체 혼인에서 다문화 혼인이 차지하는 비중은 10.3%로 전년보다 1.1%p 증가한 것으로 나타났다.

　참고로, 「다문화가족지원법」에 의하여 한국인과 결혼이민자 및 귀화 · 인지에 의한 한국 국적 취득자로 이루어진 가족의 구성원으로는 다문화 인구

〈표 1-9〉 다문화 혼인건수 및 전체 혼인 중 다문화 비중(2017∼2019년) (단위: 건, %)

		전체			다문화 혼인[1]			출생 기준 한국인 간의 혼인[2]		
		2017	2018	2019	2017	2018	2019	2017	2018	2019
혼인건수		264,455	257,622	239,159	21,917	23,773	24,721	242,538	233,849	214,438
비중		100.0	100.0	100.0	8.3	9.2	10.3	91.7	90.8	89.7
전년 대비	증감	-17,180	-6,833	-18,463	208	1,856	948	-17,388	-8,689	-19,411
	증감률	-6.1	-2.6	-7.2	1.0	8.5	4.0	-6.7	-3.6	-8.3

주: 1) 다문화 혼인: 남녀 어느 한쪽이 외국인 또는 귀화자인 경우, 또는 남녀 모두 귀화자인 경우
   2) 출생 기준 한국인 간의 혼인: 남녀 모두 출생 기준 한국인인 경우
출처: 통계청(2020a). 2019년 다문화 인구동태 통계.

[그림 1-9] 다문화 혼인건수 및 전체 혼인 중 다문화 비중 추이(2009∼2019년)
출처: 통계청(2020a). 2019년 다문화 인구동태 통계.

로 파악된다. 또한 '출생기준 한국인'은 「국적법」 제2조(출생에 의한 국적취득)
에 의한 한국인, '외국인'은 외국 국적자, '귀화자'는 「국적법」 제3조(인지에 의
한 국적취득) 및 제4조(귀화에 의한 국적취득)에 의한 한국인을 의미한다.

　전통적으로 민족의 동질성이 강조되던 우리 사회는 1990년대 이후 국제
결혼이 급속히 증가하여 다문화 사회로 변모하였다. 우리나라의 외국인과의
혼인건수는 2010년까지 급증하였다가 점차 감소세로 이어진 후 2016년부터
는 다시 경미한 증가세를 보이고 있다.

다문화 유형별 혼인 현황(통계청, 2020a)을 살펴보면, 외국인 아내와의 혼인이 69.3%로 가장 많았으며, 다음으로는 외국인 남편(17.2%)과의 혼인 그리고 귀화자(13.5%) 순으로 나타났다. 2019년도 기준, 외국인 아내의 혼인은 전년도보다 7.6% 증가한 반면, 외국인 남편은 2.7%, 귀화자는 4.0% 각각 감소한 것으로 나타났다. 다문화 혼인 중 외국인 아내의 비중은 전년보다 2.3%p 증가한 반면, 외국인 남편의 비중은 1.2%p, 귀화자의 비중은 1.1%p 각각 감소하였다.

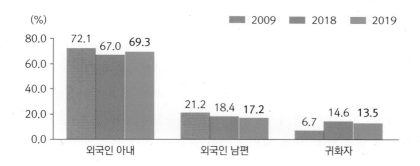

[그림 1-10] 다문화 혼인 유형별 비중(2009, 2018, 2019)

출처: 통계청(2020a). 2019년 다문화 인구동태 통계.

〈표 1-10〉 다문화 혼인 유형별 규모 및 비중(2017~2019년)　　　(단위: 건, %)

	2017	비중	2018	비중	2019	비중	전년 대비	
							증감	증감률
다문화	21,917	100.0	23,773	100.0	24,721	100.0	948	4.0
외국인 아내[1]	14,245	65.0	15,933	67.0	17,136	69.3	1,203	7.6
외국인 남편[2]	4,294	19.6	4,377	18.4	4,260	17.2	-117	-2.7
귀화자[3]	3,378	15.4	3,463	14.6	3,325	13.5	-138	-4.0

주: 1) 외국인 아내: 출생 기준 한국인 남자+외국인 여자의 혼인
　　2) 외국인 남편: 외국인 남자+출생 기준 한국인 여자의 혼인
　　3) 귀화자: 남녀 모두 또는 어느 한쪽이라도 귀화자인 경우
출처: 통계청(2020a). 2019년 다문화 인구동태 통계.

우리나라의 다문화가족의 증가 원인으로는 고학력화로 인한 여성의 경제활동 참여율 증가, 만혼화(晚婚化) 현상, 독신자 비율의 증가로 국내에서 배우자를 구하지 못해 생긴 결혼시장 교란 현상 등을 들 수 있다. 많은 경우에 결혼이민여성들은 언어소통과 문화적 차이로 인해 가정생활과 우리나라 환경에 적응하는 데 어려움을 경험한다. 특히 다문화가족의 경우 서로 다른 국적의 사람들이 만나 가정을 이루는 것이므로 문화와 가치관의 차이가 생기는 것은 당연하다. 따라서 다문화가족이 우리 사회에 성공적으로 적응하기 위해서는 부부간의 상호 이해와 존중 그리고 서로 적응하기 위한 노력을 기울여야 할 것이다.

이 외에도 다문화가족이 증가하였음에도 불구하고 우리 사회에는 아직까지도 단일민족의식, 순혈주의 풍조 그리고 다문화가족에 대한 사회적 편견이 잔존하고 있다. 이에 따라 다문화가족은 사회적 편견으로 인한 어려움과 함께 의사소통의 어려움, 문화적 차이, 자녀 출산과 양육 문제, 부부 갈등, 사회적 지원 체계 부족, 법과 제도에 대한 정보 및 이해 부족 등 다양한 문제를 겪고 있다. 그러므로 다문화가족이 우리 사회에 잘 적응할 수 있도록 지원하는 다양한 프로그램, 교육·경제·의료지원 서비스 제공 등 다각적인 정책이 필요하다.

(7) 입양가족

입양(adoption)은 생물학적인 과정이 아닌 법적·사회적 관계에 의해서 입양 부모와 입양자녀 간에 친자 관계를 맺는 것이다. 이러한 입양 과정을 통해 입양 부모와 입양자녀로 구성된 가족을 입양가족이라 한다.

전체 입양 아동 수는 해마다 줄어들고 있는 추세인데, 이는 저출산 심화 등 복합적인 원인에서 비롯된 것으로 분석된다. 2019년 입양규모는 총 704명으로 국내 입양(387명, 54.9%)이 국외 입양(317명, 45.0%)보다 더 많이 이루어졌다. 이는 해외 입양을 억제하고 국내 입양을 권장해 온 최근 정부 정책의 영향과 함께 우리 사회의 혈연주의가 점차 완화되고 있음을 시사한다.

〈표 1-11〉 입양 아동수　　　　　　　　　　　　　　　　　　　(단위: 명)

	2011	2012	2013	2014	2015	2016	2017	2018	2019
국내	1,548	1,125	686	637	683	546	465	378	387
국외	916	755	236	535	374	334	398	303	317
계	2,464	1,880	922	1,172	1,057	880	863	681	704

출처: 중앙입양원, www.kadoption.or.kr

[그림 1-11] 입양아동 현황

출처: 중앙입양원, www.kadoption.or.kr

　　2020년도 사회조사 결과에 따르면(통계청, 2020c), 입양에 대해 긍정적인 견해를 보인 사람은 2년 전보다 소폭 증가한 것으로 나타났다. '자녀를 원하지만 출산이 어렵다면 적극 고려해 보겠다'(19.9%)와 '자녀 유무에 상관없이 여건이 허락되면 입양을 하고 싶다'(10.9%)는 응답 비중이 모두 2년 전보다 소폭 증가한 것으로 나타났다.

〈표 1-12〉 입양에 대한 견해[1]   (단위: %)

	계	자녀를 원하지만 출산이 어렵다면 적극 고려해 보겠다	자녀 유무에 상관없이 여건이 허락되면 입양을 하고 싶다	입양하고 싶은 생각이 없다	잘 모르겠다
2018년	100.0	17.5	10.5	39.9	32.1
2020년	100.0	19.9	10.9	37.3	32.0

주: 1) 19세 이상 응답자
출처: 통계청(2020c). 2020년 사회조사 결과.

　　반면, ‘입양하고 싶은 생각이 없다’는 견해를 보인 사람의 비중은 37.3%로
2년 전보다 2.6%p 감소하였다. 입양하고 싶지 않은 이유는 ‘입양의 필요성
을 못 느껴서’(43.0%), ‘친자녀처럼 양육할 수 있을지 걱정이 되어서’(34.6%),
‘경제적으로 부담이 되어서’(15.1%)의 순으로 나타났다.

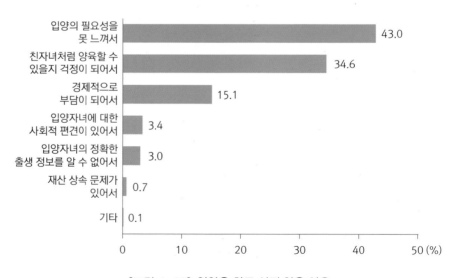

[그림 1-12] 입양을 하고 싶지 않은 이유

출처: 통계청(2020c). 2020년 사회조사 결과.

입양 후에는 다양한 가정생활의 변화를 경험하게 되는데, 입양가족의 증가는 필연적으로 가족 구조의 변화 및 구성원의 역할 변화를 수반한다. 즉, 부부만 살던 가족에게는 부모-자녀 관계가 새로 형성되고, 자녀가 있던 가족에게는 또 다른 자녀가 추가됨으로써 부부관계뿐만 아니라 부모-자녀 관계 및 형제자매 관계에도 변화를 가져온다. 그러므로 입양은 가족 구성원 모두의 충분한 대화를 통한 합의에 기초해 결정되어야 하며, 입양 후에는 가족 구성원 공동의 노력이 요구된다.

참고문헌

건강가정컨설팅연구소(2017). 결혼과 가족. 서울: 시그마프레스.

김명자, 계선자, 강기정, 김연화, 박미금, 박수선, 송말희, 유지선, 이미선(2009). 아는 만큼 행복한 결혼 건강한 가족. 경기: 양서원.

신용주, 김혜수(2017). 다음 세대를 위한 부모교육. 서울: 학지사.

신용주, 김혜수(2018). 결혼과 가족. 서울: 창지사.

신용주, 김혜수(2021). 뉴 노멀 시대의 결혼과 가족(2판). 서울: 창지사.

유안진, 김연진(2000). 부모교육. 서울: 동문사.

유영주(2004). 새로운 가족학. 서울: 신정.

이순형, 민하영, 권혜진, 정윤주, 한유진, 최윤경, 권기남(2010). 부모교육. 서울: 학지사.

장휘숙(1999). 청년심리학. 서울: 학지사.

정계숙, 문혁준, 김명애, 김혜금, 신희이, 심희옥, 안효진, 양성은, 이희선, 정태회, 제경숙, 한세영(2019). 부모교육(3판). 서울: 창지사.

최혜순, 이미현(2019). 현대사회의 변화와 함께하는 영유아교육기관 부모교육. 경기: 어가.

통계개발원(2015). 한국의 사회동향 2015.

통계개발원(2020). 한국의 사회동향 2020.

통계청(2018). 2018년 사회조사결과.

통계청(2020a). 2019년 다문화 인구동태 통계.

통계청(2020b). 2020 통계로 보는 1인 가구.

통계청(2020c). 2020년 사회조사 결과.

통계청(2020d). 인구동향조사: 2019년 출생·사망통계 잠정 결과.

통계청(2020e). 인구동향조사: 2019년 혼인·이혼 통계.

통계청(2020f). 인구주택총조사.

통계청(2020g). 인구총조사.

통계청(2020h). 지역별 고용조사.

한미현, 문혁준, 강희경, 공인숙, 박보경, 안선희, 안효진, 양성은, 이경열, 이경옥, 이진숙, 천희영(2021). 아동복지. 서울: 창지사.

허혜경, 박인숙, 김혜수(2017). 현대 사회와 가정. 서울: 동문사.

Olson, D. H., DeFrain, J., & Skogrand, L. (2014). *Marriage and families: Intimacy, diversity, and strengths.* (8th ed.). New York: McGraw-Hill Education.

법제처, www.law.go.kr

서울특별시 한부모가족지원센터, http://seoulhanbumo.or.kr

여성가족부, http://www.mogef.go.kr

조선일보(2021.1.7.). 비정규직, 만혼·비혼, 자산양극화… 2030의 '코로나 트라이앵글'

중앙일보(2021.1.23.). "나 하나도 건사하기 힘든데, 결혼해 아이까지 낳겠나"

중앙입양원, https://www.kadoption.or.kr

통계청 e-나라지표, 장래가구추계/인구총조사(한부모가구 비율). http://www.index. go.kr/potal/main/EachDtlPageDetail.do?idx_cd=1578

KOSTAT통계플러스(2020, 봄호). 첫 출산으로의 이행과 무자녀 가구. 세종: 통계청.

결혼과 가족

이 장에서는 가족을 형성하는 제도적 출발점인 결혼의 개념, 결혼의 변화양상, 결혼의 적응, 성공적 결혼과 행복한 결혼 그리고 부부관계의 역할과 유형에 대해 살펴보고자 한다.

1. 결혼의 개념

　최근에 많은 사랑을 받았던 대중가요인 김연자의 〈아모르파티〉의 가사를 보면 '연애는 필수, 결혼은 선택'이라는 구절이 있다. 과거에는 결혼을 결혼적령기에 도달한 성인 남녀가 반드시 해야 하는 필수적인 삶의 관문과 같이 여겼었다. 하지만 최근에는 가치관의 변화와 함께 다양한 생활양식에 대한 인식이 확산됨에 따라 점차 결혼을 개인적인 선택사항으로 여기고 있다. 아직도 대부분의 사람이 결혼을 하는 쪽으로 선택하고 있기에 여전히 결혼의 중요성은 공감대가 많이 형성되고 있는 편이다. 이러한 사회 변화에 따라 동거나 독신, 비혼(결혼을 못한 미혼이 아니라, 결혼을 주체적으로 선택하지 않는 삶의 방식) 그리고 이혼에 대한 가치관 역시 점점 더 개방적으로 변화하고 있는 추세이다.

　성인이 된 남녀는 이성교제를 통해 서로를 알게 되고, 서로가 결혼을 원하게 되면 배우자 선택 과정을 통해 결혼에 이르게 된다. 결혼은 본인의 자유로운 의사에 따른 남녀의 결합이지만, 법적인 승인을 얻어서 양가 가족, 사회 그리고 국가에 공포함으로써 부부로 인정받는 사회적 의미를 지닌다. 하지만 사회적 승인이 없는 남녀의 동거생활이나 성생활은 법적 · 제도적 부부가 아니므로 사회적으로 인정을 받지 못한다.

　대부분의 사회에서는 특정한 형식이나 의식을 통해 가족과 친지에게 부부가 된다는 것을 알리는 결혼식을 한다. 과거에는 관습혼주의였기 때문에 결혼식이 부부로서 사회적으로 승인을 받는 실혼(實婚)을 의미하였다. 그러나

🎧 데이트를 즐기는 커플   🎧 결혼을 앞둔 예비부부

현재 우리나라에서 결혼은 신고혼주의(법률혼주의)로서, 혼인 신고만 해도 부부로 인정을 받을 수 있다. 다시 말해, 우리나라에서는 결혼의 법적 승인인 혼인신고를 하여야 결혼한 부부로 인정된다.

결혼은 자신이 태어나서 성장한 출생 가족을 떠나 배우자와 함께 새로운 가족을 형성하는 법적 및 사회적 결합이라 할 수 있다(김명자 외, 2009). 결혼은 남녀 간의 성적 결합으로 이루어지는 개인적인 생활 관계인 동시에 일체의 친족적 생활의 기초를 이루는 사회적 및 법적 관계이다.

결혼은 사회 질서뿐 아니라 윤리적으로 영향력 있는 사회적 제도이자 법적 결합이다. 저명한 가족학자인 올슨과 그의 동료(Olson et al., 2014)에 따르면, "결혼은 정서적 · 육체적 친밀감과 함께 다양한 과업, 경제적 자원을 공유하는 두 사람의 정서적이고 법적인 공약이자 책임 관계"이다.

브로데릭(Broderick, 1992: 1993)은 결혼의 특징을 다음과 같이 제시하고 있다(건강가정컨설팅연구소, 2017 재인용).

- 결혼은 인구학적 사건(demographic event)이며, 하나의 사회적 단위를 만든다.
- 결혼은 두 가족과 사회적 관계망의 결합(joining of two families and social

networks)이다.

- 결혼은 부부와 국가 간에 이루어지는 합법적인 계약(legal contract)이다.
- 결혼은 경제적인 결합(economic union)이며, 부부는 하나의 재정적 단위를 이룬다.
- 결혼은 가장 보편적인 성인의 동거 형태(the most common living arrangement)이다.
- 결혼은 대다수 인간의 성적 활동이 이루어지는 맥락(context of most human sexual activity)이다.
- 결혼은 노동력 재생산의 단위(reproductive unit)이다.
- 결혼은 자녀를 사회화시키는 단위(unit that socializes children)이다.
- 결혼을 통해 친밀하고 삶의 자원을 공유하는 관계(intimate, sharing relationship)를 형성하는 기회가 된다.

사회는 법적 승인을 받은 결혼에 대하여 특권적인 관계를 허용한다. 부부란 그들이 속한 사회의 관습이나 법에 의해 승인되어야 하며, 그 자녀들에 대하여 일정한 권리와 의무를 수행하여야 한다. 결혼은 부부 간에 이루어지는 성관계만을 인정함으로써 사회의 도덕 수준을 높여 주고, 그 자녀의 합법성을 인정하며, 부모의 권리와 함께 책임 있는 부양 관계를 성립시킨다. 또한 결혼은 가정의 재산권을 보호하고, 혼인 당사자의 권리를 보장해 주며, 중혼

🎧 결혼하는 부부

또는 부적격자의 결혼으로부터 보호해 준다(허혜경 외, 2017).

2. 결혼의 변화 양상

1) 우리나라의 결혼 현황

결혼은 필수가 아니라 선택이라는 인식이 확산됨에 따라 우리나라의 결혼 관련 통계는 다음과 같은 결혼의 변화 양상을 보여 주고 있다(통계청, 2020b).

첫째, 우리나라의 성별 혼인율을 살펴보면, 남녀 모두 평균 초혼연령이 높아지고 있는 만혼화 현상이 뚜렷하다. 2009년도 평균 초혼연령은 남성

〈표 2-1〉 평균 초혼 및 재혼 연령(2009~2019)　　　　　　　　　　　　　　　(단위: 세)

| | | 2009 | 2010 | 2011 | 2012 | 2013 | 2014 | 2015 | 2016 | 2017 | 2018 | 2019 | 증감 | |
													전년 대비	10년 전 대비
초혼 연령	남성	31.6	31.8	31.9	32.1	32.2	32.4	32.6	32.8	32.9	33.2	33.4	0.2	1.8
	여성	28.7	28.9	29.1	29.4	29.6	29.8	30.0	30.1	30.2	30.4	30.6	0.2	1.9

출처: 통계청(2020b). 2019년 혼인 · 이혼 통계.

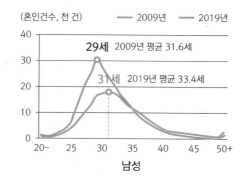
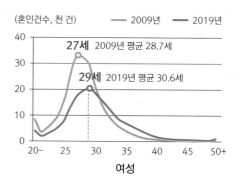

[그림 2-1] 초혼 연령별 혼인건수 및 평균 초혼연령(2009, 2019)

출처: 통계청(2020b). 2019년 혼인 · 이혼 통계.

31.6세, 여성 28.7세였으나, 지속적으로 평균 초혼연령이 상승함에 따라 2015년부터는 남녀 모두 평균 초혼연령이 30세를 넘어섰으며, 2019년에는 남성은 33.4세, 여성은 30.6세로 나타났다.

이와 같이 평균 초혼연령은 남녀 모두 매년 높아지고 있는데, 초혼연령의 증감 폭은 여성이 남성보다 다소 큰 것으로 나타났다. 또한 2019년 남녀 간

〈표 2-2〉 혼인건수 및 조혼인율(2009~2019)

	2009	2010	2011	2012	2013	2014	2015	2016	2017	2018	2019
혼인건수(천 건)	309.8	326.1	329.1	327.1	322.8	305.5	302.8	281.6	264.5	257.6	239.2
증감(천 건)	-18.0	16.3	3.0	-2.0	-4.3	-17.3	-2.7	-21.2	-17.2	-6.8	-18.5
증감률(%)	-5.5	5.3	0.9	-0.6	-1.3	-5.4	-0.9	-7.0	-6.1	-2.6	-7.2
조혼인율*	6.2	6.5	6.6	6.5	6.4	6.0	5.9	5.5	5.2	5.0	4.7

* 인구 1천 명당 건
출처: 통계청(2020b). 2019년 혼인 · 이혼 통계.

[그림 2-2] 혼인건수 및 조혼인율 추이(1970~2019)

출처: 통계청(2020b). 2019년 혼인 · 이혼 통계.

의 평균 초혼연령 차이는 2.8세로 나타났다.

둘째, 우리나라는 혼인건수가 꾸준히 감소하고 있는 추세이다. 구체적으로, 2019년 혼인건수는 23만 9천 2백 건으로 전년대비 7.2%(-1만 8천 5백 건) 감소한 것으로 나타났다. 조혼인율(인구 1,000명당 혼인건수)은 4.7건으로 전년대비 0.3건 감소하였으며, 1970년 통계 작성 이후 매년 최저치를 갱신하고 있는 실정이다.

셋째, 종류별 결혼 추세(통계청, 2020b)를 살펴보면, 2019년도 남성의 경우 전체 혼인 중 초혼이 83.4%, 여자의 경우 초혼이 81.1%를 차지하였으며, 남녀 모두 초혼은 전년대비 감소추세를 보이고 있다. 재혼을 살펴보면, 2019년도 남성의 경우 전체 혼인 중 재혼이 16.5%, 여성의 경우 전체 혼인 중 재혼이 18.6%로 전년대비 재혼 역시 감소추세를 보이고 있다. 1999년부터 2019년까지 남녀 성별에 따른 혼인 종류별 구성비는 [그림 2-3]과 같다.

넷째, 최근 초혼 부부의 변화 양상 중 하나는 남성과 여성의 연령차가 점점 감소하고 있다는 것이다. 2019년 초혼 부부 중 남성이 연상인 부부는 66.7%, 여성이 연상인 부부는 17.6%, 동갑 부부는 15.7%로, 남성연상 부부의 비율이 가장 높다. 전반적으로 부부간의 연령차가 점점 감소하고 있는 추세이다.

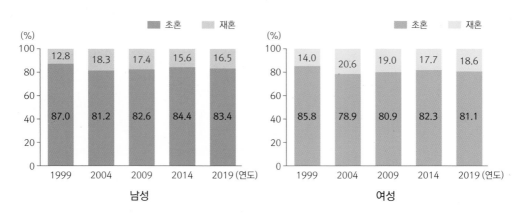

[그림 2-3] 혼인 종류별 구성비(1999~2019)

출처: 통계청(2020b). 2019년 혼인·이혼 통계.

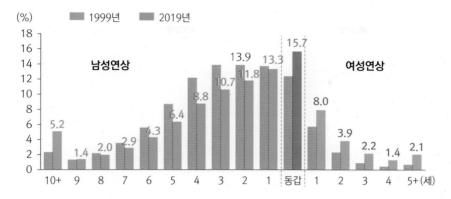

[그림 2-4] 초혼 부부의 연령차별(1세 단위) 혼인 구성비(1999, 2019)

출처: 통계청(2020b). 2019년 혼인 · 이혼 통계.

혼인 구성비상에 나타난 증감세를 살펴보면, 남성연상 부부는 감소세를 보이고 있는 반면, 동갑 부부 및 여성연상 부부는 증가세를 보이고 있다. 연령차별 혼인 비중은 남성 3~5세 연상(25.9%)이 가장 많았으며, 남성 1~2세 연상(25.1%), 동갑(15.7%), 여성 1~2세 연상(11.9%) 순으로 많았다.

2) 결혼에 대한 의식 변화

결혼에 대한 의식 변화를 결혼 · 이혼 · 재혼에 대한 견해와 결혼문화에 대한 견해를 중심으로 2020년 사회조사 결과(통계청, 2020a)에 의거하여 살펴보고자 한다.

(1) 결혼 · 이혼 · 재혼에 대한 견해

첫째, 결혼에 대한 의식 변화를 살펴보면, 결혼을 해야 한다고 생각하는 사람의 비중은 51.2%로 2년 전보다 3.1%p 증가한 것으로 나타났다. 성별 분포를 살펴보면, 남성이 여성보다 결혼을 해야 한다고 생각하는 비중이 13.8%p 더 높은데, 특히 미혼 남녀의 경우 결혼에 대한 견해의 차이가

〈표 2-3〉 결혼·이혼·재혼에 대한 견해 (단위: %)

	계[1]	결혼			이혼			재혼		
		해야 한다[2]	해도 좋고 하지 않아도 좋다	하지 말아야 한다[3]	하지 말아야 한다[4]	할 수도 있고 하지 않을 수도 있다	이유가 있으면 하는 것이 좋다	해야 한다[2]	해도 좋고 하지 않아도 좋다	하지 말아야 한다[3]
2018년	100.0	48.1	46.6	3.0	33.2	46.3	16.7	12.4	64.6	14.9
2020년	100.0	51.2	41.4	4.4	30.2	48.4	16.8	8.4	64.9	17.3
남성	100.0	58.2	35.4	3.1	34.8	45.4	14.3	11.0	65.6	13.1
여성	100.0	44.4	47.3	5.6	25.7	51.2	19.2	5.9	64.2	21.4
미혼남성	100.0	40.8	48.0	5.0	19.5	51.6	19.4	7.3	69.8	7.5
미혼여성	100.0	22.4	62.4	10.5	8.9	56.4	28.7	2.4	77.4	8.5

주: 1) 각 항목별로 '잘 모르겠다' 포함
　　2) '반드시 해야 한다'와 '하는 것이 좋다'를 합한 수치
　　3) '하지 않는 것이 좋다'와 '하지 말아야 한다'를 합한 수치
　　4) '어떤 이유라도 이혼해서는 안 된다'와 '이유가 있더라도 가급적 이혼해서는 안 된다'를 합한 수치
출처: 통계청(2020a). 2020년 사회조사.

18.4%p로 더 크게 벌어졌다.

　둘째, 이혼에 대한 의식 변화를 살펴보면, 이혼을 할 수도 있고 하지 않을 수도 있다고 생각하는 사람의 비중은 48.4%로 증가한 반면, 이혼을 하지 말아야 한다고 생각하는 비중은 30.2%로 감소 추세를 보였다.

　셋째, 재혼에 대한 의식 변화를 살펴보면, 재혼을 해도 좋고 하지 않아도 좋다는 의견이 64.9%로 2년 전보다 소폭 상승하였으며, 남녀 모두 중립적인 의견이 가장 높으나, 재혼을 해야 한다고 생각하는 비중은 남성이 여성보다 5.1%p 더 높게 나타났다.

(2) 결혼문화에 대한 견해

　결혼문화에 대한 견해 차이를 동거, 결혼과 자녀에 대한 의식, 외국인과의 결혼을 중심으로 살펴보고자 한다(통계청, 2020b).

첫째, 동거에 대한 의식을 살펴보면, 남녀가 결혼을 하지 않더라도 함께 살 수 있다고 생각하는 사람은 전체 응답자의 59.7%로 2년 전보다 3.3%p 증가하였으며, 이는 2012년 이후 계속 증가하고 있는 추세이다.

둘째, 자녀에 대한 의식을 살펴보면, 결혼하지 않고도 자녀를 가질 수 있다고 생각하는 사람은 전체 응답자의 30.7%로 2년 전보다 0.4%p 증가하였으며, 이 결과 역시 2012년 이후 계속 증가하고 있다.

셋째, 결혼하면 자녀를 가져야 한다고 생각하는 사람은 전체 응답자의 68.0%로 2년 전보다 1.6%p 감소하였으며, 그 비중은 남성이 여성보다 9.3%p 더 높게 나타났다.

넷째, 외국인과의 결혼에 대한 의식을 살펴보면, 외국인과 결혼해도 상관없다고 생각하는 사람은 전체 응답자의 71.0%로 2년 전보다 1.6%p 감소세를 보였다.

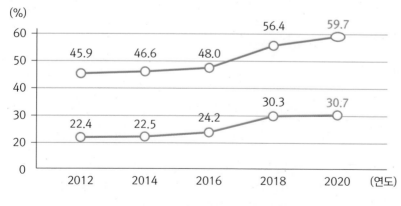

[그림 2-5] 결혼문화에 대한 견해

출처: 통계청(2020a). 2020년 사회조사.

〈표 2-4〉 결혼문화에 대한 견해 (단위: %)

		계	동의	전적으로 동의	약간 동의	반대	약간 반대	전적으로 반대
남녀가 결혼을 하지 않더라도 함께 살 수 있다	2018년	100.0	56.4	12.9	43.5	43.6	26.3	17.3
	2020년	100.0	59.7	16.1	43.6	40.3	24.3	16.0
	남성	100.0	62.4	16.9	45.5	37.6	23.3	14.3
	여성	100.0	57.0	15.3	41.7	43.0	25.3	17.8
결혼하지 않고도 자녀를 가질 수 있다	2018년	100.0	30.3	6.3	23.9	69.7	38.0	31.7
	2020년	100.0	30.7	7.2	23.4	69.3	36.2	33.1
	남성	100.0	32.6	7.4	25.1	67.4	36.6	30.8
	여성	100.0	28.8	7.0	21.8	71.2	35.8	35.4
결혼하면 자녀를 가져야 한다	2018년	100.0	69.6	25.4	44.1	30.4	21.9	8.6
	2020년	100.0	68.0	25.5	42.6	32.0	22.1	9.8
	남성	100.0	72.7	27.0	45.8	27.3	20.0	7.2
	여성	100.0	63.4	24.0	39.5	36.6	24.1	12.4
외국인과 결혼해도 상관없다	2018년	100.0	72.6	23.6	49.0	27.4	20.0	7.4
	2020년	100.0	71.0	24.9	46.1	29.0	20.6	8.4
	남성	100.0	72.1	24.4	47.8	27.9	20.3	7.6
	여성	100.0	69.9	25.4	44.5	30.1	20.9	9.2

출처: 통계청(2020a). 2020년 사회조사.

3. 결혼의 적응

결혼을 하게 되는 동기는 개인마다 다르다. 친밀한 관계를 가지며 안정된 생활을 추구하기 위하여, 성적 욕구를 합법적으로 충족하기 위하여, 경제적 안정을 위하여, 자녀를 갖기 위하여 등으로 다양하다.

결혼의 동기는 크게 개인적 욕구를 충족하기 위한 개인적 측면과 사회의 욕구를 충족하기 위한 사회적 측면으로 나눌 수 있다. 개인적 측면으로는 성적 만족과 심리적 안정을 추구하기 위해서이며, 사회적 측면으로는 사회적 유대감을 증진시키고 가문을 계승하기 위해서이다. 최근에 결혼의 동기는 사회적 측면보다 개인적 측면이 더욱 중요하게 인식되고 있다.

어떤 사람들은 사회적 지위, 돈, 명예, 불행한 가정환경이나 고독감으로부터의 도피, 부모의 권유, 복수심, 동정심, 혼전 임신 등과 같은 부정적 동기로 결혼을 하기도 한다. 결혼의 동기가 순수하면 할수록 보다 나은 결혼 상대자를 선택할 확률이 높으며 결혼 실패의 가능성도 줄어든다(이경화 외, 1999: 신용주 외, 2011 재인용).

결혼을 하게 되면 자연히 부부관계가 성립되며, 그 영역은 법적 · 인격적 · 성적 · 사회적 · 경제적 영역 등 다방면을 아우른다. 부부관계란 결혼한 남성과 여성, 두 사람이 서로의 생리적 · 심리적 · 사회적 욕구를 충족시키기 위해 상호 적용하는 관계를 의미한다. 여기서 적용이란 부부간의 적용뿐만 아니라 사회경제적 또는 모든 내적 · 외적 환경에의 적용을 포함한다. 부부 간의 적용은 크게 성적 적용, 인격적 적용, 경제적 적용 그리고 생활문화적 적용으로 구분할 수 있다(신용주 외, 2021; 허혜경 외, 2017; 홍길회 외, 2015).

1) 부부의 성적 적응

결혼생활에서 부부간의 성생활은 극히 자연스러운 일이며, 부부는 성적 적용을 통해서 재생산의 성공률을 증가시키고, 성적 욕구를 만족시킨다. 원만한 성적 적용을 위해서는 부부가 서로 동등한 위치에서 서로에 대한 신체적 · 심리적 · 인격적 · 생활문화적인 이해가 수반되어야 한다.

부부관계에 있어서 성의 의미를 살펴보면 다음과 같다(김용미 외, 2006).

첫째, 부부간에 성은 생식을 통한 자녀 출산의 목적이 있다.

둘째, 성은 부부간의 사랑과 친밀감의 표현이라 할 수 있으며, 부부간의 또 다른 교감의 유형이다.

셋째, 부부는 성을 통해 쾌락과 즐거움을 누릴 수 있다.

넷째, 부부간의 성행위는 결혼이라는 합법적인 제도하에 상대방에 대한 상호 신뢰 및 소유의 표현이다.

부부의 성적 적응 정도는 결혼 만족도뿐만 아니라, 부부간의 친밀감을 형성하는 데에 상당히 중요하다. 그러나 부부간의 갈등이나 성에 대한 무지, 비현실적인 성적 기대감, 피로와 스트레스, 신체적 질병 등은 성적 부적응을 유발하는 요인으로 작용할 수 있다.

최근 우리나라 기혼 부부의 성적 적응에 있어서 가장 심각한 문제는 섹스리스 부부의 증가라 할 수 있다. 섹스리스(sexless)란 상대방으로부터 성적으로 긍정적인 반응을 얻지 못하거나 성관계로 인한 즐거움이나 만족감을 부인하는 경우, 또는 다른 활동에 에너지를 너무 많이 쓰기 때문에 성적 에너지가 부족할 경우에 생기는 현상이다(김영희 외, 2020). 무한 경쟁 시대, 스트레스와 피로감, 정서적 여유의 부족 등으로 인해 부부간에도 성적 적응이 쉽지 않다. 부부간에 친밀감을 가지고 성적 만족감을 누리는 부부가 건강하고 행복한 삶을 누릴 수 있으므로 부부간의 성적 적응이 필요하다.

2) 부부의 인격적 적응

부부의 인격적 적응이란 부부간의 심리적 및 내적인 적응을 의미한다. 이는 부부관계 속에서 자신의 인격이 지속적으로 변화될 수 있으며, 상대방의 인격 또한 적응시킬 수 있다는 특징을 지닌다.

물론 개개인의 타고난 성품이 원만하여 부부의 인격적 적응이 순조로운 경우도 있다. 그러나 대부분의 경우 부부가 인격적으로 적응하기 위하여 필요한 갈등을 정상적인 것으로 인식하되, 단시간 내에 발전적인 방향으로 갈등을 해결하려는 상호 간의 노력이 필요하다. 이를 위해서는 상대방의 인성과 행동을 이해하며, 서로를 독립적인 존재로 인정하는 사고방식이 필요하다.

부부의 인격적 적응을 위해서는 다음 사항을 고려하여야 한다(임혜경 외, 2017).

첫째, 부부간의 차이를 수용한다. 부부는 서로 다른 환경에서 성장했기 때문에 각기 다른 인격을 지니는 것은 당연하다. 개인차를 다름으로 인정하고 상대방을 존중하는 것이 중요하다.

둘째, 부부는 상호 보완적인 관계이지만, 각자의 자율성과 독립성이 보장되어야 한다. 부부의 공동생활 영역 외에 다른 사회적 환경 내에서도 상호 보완적 역할이 있음을 인식하되, 개인의 자율성과 독립성을 확보하여 부부 각자의 사고와 행동 방식의 차이를 인정하여야 한다. 부부 개인의 견해차로 인해 부부 갈등이 생기지 않도록 서로 이해하고 효율적인 의사소통을 하여야 한다.

셋째, 부부는 상호 존중하여야 한다. 가장 가까운 부부관계일수록 서로를 한 사람의 인격체로 더욱 존중해야 한다.

넷째, 부부간의 갈등이 어느 정도는 존재하는 것이 당연하다. 부부간에 인격적 적응을 통해 부부 갈등의 원인을 찾아 해결하며, 부부관계를 건강하게 유지하여야 한다.

3) 부부의 경제적 적응

부부관계에 있어서 경제적 적응은 현실적으로 상당히 중요하다. 부부의 경제력은 교육적 배경이나 직업과 밀접한 관계를 지니며, 이는 가족이 생활해 나갈 수 있는 경제적인 능력을 의미한다. 부부가 공동으로 재정을 관리하며 경제적으로 적응하기 위해서는 부모로부터 받은 재산의 상속보다는 부부의 경제력과 소비에 대한 태도가 무엇보다도 중요하다. 금전적인 문제는 결혼 초기 거의 모든 부부가 직면하는 현실적인 문제이자 갈등의 주요 요인이 될 수 있으므로, 신혼기의 경제적 적응은 무엇보다 중요하다.

부부의 경제적 적응에 대한 내용은 다음과 같다(신용주 외, 2021; 허혜경 외, 2017).

- 경제적 적응에 있어서 먼저 부부간에 '경제적 부'에 대한 가치와 신념을 공유한다. 각자에게 있어서 돈의 의미와 가치, 가정에서 추구할 경제적 부에 대한 기대 목표를 함께 설정한다.
- 경제적 적응을 위해서는 부부의 수입원을 고려하여 예산 계획을 수립하고 지출 기록을 남겨서 부부가 함께 서로의 소비 패턴을 분석함으로써 예산 한도를 초과하거나 무절제한 지출을 지양할 수 있다.
- 우리나라에서는 대부분의 경우 부인이 경제권을 가지고 있으나, 부부 공동형으로 지출에 대한 의사 결정권을 행사하는 것이 가장 바람직한 형태이다. 재정 관리도 부부가 공동으로 하거나 아니면 부부 중 경제 감각이 좀 더 나은 사람이 관리하는 것이 효과적이다.
- 부부가 공동으로 재정 관리에 대한 경제적 의사결정권을 가져야 한다. 예산 관리, 재정 계획 수립, 수입 관리, 소비 및 지출, 저축 및 투자에 대한 의사결정권을 부부가 함께 행사하는 것이 바람직하다.

4) 부부의 생활문화적 적응

가족은 공동생활을 통해 가족 고유의 가치관을 가지고 생활하면서 고유한 생활 습관이나 행동 유형, 즉 생활문화를 형성하게 된다. 생활문화는 살아가는 과정에서 가치, 생활 목표, 태도, 생활 전반에 대한 활동, 생활양식, 의견, 문화 등을 아우르는 종합적으로 구조화된 체계라 할 수 있다. 가족마다 고유한 생활문화를 가지게 되며, 부부 역시 다른 생활문화적 경험을 가지고 결혼생활을 시작하게 된다. 부부가 서로 생활하다 보면, 의식주에서의 생활양식, 일상생활, 취미 활동 등 생활문화 전반에서 서로 차이가 나타나게 되는데, 이러한 생활문화적 차이를 어떻게 조율하며 살아가는가가 바로 생활문화적 적응이다.

부부는 각자 성장한 가정문화의 영향을 받아 형성된 생활문화적 차이로 대립하기보다는 서로 양보하고 조정해 나가는 생활문화적 적응을 통해 그들 부부만의 고유한 생활문화를 정립하게 된다. 생활문화적 적응 과정에서 어느 한쪽 문화에 일방적으로 적응하거나, 서로에게 익숙한 생활문화를 주장하기보다는 충분한 대화와 새로운 가족 상황을 고려하여 상호 수용적으로 고유한 가족 생활문화를 만들어 가는 것이 바람직하다.

지금까지 살펴보았듯이 부부간의 적응은 결혼생활의 만족도뿐만 아니라 부부관계의 유형을 좌우하는 결정적인 요인으로 작용한다. 인간은 누구나 자신이 선택한 배우자와 결혼하여 행복한 부부가 되기를 바란다. 결혼은 개인적으로 둘 사이의 사랑을 일궈 나가야 하고 사회적으로는 부부라는 새로운 사회적 관계를 맺음에 따른 지위의 변화에 법률적·사회적으로 기대되는 성인으로서의 책임과 권리를 갖기 때문에 서로가 지속적으로 적응하려는 노력이 필요하다. 결혼생활의 적응은 새로운 상황과 새로운 역할의 변화에 융통성 있게 대처하며 함께 살아가는 방법을 터득하고, 상호 간의 기대에 부응하도록 자신을 적절히 변화시켜야 한다.

4. 성공적 결혼과 행복한 결혼

결혼은 성적·인격적·경제적·생활문화적으로 적응하는 과정으로, 결혼을 선택한 부부는 행복한 가정을 이루고자 노력해야 할 것이다. 부부는 결혼생활에 대한 준비와 노력을 아끼지 말아야 하며, 이것은 곧 가족의 행복을 일궈 가는 전략이 된다.

결혼의 의미는 독신생활에서 완전한 성생활, 책임감 있는 태도와 능력, 가족원을 위한 구매, 우리의 생활, 배우자의 입장, 며느리·사위의 입장, 가족

중심의 습관으로의 변화를 특징으로 들 수 있다(김양희, 2009).

- 독신의 불완전한 성생활에서 공인된 두 사람 간의 '완전한 성생활'로
- 낭만적 사랑에서 현실과 관련된 '책임감 있는 태도와 능력'으로
- 개인의 구매에서 배우자와 '가족 구성원을 위한 구매'로
- 나의 생활에서 '우리의 생활'로
- 자녀의 입장에서 '배우자의 입장'으로
- 자녀의 입장에서 '며느리·사위의 입장'으로
- 개인적 습관에서 '가족 중심의 습관'으로

우리가 바라는 성공적 결혼과 행복한 결혼에 대하여 살펴보면 다음과 같다(허혜경 외, 2013).

1) 성공적 결혼

성공적 결혼이란 개인뿐 아니라 가족 구성원 모두가 만족스러운 수준에 도달할 수 있도록 두 사람 상호 간에 역동적이고 발전적인 관계를 형성할 수 있는 결혼을 의미한다. 성공적 결혼의 필수 요소는 상대방의 성격, 특성 등을 이해하고 서로 조화를 이루려고 노력하는 태도에 있다. 상대방의 능력, 자유, 자존심을 존중하고, 그 목표에 도달할 수 있도록 용기를 주며, 격려하고 수용해 줘야 한다. 상대방의 모든 행동을 무시하거나 방해하거나 거부하는 태도는 두 사람의 관계를 방해하는 요소가 될 수 있다.

또한 성공적 결혼은 법적 요소를 충족시켜야 한다. 즉, 두 사람이 속한 사회의 사회적 기대나 그 사회의 문화, 도덕, 윤리의 규범 안에서 허용되는 결혼이어야 한다. 성공적 결혼을 위해서는 서로 건강한 정서적 발달을 추구하여야 하며, 이로 인해 평안한 가정 분위기를 형성할 수 있어야 한다. 결혼이란 두 사람만의 관계뿐 아니라 많은 가족, 친척 등과의 인간관계를 포함하는

것이므로, 그 사회의 기대 수준에 어느 정도 부합하여야 그들의 결혼을 성공적으로 이끌 수 있다.

성공적 결혼이 반드시 행복하고 이성적이며 만족스럽고 완전한 것은 아니다. 다만, 결혼이 외적 요인과 함께 개인의 내적 요인을 만족하게 해 줄 수 있을 때, 비로소 완벽한 것이 될 수 있다. 내적 요인은 두 사람의 개인적 욕구, 인성 특성, 적응능력을 말하며, 외적 요인은 사회적·경제적·가족 여건 등을 들 수 있다.

성공적 결혼의 결정 요인으로는 사회의 요구와 기대에 어긋나지 않게 이루어진 결혼, 당사자가 원하고 기대했던 사람과의 결혼, 양가의 가족들이 지지하는 결혼, 현대사회에서 살아갈 수 있는 경제적 능력이 있고 이에 잘 적응할 수 있는 성숙한 배우자를 들 수 있다.

결혼생활의 성공 요인으로는 다음을 들 수 있다(오영희 외, 2005; 유영주 외, 2000; 허혜경 외, 2017).

첫째, 부부의 공동 관심이 가정, 자녀, 사랑 등과 같은 문제에 있을 경우가 돈, 명예, 향락 등에 관심을 둔 부부의 경우보다 안정적이고 성공적이다.

둘째, 부모들의 결혼생활이 행복할 때, 자녀의 결혼생활도 행복하게 될 가능성이 많다. 행복한 가정과 부모 밑에서 자란 사람일수록 자신의 생활을 행복하게 영위할 자질을 갖고 있다.

셋째, 결혼 전 교제 기간이 길었던 사람들이 비교적 결혼생활에 행복하게 적응할 수 있다. 갑작스러운 기분이나 일시적인 충동, 부정적인 동기로 이루어진 결혼일수록 결혼생활의 만족도 또는 행복의 지속성이 낮다.

넷째, 교육 수준, 직업, 생활 정도, 취미가 비슷할 때에 적응이 비교적 쉽기 때문에 비슷한 사회적·문화적 배경을 지닌 배우자 간의 결혼이 성공적일 가능성이 크다.

2) 행복한 결혼

일반적으로 성공적 결혼과 행복한 결혼을 혼동하여 사용할 경우가 많다. 행복이란 주관적이고 단편적이며 순간적인 감정이기 때문에 일반화시켜 설명하기가 어렵다. 결혼에는 여러 가지 요인이 작용하여 부분적으로 행복을 느끼거나 만족을 느낄 수 있지만, 행복이란 오래가는 감정이 아니므로 전적으로 행복한 결혼이라는 표현은 쓰기 어렵다.

성공적 결혼은 행복할 가능성이 크지만, 행복한 결혼이 반드시 성공적일 수는 없다. 왜냐하면 결혼한 두 사람의 조건이 앞서 제시된 성공적인 결혼의 조건에 따라가지 못하는 경우라도 두 당사자는 서로 행복할 수 있기 때문이다. 즉, 행복이란 어디까지나 주관적인 개념이므로 결혼의 행복 여부는 쉽게 판단하기 어렵다.

이처럼 행복이란 단편적이고 주관적인 데 반해, 결혼은 오랜 기간의 생활이고 다양한 요인이 작용하므로, 결혼생활의 행복이란 단순한 행복감으로 표현할 수 있다. 행복감을 가진 사람은 우선 기분 좋은 상태의 감정을 가진다. 행복감은 완전히 긴장을 풀고 자유롭고 편안하며 불편이 없는 상태로 모

⋒ 여행을 즐기는 노년기 부부

든 것을 완화할 수 있다. 또한 행복감을 가진 사람은 매일의 생활에서 충실감을 가지고 책임감 있게 행동하며, 자신의 생에 대한 계획을 단계적으로 실현하고, 아울러 자아발전의 욕구를 품고 전진해 나간다. 또한 생을 긍정적으로 받아들이고, 생활을 즐겁게 보낼 줄 알며, 쓸데없는 불평이나 불만으로 시간을 낭비하지 않는다.

결혼생활에서 행복감이란 개인의 충동, 습관, 희망 등이 적절하게 방출되어 자기발견, 자아실현을 위해 안정감을 가지고 충실하게 생활할 수 있는 심리상태를 말한다. 이렇듯 결혼생활의 성공이나 행복은 그대로 얻어지는 획득물이 아니라 끊임없는 적응, 자기 노력, 수행, 투쟁으로 만들어지는 생성물이다. 따라서 결혼의 성공 및 행복은 부부 당사자의 노력 여하에 달려 있다(유영주 외, 2000).

5. 부부의 역할과 유형

1) 부부의 역할

가족 구성원은 가족 내에서 일정한 지위를 갖게 되며, 사회적으로뿐만 아니라 가정적으로 기대되는 역할을 수행하며 살아간다. 부부는 결혼 후에는 남편으로서 또는 아내로서의 역할을 얼마나 잘 수행하느냐의 여부에 따라 한 가족의 삶의 질과 행복이 크게 좌우된다. 부부의 역할 수행은 비단 개인에 국한된 것이 아니라 가정, 나아가 사회에 중요한 영향을 직간접적으로 미칠 수 있다. 부부의 역할은 시대의 변천에 따라, 또한 성역할 개념의 변화에 따라 크게 변화하였다. 특히 여성의 고등 교육 수준, 사회적 지위, 경제적 능력 등이 향상되면서 부부의 권력과 역할이 양성평등적으로 변화하고 있다.

부부의 역할은 크게 다음의 세 가지 유형으로 분류할 수 있다(김태현, 1994: 권석만, 2014, 재인용).

(1) 부부 취업형 가족

부부 취업형 가족(dual career family)은 부부가 각자 직업을 갖고 사회적 활동을 하는 맞벌이가족이다. 이 유형은 부부가 모두 직업을 통해 자아실현을 이루며 직업생활에서 만족을 얻게 되는 반면, 가사 분담과 자녀양육의 어려움이 수반될 수 있다. 부부가 모두 경제적 수입이 있는 동시에 직업을 통한 사회적 지위도 지니고 있어 부부간에 평등한 가족권력이 주어지는 경우가 많다. 그러나 아직도 가족권력과 가족역할의 분담 과정에서 다양한 갈등이 초래되는 경우가 많다.

(2) 역할 공유형 가족

역할 공유형 가족(role sharing family)은 가정 내의 역할을 부부가 공평하게 분담하는 가족 유형이다. 이 유형은 성역할 고정관념이 비교적 적고, 가사와 자녀양육뿐 아니라 경제적 부양 역할 모두 부부가 함께 분담한다. 맞벌이부부가 아니더라도 가족역할의 공유 영역이 확대되고 가족 내 성 역할이 평등해지는 최근의 추세를 반영하는 가족 유형이다.

(3) 역할 전환형 가족

역할 전환형 가족(role reversal family)은 전통적 가족에서 남편이 담당했던 역할과 아내가 담당했던 역할이 뒤바뀐 가족 유형을 의미한다. 현대사회에서는 남성과 여성이 가족부양과 가사·육아 역할이 뒤바뀌거나, 가정 내에서 직업 활동을 할 수 있는 다양한 자유 직업이 생겨나고 있다. 특히 코로나 펜데믹 이후에는 비대면으로 재택근무가 이루어지는 경우가 많아져서 가족부양의 역할과 가사·육아의 역할이 이루어지는 맥락을 가정과 사회로 구분하기 어려워졌다. 가정과 사회로 역할을 구분하기보다는 가사를 전담하는 남편, 경제적 부양 역할을 담당하는 아내와 같은 역할 전환형 가족이 출현하고 있다.

2) 부부관계의 유형

큐버와 해로프(Cuber & Haroff, 1986)는 결혼 후 10년 동안 이혼을 고려하지 않고 결혼 생활을 잘 영위하고 있는 부부 211명을 대상으로 연구를 실시한 결과, 부부관계를 〈표 2-5〉와 같은 여섯 가지 유형으로 범주화하였다(신용주 외, 2021 재인용; 최규련, 2008).

〈표 2-5〉 부부관계 유형

유형	특징
주기적 부부관계 (the cyclical relationship)	부부가 극심한 갈등 상황에서 심리적으로 힘들어지나, 화해나 회복을 반복하여 다시 평정을 찾는 상황을 주기적으로 반복하는 부부관계이다.
갈등이 습관화된 부부관계 (the conflict- habituated relationship)	만성적으로 갈등과 불만이 쌓여 있고 불화가 있지만 이혼을 생각하지 않는 유형이다. 사소한 일상생활의 견해 차이부터 정치 및 종교와 같은 심각한 문제에 이르기까지 극심한 긴장과 갈등을 가진 불안정한 유형이나, 결코 부부 싸움이 가정을 해체시킬 만한 이유로는 작용하지 않는 부부관계이다.
활기가 약화된 부부관계 (the devitalized relationship)	신혼 초기에는 열정적이고 활기가 넘쳤으나 결혼 생활이 지속됨에 따라 점차 의무적으로 가족과 시간을 보내고, 자발적이기보다는 책임감으로 행동하며 그럭저럭 살아가는 부부관계이다. 즉, 결혼 초에는 부부 간에 상호 작용과 친밀감이 많았으나, 세월이 지나면서 부부 상호 간에 활력이 없어진 유형이다.
냉담으로 일관된 부부관계 (the passive- congenial relationship)	신혼 초기부터 활기가 없었다는 점에서 활기가 약화된 부부관계와 큰 차이가 없다. 결혼을 친밀감보다는 자아실현, 경제적 안정, 자녀의 희망, 출세 등과 같은 안락한 삶의 방편으로 여긴다. 이 부부는 결혼에 대한 비현실적인 기대가 적으므로 이혼에 이르는 경우가 드물며, 상대의 불만족스러운 부분에 대해서는 개입하기보다는 체념하고 살아가므로 비교적 갈등도 적다.
활력적인 부부관계 (the vitalized relationship)	결혼 초기부터 친밀감, 유대감, 상호작용이 활발하게 교류되고 계속 유지되는 유형이다. 이 부부에게는 부부관계 자체가 각자에게 중요한 삶이다. 각자가 독자성을 지니며 서로의 심리적인 행복과 사회적 성공에 조속히 갈등을 해결하고, 다시 활력적인 관계를 유지하려는 적응능력과 노력이 강한 부부관계이다.

전체적인 부부관계 (the total relationship)	부부 두 사람 간에 친밀감, 유대감, 동반 활동이 가장 강하고, 다른 일보다 결혼생활과 배우자와의 관계에 우선순위를 두는 유형이다. 이 부부는 비슷한 직업, 같은 직장이나 함께 운영하는 사업에 종사하는 경우가 많으며, 생활의 많은 부분에 활력적인 부부관계와는 차이가 있다. 이 유형은 갈등 시 갈등의 최소화에 주력하므로 누구의 잘잘못을 고려하기보다는 관계를 유지하며 해결하려는 데 초점을 둔다. 이 부부는 많은 시간을 부부 중심으로 지내기 때문에 자녀에게 소외감을 줄 우려가 있다.

출처: 신용주 외(2021). 뉴 노멀 시대의 결혼과 가족.

이 부부관계 이론에 의하면, 한 부부관계 유형이 평생 동안 지속되는 것을 의미하는 것은 아니며, 갈등 상황에서 문제를 해결하는 방법도 부부관계 유형별로 다양하다. 예를 들면, 배우자의 부정과 같은 사건이 발생한 경우 갈등이 습관화된 부부는 부부 싸움을 통해 해결하고 다시 부부관계를 회복하는 반면, 전체적인 부부관계는 결혼생활의 해체라는 결론으로 갈등을 해결하는 경향을 보였다.

참고문헌

건강가정컨설팅연구소(2017). 결혼과 가족. 서울: 시그마프레스.

권석만(2014). 젊은이를 위한 인간관계의 심리학. 서울: 학지사.

김명자, 계선자, 강기정, 김연화, 박미금, 박수선, 송말희, 유지선, 이미선(2009). 아는 만큼 행복한 결혼 건강한 가족. 경기: 양서원.

김양희(2009). 신혼기 건강가정을 위한 길라잡이: 우리 방금 결혼했어요. 동작구 건강가정지원센터.

김영희, 김경미(2020). 결혼과 가족. 경기: 파워북.

김용미, 서선희, 옥경희, 정혜정(2006). 결혼과 가족의 의미. 경기: 양서원.

김정옥, 박귀영, 유가효, 전귀연, 홍계옥, 홍상욱(2012). 가족관계. 경기: 양서원.

김종운, 박성실(2016). 만남 그리고 성장을 위한 인간관계 심리학. 서울: 학지사.

신용주, 김혜수(2011). 대학생을 위한 부모교육. 서울: 학지사.

신용주, 김혜수(2021). 뉴 노멀 시대의 결혼과 가족. 서울: 창지사.

유영주(1984). 신가족관계학. 서울: 교문사.

유영주, 김순옥, 김경신(2000). 가족관계학(개정판). 서울: 교문사.

이경화, 성영혜, 윤석희, 이신동(1999). 부모교육: 사랑, 결혼, 부모. 서울: 학문사.

이숙, 우희정, 최진아, 이춘아(2010). 부모교육. 서울: 학지사.

이은화, 김영옥(2000). 유아를 위한 부모교육. 서울: 동문사.

통계청(2015). 2015 청소년통계. 세종: 통계청.

통계청(2016). 2016 통계로 보는 여성의 삶. 세종: 통계청.

통계청(2020a). 2020년 사회조사.

통계청(2020b). 2019년 결혼 · 이혼 통계.

허혜경, 김혜수, 박인숙(2013). 현대가정의 이해. 서울: 문음사.

홍길회, 황정해(2015). 결혼과 가족관계. 서울: 동문사.

Gordon, T. (1975). *Parent effectiveness training*. New York: New American Library.

Rabin, A. I. (1965). Motivation for parenthood. *Journal of Projective Techniques, 29*(4).

Olson, D. H., DeFrain, J., & Skogrand, L. (2014). *Marriage and families: Intimacy, diversity, and strengths* (8th ed.). New York: McGraw-Hill Education.

부모교육의 이해

부모는 임신, 자녀의 출산, 그리고 자녀가 성장하는 동안에 부모역할을 원활하게 수행하기 위해 체계적이고 지속적인 교육이 필요하다. 이 장에서는 부모교육의 개념, 부모교육의 역사, 부모교육의 필요성, 부모교육의 목적 그리고 부모교육의 내용과 과정에 대하여 살펴보고자 한다.

1. 부모교육의 개념

1) 부모교육의 정의

부모가 되기는 쉬워도 부모 노릇을 잘하는 것은 어렵다. 부모는 자녀가 성장하고 발달하는 데 있어서 가장 중요한 인적 자원이다. 자녀는 부모의 양육환경에 따라 발달에 결정적이고 장기적인 영향을 받는다. 부모가 자녀를 바람직하게 양육하고 부모역할을 적절히 수행하기 위해서는 부모교육이 필요하다. 부모는 부모교육을 통해 자녀를 기르는 데 필요한 지식과 정보, 기술과 방법, 깨달음 등을 얻음으로써 자녀를 효과적으로 양육할 수 있다.

부모교육(parent education)은 부모가 부모역할을 효과적으로 수행할 수 있도록 정보나 지식을 전달하거나 전략 및 기술을 가르치는 교육적인 활동이다. 다시 말해, 부모교육은 아동의 성장 · 발달을 지원하고, 효율적인 부모역할을 수행할 수 있도록 부모 및 예비 부모에게 제공되는 교육이라 할 수 있다.

부모교육에 대한 정의는 학자마다 다양하여, 부모교육을 한마디로 정의하기는 쉽지 않다. 『유아교육사전』(한국유아교육학회 편, 1996)에서 부모교육은 "이미 부모가 된 사람들이나 예비 부모들을 위한 일종의 성인교육으로 자녀의 양육이나 교육, 가정생활의 개선 등에 관한 지식을 얻거나 소양을 높이기 위한 것을 목적으로 하는 교육"이라 정의하고 있다. 일반적으로 부모교육은

"부모의 자녀에 대한 이해와 지식을 증진시켜 사고와 감정 그리고 행동에 있어서 습관적인 방법을 돌이켜 검토해 보도록 함과 동시에 자녀를 양육하는 새로운 방법을 습득하도록 도와주는 다양한 교육적 경험"(이재연 외, 1999)이라 할 수 있다. 즉, 부모교육이란 부모가 스스로의 습관적인 양육행동에 대해 생각해 보고 자녀를 양육할 때보다 적절한 방법을 습득하도록 도와 부모역할의 전반적인 수행력을 길러 주는 교육적 경험이다(신용주 외, 2017).

2) 부모교육 관련 개념

부모교육의 개념을 이해하기 위해서는 부모교육과 관련된 다양한 용어에 대하여 살펴볼 필요가 있다. 부모교육과 관련된 개념으로는 부모참여(parent participation), 부모훈련(parent trainning), 부모역할(parenting), 부모지지(parent support), 부모개입(parent involvement) 등이 있다. 이 중에서 우리나라의 교육현장에서 가장 많이 사용되고 있는 용어는 부모교육과 부모참여이다.

예비 부모 및 부모를 대상으로 이루어지는, 주로 교육 대상이 수동적으로 교육을 받는 형태를 부모교육이라고 하고, 보다 적극적으로 참여하고 있는 형태를 부모참여로 보는 관점이 일반적이다. 부모교육과 관련된 다양한 개념을 구체적으로 살펴보면 다음과 같다(김경중 외, 2014; 김영옥, 2016; 정계숙 외, 2015; 허혜경 외, 2013).

(1) 부모참여

부모참여(parent participation)란 부모가 교육기관과의 긴밀한 유대관계를 통하여 자녀를 바르게 이해하고, 부모가 자녀의 교육현장에 직접 참여하는 것이다. 부모참여는 부모가 자녀의 발달에 영향을 주는 특정 프로그램의 구성 및 운영에 직접 참여하는 것으로 부모와 교사가 동반자로서 상호 유대관계를 가지면서 자녀의 효율적인 교육 및 발달을 위해 적극적으로 노력하는 모든 과정을 의미한다. 부모참여로 인해 학생들의 교육효과가 향상된다는 것이 알려짐에 따라, 교육기관에서는 부모를 중요한 자원으로 인식하여 의사결정자, 지원자, 교사보조자, 가정방문자, 정책참여자 등과 같은 여러 가지 역할로 교육현장에 참여할 수 있는 기회를 제공하고 있다.

(2) 부모개입

부모개입(parent involvement)은 부모참여와 유사하게 사용되는 개념으로서, 부모가 교육기관과 긴밀한 관계를 유지하면서 아동을 이해하고 교육의 질을 높이기 위하여 학습현장에 직접 개입하는 것을 의미한다. 부모는 교육기관에서 중요한 자원으로 활용되며, 다양한 방법으로 교육에 개입할 수 있다.

부모개입은 교육현장에서 다양한 유형으로 이루어지는데, 스티븐스와 킹(Stevens & King, 1979)은 부모개입을 다음과 같이 다섯 단계로 제시하였다(정계숙 외, 2015 재인용).

〈표 2-1〉 부모개입의 역할 및 내용

단계	역할	내용
1	청중으로서의 역할	정보를 습득하는 청중의 입장에서 최소한의 개입
2	교사로서의 역할	공식적 교육환경 또는 가정에서 자녀에게 교사로서 개입
3	자원봉사자로서의 역할	특별한 능력을 요구하지 않고 단지 부모참여활동을 돕거나 조직하는 자원봉사자로서 개입
4	훈련된 봉사자로서의 역할	정규적으로 훈련받은 준교사 또는 학교 보조원으로서 근무하며 개입
5	정책결정자로서의 역할	학교 프로그램, 정책 방향 설정에 부모가 직접 참여하여 개입

출처: 정계숙 외(2015). 부모교육.

(3) 부모훈련

부모훈련(parent training)은 프로그램을 통해서 바람직한 부모가 될 수 있도록 교육받거나 훈련하는 것을 의미한다. 부모훈련 프로그램과 같이 구체적 절차와 개입이 있을 때 '훈련'이라는 용어를 사용한다.

(4) 부모지원

부모지원(parent support)이란 친지로부터 받는 도움을 비롯하여 지역사회 내의 각종 학부모회, 지방자치단체, 교육기관, 사회복지기관, 아동복지시설, 병원, 기업체 등으로부터 제공받는 모든 유형의 지원을 의미한다.

(5) 부모역할

부모역할(parenting)이란 부모가 자녀의 발달단계에 따라 자녀를 양육하고 지도하는 일련의 계속적인 과정이다. 부모역할은 부모와 자녀 간의 지속적인 상호작용 과정으로 부모와 자녀 모두에게 영향을 주거나 모두를 변화시키는 것이다. 부모역할은 어머니 역할(mothering)과 아버지 역할(fathering)로 구분하여 사용하기도 한다. 최근에는 맞벌이가족이 증가함에 따라 일과 가정의 양립이 이루어지는 사회 환경을 조성하기 위하여 공동양육(co-parenting)이란 용어를 사용하기도 한다.

2. 부모교육의 역사

1) 고대 및 중세의 부모교육

가정은 인간이 사회 구성원으로서 발달할 때 접하게 되는 최초의 생활환경이다. 부모는 자녀가 가정에서 최초로 만나게 되는 의미 있는 타인(significant others)으로, 양육행동, 참여, 성격특성, 가치관 등을 통해 지속적이고 광범위한 자극을 제공함으로써 자녀의 발달과 사회화에 결정적인 영향을 미친다. 물론 기록이 없던 원시사회부터 부모는 자녀에게 농사짓는 방법,

사냥하는 방법, 스스로를 보호하는 방법, 음식과 옷을 만드는 방법 그리고 생활규범과 가치관 등을 가르쳤을 것이다.

그리스의 철학자 플라톤(Platon, B.C. 427~B.C. 342)은 그의 저서 『국가론(The Republic)』에서 이상적인 국가를 건설하기 위해서는 좋은 인재를 양성해야 하므로 자녀를 바르게 양육하고 교육하는 일이 중요하다고 확신했으며, 교육은 가족 구성원을 위해서가 아니라 강한 국가를 만들기 위해서 이루어져야 한다고 주장하였다.

플라톤(B.C. 427~342)

한편 아리스토텔레스(Aristoteles, B.C. 384~B.C. 322)는 아동은 선량한 시민으로 성장하도록 양육되어야 하며, 부모가 이러한 역할을 감당하여야 한다고 보았다. 그러기 위해서는 6세까지 가정에서 부모가 자녀를 양육하는 것이 중요하다고 주장하였다.

중세의 암흑시대는 정치, 도덕, 경제, 교육 등 모든 가치가 종교적 기준에 의해 결정되었다. 이 시기에는 인간이 악한 존재로 태어나기 때문에 부모가 자녀의 바람직하지 못한 특성을 교정해 주어야 할 책임이 있다고 믿었다. 이에 따라 자녀의 흥미나 개성은 억압되고 상당히 엄격한 도덕적 훈련이 가해지기도 하였으며, 자녀를 바르게 인도하기 위하여 체벌이 필수적으로 여겨졌다.

2) 근대의 부모교육

종교개혁 이후 자녀교육에 대한 관심이 높아지기 시작하면서 17세기에 와서야 비로소 부모교육에 대한 체계적인 기록을 찾을 수 있다. 이 시기부터 아동을 독립된 인격체로, 그리고 아동기를 독립된 발달시기로 인식되기 시작하였으며, 이에 따라 양육과 교육 측면에서 가정의 중요성이 강조되었다. 코메니우스, 로크, 루소, 페스탈로치, 프뢰벨 등과 같은 대표적인 교육학자들의 이론을 바탕으로 점점 구체적이고 실제적으로 아동을 이해하고 아동의 자발성을 존중하는 교육으로 변화하였다. 물론 오늘날에 비해 아동 개인의 욕구나 발달 특성이 고려되지 못하는 초보적인 수준에 불과하였으나, 이 시기부터 현대 부모교육의 기원을 찾을 수 있다는 데 의의가 있다(Bigner, 1985).

전통적으로 유럽에서는 아동이 성인의 축소판으로 인식되었다. 그러므로 인생의 독립된 시기로서의 '아동기'는 존재하지 않았으며, 아동은 성인과 같은 옷을 입었고, 성장하여 7~8세가 되면 성인처럼 노동을 하였다. 그러나 17세기 들어 유아 사망률이 감소됨에 따라 아동에 대한 인식이 달라졌으며, 점차 아동복지에도 관심을 갖기 시작하였다.

코메니우스(Comenius, 1592~1670)는 중세에 보편적이었던 아동의 타고난 성품이 악하다는 인식과는 대조적으로 인간의 본성은 선하다는 입장을 가지고 있었다. 그는 아동의 능력과 개성을 중시하여 감각교육과 함께 자연의 질서와 섭리에 따라 교육이 이루어져야 한다고 주장하였다. 또한 교육은 아동의 흥미와 의욕을 불러일으킬 수 있도록 즐겁게 진행해야 한다고 주장하였다.

코메니우스(1592~1670)

코메니우스가 1633년 어머니를 위한 양육 지침서인 『유아학교(Schola Infancy)』에서 '어머니학교(Mother's school)'의 중요성을 제창한 이래 부모교육에 대한 관심이 고조되었다. 그는 모든 아동은 출생해서 6세까지는 가정에서 어머니로부터 교육을 받아야 하며, 어머니의 무릎이 최초의 중요한 교육기관이라고 주장함으로써 어머니 역할 및 어머니를 위한 부모교육을 역설하였다.

로크(1632~1704)

코메니우스의 교육원리는 이후 로크(Locke, 1632~1704), 루소(Rousseau, 1712~1778), 페스탈로치(Pestalozzi, 1746~1827), 프뢰벨(Fröbel, 1782~1852) 등과 같은 유럽의 많은 교육학자에게 영향을 끼쳤다.

로크(Locke, 1632~1704)는 인간은 악하지도 또는 선하지도 않은 백지(白紙, tabula rasa)와 같은 상태로 태어나므로 인간의 본성은 어릴 때 경험하는 교육에 의해 좌우된다고 주장하였다.

로크는 가정교육이 학교교육보다 중요하다고 보았다. 1693년, 로크는 『교육에 대한 고찰(Some thoughts concerning education)』에서 일련의 편지 형식으로 부모를 위한 조언을 남겼다. 부모는 자녀가 어릴 때 가치 있는 경험을 통해 좋은 습관을 기르도록 최적의 환경을 조성하는 것을 강조하였다. 부모는 자녀를 훈육할 때 벌보다 칭찬이 바람직하며, 자녀에게 좋은 모델을 보여 주는 것이 중요하다고 보았다.

루소(1712~1778)

루소(Rousseau, 1712~1778)는 교육을 인간의 성장 가능성을 최대한 신장시킬 수 있도록 도와주는 활동이라고 정의하였다. 루소는 1762년에 집필한 『에밀(Emile)』을 통해 부모의 양육관을 변화시키는 데 영향을 미쳤다. 루소는 인간은 본래 선하게 태어났으므로, 아동을 자연적인 방법으로 양육해야 한다고 주장하였다. 아동은 모유로 키워야 하며, 아동의 선한 천성이 자연스럽게 발달할 수 있도록 간섭이나 강요하지 말고 관찰을 통해 아동에게 적합한 교육을 시켜야 한다고 하였다. 아동 내부에 잠재해 있는 자연적 발달을 위해 아동을 존중하고 구속하지 말며, 아동 스스로 보고 느끼고 생각하도록 도와주어야 한다고 주장하였다. 따라서 아동에게 주입식, 암기식으로 가르치지 말고 자연을 통해 배울 수 있도록 교육해야 한다고 하였다. 루소는 부모가 아동의 나이나 능력에 맞는 적절한 과제를 제시해 주되, 개인차를 고려하고, 아동 스스로 하고자 하는 동기가 자연스럽게 생길 수 있도록 지나친 간섭은 삼가며, 아동의 자발적인 동기에서 비롯된 경험을 통한 배움을 주장하였다.

페스탈로치(1746~1827)

페스탈로치(Pestalozzi, 1746~1827)는 부모교육의 아버지로 알려진 스위스의 교육자이다. 페스탈로치는 루소의 자연주의 사상에 영향을 받아 교육의 본질이 인간의 자연적 본성의 개발에 있다고 보았다. 특히 그는 루소의 『에밀』의 영향을 받아서 교육은 자녀가 어머니의 무릎에 앉는 순간, 즉 가능한 한 어린 시기부터 시작할 것을 강조하였다.

페스탈로치는 1801년 부모교육의 시발점이라 할 수 있는 『겔트루드는 어떻게 자녀들을 가르치는가?(How Gertrude teaches her children?)』에서 인간 형성의 기초는 생의 초기에 경험하는 가정교육에 있다고 보았다. 자녀가 가정생활 속에서 최초의 교사인 어머니와 나누는 인간적인 접촉이 교육의 출발점이며, 모성애는 아동 발달의 원동력이 된다고 주장하였다. 부모는 자녀에게 도덕교육과 종교교육을 제공해야 하는데, 그 방법은 어머니와 자녀 간의 상호관계 속에서 가르쳐야 한다고 주장함으로써 어머니와 감각적 상호작용을 강조하였다.

프뢰벨(1782~1852)

프뢰벨(Fröbel, 1782~1852)은 유치원(kindergarten)의 창시자로서, 루소와 페스탈로치의 자연주의 교육관과 아동중심 교육사상을 이어받아 학령전기 영유아에게 많은 관심을 가졌으며, 부모교육의 발전에도 영향을 미쳤다.

프뢰벨은 만물은 신의 본성에 따라 존재하는데, 교육은 인간 내부에 존재하고 있는 신성(神性)을 계발해 주는 것으로 보았다. 부모는 유아가 가지고 있는 이 신성을 잘 계발해 주어야 하는데, 이를 위해서는 유희와 노작교육을 강조하였다. 특히 프뢰벨은 놀이를 신적인 것을 자유롭고 창조적으로 표현하는 활동을 보았다. 아동은 놀이를 통해 자신 안에 있는 신적인 것을 자유롭게 밖으로 표현하면서 자신의 소질과 내적 성향을 전개시킬 수 있으므로, 프뢰벨은 창조적이며 자발적인 자기표현의 활동으로 놀이를 강조했다. 프뢰벨은 영유아를 위한 놀이 교육용 교구로 은물(gift)을 고안하였다.

프뢰벨은 1843년 출판한 『어머니와 아기의 노래(Mother's songs, games, card stories)』에서 어머니가 자녀에게 들려줄 수 있는 노래, 게임, 이야기 등과 같은 가르쳐야 할 내용을 소개하였다. 그는 이 책에서 어머니가 가정에서 자녀에게 이야기해 주고 놀이를 가르칠 때 율동과 노래를 함께해 주면 더욱 효과적으로 배울 수 있다고 언급하였다.

프뢰벨은 아동교육으로는 간섭적인 교육을 배제한 자유로운 교육이 더 적합하다고 믿었다. 프뢰벨은 아동을 하나의 완전한 인격체로 인정하고, 인간에게 내재된 신성(神性)을 계발하는 것을 교육의 목적으로 삼았다. 프뢰벨에게 있어서 신성을 발달시킨다는 것은 바로 아동이 창조적이고 자발적인 자기활동을 하도록 적절히 교육을 시키는 것을 의미한다(허혜경 외, 2019). 또한 프뢰벨은 부모가 자녀를 교육하는 목적은 아동의 잠재능력을 자극하여 발달시키는 것이라고 주장하였다. 따라서 그는 훌륭한 어머니란 아동의 잠자고 있는 잠재능력을 끌어내어 계발하고 전개하도록 하는 사람이라고 보았다.

3) 현대의 부모교육

(1) 서양의 부모교육

부모교육의 흐름은 유럽에서 미국으로 부모교육과 자녀양육에 큰 영향을 주었다. 1888년에 최초로 미국 아동보육협회(Society for the Study of Child Nurture)가 창립되었다. 1889년 스탠리 홀(Stanley Hall)은 아동연구센터를 설립하고, 질문지법을 사용하여 아동연구를 실시하였다. 홀의 아동연구운동은 1900년대에 손다이크(Thorndike)나 왓슨의 연구로 이어졌다.

20세기는 아동의 세기라 불릴 정도로 아동 연구활동이 활발하게 전개되었다. 20세기 초반 부모교육에 영향을 준 학자로는 프로이트(Freud), 왓슨(Watson), 아들러(Adler) 그리고 스포크(Spock)를 들 수 있다(김경중 외, 2014; 정계숙 외, 2015; 정옥분 외, 2008).

프로이트(Freud, 1856~1939)는 빅토리아 시대에 이상적으로 여겨졌던 엄격한 훈육에 반론을 제기하였다. 그는 만약 부모가 자녀의 본능적 욕구를 거

프로이트(1856~1939)

부하게 되면 자녀는 심리적 손상을 받게 되고, 그 영향은 이후의 삶까지 지배하게 된다고 주장하였다. 프로이트의 정신분석이론은 많은 부모에게 기존의 양육방식에 대하여 의문을 갖게 하는 계기가 되었다. 정신분석이론의 영향으로 아동의 욕구를 지나치게 억압하지 않고 양육하는 것을 바람직하게 여겼으며, 아동의 생각을 보다 자유롭게 표현하도록 허용하게 되는 시발점이 되었다.

프로이트는 생애초기 교육의 중요성을 강조하였다. 즉, 생애초기 단계에 부모와의 상호작용에 따라 아동의 행동 양상과 성격발달에 상당한 영향을 받을 수 있다고 하였다. 프로이트의 정신분석이론의 영향으로 부모들의 양육태도가 변화하면서, 부모들은 정서적으로 건강한 자녀를 원하게 되었다.

왓슨(1878~1958)

행동주의 심리학을 주창한 왓슨(Watson, 1878~1958)은 아동의 초기 경험과 환경의 중요성 그리고 보상과 벌의 방법을 사용한 부모역할을 주장하였다. 수유 시간과 양, 자녀양육과 관련된 규칙성을 강조하였으며, 아동의 행동에 비추어 시간을 판단할 수 있을 정도로 규칙적이고 엄격한 양육을 하는 것이 바람직한 부모역할이라고 간주하였다. 1928년에 출판된 『아동의 심리적 보살핌(Psychological Care of Infant and Child)』에서 부모는 자녀의 응석을 받아 주지 말고 작은 성인으로 취급할 것, 자녀에게 객관적인 태도를 취할 것, 자녀 스스로 사물을 발견하도록 내버려 둘 것, 성에 대해서는 아동이 사실적으로 이해할 수 있는 수준의 언어로 설명할 것 등과 같은 구체적인 양육 지침을 제공하였다. 그는 절제된 환경에서 규칙적이고 엄한 부모역할이 아동의 발달에 바람직한 영향을 미친다고 주장하였다.

나에게 12명의 건강한 영아를 주십시오. 그리고 그들을 잘 키울 수 있는 특별한 환경만 마련해 준다면, 나는 그들 중 어느 한 아이를 무작위로 골라 훈련시켜서 내가 원하는 어떠한 전문가로도 길러 낼 수 있습니다. 그의 재능이나 기호, 성향, 능력, 직업, 조상의 인종과 상관없이 의사, 법률가, 예술가, 판매지배인, 최고경영자로 만들 수 있습니다. 심지어 거지나 도둑으로도 만들수 있습니다(Watson, 1924, p. 104).

오스트리아 태생의 아들러(Adler, 1870~1937)는 부모, 교사 그리고 성인들이 협력하여 아동을 용기 있고 책임감 있는 사람으로 양육해야 한다고 주장하였다. 그의 이러한 신념은 유럽의 여러 곳에서 아들러 아동상담소가 설립되는 계기가 되었다. 이후 아들러는 유럽의 정치적 변화로 인해 미국으로 이주하였으며, 그의 이론은 드라이커스(Dreikurs)의 민주적 부모교육이론으로 발전하게 되었다.

특히 제1차 세계대전 후 약 10년 동안 미국은 부모교육의 전성기로 여겨질 정도로 관심이 고조되었으며, 부모교육의 개념도 이 무렵부터 체계적으로 적립되기 시작하였다. 영유아기가 성격 형성에 결정적인 시기로 여겼고, 건강, 영양, 아동의 행동 유형 등 아동 발달에 관심을 기울였으며, 자연히 아동 발달의 영향 요인인 부모역할과 부모교육의 연구가 시작되었다. 1924년 미국 부모교육협회(National Council on Parent Education of America)가 결성되었으며, 1942년에는 미국 아동연구협회(Child Study Association of America)로 명칭이 바뀌어 활동하였다. 제2차 세계대전 이후에는 아버지의 부재 현상이 아동의 발달에 어떠한 영향을 미치는가에 관심을 기울이게 되었다.

스포크(1903~1998)

미국의 소아과 의사인 스포크(Spock, 1903~1998) 박사는 전 세계적으로 육아의 혁명을 불러일으켰다. 그는 1946년에 『아동양육전서(The Common Sense Book of Baby and Child

♠ 스포크의 『아동양육전서』
출처: Legacy.com, https://www.legacy.com/news/culture-and-history/dr-benjaminspock-child-care-and-controversy/

Care)』를 출판하여 수유, 이유, 배변 훈련, 수면, 소아질병, 그 외의 일과 등 부모가 알아야 할 다양한 정보를 다루어 자녀양육에 많은 영향을 주었다. 이 책은 전 세계적으로 번역되어 부모들의 양육 지침서로 널리 보급되었다. 그 영향으로 부모는 자녀가 어릴 때부터 지나치게 엄격한 양육을 하기보다는 자녀가 배고파하면 먹이고, 배변 훈련도 자녀가 신체적으로 근육조절능력이 발달되었을 때 부드러운 태도로 실시하였다. 발달을 주도하는 능력이 자녀에게 있으므로 부모는 온정적인 태도로 자녀의 발달이 극대화될 수 있도록 양육하는 것이 바람직하다고 여겨졌다.

미국의 1950년대의 부모교육의 특징으로는 부모교사연합회(Parent Teacher Association: PTA)의 설립을 들 수 있으며, 이에 참여하는 부모의 수도 증가하게 되었다. 이 시기 미국에서는 부모교육, 학령 전 교육 프로그램, 성인교육 등이 활발하게 진행되었는데, 이러한 부모교육 프로그램은 중류층 부모들이 자녀양육에 대한 정보를 습득할 수 있는 채널이 되었다. 특히 1957년 옛 소련이 스푸트니크 1호의 발사에 성공하면서 미국에서는 교육 및 과학 기술 부문에서 충격을 받은 스푸트니크 쇼크(Sputnik Shock)가 발생하였으며, 이로 인해 기존의 학교 교육을 비롯하여 부모교육에 대해 의문과 비판이 제기되었다.

1960년대는 부모교육의 전환기를 맞이하였다. 1960년을 기점으로 그 이전에는 교사나 전문가로부터 부모

♠ 헤드 스타트 및 조기 헤드 스타트 프로그램
출처: ChildCare.gov, https://www.childcare.gov

가 '교육받는' 수동적인 부모교육이 강조되었으나, 그 이후에는 저소득층의 취학 전 자녀를 위한 보상교육 프로그램이 생겨났다. 1964년 빈곤퇴치전쟁 (War on Poverty)을 선포한 존슨 대통령은 저소득층이 빈곤의 악순환에서 벗어나기 위한 방법의 일환으로 균등한 교육 기회를 제공하는 보상교육 프로그램을 실시하였다. 대표적으로 헤드 스타트 운동(Head Start movement)을 선두로 하여 보다 체계적인 부모교육이 실시되었다. 헤드 스타트 프로그램은 빈곤가정, 영양실조 아동, 교육환경 결손 영유아들을 대상으로 지적 발달과 정서적 발달에 주력하였으며, 부모교육을 중요한 요소로 포함하고 있다. 지금도 헤드 스타트와 조기 헤드 스타트 프로그램(Head Start and Early Head Start Program)은 저소득 가정 자녀들의 발달과 교육을 위해 무상으로 제공되고 있으며, 유아교육 프로그램(Preschool Programs)과 학령기 프로그램(School-age Child Care), 휴가 및 하계방학 프로그램(Vacation and Summer Child Care Programs), 가정 보호 서비스(Care in Your Own Home) 등으로 다양하게 운영하고 있다.

1970년대에 들어서면서 다양한 부모교육 프로그램이 개발되었다. 고든 (Gordon)의 『부모효율성 훈련이론』(1970), 로저스(Rogers)의 『내담자중심치료』, 스키너(Skinner)의 『행동수정』, 『체계적 부모효율성 훈련이론』(1976), 팝킨(Popkin)의 『적극적 부모역할훈련』(1983) 등이 개발 및 보급되었다.

또한 브론펜브레너(Bronfenbrenner, 1917~2005)가 주장한 인간 발달의 생태학적 관점이 소개되었다. 브론펜브레너 (1979)는 인간을 사회라는 큰 틀 속에서 생물학적·심리적·사회적으로 적응하고 발달하는 존재로 규정하고, 발달을 생태학적 모델로 이해하는 생태학 이론(ecological theory)을 정립하였다. 아동 발달에 기여하는 생태적 환경으로 부모와 아동 간의 상호작용뿐 아니라 가족, 친구, 지역사회, 국가, 법과 제도, 문화 등과 같은 주변 요인과 사회적 영향, 역사적

브론펜브레너(1917~2005)

환경 등이 포함된다는 관점이 제시되었다. 따라서 생태학적 관점에서 효과
적인 교육을 위해서는 개인과 가족을 둘러싼 환경과의 관계에 역점을 두어
야 한다고 강조하였다.

20세기 후반의 부모교육의 특징으로는 국가의 개입이 보편적으로 이루
어졌으며, 영유아의 조기교육과 함께 어머니뿐 아니라 아버지도 부모교육
에 참여시켜 공동양육을 해야 한다는 주장이 제기되었다는 점이다(신용주,
2012; 정계숙 외, 2015). 또한 다양한 부모교육 프로그램이 보급됨에 따라 부
모에게 부모교육의 선택의 폭이 넓어졌다는 점을 들 수 있다.

(2) 우리나라의 부모교육

우리나라에서는 해방 이후부터 사친회, 부모회, 육성회 등으로 부모개입
이 부분적으로 이루어져 오다가 점차 부모교육과 부모참여의 범위가 확대
되어 왔다. 1960년대 이후 본격적으로 부모교육에 관한 이론과 저서가 국
내에 소개되었다. 1969년 스포크 박사의 『아동양육전서』, 1972년에 기노트
(Ginott)의 『부모와 자녀 사이』 등의 아동양육지침서가 번역되어 출간되었다.
1985년에는 '체계적 부모효율성 훈련 프로그램(STEP)', 1989년에는 고든의
'부모효율성 훈련 프로그램', 1995년에는 '적극적 부모훈련 프로그램(APT)'이
국내에 소개되었다.

국내에서는 부모교육 프로그램으로 '자녀의 힘을 북돋우는 부모훈련(1993)'
이 개발되었다. 대학에서 교양 과목으로 예비 부모교육이 처음 개설된 것은
1997년 고려대학교의 '부모되기교육'과 중앙대학교의 '부모교육'을 들 수 있
으며, 대학생들의 높은 호응도는 부모교육에 대한 필요성을 반영한다고 볼
수 있다.

2000년도 이후에는 개방화된 성문화와 보편화된 이성교제로 인해 청년들
의 연애관과 결혼관이 변화하였다. 이로 인해 혼전 성관계와 미혼모 증가,
독신, 비혼, 나아가 우리 사회의 미래를 위협할 수준의 유례없는 저출산 현

상마저 이어지면서 부모교육에 대한 관심이 급증하게 되었다.

2016년부터 여성가족부에서는 부모교육을 생애주기 및 가족 유형을 고려하여 보다 체계화하여 실시할 것을 권고하고 있다. 결혼 전 학교의 정규 교육과정부터 대학, 군대, 결혼 전까지 부모교육을 지속적으로 실시하며, 고등학교 졸업 시기에 가족 가치 및 예비 부모교육을 실시하고, 초·중·고등학교 교육과정에 부모교육과 관련된 내용을 체계화하며, 나아가 대학 교양강좌 편성 시 부모교육의 내용이 반영될 수 있도록 권고하고 있다(여성가족부, 2016a).

특히 최근에 연이어 우리 사회를 뜨겁게 달구고 있는 빈번한 아동학대 사례는 현재 부모이거나 미래에 부모가 될 사람을 대상으로 반드시 부모교육을 실시해야 한다는 사회적 공감대를 형성하고 있다.

3. 부모교육의 필요성

부모교육은 부모가 된 사람이나 성인을 대상으로 실시되어야 할 뿐만 아니라 아동·청소년 복지적 차원에서 아동문제에 대한 일차적 예방 수단이 되기 때문에 부모기에 대한 준비가 필요한 예비 부모인 청소년에게도 반드시 필요하다.

부모교육의 내용은 시대나 사회 또는 문화에 따라 다양한 맥락을 담게 된다. 핵가족화, 여성의 사회진출 기회 증대, 가족의 구조와 기능의 변화와 같은 사회적 변화와 함께 지식정보사회, 4차 산업혁명 시대가 요구하는 시민상에 부합하도록 자녀를 양육하는 것은 그다지 쉬운 일이 아니다. 자녀교육의 필요성을 인식하고 이를 위해 부모교육을 실시하는 것은 미래의 주역을 양성하는 보람 있는 일이자 시대적 요청이라 할 수 있다.

로시(Rossi, 1986)는 부모교육이 필요한 이유로 다음 네 가지를 제안하고 있다.

- 부모됨의 준비가 늦다.
- 임신 중에는 학습할 수 있는 기회가 제한되어 있다.
- 예기치 않은 사회변동에 적응해야 한다.
- 성공적인 부모기를 갖기 위한 지침서 및 연구가 부족하다.

사회가 변화함에 따라 자녀를 양육하는 방식도 변화하고 있으며, 점점 더 부모교육의 중요성이 증가하고 있다. 이에 이은화와 김영옥(2000)은 부모교육의 필요성을 다음과 같이 제시하고 있다.

- 대부분의 성인이 부모가 될 것이다.
- 예비 부모교육이 가정에서는 물론 기초적 교육에 포함되어 있지 않다.
- 부모에 대한 충분하지 못한 지침으로 인해 혼란과 갈등을 야기한다.
- 태아기부터 유아기에 이르는 생애초기는 발달상 상당히 중요하다.
- 부모역할은 혼돈스럽고 어려운 과제이다.
- 부모는 자녀양육에 관한 도움을 원하고 있으며, 부모교육을 필요로 한다.
- 많은 여성이 취업하고 있으며 자녀양육이 현실적 문제가 되고 있다.
- 자녀양육에 있어서 아버지의 참여가 중요한 요인이다.
- 부모기나 아동에 관련된 잘못된 통념이 아직도 많이 존재하고 있다.

부모교육의 필요성을 종합해 보면 다음과 같다(신용주 외, 2017).

첫째, 사회에 편재해 있는 부모나 아동에 대한 통념을 버리고 자녀양육에 대한 올바른 인식이 정립되기 위해서는 부모교육이 필요하다(Hammer & Turner, 1990). 이와 관련해 르매스터와 드프레인(LeMaster & DeFrain, 1989)이 정리한 자녀양육에 대한 통념은 〈글상자 3-1〉과 같으며, 이와 같이 부모에게 혼란을 주는 통념은 부모교육을 통해 근절될 수 있다.

글상자 3-1　**자녀양육에 대한 그릇된 통념**

1. 자녀양육은 즐거운 것이다.

    자녀를 양육한다는 것은 재미있고 낭만적인 것만은 아니다. 물론 자녀양육은 보람
    있고 재미도 있지만 막중한 책임이 필요하다.

2. 아동은 사랑스럽고 귀엽다.

    그러나 아동은 부모의 기분을 상하게 할 때도 있으며 귀엽지 않을 때도 분명히 있다.

3. 자녀는 좋은 부모를 만나면 잘 성장한다.

    그러나 멋진 부모 슬하에서도 문제 자녀가 있을 수 있으며, 반대로 부모에게 문제가
    있더라도 자녀가 반듯하게 성장할 수 있다.

4. 자녀는 부모의 결혼생활의 질을 향상시킨다.

    그러나 사실 자녀를 둔 이후부터 부부만족도는 급격하게 감소된다.

5. 부모가 자녀를 올바르게 양육하면 자녀는 올바르게 성장한다.

    부모의 모델링이 자녀에게 상당한 영향을 주는 것은 사실이나, 현대와 같이 복잡한
    사회에서는 자녀에게 영향을 주는 변인은 그 외에도 다양하다.

6. 아동의 본성은 그다지 중요하지 않으며, 좋은 부모는 어떤 아동도 잘 다룰 수 있다.

    부모-자녀 관계는 상호 영향을 주고받는 관계이므로 아동의 본성이나 기질은 부모
    역할 수행에 결정적으로 작용한다.

7. 오늘날의 부모는 예전의 부모만 못하다.

    이를 증명하기는 어려우나 과거에 비해 현대에는 부모역할을 수행하는 기준이 더 높
    아졌으며, 부모가 대처해야 할 일도 늘어났다.

8. 자녀가 없는 부부는 좌절되고 불행하다.

    그러나 이는 부모됨과 자녀 출산이 선택의 문제가 된 현대의 상황과는 동떨어진 통념
    이다.

9. 자녀를 하나만 낳아서는 안 된다.

    일반적으로 외둥이는 버릇없고 응석받이이며 외롭다는 사회적 통념이 강하다. 그러
    나 사실 외둥이 중에서도 밝고 영리한 아이가 많으며, 부모는 경제적 부담과 정서적
    소모가 적어 자녀에게 더 깊은 이해와 관심을 기울일 수 있다.

10. 문제아는 없다. 단, 문제 부모가 있을 뿐이다.

    그러나 실제적으로 문제 아동에게 영향을 준 요인이 부모 외에도 친구, 교사, 형제자
    매, 유전, 사회경제적 배경 등과 같이 다양하기 때문에 부모에게 책임을 전적으로 돌

리는 이러한 통념은 부당하다.

11. 부모는 성인이다.

그러나 요즘과 같이 10대 미혼모가 급증하는 현상을 볼 때 성인만 부모가 되는 것은
아니다.

12. 오늘날의 자녀는 부모로부터 받는 모든 혜택에 감사한다.

그러나 실제로는 자녀가 부모에게 감사하는 마음이 부족하며, 오히려 부모가 자녀에
게 더 좋은 것을 제공하지 못해 죄책감을 느낀다.

13. 자녀양육의 어려움은 자녀가 장차 더 나은 세상을 만들 것이라는 사실에 의해 정당화된다.

그러나 이러한 통념은 위안에 불과하며 희망사항일 뿐이다.

14. 자녀가 성교육을 제대로 받으면 문제가 발생하지 않는다.

그러나 성은 대부분 비이성적이며, 이성적 판단에 의한 것은 일부에 불과하다. 또한
부모는 자녀에게 성욕구나 성과 관련된 무의식적 요소에 대해서는 교육을 기피한다.

15. 부모기는 우리 사회에서 최우선으로 여겨지는 시기다.

그러나 현대인이 감당하는 여러 역할 중에서 부모역할이 반드시 우선순위를 차지한
다고는 볼 수 없다.

16. 부모는 자녀에게 사랑을 충분히 쏟기만 하면 된다.

그러나 사랑이 부모역할 수행의 필요충분 조건은 아니다.

17. 한부모가족은 건강한 가정이 아니다.

최근 증가하고 있는 이혼율을 고려하고, 물리적 결손가정보다 심리적 결손가정이 자
녀에게 더욱 부정적인 영향을 끼친다는 점을 감안한다면, 가족 구조만으로 건강한 가
정 여부를 판단하기는 어렵다.

18. 자녀가 성장하여 분가하면 부모역할은 끝난다.

그러나 부모역할은 자녀가 분가한다고 해서 끝나는 것이 아니라 부담이 다소 줄어드
는 것이며, 자녀 입장에서도 문제에 직면하게 되면 부모의 지원을 요청할 수 있다.

19. 빈 둥지 증후군은 많은 부모를 괴롭힌다.

중년 부모는 빈 둥지 증후군을 느끼기도 하지만, 자녀가 적절한 시기가 되었는데도
독립하지 못하면 그 자체도 부모에게 상당한 스트레스 요인이 된다.

20. 부모는 자녀를 혼자 키워야 한다.

현대사회와 같이 여성의 사회 진출이 늘어난 상황에서는 자녀양육에 조부모, 친척,
그 외 많은 지역사회의 지원이 필요하다.

출처: LeMaster et al (1989). *Parents in contemporary America: A sympathetic view.*

둘째, 부모의 입장에서는 현대사회에서 적합한 양육 모델을 가지기 어려우며, 이에 따른 부모교육이나 부모역할 훈련 역시 부족하다. 특히 확대가족제도가 붕괴되면서 어른의 경험적 조언이나 양육 정보의 전수 혹은 다양한 기술의 습득이 더욱 어렵게 되었다. 뿐만 아니라 우리나라 정규 교육과정에서는 주로 입시 위주의 인지 발달에만 치중하기 때문에 가정생활에 필요한 훈련, 임신과 출산, 부모역할을 성공적으로 수행하기 위한 지침이 부족하다.

그러므로 부모가 되기 이전부터 부모기에 자녀양육을 위한 사전 지식을 습득할 필요가 있다. 사회가 급속히 변모함에 따라 가족의 구조와 기능도 변하여 미혼모나 10대 부모가 증가하고 있으며, 자녀의 성장·발달 및 사회적 요구에 대한 이해가 부족하므로, 부모는 효율적인 부모역할 수행을 위해 신뢰할 만한 전문적인 정보를 원하게 된다.

셋째, 아동의 입장에서 부모는 자녀의 신체적·인지적·사회적·정서적 발달에 주요한 영향을 미치는 요인이다. 특히 아동복지와 불가분의 관계에 있는 부모교육 기법과 관련된 영역은 신체적 보살핌(physical care), 보호(protection) 그리고 건전한 가족생활을 위한 부모의 모델링(modeling) 등이 있다(Cataldo, 1987: 김명희, 2000, p. 45 재인용). 그러므로 부모가 효과적으로 양육자, 보호자, 교육자 그리고 상담자의 역할을 담당하기 위해서는 부모교육이 절실히 필요하다.

넷째, 부모교육은 가정이라는 사회화 기관에서 다음 세대를 교육하는 역할을 담당하는 교사가 부모라는 인식에 기초한다. 따라서 부모교육은 인적 자원의 효율적 개발을 위한 사회교육의 일환으로 반드시 필요하다(신용주, 2009). 특히 영유아기에는 자녀의 인성적·지적 기반의 상당 부분이 결정되므로 정부와 사회는 유아에게 절대적 영향을 미치는 부모교육에 관심을 기울여야 한다. 사회복지의 일환으로 부모교육을 실시할 경우 저소득층 자녀교육의 질적 수준을 높일 수 있으며, 나아가 빈곤의 되물림을 예방할 수 있다. 경제적 측면에서도 교육에 대한 투자 효과는 고등교육에 투자하는 것보다 유아교육에 투자하는 것이 훨씬 크다. 따라서 수준 높은 인적 자원을 확

보하기 위해 유아기 동안의 교육 투자는 필수적이며, 유아기의 가장 영향력 있는 교사인 부모를 대상으로 하는 부모교육이 확대되어야 한다.

다섯째, 부모의 삶의 질을 높이고 지역복지를 증진하는 교육적 차원에서 부모의 자발적 참여를 이끄는 부모교육이 필요하다(신용주, 2009). 부모교육은 어려움을 겪거나 소외된 가족의 경제적·심리적 위기 극복에 도움을 주는 효과적인 기제로 작용할 수 있다. 예를 들어, 부모교육은 자녀양육과 교육에 어려움이 많은 한부모나 장애 자녀를 둔 부모, 다문화가족의 부모, 학교폭력 피해 자녀를 둔 부모들에게 상황에 적합한 부모역할 수행능력을 향상시켜 당면한 문제 해결에 도움을 줄 수 있다.

4. 부모교육의 목적

부모교육은 자녀양육이나 교육, 가정생활 개선에 관한 지식을 제공하고 일반교양을 습득하는 것을 목적으로 한다. 파인(Fine, 1989)은 부모교육의 목적을 정보 나누기, 기술훈련하기, 자기인식하기, 문제해결하기로 설명하고 있다.

- 정보 나누기(information sharing): 부모교육을 통해 부모에게 자녀양육과 교육에 도움이 되는 정보와 지식을 습득할 수 있도록 강의, 집단토론, 정보 제공, 관련 서적 읽기, 집단 모임 등으로 부모 상호 간에 정보 나누기를 한다.
- 기술훈련하기(skill building): 부모교육을 통해 부모에게 자녀양육을 위한 기술 훈련의 기회를 제공한다. 구체적인 부모훈련 프로그램에 참여하여 부모역할을 배우고 익힐 수 있도록 한다.
- 자기인식하기(self-awareness): 부모교육을 통해 부모가 자기 자신을 알아가는 자기인식을 증진하도록 돕는다. 자신의 양육방식에 영향을 준 부

모세대의 양육방식을 인식하고, 현재 부모 스스로의 가치관 명료화 등을 통해 부모의 신념, 양육행동, 부모역할 등을 통합한다.
- 문제해결하기(problem-solving): 자녀양육, 자녀 발달, 부모역할과 관련된 문제해결의 기본적인 지식, 정보, 방법을 부모에게 가르쳐 문제 상황에서 부모가 중재할 수 있는 문제해결능력을 증진할 수 있도록 한다.

부모교육은 예비 부모, 영유아나 아동 · 청소년 자녀를 둔 부모 모두 부모교육의 대상에 포함되어야 한다. 종합해 보면, 부모교육은 다음과 같은 목적을 가진다.

- 부모교육은 부모역할 수행능력을 증진시키고 자녀의 성장 · 발달과 교육에 대한 올바른 이해와 인식을 높이고자 적절한 지식과 능력을 갖도록 정보를 제공한다.
- 부모교육을 통해 부모 및 예비 부모를 대상으로 자녀양육에 관련된 기술을 훈련시켜 전문가로서의 부모역할을 수행하도록 돕는다.
- 부모교육을 통해 부모로서 바람직한 인성을 갖추어 나가도록 도와주며, 정서적으로는 자신감과 자아존중감을 향상할 수 있도록 한다.
- 가족 구성원 간의 인간관계를 원만히 유지하고, 가족 내 문제해결을 위한 방법을 인식하여 바람직한 가족 문화를 정립하도록 돕는다.

다시 말해, 부모교육의 목적은 부모가 자녀의 발달에 영향을 미치는 중요 요인임을 인식하여 보호자, 양육자, 교육자로서의 역할을 효과적으로 수행할 수 있도록 자녀의 발달 및 교육에 대해 올바르게 이해하고, 관련된 지식, 정보, 능력, 기술, 태도 등을 습득함으로써 부모의 역량과 자아존중감을 향상시켜 자녀의 발달, 긍정적인 부모-자녀 관계, 올바른 가족 문화와 가치관 형성을 돕는 데 있다. 이처럼 부모교육의 목적과 필요성을 살펴봄으로써 부모교육의 본질을 이해할 수 있으며, 부모교육 프로그램의 범위와 내용을 짐작할 수 있다.

부모교육의 대상은 다양한 발달단계에 있는 자녀의 부모는 물론 결혼 전 대학생, 예비 부모인 청년 또는 성인, 유아 및 아동을 가르치거나 이에 관심 있는 교사 등 매우 광범위하며, 부모교육을 통해 부모역할을 수행함에 있어서 질적 수준을 높일 수 있다는 장점이 있다.

5. 부모교육의 내용과 과정

1) 부모교육의 내용

부모교육은 [그림 3-1]과 같이 예비 부모와 결혼을 해서 임신 예정 중이거나 자녀를 둔 부모를 대상으로 이루어지고 있다. 여기서는 예비 부모교육과 부모교육의 내용과 부모교육의 과정을 살펴보고자 한다.

(1) 예비 부모교육의 내용

예비 부모교육은 아직 부모가 되지 않은 시기에 현실이 아닌 미래의 부모됨을 예상하면서 부모가 되기 위한 준비를 하는 교육으로, 부모를 대상으로 이루어지는 부모교육과 공통점이 있으면서도 좀 더 강조하거나 추가해야 할 내용이 있다.

예비 부모교육의 목표(여성가족부, 2016b)와 구성요소(신용주 외, 2017)는 다음과 같다.

예비 부모교육의 목표
- 부모됨의 다양한 가치를 안다.
- 나의 성장과정과 인성에 대한 이해를 통해 예비 부모로서의 나를 이해한다.

- 자녀의 발달단계별 양육에 필요한 지식과 태도, 기술을 습득한다.
- 현대사회의 부모됨의 장애물과 대안을 모색한다.

예비 부모교육	구성요소
• 대상: 예비 부부 및 임산부가 있는 가정 • 내용: 부모가 될 마음의 준비와 자세	• 부모(부부)의 중요성 • 화목한 가정을 이루는 방법 • 배우자와의 만남, 선택, 결혼 • 성에 대한 올바른 지식(자녀 계획) • 임신부터 출산까지의 과정 • 올바른 태교법 • 인간 발달에 대한 특성(영유아를 중심으로)

부모교육	구성요소
• 대상: 자녀를 둔 모든 부모 • 내용: 유아에 대한 이해와 지원, 올바른 양육 태도와 기술	

부모로서의 소양과 가치관	부모로서의 삶과 자녀양육
• 성숙한 부모 되기 • 긍정적 가치관 형성	• 부모로서의 바람 • 바람직한 양육태도
영유아의 사고와 발달에 대한 이해	**자녀와의 효과적인 의사소통 및 대화 기술**
• 영유아 발달에 대한 이해 • 발달에 적합한 지도방법	• 효과적인 상과 벌(훈육) • 나-메시지(I-message) 전달법 • 표현의 기술
영유아의 놀이와 학습	**문제행동의 예방과 수정**
• 연령에 적절한 활동과 놀이 • 효과적 놀이지도	• 문제행동의 발견 • 상담 및 치료 기술

[그림 3-1] 부모교육의 내용

출처: 여성가족부(2016b). 대학 부모교육 강의 사례집; 신용주 외(2017). 다음 세대를 위한 부모교육.

예비 부모교육의 구성요소

- 부모(부부)의 중요성
- 화목한 가정을 이루는 방법
- 배우자와의 만남, 선택, 결혼
- 성에 대한 올바른 지식(자녀 계획)
- 임신부터 출산까지의 과정
- 올바른 태교법
- 인간 발달에 대한 특성(영유아를 중심으로)

예비 부모교육은 아직 미혼인 청소년을 대상으로 이루어지므로 부모교육에 비해 결혼과 가족, 가족관계에 대한 이해, 아동 발달에 대한 지식 등을 다룰 필요가 있다(김은설 외, 2010). 특히 예비 부모가 될 사람이 알아 두면 향후 결혼을 하여 자녀를 양육하는 데에 도움이 되는 내용으로 예비 부모교육은 구성된다.

여성가족부에서 제시하고 있는 예비 부모교육의 내용은 다음과 같다(여성가족부, 2016b).

예비 부모교육의 내용

- 예비 부모교육의 개념
- 사회 변화와 부모역할
- 나에 대한 이해: 성장기, 예비 부모로서의 나
- 부모의 자녀양육 태도
- 다양한 가족에서의 부모역할
- 민주적 의사소통 방법
- 자녀의 발달에 따른 가족생활의 변화
- 부모역할: 태내기, 영아기, 유아기, 아동·청소년기 자녀에 대한 부모 역할

- 역기능적 부모역할
- 다양한 부모교육 프로그램

예비 부모교육은 이와 같은 내용을 중심으로 고등학교, 대학교 그리고 정부주도하에서 정부산하기관(예: 건강가정지원센터)에서 실시하는 예비 부모교육, 저출산 극복을 위한 사회운동 및 정부활동 차원에서 주관하는 예비 부모교육, 기타 비정부 사회단체 또는 종교단체에서 실시하고 있는 예비 부모교육 등이 실시되고 있다.

(2) 부모교육의 내용

부모교육에는 다음과 같은 내용을 포함하여야 하며, 세부 내용은 [그림 3-1]에 명시된 바와 같다.

- 부모로서의 소양과 가치관
- 부모로서의 삶과 자녀양육
- 영유아의 사고와 발달에 대한 이해
- 자녀와의 효과적인 의사소통 및 대화 기술
- 영유아의 놀이와 학습
- 문제행동의 예방과 수정

2) 부모교육의 과정

부모교육의 효율성을 높이기 위해서 파인(Fine, 1989)이 부모교육의 목적으로 제시한 정보 나누기, 자기인식하기, 기술훈련하기, 문제해결하기 등과 같은 네 가지 과정을 포함시키는 것이 바람직하다(Fine & Henry, 1989: 김경중 외, 2014 재인용).

(1) 정보 나누기

정보 나누기(information sharing)의 목적은 부모에게 도움이 되는 개념이나 사실을 알려 주는 것이다. 부모들은 강의, 집단 토의, 독서모임, 집단 모임 등에 참여하여 부모교육 전문가로부터 자녀양육과 관련된 정보를 획득하거나 이러한 정보를 부모 간에 상호 교환할 수 있다.

(2) 자기인식하기

부모교육을 통해 부모는 자기 자신과 자신의 양육방식 등을 알아 가는 자기인식(self-awareness)을 증진할 수 있다. 자기인식은 부모 자신의 양육방식에 영향을 주고 있는 부모 또는 조부모 세대의 양육방식을 인식하는 것과 부모 자신이 지닌 가치관이 어떻게 작용하여 자녀에게 긍정적 또는 부정적으로 영향을 주는지를 깨닫는 것을 의미한다. 예를 들면, 부모가 허용적인 양육방식을 취하고 있다면 이를 명확히 인식함으로써 이러한 태도가 자녀의 발달에 어떠한 영향을 미치는지를 깨닫고, 나아가 양육방식을 변화시켜 나갈 수 있다. 부모는 양육자로서의 자기인식을 위해 기록, 일기 쓰기, 자기분석 연습 등의 방법을 활용할 수 있다.

(3) 기술훈련하기

부모의 행동을 바람직한 방향으로 변화시키기 위해서는 정보 제공과 함께 기술훈련(skill building)이 필요하다. 역할놀이, 시범 보이기, 행동연습 등과 같은 기술훈련 방법은 정보 나누기와 기술 훈련을 통해 배움으로써, 부모가 특정한 양육기술을 가정에서 활용하는 데 도움을 줄 수 있다. 또한 부모들은 자녀를 양육하는 데 필요한 기술훈련을 통해 나-메시지 전달법, 반영적 경청, 시범 보이기, 칭찬, 격려, 가족회의, 타협, 한계 설정, 아동의 행동 형성 등의 방법을 익힐 수 있다.

(4) 문제해결하기

부모교육 집단에서 이용하는 문제해결하기(problem-solving)는 자녀의 발달 영역에 광범위하게 적용할 수 있는 문제해결의 기본적인 방법을 부모에게 가르치고, 부모가 문제를 해결하거나 중재할 수 있도록 하는 것이다. 문제해결은 문제 파악하기, 문제의 소유자 찾아내기, 가능한 개입방법 탐색하기, 개입방법에 따른 결과 예상하기, 시행 계획 수립하기, 시행된 계획의 효율성 평가하기의 단계로 진행된다.

과정	내용	과정
A. 정보 나누기 • 강의 • 집단 토의 • 관련 서적 읽기 • 부모집단 모임	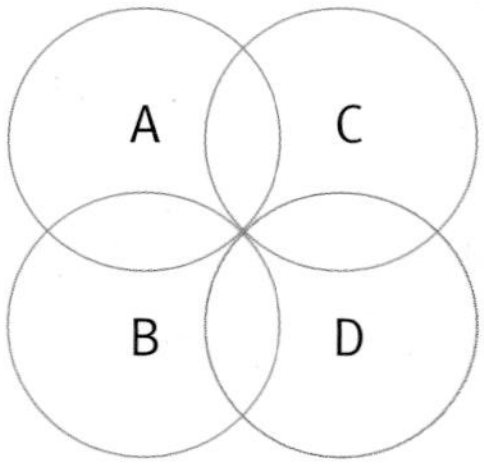	C. 기술훈련하기 • 시범 · 연습 · 피드백 • 관련 서적 읽기 • 토의
B. 자기인식하기 • 신념과 통찰력의 변화 • 집단 토의 • 구체적인 개별 혹은 집단활동 • 일기 쓰기와 기록 • 자기분석 연습	A C B D	D. 문제해결하기 • 과제에 대한 피드백 • 관찰에 대한 피드백 • 토의 • 추후 검토

[그림 3-2] 부모교육의 효율성을 높이기 위한 과정

출처: Fine (1989). *The second handbook on parent education: Contemporary perspective.*

참고문헌

김경중, 고선옥, 박미희, 신리행, 유현숙, 이미정, 정재경, 황정금(2014). 부모교육. 경기: 공동체.

김명희(2000). 현대사회와 부모교육(증보판). 서울: 학문출판.

김영옥(2007). 부모교육. 경기: 공동체.

김영옥(2016). 부모교육(2판). 경기: 공동체.

김은설, 최윤경, 조혜주, 김선화(2010). 예비 부모교육 실태와 내실화방안연구. 육아정책연구소. 연구보고, 2010-05.

신용주(2009). 가족해체와 지역사회교육. 지역사회교육연구, 89-115.

신용주(2012). 생산적 아버지 역할하기에 대한 성인교육적 함의. *Andragogy Today: Interdisciplinary Journal of Adult and Continuing Education, 15*(2), 85-104.

신용주, 김혜수(2017). 다음 세대를 위한 부모교육. 서울: 학지사.

신용주, 김혜수(2021). 뉴 노멀 시대의 결혼과 가족. 서울: 창지사.

신용주, 윤혜경, 강인재(1997). 부모교육 및 상담. 서울: 양서원.

여성가족부(2016a). 정책뉴스. 제1회 '부모교육 주간', 신설 "좋은 부모가 되는 길, 부모교육에서 시작".

여성가족부(2016b). 대학 부모교육 강의 사례집. 서울: 여성가족부.

이재연, 김경희(1999). 부모교육. 서울: 양서원.

이은화, 김영옥(2000). 유아를 위한 부모교육. 서울: 동문사.

정갑순(2006). 부모교육론(개정판). 서울: 창지사.

정계숙, 문혁준, 김명애, 김혜금, 심희옥, 안효진, 양성은, 이정희, 이희선, 정태회, 제경숙, 한세용(2015). 부모교육. 서울: 창지사.

정옥분, 정순화(2008). 예비 부모교육. 서울: 학지사.

한국유아교육학회 편(1996). 유아교육사전. 서울: 한국사전연구사.

한국행동과학연구소 편(1983). 부모교육 안내서. 서울: 문교부.

허혜경, 김혜수(2019). 교육학의 이해. 서울: 창지사.

허혜경, 김혜수, 박인숙(2013). 현대 가정의 이해. 서울: 문음사.

Bigner, J. J. (1985). *Parent-Child relations.* 이은화, 이경우 공역(2006). 부모교육입문: 부모-자녀관계. 서울: 창지사.

Fine, M. J. (1989). *The second handbook on parent education: Contemporary perspective*. NY: Academic Press.

Fine, M. J., & Henry, S. A. (1989). Professional issues in parent education. In M. J. Fine(Ed.), *Handbook on Parent Education*. San Diego, CA: Academic Press.

Hammer, T. J., & Turner, P. H. (1990). *Parenting in contemporary society*. Boston: Allyn & Bacon.

LeMaster, E. E., & DeFrain, J. (1989). *Parents in contemporary America: A sympathetic view* (5th ed.). Belmont, CA: Wadsworth.

Rossi, A. (1986). Transitions to Parenthood. *Journal of Marriage and the Family, 30*, 26-39.

Stevens, J. H., & King, J. T. (1979). Parent education programs: What determines effectiveness. *Young Children, 33*(4), 69-77.

Watson, J. B. (1924). *Behaviorism*. New York: W. W. Norton.

ChildCare.gov, https://www.childcare.gov

Legacy.com, https://www.legacy.com/news/culture-and-history/dr-benjaminspock-child-care-and-controversy

제4장

부모와 자녀

이 장에서는 부모됨의 동기와 의미, 부모의 책임, 부모-자녀 관계 그리고 바람직한 부모상에 대하여 살펴보고자 한다. 부모됨에 관해서는 예비 부모기부터 부모됨의 동기 그리고 부모됨의 의미를 소개하고자 하며, 자녀에 대한 부모의 책임에 대해 소개한다. 부모-자녀 관계에 대해서는 부모-자녀 관계의 특성, 부모-자녀 간의 상호작용 그리고 부모-자녀 간의 갈등 요인에 대해 알아보고, 마지막으로 바람직한 부모상이 무엇인지 살펴본다.

1. 부모됨

1) 예비 부모기

결혼 후 가정을 이루게 되면 신혼기에 접어든다. 신혼생활에서는 경제, 사회, 심리, 가족문화 등 생활의 전 영역에서 부부 상호 간의 공감대 형성이 가장 중요하다. 신혼기를 행복하게 영위하려면 먼저 시간을 공유하고, 삶의 긴장을 완화시킬 수 있는 지혜가 필요하다. 상대방의 의견을 존중하고 이해하는 성숙한 태도와 갈등 시 부부 자신들에게 적합한 화해능력을 기르는 것이 중요하다. 이 시기에는 부부가 서로를 배려하며 의도적으로 노력하고 인내하는 헌신적인 자세가 요구된다.

그러나 신혼기의 중요한 과업은 부부간에 친밀감을 형성하여 부부가 서로 몸과 마음이 '하나됨(oneness)'을 이루도록 적응하고 그 과정에서 행복을 추구하는 것이라고 할 수 있다. 이는 성적 친밀감을 포함하여 마음속 깊은 곳까지 나눌 수 있는 친밀감을 의미한다.

부모가 되는 것은 자녀의 출생과 함께 시작되지만, 부모가 되기 위한 준비를 하는 예비 부모기는 임신하기 전부터 시작된다. 정서적 안정과 신뢰를 기반으로 성공적인 신혼기를 지내다가 사랑의 결실로 임신을 하게 된다면, 태

아는 최적의 태내 환경에서 성장하게 될 것이다. 그러므로 건강한 신혼기야
말로 예비 부모의 역할을 충실히 수행할 수 있는 밑거름이 된다. 태내기부터
시작되는 발달단계별 부모의 역할은 제5장에서 좀 더 자세히 다룰 예정이다.

🎧 친밀한 부부의 모습

2) 부모됨의 동기

부모가 된다는 것은 단순하게 이루어지는 사회적 과정으로 인식하기 쉬우
나, 부모가 되는 데에는 동기가 존재한다. 일반적으로 여성은 어려서부터 다
양한 역할놀이, 생리, 임신과 출산을 경험하면서 부모됨(parenthood)을 보다
현실적으로 자각할 수 있는 반면, 남성은 성관계를 가진 후 임신 소식을 듣
고 나서 또는 출산 후에야 비로소 부모됨을 자각하게 된다.

라빈(Rabin, 1965)은 부모가 되는 동기를 다음 네 가지 유형으로 제시하였
다(신용주 외, 2021).

- 숙명적 동기(fateful motive): 자녀를 갖는 것이 인간이 존재하는 이유라고
  믿기 때문에 부모가 되는 것은 선택의 문제가 아니라 숙명적이라는 입
  장이다. 즉, 숙명적 동기는 부모가 되는 동기를 숙명적으로 받아들이는
  당사자의 태도에서 비롯된다. 피임을 하는 것에 대해 죄책감을 가지며,
  부모가 된다는 것을 인간에게 주어진 운명으로 간주한다. 그러므로 숙

명적 동기는 가계를 이어 갈 수 있는 동기가 될 수도 있다.

● 이타주의적 동기(altruistic motive): 자녀에게 관심과 사랑을 표현하고자 하는 이타주의적 동기에서 부모가 되고자 한다. 자녀를 돌보아 주고 싶은 비이기적인 욕구로 인해 부모가 되는 것을 의미한다.

● 자기도취적 동기(narcissistic motive): 성인으로서 자녀를 가질 수 있을 만큼 성숙했다고 기대하는 점에서 자기도취적 성향을 보인다. 부모됨으로써 자녀가 있는 다른 성인들과 동료의식이나 공감대를 형성할 수 있기 때문이다. 자기도취적 동기는 자녀를 가짐으로써 진정한 성인 대열에 속하였다는 심리적 안정감에서 부모가 되는 것을 의미한다.

● 도구적 동기(instrumental motive): 부모가 자녀를 통해 제2의 삶을 살고자 하는 욕구에서 비롯된다. 자녀를 통해 부모가 못다 이룬 꿈을 실현시킴으로써 대리보상을 받고자 하는 동기 때문에 부모가 되는 것이다. 따라서 부모를 대신하여 자녀가 어떤 목적을 성취해 주기 원하며, 그러한 것들이 부모에게 만족감을 주길 바라는 데에서 시작한다. 또는 자녀로 인

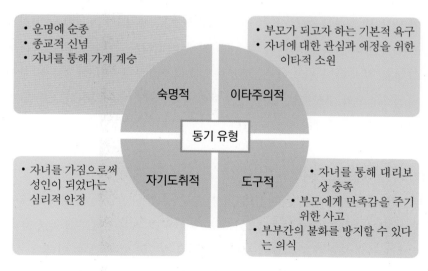

[그림 4-1] 부모가 되는 동기 유형

출처: 허혜경 외(2017). 현대 사회와 가정.

해 부부간의 불화가 완화되기를 바라는 마음에서 자녀를 갖고자 하는 경우가 있는데, 이 역시 도구적 동기에 포함된다.

3) 부모됨의 의미

부모됨의 동기는 인간의 본능이 아니라 획득된 동기이다. 부모됨의 동기는 각 개인에 따라 내부적 요인이 복합적으로 작용할 수 있기 때문에 정확하게 설명하기 어렵다. 따라서 부모됨의 의미, 다시 말해 부모가 된다는 것에 내포된 의미를 자아확장, 사랑 · 애정의 욕구, 사회적 지위 획득, 성취감, 지도와 권위, 희열과 행복, 발달 증진의 측면에서 살펴보고자 한다(김정옥 외, 2012; 이숙 외, 2010).

(1) 자아확장

부모는 자녀를 통해 자기를 이어 주는 지속감(sense of continuity)인 자아 확장을 느낄 수 있다. 부모됨을 통해 자기 세대가 연장되는 자아확장감을 가지거나, 자녀를 자신의 연장 또는 분신으로 생각하기도 한다. 일반적으로 부모는 자신의 성격이나 행동 특성이 어떠하든 간에 자신을 자녀에게 그대로 투사하고 반영한다. 때로는 자녀를 정성껏 양육함으로써 보상(compensation)의 대상으로 삼거나, 자녀를 통해 못다 이룬 자신의 소망을 실현하여 자아를 확장하려 하기도 한다.

(2) 사랑 · 애정의 욕구

부모가 됨으로써 부모는 인간의 기본 욕구 중 하나인 사랑 · 애정의 욕구가 충족될 수 있다. 부모가 되어 자녀를 양육하고, 위험으로부터 보호하며, 감정적 교류와 상호작용을 통해 사랑 · 애정의 욕구가 충족될 수 있다.

(3) 사회적 지위 획득

부모됨에 따라 자녀에 대한 양육적 · 경제적 · 교육적 책임과 의무를 져야 함에도 불구하고 부모가 되기를 원하는 것은 부모라는 사회적 지위를 얻게 되기 때문이다. 부모는 자녀를 양육하면서 부모의 지위에 기대되는 부모역할을 수행할 수 있으며, 이를 통해 성인의 발달과업을 성취할 수 있다.

(4) 성취감

부모는 자녀를 가짐으로써 성취감을 느끼게 된다. 부모됨으로 인한 성취감은 어머니보다 아버지가 더 강하게 갖는 심리적 동기이다. 일반적으로 아버지는 아들에게, 어머니는 딸에게 동일시 과정(identification process)을 통해 성취적 동기를 투사하고자 한다. 또한 부모는 자녀를 통해 자신의 계획을 성취시키고, 자기보다 나은 자녀를 남기고 싶은 욕구를 충족하고자 한다.

(5) 지도와 권위

인간은 권위에 대한 사회적 욕구를 지닌다. 부모는 자신의 자녀를 양육하고 지도함으로써 이러한 사회적 욕구의 일부를 충족시킨다. 부모는 사회적 지위의 높고 낮음을 막론하고 자녀를 훈육하거나 지도할 수 있으며, 부모의 권위를 가질 수 있다. 자녀에 대한 부모의 태도는 가정마다 또 개인마다 다를 수 있겠으나, 일반적으로 부모는 자녀에게 권위 있는 존재라 할 수 있다.

(6) 희열과 행복

부모가 됨으로써 누리는 만족은 일을 통해 얻게 되는 만족감과는 다른, 자아 확장, 성취, 권위, 애정, 긍지 등의 감정이 종합된 포괄적인 만족감이다. 자녀를 가짐으로써 누리게 되는 부모됨의 만족감은 인간이 누릴 수 있는 창조적인 희열이자 행복감이며, 희생이 내포된 수준 높은 미적 정서라 할 수 있다.

(7) 발달 증진

일반적으로 인간은 부모가 됨으로써 부모 개인의 성장 및 발달이 증진되는 값진 경험을 할 수 있다. 부모됨을 통해 부모 자신의 인지적 · 정서적 발달이 촉진되며, 자녀의 역할모델(role model)로서 끊임없이 자아 성찰과 발전을 하게 되는 기회를 가진다.

◑ 자녀의 유치원 졸업을 축하하는 가족

2. 부모의 책임

부모는 자녀의 임신과 동시에 부모역할을 수행하게 된다. 처음에는 자녀를 돌보는 양육자의 역할을 하게 되지만, 자녀가 발달함에 따라 사회화를 도와주는 다양한 역할을 수행하게 된다. 부모는 부모역할을 수행함에 있어서 자녀의 다양한 요구를 충족시켜 주어야 할 책임(accountability)을 지닌다. 부모가 가져야 할 대표적인 책임으로 경제력 갖추기, 자녀양육과 보호하기, 애착과 사회성 발달 돕기, 인간관계를 형성하고 지원하기, 인성 교육하기 등에 관해 살펴보고자 한다(박화윤 외, 2006).

첫째, 부모는 자녀에게 필요한 의식주, 보호, 양육 및 교육 등을 제공하기 위한 최소한의 경제력을 지닐 의무를 지닌다. 부모는 자녀양육의 일차적 책임을 지므로 자녀의 건강한 발달을 위한 경제적 능력을 갖추고자 최선의 노력을 기울여야 한다.

둘째, 부모는 자녀양육과 보호의 책임감을 지니고 있다. 자녀를 양육하고 보호하는 일차적 책임은 부모에게 있으며, 자녀 양육과 보호의 질적 수준은 궁극적으로 부모역할에 좌우된다.

셋째, 부모는 자녀의 애착과 사회성 발달을 도와주는 교사의 역할을 담당한다. 부모와 자녀의 애착 형성은 자녀의 신체적 · 인지적 · 사회적 · 정서적 발달에 영향을 끼친다. 또한 가정에서의 초기 사회화 경험은 자녀의 사회성, 학습 행동 등 전반적인 발달에 결정적인 역할을 한다.

넷째, 부모는 자녀의 삶 속에서 인간관계를 형성할 수 있는 안내자 역할을 담당한다. 최근에는 핵가족화, 소가족화 현상이 두드러지므로 자녀가 다른 사람과 폭넓은 인간관계를 형성할 수 있도록 도와준다. 예를 들면, 부모는 자녀가 조부모, 삼촌, 이모, 고모, 사촌, 친구, 형제 등과 다양하게 교류하면서 풍성한 인간관계를 형성하거나 유지할 수 있도록 지원한다.

다섯째, 부모가 자녀의 인성교육을 담당하는 것은 중요한 부모역할 중 하나이다. 어려서부터 자녀가 부모의 언어나 행동을 보면서 도덕적 가치를 학습하게 되므로 부모의 바람직한 모델링은 자녀가 도덕적 가치를 내면화하는 데 상당히 중요하다.

3. 부모-자녀 관계

인간은 거의 가장 무력한 상태로 태어나는 동물 중 하나로 성인이 되기까지 오랜 기간의 보호와 양육을 필요로 한다. 일반적으로 인간은 태어나면서부터 부모와의 관계를 맺고 양육을 받으며 성장하게 된다. 부모-자녀 관계는 자녀의 출생과 함께 형성되는 가장 기본적이고 영구적인 인간관계로서 가족 관계의 중요한 하위 영역이다.

가정은 자녀가 태어나서 가장 먼저 만나게 되는 사회화 기관이며, 부모는 자녀의 성격, 행동, 가치관, 습관, 태도 등에 이르기까지 중요한 영향을 미친다. 부모역할은 부모가 본능적으로 수행하거나 자신의 부모나 조부모로부터 물려받는 정보만으로 감당하기에는 그 영향력이 크고 장기적이다. 자녀를 양육하면서 부모와 자녀가 모두 발달하는 존재임을 인식할 뿐 아니라 부모교육을 통해 부모-자녀 관계에 관한 지식과 정보를 배우고 훈련받아야 할 필요가 있다(김종운 외, 2016).

여기서는 부모-자녀 관계의 특성과 함께 부모-자녀의 상호작용, 부모-자녀 관계에서 발생할 수 있는 주요 갈등 요인에 대하여 살펴보고자 한다.

1) 부모-자녀 관계의 특성

부모-자녀 관계는 개인이 경험하는 가장 기본적인 삶에서의 시작되는 인간관계이다. 가족 구성원 개개인의 심리적·사회적 발달은 주로 부모와 자녀의 상호작용을 통해 이루어진다. 자녀는 인생에 있어서 중요한 발달단계를 부모의 양육하에 성취하게 되며, 신체적·심리적·사회적 발달을 형성한다. 부모와 자녀는 지속적인 상호작용을 통해 부모는 자녀에게, 또한 자녀는 부모에게 서로 영향을 미치게 된다.

부모-자녀 관계 역시 시대적 흐름에 따라 변화하고 있다. 과거의 부모-자녀 관계는 주로 부모가 자녀에게 베푸는 일방적인 관계로 바라보는 관점이 지배적이었다. 그러나 현대에는 사회적 변화에 따라 핵가족화되어 가고, 부모의 입장, 부부의 입장, 자녀의 입장 등 가족 구성원을 모두 고려할 뿐 아니라 가족 내적 과정, 나아가 가족을 둘러싼 거시적인 생태학적 맥락인 가족체계에도 관심이 집중되고 있다. 부모-자녀 관계에 영향을 미치는 요인은 부모가 성장할 당시 자신의 부모로부터 받은 영향, 부모의 신념과 가치관, 부모와 자녀를 둘러싼 환경, 부모의 발달단계, 자녀의 발달단계, 부모 개인의 심리적 특성, 자녀 개인의 심리적 특성, 기질 등 다양하다. 이렇게 다양한 영향 요인 중에서 부모가 자녀에게 미치는 영향이 가장 결정적이고 장기적이다.

부모-자녀 관계는 다음과 같은 몇 가지 고유한 특성을 가지고 있다(권석만, 2014).

첫째, 부모-자녀 관계는 인간관계 중에서 가장 일차적인 관계이며, 가장 본능적인 애착이 강한 인간관계이다. 부모-자녀 관계는 선택의 여지가 없이 숙명적으로 맺어지는 관계로서 관계의 가입과 탈퇴가 불가능하여 평생 유지해야만 하는 가족 관계이다.

둘째, 부모-자녀 관계는 수직적인 관계이다. 부모는 어리고 미성숙한 자녀를 양육해야 하는 지배적인 위치에 있으며, 자녀는 20~30여 년의 나이 차와 함께 경험과 능력의 현저한 차이로 인해 부모의 보호를 받고 의존하여야 한다. 이와 같이 부모-자녀 관계는 불평등한 위치에서 상호작용이 일어나는 수직적인 인간관계라 할 수 있다.

셋째, 부모-자녀 관계는 부모와 자녀의 인격 형성에 있어서 가장 중요한 인간관계이다. 자녀의 입장에서 부모와 최초로 인간관계를 형성하며 부모의 양육을 통해 성격을 형성해 나간다. 부모의 입장에서 보면, 자녀는 부부간의 사랑의 결실이자 자신을 물려받은 분신과 같은 존재이므로, 부모는 거의 본능적이고 무조건적인 애정으로 자녀를 보호하고 양육한다.

넷째, 부모-자녀 관계는 주요한 교육의 장이다. 부모-자녀 관계에서 가장 기본적인 사회화가 이루어져 자녀는 사회적응 기술과 함께 사회의 도덕적 규범과 가치관 등을 배우게 된다. 또한 부모는 자녀에게 있어서 닮아 가야 할 동일시 대상이자 인생의 모델이 된다.

다섯째, 부모-자녀 관계는 시간이 흐르면서, 즉 자녀가 성장함에 따라 부

🎧 유아기 자녀에게 책을 읽어 주는 부모

모-자녀 관계의 속성이 현저하게 변화하게 된다. 예를 들면, 자녀가 어릴 때에는 부모-자녀 관계가 일방적으로 의존적인 관계이지만, 자녀가 성장함에 따라 점차 상호 의존적으로, 나아가 독립적인 관계로 변화해 간다. 자녀가 청소년기에 접어들면 부모의 통제에서 벗어나 자율성을 확보하기 위해 갈등을 초래하기도 한다. 자녀가 성인이 되면 부모는 노쇠해져서 오히려 자녀에게 의존할 수 있으며, 때로는 자녀가 부모의 보호자 위치에 서게 된다. 이와 같이 시간의 흐름에 따라 부모-자녀 관계는 변화한다.

이 외에도 많은 학자가 소개한 부모-자녀 관계의 특징을 정리해 보면 다음과 같다(김종운 외, 2016; 신용주 외, 2021).

- 부모-자녀 관계는 자녀의 출생 이후 부모의 사망까지 계속되는 운명적인 관계이다.
- 부모-자녀 관계는 서로 영향을 미치는 쌍방적 관계이다. 부모나 자녀 모두 다양한 삶의 경험을 공유하는 밀접한 관계로서 상호 발달에 영향을 미친다.

- 부모는 자녀의 사회화를 수행하는 첫 번째 담당자이다. 자녀에게 부모란 최초로 접하게 되는 사회적 경험인 동시에 동일시의 대상으로서 모델링의 기본이 되는 교육적·문화적 관계이다.
- 부모-자녀 관계는 사회 속에 존재하는 생태학적 관계이다.
- 부모-자녀 관계는 애정과 신뢰, 보호와 권위, 존경의 정서가 융화되어 일체감을 갖게 하는 애정적 관계이다.
- 부모-자녀 관계는 다른 인간관계보다 비교적 이익을 초월한 가족 관계이다.
- 과거에는 결혼을 하면 자녀를 가짐으로써 부모-자녀 관계가 거의 필수적으로 형성되었으나, 현대에는 부모됨을 선택함에 따라 부모-자녀 관계도 선택적으로 변화하고 있다.
- 부모-자녀 관계에서 부모는 자녀의 발달적 역할에 영향을 준다. 부모는 자녀의 성격과 인성을 포함한 모든 발달 영역에 영향을 미친다. 자녀의 인지적 문제해결 방법, 사회적 관계를 맺는 방법, 성역할을 습득할 뿐 아니라 어떠한 가족 문화에서 성장하였는지는 자녀 개인의 삶을 좌우하게 되는 중요한 요인이 될 수 있다.
- 부모역할은 항상 자발적인 것만은 아니지만, 한 번 부모가 되면 부모역할 수행을 중도에 포기할 수 없다.
- 누구나 좋은 부모가 되고 싶어 하지만, 좋은 부모가 되는 일은 쉽지 않다. 부모역할은 사전에 역할 준비 기간이 넉넉하지 않은 경우가 많다. 따라서 바람직한 부모-자녀 관계를 위해 부모역할에 대한 준비 및 교육이 필요하다.

2) 부모-자녀 간의 상호작용

　부모-자녀 관계는 부모-자녀 간의 상호작용의 질과 관련이 있다. 부모-자녀 간의 상호작용은 임신하는 순간부터 이루어지기 시작한다. 부모와 자녀의 상호작용은 자녀를 양육하는 과정에서 끊임없이 이루어지는데, 기본적으로 부모는 자녀를 위해 다음 세 가지의 기본 목표를 달성하고자 한다(윤혜경, 2020; LeVine, 1974).

첫째, 생존을 위한 목표이다. 부모는 자녀가 신체적 발달과 안전이 확보되어 생존 가능성이 커질 때까지 자녀를 상호작용을 하며 양육한다.

둘째, 경제적 목표이다. 자녀의 생존 가능성이 확보되었을 때 부모는 자녀가 경제적으로 자립하는 데 필요한 지식과 기술, 문제해결능력 등을 가르치게 된다. 즉, 부모는 자녀가 장차 스스로를 보살피고, 독립 및 경제적 생산에 필요한 여러 능력을 함양시키는 경제적 목표를 달성하도록 지원한다. 부모는 자녀가 살아가야 할 사회에 적합한 사고방식, 가치관, 능력, 생활방식 등을 사회화하게 된다.

셋째, 자아실현의 목표이다. 부모가 자녀를 위하여 생존을 위한 목표 그리고 경제적 목표가 어느 정도 달성되었다고 판단되면, 자녀에게 자아실현의 목표를 추구하도록 상호작용한다. 자아실현과 관련된 성취, 명예, 도덕성, 만족감, 부와 같은 덕목과 함께 다양한 문화 속에 존재하는 문화적 가치를 극대화할 수 있는 행동 특성을 길러 주고자 한다. 특히 경제적으로 안정된 부모들은 자녀가 비교적 어릴 때부터 성취, 개인적 자기 달성, 자기주장 등을 격려하는 경향을 보인다.

부모와 자녀 간의 상호작용에 영향을 미치는 요인은 다음과 같다(윤혜경, 2020).

첫째, 자녀의 출생과 자녀의 행동은 부모의 행동을 변화시키고, 부부간의 상호작용뿐만 아니라 부모-자녀 간의 상호작용에 영향을 미칠 수 있다. 더 정확하게 말하면, 자녀의 출생은 자녀가 태어나기 전부터 자녀의 출생을 준비하고, 태교와 태담을 하고, 부부가 상호작용을 나누는 등 가족의 상호작용에 상당한 영향을 미치게 하는 중요한 사건이다. 또한 자녀의 행동은 부모의 반응과 상호작용을 유발하는 요인이 된다. 자녀의 까다로운 기질, 순한 성격, 부산한 움직임, 자녀의 긍정적인 반응 등과 같은 자녀의 행동은 부모의 반응뿐 아니라 자녀와의 상호작용, 양육행동 그리고 부부관계에 이르기까지 영향을 준다.

둘째, 부부관계는 부모-자녀 간의 상호작용에 간접적 영향을 미치게 된다. 부부는 서로 배우자의 행동에 영향을 미치게 되고, 그 후 다시 자녀에게 영향을 미치게 된다. 예를 들어, 남편이 늦게 귀가하거나 지나치게 음주를 할 경우 부부관계에 부정적인 영향을 주게 된다. 이러한 일이 빈번해지게 되면 자녀를 어머니 혼자 보살피게 되어 육아 스트레스가 생길 가능성이 있으므로 부부관계는 자녀와의 상호작용에 간접적 영향을 미치게 된다. 물론 부부관계가 자녀와의 상호작용에 긍정적으로 간접적 영향을 미칠 수도 있다. 부부간에 자주 대화를 나누고, 서로 양육의 팁을 공유할 때 부부관계가 좋아질 뿐 아니라 자녀와의 상호작용에도 긍정적인 영향을 줄 수 있다.

셋째, 부모와 자녀가 함께 보내는 시간이 많을수록 부모-자녀 간의 상호작용 및 상호 관계에 긍정적인 영향을 미치는 것으로 나타났다. 특히 부모가 자녀와 함께 보내는 시간이 많은 것, 그리고 특별한 이벤트가 아니더라도 자녀와 일상을 함께하는 것이 부모-자녀 간의 상호작용에 중요하다. 자녀가 성장한 이후에도 부모와 긍정적인 관계를 유지하기 위해서는 어려서부터 자녀와 부모가 함께 보내는 시간이 필요하다.

3) 부모-자녀 관계의 갈등 요인

부모-자녀 관계가 가장 기본적이며 사랑이 넘치는 관계이기도 하지만, 때로는 갈등이 초래되는 관계가 될 수도 있다. 어느 가정이나 원만하고 화목한 부모-자녀 관계를 유지하기 원하지만 의외로 쉽지 않은 경우가 많다. 여기서는 부모-자녀 관계에서 발생할 수 있는 주요 갈등 요인으로 세대차, 보호와 독립의 갈등, 애정표현방식, 부부간의 불화, 의사소통방식에 대하여 살펴보고자 한다(권석만, 2014).

(1) 세대차

부모와 자녀 간에는 나이 차로 인해 세대차가 존재한다. 부모와 자녀는 성장해 온 사회적·교육적 배경이 다름으로 인해 생활습관, 사고방식, 행동규범, 감정표현방식, 가치관 등이 현저하게 차이가 난다. 세대차란 부모 세대와 자녀 세대 간에 서로에 대한 이해나 공감대의 괴리를 의미한다. 부모는 자녀의 사고방식과 행동에 대해 간섭과 질책을 하게 되고, 자녀는 부모로부터 이해받지 못하고 행동을 규제받는다고 생각하게 되어 갈등을 유발하게 된다. 아무리 부모-자녀 간에 애정이 돈독하다 하더라도 서로의 가치관 또는 사고방식이 다른 세대차로 인하여 특정 영역에서는 사소한 마찰이나 갈등을 초래할 수 있다.

(2) 보호와 독립의 갈등

자녀가 어릴 경우에는 부모는 자녀를 보호하게 되고, 자녀는 부모에게 의존하게 된다. 그러나 자녀가 점차 성장하여 청소년기에 접어들게 되면 부모로부터 점차 독립하고자 하는 욕구가 생기면서 자율성을 추구하게 된다. 청소년 자녀는 자신의 행동과 진로를 스스로 결정하고 싶어 하므로, 부모의 보호나 충고가 지나친 간섭으로 여기게 된다. 반면, 부모는 여전히 자녀가 어리다고 생각되어 자녀의 행동과 진로에 관여하게 된다. 청소년기 전후의 자녀는 부모에 대한 독립과 의존의 갈등이 생기는 반면, 부모는 자녀에 대한 통제와 허용의 갈등이 존재하게 된다. 이러한 부모-자녀 간의 갈등은 자녀의 진로, 이성교제 등과 같은 문제로 인해 발생하게 된다.

(3) 애정표현 방식

모든 부모는 자녀에 대해 무조건적인 애정을 가지지만, 부모가 자녀에게 애정을 표현하는 방법과 정도는 다양하다. 어떤 부모는 자녀를 지나치게 보호하고 통제하는 방식으로, 어떤 부모는 자녀가 원하는 대로 허용함으로써 애정을 표현하기도 한다. 어떤 자녀는 부모가 사사건건 간섭한다고, 또는 부모가 무관심하거나 형제간에 편애한다고 불만을 토로하기도 한다. 이와 같이 부모의 애정표현 방식과 자녀의 기대 간에는 차이가 존재하게 되어 부모-자녀 간에 갈등이 생기게 된다.

부모의 입장에서 모든 자녀는 기본적으로 사랑스러우나, 때로는 자녀의 행동과 성취에 따라 자녀에게 차별적으로 애정을 표현할 수 있다. 이럴 경우 상대적으로 사랑을 받지 못한다고 생각하는 자녀는 부모에 대해서 불만을 갖게 되고, 이러한 불만이 말썽을 일으키는 방식으로 표출되면, 다시 부모에게 야단을 맞게 되어, 결과적으로 부모와 자녀 사이가 더욱 멀어지게 되는 악순환이 일어나기도 한다.

(4) 부부간의 불화

가정에서 부모가 서로 화목하지 못하다면 이것을 바라보아야만 하는 자녀들은 고통스러울 수밖에 없다. 부부간에 갈등과 다툼의 빈도가 증가하고, 감정적 대립이 깊어져 불화가 지속되면, 자녀는 부모를 중재하려고 노력하게 된다. 그러나 자녀의 중재에도 불구하고 부부관계의 불화가 장기화되면 부모에 대한 불만과 원망이 생기게 되고, 이러한 가정불화가 어느 한 부모로부터 기인하게 된다면 그 부모에 대한 분노로 인해 반항하게 된다. 부부간에 불화가 심한 부모의 경우에는 배우자와의 심리적 갈등 때문에 자녀에 대한 애정이나 배려가 감소하거나, 오히려 배우자와의 불화로 인한 스트레스를 자녀에게 표출하기도 한다. 결국 부부관계의 불화는 부모-자녀 간의 갈등을 유발하게 되어 부모-자녀 관계에 부정적인 영향을 미치게 된다.

(5) 의사소통 방식

부모-자녀 관계도 다른 인간관계와 마찬가지로 의사소통 방식에 의해 영

🎧 다자녀 가족

향을 받게 된다. 특히 부모-자녀 관계는 수직적인 관계이기 때문에 부모는 자녀를 보호하고 양육하기 위한 의사전달을 하게 되고, 자녀 역시 자신의 의견과 요구를 위해 다양한 표현을 하게 되는데 그 과정에서 갈등이 초래될 수 있다.

고든(Gordon, 1975)은 부모가 자녀에게 의사를 전달하는 다양한 형태의 의사소통 방식 중에서 명령 · 지시하기, 경고 · 위협하기, 훈계 · 설교하기, 강의 · 논쟁하기, 판단 · 비평 · 비난하기, 비웃기 · 창피 주기, 해석 · 분석 · 진단하기 등을 자주 사용하는 부모는 자녀의 독립성과 자율성을 위협하기 때문에 자녀와 갈등을 빚기 쉽다고 하였다. 반면, 충고 · 제언하기, 칭찬 · 동의하기, 지지 · 공감 · 위로하기와 같은 의사소통 방식을 자주 사용하는 것이 바람직한 부모-자녀 관계를 위해 좋다고 주장하였다.

4. 바람직한 부모상

가족은 구조적으로 근원가족과 재생산가족으로 분류할 수 있다. 근원가족

(family of procreation)은 인간이 출생한 후 부모, 형제자매와 함께 생활하는 가족을 말한다. 근원가족은 자신이 선택할 수 없는 운명적인 집단인 데 반해, 재생산가족은 배우자 선택과 같은 영역에 있어 선택의 여지가 있다는 점에서 차이가 있다(정갑순, 2006).

과거에는 가정을 이루어 부모가 되는 것이 누구나 할 수 있는 단순한 사회적 과정으로 간주되었다. 그러나 최근에는 결혼한 부부는 누구나 부모가 되는 것이 아니며, 자녀의 출산 시기와 자녀의 수도 계획할 수 있으므로 부모됨이 선택적인 것으로 인식되고 있다. 이는 피임법이 발달하고 가족계획을 세워 출산하고자 하는 부부가 증가하고 있기 때문이다.

한편, 부모역할(parenting)은 자녀의 전 발달 영역에 걸쳐 일어나며, 매우 복잡하고 역동적이며 개별적이고 책임감이 요구되는 행동이다. 부모역할 측면에서 단순히 자녀가 성장·발달하도록 도우며 영양을 공급하는 것 외에, 자녀와 의사소통을 하고 자녀의 지적 발달을 촉진하면서 현대의 사회적 변화에 적응할 수 있도록 부모의 역할과 기능을 수행한다는 것은 결코 쉬운 일이 아니다.

우리나라의 전통적인 부모역할은 '엄부자모(嚴父慈母)'로 대변된다. 한자의 어원과 유사하게 회초리로 엄격한 훈육을 담당하는 모습의 아버지(父)가 자녀를 가르치고 이끌어 가는 역할과 함께 아기를 가슴에 안고 편안하게 젖을 먹이는 어머니(母)가 온화하게 양육하는 역할을 의미한다(정옥분 외, 2020). 그러나 최근에는 여성의 사회참여가 증가함에 따라 가정 내에서도 양성평등의식이 구현되고 있어, 아버지와 어머니의 역할 수행의 변화 및 자녀양육의 공동 참여가 점차 이루어지고 있다.

현대사회를 살아가면서 부모역할을 수행하는 데에는 많은 어려움이 있다. 가정의 핵가족화, 자녀 수의 감소 및 자녀교육에 대한 관심의 증대, 가족 간의 세대 차이, 여성의 사회진출 증가 등의 요인으로 부모역할을 수행하는 데 많은 어려움이 따르고 있다. 게다가 대부분의 부모는 부모역할에 대한 적절한 지식과 정보가 부족하고 체계적인 훈련을 받지 않은 상태에서 부모역할을 수행하게 된다.

자녀의 성장과 발달 연령에 따라 부모역할이 달라져야겠지만, 바람직한 부모의 특성은 '좋은 부모(good parents)'나 '훌륭한 부모(great parents)', 나아가 부모역할을 잘 수행하는 '효율적인 부모(effective parents)'라 할 수 있다.

현대사회가 요구하는 바람직한 부모상은 다음과 같다(홍길회 외, 2016).

∩ 아기와 함께 봄나들이 나온 부부

∩ 방학을 맞아 여행을 즐기는 가족

① 일관성 있는 부모

바람직한 부모의 특성 중 하나는 자녀를 양육할 때 상황, 장소, 시간 등에 관계없이 항상 부모가 세운 자녀양육의 원칙대로 지켜 나가는 일관성을 유지하는 것이다. 부모가 자녀양육 시 일관성을 잃게 되면 자녀는 원칙과 예외 사이에서 혼동을 겪게 되어 가정교육의 근간이 흔들리게 된다.

② 이해하고 수용하는 부모

자녀를 이해하고 수용하는 부모는 바람직한 부모라 할 수 있다. 부모는 자녀를 하나의 인격체로 존중하고, 자녀의 입장에서 자녀의 감정, 생각, 행동을 이해하여야 한다. 나아가 부모가 자녀의 감정에 공감하고 있음을 나타낸다면 자녀는 자신이 존중받고 있다고 느끼게 되어 자신의 감정과 사고를 자유롭게 표현하게 된다. 이러한 부모-자녀 간의 상호작용을 통해 부모-자녀 간에 진정한 의사소통이 이루어지게 되고, 자녀는 보다 자율적으로 행동하고 성숙한 의사결정을 할 수 있다.

이와 같이 부모가 자녀를 이해하고 수용하고자 노력하면 자녀는 자신의 사고와 감정을 자유롭게 표현하고, 독립적으로 의사결정하여 행동할 수 있으며, 긍정적인 자기존중감을 형성하게 된다. 나아가 자녀도 부모를 이해하고 수용하는 태도를 자연스럽게 지니게 된다.

③ 행동으로 모범을 보이는 부모

바람직한 부모는 부모 스스로가 자녀에게 바람직한 본보기가 되도록 행동한다. 부모 스스로가 솔선수범해서 모범적인 행동을 하고, 부모 노릇도 제대로 하며, '말로만 양육하는 부모'가 아니라 '행동으로 보여 주는 부모'라 할 수 있다. 부모가 모범적으로 행동할 때, 자녀는 자연스럽게 부모의 행동을 모방하거나 본받게 되며, 바람직한 행동을 보이는 부모에 대해 존경심도 갖게 된다.

④ 민주적인 부모

민주적인 부모는 자녀를 허용하고 격려하며 자녀의 잠재가능성을 계발할 수 있는 데 반해, 독재적인 부모는 자녀의 성장과 발달에 부정적인 영향을 미친다. 민주적인 부모의 특성으로는 자녀의 의사를 존중하며, 해야 할 행동과 해서는 안 되는 행동에 대한 구분이 명확하다. 또한 민주적인 부모는 의사결정 과정에서 자녀를 참여시키거나 자녀의 의견을 존중하고, 문제 발생 시 자녀와 대화를 통해 해결하는 특성을 보인다.

⑤ 사랑하는 부모

부모는 자녀를 사랑하고 또 자녀가 부모의 사랑을 느낄 수 있도록 행동해야 한다. 부모에게서 사랑받지 못하고 성장한 자녀들은 거부적인 행동이나 공격적 성향을 보이지만, 부모의 충분한 사랑을 받고 자란 자녀는 이해심과 자기존중감이 높으며, 자신과 함께 다른 사람을 사랑하는 건전한 인성을 형성할 수 있다. 물론 부모는 무분별한 사랑으로 인해 자녀를 과잉보호해서는 안 된다.

⑥ 효율적인 부모

효율적인 부모는 자녀의 행동 특성과 상황적 요인 그리고 자녀의 욕구 등을 충분히 이해하고 분석하여 상황적 부모역할을 수행한다. 상황적 부모역할이란 상황에 맞게 현실적이고 효과적으로 대처하여 현명하게 부모역할을 수행하는 것이다. 또한 효율적인 부모는 부모 자신이 부모역할에 대한 인식이 분명하며, 자녀양육에 대한 충분한 지식과 정보를 지니고 자녀와 긍정적인 관계를 유지한다.

참고문헌

권석만(2014). 젊은이를 위한 인간관계의 심리학. 서울: 학지사.

김재은(1974). 한국가족심리. 서울: 이화여자대학교출판부.

김정옥, 박귀영, 유가효, 전귀연, 홍계옥, 홍상욱(2012). 가족관계. 경기: 양서원.

김종운, 박성실(2016). 만남 그리고 성장을 위한 인간관계 심리학. 서울: 학지사.

박화윤, 마지순, 안라리, 천은영(2006). 부모 자녀 관계 증진을 위한 부모교육. 서울: 창지사.

신용주, 김혜수(2011). 대학생을 위한 부모교육. 서울: 학지사.

신용주, 김혜수(2021). 뉴 노멀 시대의 결혼과 가족. 서울: 창지사.

오영희, 엄정애(1997). 부모와 자녀. 서울: 동현출판사.

유영주(1984). 신가족관계학. 서울: 교문사.

윤혜경(2020). 부모교육의 이론과 실제. 서울: 동문사.

이경화, 성영혜, 윤석희, 이신동(1999). 부모교육: 사랑, 결혼, 부모. 서울: 학문사.

이숙, 우희정, 최진아, 이춘아(2010). 부모교육. 서울: 학지사.

정옥분, 정순화(2020). 부모교육(3판). 서울: 학지사.

통계청(2015). 2015 청소년통계. 세종: 통계청.

통계청(2016). 2016 통계로 보는 여성의 삶. 세종: 통계청.

허혜경, 김혜수, 박인숙(2013). 현대가정의 이해. 서울: 문음사.

허혜경, 박인숙, 김혜수(2017). 현대 사회와 가정. 서울 동문사.

홍길회, 이혜란, 왕영희, 정미자(2016). 사회·가족 변화에 따른 부모교육. 서울: 창지사.

Gordon, T. (1975). *Parent effectiveness training*. New York: New American Library.

LeVine, R. A. (1974). Parental goals: a cross-cultural view. *Teachers College Records, 76*, 226–239.

Rabin, A. I. (1965). Motivation for parenthood. *Journal of Projective Techniques, 29*(4).

부모역할

1. 부모역할의 특성

부모역할(parenting)은 자녀를 둔 성인 남녀가 가정에서 수행하는 가장 중요한 역할 중 하나이다. 부모역할이란, 첫째, 자녀를 양육하는 것으로 자녀를 낳아서 그 자녀가 성장하여 성인이 되어 독립할 때까지 돌보는 것을 의미하며, 둘째, 부모로서 행동하는 것으로, 최근에는 부모역할을 하나의 기술(technique)이자 역할, 기대, 태도 등을 포함하는 개념으로 간주한다(최혜순, 2013).

부모역할의 일반적인 특성을 정리해 보면 다음과 같다(류왕효, 2009).

- 부모역할은 부모에게 가장 중요한 역할이다.
- 부모는 자녀의 최초의 교사이다.
- 부모역할은 어머니와 아버지가 함께 수행하는 팀 리더십이다.
- 부모역할은 임신부터 시작되어 부모의 죽음으로 끝난다.
- 부모역할은 그 중요성에 비해 부모됨에 대한 준비나 교육이 부족하다.
- 부모역할은 자녀에 따라, 그리고 자녀의 연령에 따라 달라질 수 있다.
- 부모역할을 취소할 수 없다.

부모역할은 임신 기간부터 시작하여 부모가 사망할 때까지 장기간 수행하여야 하는 역할이다. 또한 부모역할은 자녀가 성장함에 따라 다양한 형태로 변화된 부모-자녀 관계에서 상호작용하며 수행하여야 한다. 브룩스(Brooks, 1981)는 부모역할이란 자녀의 발달과 함께 자녀가 필요로 하는 영양, 보호, 지도 등을 위한 과정을 수행할 뿐 아니라 부모-자녀가 상호 변화되어 가는 것으로서, 자녀만 성장 발달하는 것이 아니라 부모 역시 자녀와 함께 인간관계의 기능을 향상시켜 나간다고 하였다. 즉, 부모역할은 일방적인 역할 담당(role-taking)의 개념이 아니라, 부모와 자녀가 상호 발달해 가는 과정 (process)이라 할 수 있다.

이 장에서는 일반적인 부모역할에 해당하는 양육자로서의 부모, 개인 발달로서의 부모, 직업인으로서 부모, 사회 구성원으로서의 부모 그리고 교육자로서의 부모에 대해 살펴보고자 한다(박화윤 외, 2006).

① 양육자로서의 부모

양육자로서의 부모역할은 가정환경 내에서 가장 대표적으로 요구되는 부모역할이라 할 수 있다. 양육자로서 부모는 자녀가 잘 성장할 수 있도록 애정 있는 보호와 관심을 기울이며 양육한다. 양육자로서의 부모역할의 특성은 다음과 같다.

첫째, 양육자로서의 부모역할은 항상 자의적이거나 선택의 기회가 주어지는 것은 아니다. 부모가 된다는 것은 항상 원하거나 선택해서 되는 것이 아닐뿐더러, 설령 피임을 한다 하더라도 실패할 수 있기 때문이다.

둘째, 양육자로서의 부모역할은 부모가 원할 때 언제든지 그만둘 수 있는 성질의 역할이 아니다.

셋째, 양육자로서의 부모역할을 위한 준비가 대체로 부족하다. 결혼을 하면 대부분 1, 2년 이내에 부모기에 접어들게 되며, 또한 부모기를 위한 구체적인 교육이나 경험 부족은 성공적인 부모역할을 준비하기에 미흡하다.

넷째, 부모역할은 자녀의 모든 일에 대하여 총체적인 책임을 지는 것이다. 부모는 궁극적으로 자녀의 모든 일에 대한 일차적 책임자의 역할을 수행한다.

다섯째, 부모역할은 남녀 두 사람이 한 팀이 되어 수행하여야 한다. 따라서 부부가 행복한 결혼생활을 할 경우 그것이 자녀를 양육하는 데 있어 장점으로 작용하는 반면, 부부관계에 문제가 있는 경우 부모역할을 제대로 수행하는 데 심각한 문제가 발생할 수 있다.

② 개인 발달로서의 부모

개인 발달은 전 생애에 걸쳐 진행되므로 부모 역시 발달의 연속선상에 놓여 있다. 부모는 결혼과 부모기의 발달과업을 수행하는 과정에서 자신의 정체성을 재정비하게 된다. 부모는 자녀의 발달단계에 적합하도록 부모로서 유능감과 정체성을 느끼고 자신의 역량을 발달시키게 된다.

③ 직업인으로서의 부모

부모에게 있어서 직장과 가정의 역할 균형을 이루는 것은 어려운 문제이다. 최근에는 여성의 고등교육 기회의 확대, 새로운 직업 기회의 창출로 인한 경제활동의 참여, 자녀 양육비 및 생활비 지출의 증가, 가사노동 시간의 감소, 삶의 질 추구, 양성평등적 가치관 등의 요인으로 인해 여성의 사회 진출이 증가하고 있다. 맞벌이가정의 경우, 육아와 가사분담이 제대로 이루어지지 않는다면, 부모는 직장일과 함께 자녀양육의 책임을 다하여야 하므로 많은 육체적·정신적 스트레스를 받게 되며, 그 결과 자녀양육의 질에 부정적인 영향을 줄 수 있다.

④ 사회 구성원으로서의 부모

가족기능은 지역사회와 밀접한 연관이 있다. 부모는 사회 구성원으로서 사회 조직체에 도움을 줄 수 있을 뿐만 아니라 자신의 가족이나 자녀양육을 위해서 지원을 받을 수도 있다. 부모는 사회 조직체 내에서 사회자원을 활용하고 학습함으로써 부모역할을 보다 기능적으로 수행할 수 있다. 또한 부모는 사회 내에서 자녀와 가족의 권리와 의무를 지지해 줄 수 있다.

⑤ 교육자로서의 부모

부모는 자녀가 사회에서 효율적으로 적응하는 데 필요한 지식과 기술을 가르치는 교육자로서의 역할을 담당하여야 한다. 부모가 수행하는 교사로서의 역할 중 주요 과제는 자녀의 사회성 발달을 지원하는 것과 학습자로서의 아동 발달을 돕는 일이다(Gestwicki, 2000).

2. 어머니 역할과 아버지 역할

파슨스와 베일즈(Parsons & Bales, 1955)는 전통적인 부모역할을 도구적 역할(instrumental role)과 표현적 역할(expressive role)로 구분하였다. 이들은, 아버지는 가정의 생계부양자로서 도구적 역할을 주로 수행하고, 어머니는 가족 구성원의 양육과 정서적 욕구를 충족시켜 주는 표현적 역할을 수행할 때 가장 기능적이라고 보았다. 과거에는 어머니가 아버지에 비해 상대적으로 더 막중한 부모역할을 수행하고 있으며, 그에 따른 책임감도 더 무거운 편이었다. 그러나 사회가 변화함에 따라 도구적 역할과 표현적 역할과 같이 성 고정관념적으로 뚜렷하게 구분되었던 부모역할은 점차 그 구분이 모호해지고 있다.

1980년대부터 아버지의 중요성이 부각되면서 아버지 역할(fathering)과 어머니 역할(mothering)이 모두 강조되고 있다. 물론 바람직한 부모역할은 어머니 역할과 아버지 역할을 함께 충실히 수행하는 팀 리더십이지만, 여기서는 어머니 역할과 아버지 역할을 각각 나누어 살펴보고자 한다.

1) 어머니 역할

어머니 역할은 임신 기간부터 출산 이후 자녀의 성장발달에 상당한 영향을 미친다. 태어나면서부터 자녀가 처음으로 대면하게 되는 어머니는 자녀의 영양 공급, 신체적 욕구충족 그리고 기본 신뢰감과 애착의 형성과 같은 다양한 욕구를 일차적으로 해결해 준다. 어머니 역할의 특성을 살펴보면 다음과 같다(류왕효, 2009; 허혜경 외, 2013).

🎧 자녀들과 물놀이를 즐기고 있는 어머니

🎧 아기와 함께 퍼레이드를 구경하는 어머니

(1) 인격 형성의 역할

자녀가 태어나서 가장 먼저 만나게 되는 대상은 어머니이며, 이때부터 형성하게 되는 어머니와의 애착은 이후 형성하게 되는 인격의 기초를 이루게 된다. 특히 어머니의 사회화 과정, 양육방식 그리고 수유나 배변훈련 등의 신체적 보살핌이 어떻게 이루어지는지와 같은 생애 초기 경험은 자녀의 성격 형성에 결정적인 영향을 미친다.

(2) 여성의 성역할 모델

어머니는 자녀가 최초로 만나는 여성으로서, 자녀에게 여성의 존재를 알게 하는 역할을 한다. 자녀는 어머니를 느끼고, 보고, 듣고, 말하고, 상대하는 과정에서 여성의 대표성을 가지는 사람으로 어머니를 경험하게 된다. 일반적으로 자녀에게 '어머니와 같은 여성'이 가치판단의 기준으로 자연스럽게 자리 잡게 되어, 어머니와 같은 여성에게 친근감과 편안함을 가지고, 호감을 느끼게 된다. 반대로 어머니에 대한 경험이 부정적일 경우에는 여성에 대하여 부정적인 인식이 생길 수 있다.

(3) 대화자 · 중재자의 역할

어머니는 자녀를 보살피면서 자녀의 상호작용 능력을 발달시킨다. 어머니와 자녀의 상호작용은 대화를 통한 의사소통뿐만 아니라 비언어적 의사소통도 포함한다. 어머니의 양육행위는 자녀에게 자극을 제공하며, 상호작용과 사회화를 통해 자녀의 미래의 삶의 질을 결정할 수 있는 다양한 반응을 창출한다는 데 의의가 있다. 자녀는 무엇을 원하는지, 무엇을 느끼는지, 어떻게 하고 싶은지, 상대방이 어떠한지를 지각하게 되어 사회화 과정에 성공한다.

변화하는 자녀의 성장환경 속에서 어머니의 언어적 능력은 자녀의 발달에 상당한 영향을 미친다. 또한 어머니는 가족 개개인을 잘 파악하여 가족 구성원 간의 관계를 대화를 통해 중재하는 역할을 한다. 어머니는 아버지와 자녀, 자녀와 자녀, 기타 가족 구성원과의 관계를 중재하여 가족관계가 원만하도록 조정하는 중심적 역할을 한다.

(4) 교육자의 역할

어머니는 자녀를 사랑으로 돌보는 최초의 교사이다. 자녀의 의식주와 관련된 신체적 욕구를 충족시키며, 신체 발달을 지원한다. 자녀의 삶 속에서 상호작용하면서 희로애락의 정서를 유발시키고, 또한 하고 싶은 일과 하지 말아야 할 일을 구분하고 통제하면서 정서 및 심리 발달을 도모한다. 부모는 언어 발달의 결정적 시기에 자녀와 끊임없이 의사소통을 하여 자녀의 언어 발달을 촉진시킨다.

(5) 부양 실행자의 역할

어머니는 가족부양의 세부적인 실행자 역할을 수행한다. 과거에는 아버지가 가족부양의 도구적 역할을 수행하여 경제적 지원을 감당하는 반면, 어머니는 생활의 필요에 맞게 경제를 분배하고 통제하며, 가족 구성원을 양육하거나 돌보는 표현적 역할을 담당하였다. 그러나 최근에는 여성의 사회참여가 증가함에 따라 가족부양의 역할과 함께 생계부양 실행자의 역할을 담당하는 취업모가 증가하고 있는 추세이다.

(6) 기타

이 외에도 어머니는 가정에서 필요한 모든 일을 주관하는 가사전담자의 역할을 수행한다. 최근에는 양성평등한 가족문화의 확산으로 인하여 부부가 공동으로 가사분담을 하는 경우도 있다. 그러나 아직까지는 어머니가 주로 가사를 전담하고, 아버지나 다른 가족 구성원이 일부를 분담하는 경우가 많다.

어머니의 경우에는 자녀와 신체적 움직임이 적고 조용한 상호작용, 즉 정적인 상호작용을 주로 하는 반면, 아버지는 놀이와 양육행동에서 보다 역동적인 상호작용의 특성을 보인다.

2) 아버지 역할

아버지는 자녀가 태어나서 처음 접하게 되는 남성으로, 어머니와 함께 자녀의 성장·발달에 중요한 영향을 준다. 아버지는 어머니와 함께 교육자의 역할과 성역할 모델을 함께 수행한다. 아버지의 양육행동과 태도, 어머니와의 애정적인 관계와 협력, 가족 구성원과의 바람직한 관계 형성 등은 자녀의 균형적인 발달에 필수이다. 어머니가 신체적·정서적·언어적인 면에서 자녀에게 주로 영향을 미치는 데 비해, 아버지는 자녀의 사회성 발달, 인지 발달, 성취동기, 도덕적인 면에서 영향을 미친다. 최근에는 아버지 역할도 어머니 역할에 못지않게 중요하다는 인식이 확산되고 있다. 아버지 역할의 특징을 살펴보면 다음과 같다(류왕효, 2009; 오영희 외, 2012; 허혜경 외, 2013).

(1) 남성의 성역할 모델

아버지는 자녀가 처음 만나게 되는 남성이다. 자녀에게 아버지는 남성의 대표성을 가진 사람으로서, 아버지를 통해 남성이 하는 일을 경험하게 된다. 자녀에게 아버지는 남성에 대한 가치판단의 기준이 되어, '남성은 아버지와 같은 사람'이라 여기게 된다.

아버지는 남성성과 여성성의 문화적 개념을 자녀에게 일차적으로 전달하

🎧 자녀의 숙제를 도와주는 아버지

🎧 아기와 함께 시간을 보내는 아버지

는 사람으로(Lamb, 1981), 아들뿐만 아니라 딸의 성역할 행동에도 많은 영향을 미친다. 아버지가 내리는 의사결정은 아들의 자아개념, 남성성과 여성성, 성역할 선호성, 성역할 행동의 선택 등에 영향을 주며, 나아가 이성과의 관계에도 영향을 미치게 된다.

(2) 사회성 발달

아버지가 따뜻하고 민감하게 행동하여 자녀와 안정된 애착관계를 형성할 경우 자녀는 다른 사람과의 긍정적인 대인관계 능력을 함양할 수 있다. 아버지와의 애착관계를 통해 자녀는 정서적 안정에 도움을 받을 수 있으며, 이러한 아버지와의 관계에서 축적된 긍정적인 경험은 사회성 발달에 중요한 학습원이 된다.

자녀양육에 적극적으로 참여하는 아버지는 자녀에게 이타주의와 관대함을 길러 줄 수 있다. 특히 아들의 경우 아버지와 동일시하고, 아버지의 도덕성을 자신에게 내면화할 수 있다(Hoffman, 1970).

또한 자녀는 아버지가 자신을 대하는 방법을 통해 의사소통 기술과 사회성을 발달시켜 나간다. 아버지가 애정적일 때 남아는 높은 자아존중감을 가지며 성격 발달에 긍정적인 영향을 받는다. 아버지가 양육적일 경우 여아는 이성 관계에 적응하기 쉽고 행복감을 느끼는 반면, 아버지가 소원할 경우 심리적 부적응을 겪을 수 있다.

(3) 인지 발달

아버지는 자녀를 양육하는 행동에 있어서 어머니에 비해 상대적으로 더 역동적이다. 특히 아버지는 어린 자녀의 놀이 상대가 됨으로써 인지 발달에 긍정적으로 기여한다. 아버지는 다양한 놀이 상황에서 자녀에게 칭찬, 격려, 자극 등을 제공하면서 자녀의 인지 발달을 촉진시킬 수 있다.

아버지의 양육과 자녀의 인지 발달의 관련성은 여아보다 남아에게서 명백하게 나타났다. 양육적인 아버지를 가진 남아들은 아버지와의 동일시를 통해 지적인 과제에서 진보된 능력을 보였다.

(4) 성취동기

아버지는 자녀의 성취동기에 상당한 영향을 미친다. 특히 학업, 직업, 경제적 생활 등의 영역에서 자녀에게 포부를 갖게 하고 성취동기를 부여하는 데 아버지의 역할은 결정적이다.

아버지와 자녀가 친밀한 관계를 유지하고, 또 아버지가 권위가 있으면서도 민주적일 때 남아와 여아 모두 높은 성취동기를 가진다. 성취동기가 낮은 남아는 아버지와 부적절한 관계를 가지고 있으며, 자신의 아버지를 적대적으로 생각하였다. 반대로 여아의 경우에는 아버지가 딸에게 지적 수행을 격려한 경우에 성취 욕구를 증가시키는 것으로 나타났다.

🎧 스키를 즐기는 아버지와 아들

3. 발달단계에 따른 부모역할

1) 이론적 배경

자녀의 발달과 부모역할을 이해하기 위해서는 아동발달이론을 재해석하여 접근하는 것이 필요하다. 여기서는 프로이트(Freud)의 정신분석이론과 에릭슨(Erikson)의 심리사회적 발달이론 그리고 피아제(Piaget)의 인지발달이론을 적용하여 각 발달단계에 따른 부모역할을 살펴보고자 한다(이경희, 2010).

(1) 성격 발달: 프로이트의 정신분석이론

지그문트 프로이트(Sigmund Freud, 1933)는 인간의 성격은 원초아(id), 자아(ego), 초자아(superego)로 구성되어 있다고 주장하였다. 인간의 삶의 에너지이자 성적 에너지인 리비도(libido)는 인간이 성장하는 과정에서 일정한 순서에 따라 특정 신체 부위에 집중되는데, 이를 성감대라 하였다.

프로이트의 심리성적 발달단계는 리비도가 집중되는 신체 부위에 따라 나누어진다. 각각의 발달단계에서 만족이나 충분한 쾌감을 느끼지 못하면 고착(fixation) 상태가 되어 발달에 지장을 초래할 수 있다. 프로이트의 심리성적 발달단계는

프로이트(1856～1939)

구강기, 항문기, 남근기, 잠복기, 생식기의 다섯 단계로 분류되며, 각 단계별 특징을 살펴보면 다음과 같다.

① 구강기(oral stage, 0～18개월)

구강기는 출생에서 약 18개월까지이며, 리비도가 입, 혀, 입술 등 구강에 집중된다. 영아는 젖을 빠는 행위에서 느끼는 포만감을 통한 쾌감으로 영아기 성욕(infantile sexuality)을 충족시킨다.

② 항문기(anal stage, 18개월～3세)

항문기는 리비도가 구강에서 항문으로 이동하는 시기이다. 이 시기의 유아는 자신의 배설물에 관심을 가지면서 자신의 소유물처럼 생각하며, 배설 과정을 통해 성적인 쾌락을 얻는다. 그러나 부모나 주 양육자의 배변훈련 과정을 통해 아이는 상호작용과 사회적 통제를 경험하기도 한다. 이 시기의 엄격한 배변훈련으로 인해 고착될 경우 수전노나 고집쟁이와 같은 강박적 항문기 성격으로 발전할 수 있다. 반면, 무분별하게 배설하는 성향의 유아는 부모를 좌절시키면서 은근한 만족을 얻고, 정리정돈을 잘 못하며 지저분하고 낭비적인 행동을 하기도 한다. 따라서 부모나 주 양육자는 편안하고 자연스럽게 배변훈련을 하도록 지도하는 것이 필요하다.

③ 남근기(phallic stage, 3~5세)

남근기의 유아는 자신의 성기에 관심을 보이면서, 동성의 부모를 경쟁자로 생각한다. 남아는 오이디푸스 콤플렉스(Oedipus complex)를 통해 남성성을, 여아는 엘렉트라 콤플렉스(Electra complex)를 통해 여성성을 내면화한다. 이 시기에 초자아가 발달한다. 남근기는 남성중심의 관점에서 불리기 때문에 성기기로 불리기도 한다.

④ 잠복기(latent stage, 6~12세)

잠복기는 리비도가 잠복하는 휴식기이며, 다음 단계를 위한 발달 준비기이다. 이 시기에 아동은 가족의 울타리를 벗어나 사회적 관계와 규율을 학습하면서 지적인 활동에 몰두하는 학령기(school age)를 맞이한다. 아동은 사회생활을 통해 해야 할 것과 하지 말아야 할 것을 구분하여 내면화하고, 사회구성원으로서 대인관계를 발달시켜야 하는 시기이다.

⑤ 생식기(genital stage, 12세 이후)

생식기는 12세 이후로, 제2차 성징이 나타나면서 생식활동이 가능해지고, 성적 에너지와 욕구가 증가하는 시기이다. 부모에 대한 의존도는 줄어드는 반면 이성에 대한 관심은 크게 늘어나 성숙한 사랑을 하는 시기이다. 이성과 친밀한 관계를 추구하고, 자신의 일이나 진로를 결정하면서 자신을 인정받고자 한다.

에릭슨(1902~1994)

(2) 사회성 발달: 에릭슨의 심리사회적 발달이론

에릭 에릭슨(Erik Erikson, 1963)은 프로이트의 심리성적 발달이론을 전 생애로 확장하여 8단계의 심리사회적 발달이론으로 발전시켰다. 인간 발달을 심리사회적인 측면에서 연령별 발달단계마다 경험해야 하는 심리사회적 위기(psychosocial crisis)를 제시하여 설명한 에릭슨의 8단계 심리

사회적 발달이론을 요약하면 다음과 같다.

- 기본 신뢰감 대 불신감(basic trust vs. mistrust, 0~1세)

  자신을 돌보아 주는 양육자, 즉 주로 어머니와의 관계 속에서 욕구를 잘 충족시켜 주면 신뢰감을 형성하나 그렇지 않으면 불신감을 형성하게 된다.

- 자율성 대 수치 및 의심(autonomy vs. shame and doubt, 2~3세)

  유아는 탐색하고 스스로 걷고 음식을 혼자 힘으로 먹으려고 하는 등 스스로 하고자 하는 자율성을 획득하게 된다. 이때 자신의 의지대로 하도록 부모가 도와주면 자율성이 형성되지만, 부모나 외부의 통제가 심해서 과잉보호하게 되면 자신의 능력에 대한 수치심과 의심이 발달하게 된다.

- 주도성 대 죄책감(initiative vs. guilt, 4~6세)

  언어 발달이 급격하게 이루어지고, 호기심과 신체적 능력이 향상되며, 놀이나 활동과 같은 여러 가지 대상에 대해 목표와 계획을 세우게 된다. 이때 성인으로부터 주도적 행동에 대해 격려를 받으면 주도성이 발달되지만, 지나친 제한을 받으면 자신의 행동에 대한 죄책감이 생긴다.

- 근면성 대 열등감(industry vs. inferiority, 초등학교 시기)

  읽기, 쓰기, 셈하기 등의 지적 능력 개발과 또래 간의 관계에서 규범을 획득하는 등 학교생활에 잘 적응하면 근면성이 발달하지만, 그렇지 못하면 열등감이 생기게 된다.

- 정체감 대 역할혼란(identity vs. role confusion, 13~18세)

  청소년기로 자아가 형성되고 자아정체감, 성적 정체감, 직업 정체감이 형성된다. 청소년기에 부여되는 여러 가지 역할에 대한 확신과 통합이 생기면 정체감이 형성되지만, 그렇지 않으면 역할혼란에 빠지게 되므로 부모나 교사의 지원이 필요하다.

- 친밀감 대 고립감(intimacy vs. isolation, 19~25세, 성인 전기)

  타인(동료 및 이성)과 자신의 정체감을 통합하여 친밀감을 나눌 수 있는 관계를 형성한다. 따라서 다른 사람과 친밀감을 형성하지 못할 경우에는 고립감, 배척감 혹은 소외감을 느끼게 된다.

● **생산성 대 침체감**(generativity vs. stagnation, 성인 후기)

생산성이란 창조적 활동 혹은 생산적 활동을 통하여 다음 세대를 키우고 교육하는 것에 대한 관심을 의미한다. 이 시기에는 자녀 및 일에 대한 생산성이 발달하나, 생산성이 부족하면 자신의 과업에 대한 침체감이 생긴다.

● **자아통합 대 절망감**(integrity vs. despair, 노년기)

전 생애에 걸쳐 비교적 자신의 삶에 후회가 없으며 열심히 살았고 가치있었다고 생각하는 사람은 죽음에 대해 초연한 자세를 갖고 자아통합을 이루지만, 그렇지 못하다고 생각하는 사람은 죽음에 대한 공허감과 절망감에 빠지게 된다.

(3) 인지 발달: 피아제의 인지발달이론

피아제(1896~1980)

장 피아제(Jean Piaget, 1952)의 인지발달이론은 아동 · 청소년의 인지 발달과정을 이해할 수 있는 가장 영향력 있는 발달이론 중 하나다. 피아제는 인지 발달을 환경에 적응하는 능력으로 보았으며, 이 과정을 동화(assimilation)와 조절(accomodation)에 의한 평형화(equilibrium) 과정으로 설명하고 있다. 동화는 새로운 사건이나 사물을 개인이 기존에 갖고 있던 도식이나 구조로 통합하는 과정을 의미한다. 조절은 기존의 도식이나 구조가 새로운 자극을 동화하는 데 적합하지 않을 경우 새로운 자극에 알맞게 기존의 도식이나 구조를 변형하는 인지적 과정을 의미한다. 따라서 조절은 동화와는 달리 도식이나 구조의 질적 변화에 해당된다.

피아제는 인지 발달을 질적으로 다른 4단계로 분류하였는데, 이는 감각운동기, 전조작기, 구체적 조작기 그리고 형식적 조작기이다.

● 감각운동기(sensorimotor stage, 0~2세)

감각기관과 신체운동을 통해 얻어지는 감각운동 경험을 통해 세상에 대한 지식을 획득하는 단계이다. 아동의 지적 활동은 생득적인 반사기능을 기초로 초보적인 감각 및 지각적 도식에 의한 활동이 주를 이루다가, 이 시기 후반 무렵에는 사물이 눈에 보이지 않아도 어딘가에 존재하는 것을 아는 대상영속성(object permanence)이 발달된다.

● 전조작기(preoperational stage, 2~6세)

논리적 판단보다는 지각을 근거로 직관적인 판단을 하며, 사고의 조작이 일어나기 이전의 단계이다. 직관적인 판단을 하며, 상징적 활동이 증가하고, 자기중심적 사고를 하며, 사실적 또는 타율적인 도덕 판단을 하는 것이 특징이다.

● 구체적 조작기(concrete operational stage, 6~12세)

구체적 사물에 한하여 논리적 및 가역적 사고의 조작이 가능한 시기이다. 구체적 조작기의 아동은 특정 대상물에 대해 수 개념 또는 양의 보존 개념을 획득한다. 이 시기에 보존개념이 발달하기 위해서는 변화 이전 상태로 되돌려서 사고할 수 있는 가역적 사고가 가능해야 한다. 아동은 점차 자기중심적인 사고에서 벗어나게 되어 다른 사람의 입장을 이해할 수 있게 되는 탈중심적 사고를 발달시킨다. 도덕적 판단에 있어서도 자율적 도덕 판단이 가능하게 된다.

● 형식적 조작기(formal operational stage, 12세~성인기)

형식적 조작기에는 사고의 조작이 구체적 사물에 한정되지 않고 추상적인 영역까지 머릿속으로 생각할 수 있는 추상적 사고가 가능하다. 가설을 세워 사고하는 가설 연역적 사고가 가능하며, 어떤 문제에 직면했을 때 가능한 해결책을 모두 고려해 보는 조합적 사고도 발달하게 된다.

2) 발달단계별 부모역할

인간의 발달(development)은 태내에서 수정(fertilization)되는 순간에서부터 죽음에 이르기까지의 전 생애에 걸쳐 계속되는 모든 변화의 양상 및 과정을 의미한다. 최근에는 부모교육을 자녀의 출생 이전인 태내기(prenatal period) 부터 발달단계를 고려하여 실시하여야 한다는 주장이 강하다. 자녀의 연령별 발달단계에 따라 구체적인 부모역할에도 차이가 있으므로, 이에 따라 부모교육의 목표뿐만 아니라 내용도 달라져야 한다.

여기서는 태내기의 부모역할을 알아보며, 영아기부터 성인 초기까지는 인간의 심리사회적인 측면에서 연령별로 프로이트와 에릭슨의 발달이론에 근거하여 단계별 부모역할을 간단히 살펴보고자 한다(신용주 외, 1997; Hammer & Turner, 1990).

(1) 태내기

임신이 되는 순간부터 태내에서 약 40주를 보내는 태내기 동안, 태아는 빠른 속도로 성장하게 된다. 이 시기는 여느 다른 발달단계에 비하면 상당히 짧은 기간이나 인간 발달의 기초가 되는 중요한 시기이다. 태아는 태내 환경에 민감하게 영향을 받기 때문에 태내 환경을 잘 조성해 주는 것이 올바른 부모-자녀 관계의 시발점이다.

태내 환경에 영향을 주는 요인은 크게 모체의 상태, 약물, 흡연, 음주와 같이 모체 건강에 영향을 주는 요인, 아버지, 태교 등으로 구분할 수 있다(정옥분 외, 2000; 신용주 외, 2017).

첫째, 모체의 상태로는 임산부의 영양, 질병 유무 및 연령이 태내 환경에 영향을 준다. 태아의 정상적인 성장과 자궁 및 태반의 발육을 위해서 임산부는 임신 기간 중 평상시보다 충분한 영양소 섭취가 중요하며, 그렇지 못한 경우 사산, 유산, 조산의 원인이 된다. 특히 칼슘, 단백질, 철분, 비타민의 섭취는 태아의 발달에 필수적이다. 또한 태내기는 뇌세포가 급격하게 증가하는 시기이므로 충분한 영양 공급은 태아의 두뇌 발달에 결정적이다. 이 외에도 임산부가 풍진, 임질, 매독, 당뇨병, 에이즈와 같은 질병을 앓게 되면 태아에게 시각장애, 청각장애, 심장병 기형아 출산 또는 사산과 같은 치명적인 영향을 주게 된다. 임산부의 나이도 태아 및 태내 환경에 영향을 주는 중요한 요인이다. 20세 이하 임산부의 경우는 생식 기능의 불충분한 발달로 인해 미숙아 출산율이 높으며, 35세 이상인 경우 생식 기능의 약화로 자연 유산, 임신중독증, 미숙아 및 다운증후군 자녀를 출산할 확률이 높아진다. 결혼 연령이 상승화되고 있는 최근의 상황을 고려할 때 30대 후반 및 40대 임산부의 경우 양호한 건강 상태를 유지하기 위한 세심한 배려가 더욱 요구된다.

둘째, 임산부가 복용하는 약물은 태아에게 심각한 영향을 미치므로, 특히 임신 초기에는 각별한 주의를 요한다. 항생제, 탈리도마이드(thalidomide)와 같은 신경안정제, 피임약뿐만 아니라 마리화나(marihuana) 또는 헤로인(heroin)과 같은 마약류의 복용도 태아에게는 치명적인 영향을 준다. 임산부가 담배를 피우면 조산아나 저체중아를 출산할 확률이 높다. 이 외에도 알코올은 태반에 빠르게 흡수되어 장시간 영향을 주는데, 태아는 알코올 분해능력이 성인의 절반 수준밖에 안 되기 때문에 임산부는 알코올 섭취를 제한할 필요가 있다.

셋째, 태아에게는 아버지의 영향도 상당하다. 건강한 남편은 환경오염에 노출된 직업을 가진 남편보다 건강한 정자를 생산한다. 예비 아버지인 남편은 임신을 진심으로 기뻐하며, 임신으로 예민해진 부인이 정서적으로 평안할 수 있도록 적극적으로 돕고 지지하는 것이 중요하다. 남편이 가정 내 역할 분담을 자발적으로 하는 것은 신체적 · 심리적으로 임산부의 안정을 돕는다. 최근에는 라마즈 분만법을 통해 남편이 부인의 임신과 출산 과정에 동참하거나, 함께 태교하고 자녀 출산을 준비하기도 한다. 아버지의 적극적인 태교 및 출산 과정의 참여는 긍정적인 부모–자녀 관계의 첫걸음이다.

넷째, 태(胎)는 인간 최초의 교육의 장이다. 산모와 태아는 생리적으로나 심리적으로 매우 긴밀하게 연결되어 있으므로, 태교를 통해 태아에게 간접 교육을 할 수 있다. 태교란 태아에게 태내에서부터 좋은 환경과 좋은 영양을 공급하기 위해 이루어지는 교육으로, 오늘날 태교의 효과가 증명됨에 따라 그 중요성이 점점 더해지고 있다. 산모는 정서적 불안과 긴장을 피하고, 행동과 마음가짐을 바르게 하며, 금지 약물 및 음식을 조심하고, 아름다운 것을 보고 듣는 등 태아에게 최선의 환경을 제공하여 긍정적인 영향을 주도록 한다.

🎧 커플의 야외 나들이　　　　🎧 성탄절을 준비하는 임산부

이 시기의 부모역할은 '부모기를 준비하는 예비 부모'라 할 수 있다. 현대에는 모체를 통한 태교뿐만 아니라 아버지의 태교도 강조되는 등으로 태교의 범위가 확장되었다. 아버지 태교의 예를 들면, 임신 중에 무리한 성생활을 금하고 태담(胎談)으로 태아와 교류하는 것 등을 들 수 있다. 태교는 과학의 발달로 인해 태아의 성장과 발달에 미치는 효과가 밝혀진 것도 있으나, 사회와 문화에 따라 맹목적으로 받아들여지는 것도 있으므로 현명하게 선택하여 실시한다.

(2) 영아기

영아기란 태어나서부터 약 18개월경까지의 시기를 말하며, 프로이트에 의하면 구강기에 속한다. 이 시기의 신체적 발달의 속도는 상당히 빨라서, 첫돌까지 영아는 출생 시 신장의 약 1.5배, 체중은 약 3배 정도로 성장하며, 두뇌의 발달도 급속히 진행된다. 영아의 운동 발달도 빠르게 진행되어 신경 및 근육의 발달이 동시에 이루어진다. 영아는 먼저 대근육이 발달하고 점차 소근육이 발달되어 손과 손가락의 정교한 움직임이 가능해진다.

인지 발달이란 사고, 이해, 지각과 같은 정신과정의 발달을 의미한다. 영아기는 인지적 측면에서 상당히 중요한 시기에 속한다. 피아제에 따르면, 인간의 인지 구조는 질적으로 다른 발달단계를 순서대로 거치면서 발달한다. 이 시기는 감각운동기로 영아의 감각운동 기능을 통한 반복적인 탐색 활동으로 인지 발달이 이루어진다. 특히 생후 1년까지 영아는 환경에 적응하기 위해 태어날 때부터 지닌 반사 능력(예: 빨기, 잡기)을 수정하는 것부터 직접 보거나 만질 수 없더라도 사물이 독립적으로 공간에 존재한다는 것을 알게 되는 대상영속성까지 획득하게 된다.

에릭슨의 이론에 근거하여 영아의 심리사회적 측면을 살펴보면, 이 시기

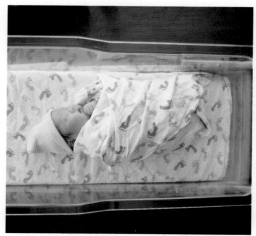
갓 태어난 신생아

카시트에서 잠이 든 신생아

 이유식을 기다리는 영아　　　　　　🎧 인형을 안고 즐거워하는 영아

는 '기본 신뢰감 대 불신감'의 단계이다. 영아는 가족, 특히 어머니의 적절한 보살핌이 제공되면 기본 신뢰감이 형성되나, 일관성 없는 양육태도를 경험하면 불신감이 생긴다. 기본 신뢰감은 장차 타인과의 원만한 인간관계는 물론 자신 및 세상에 대한 신뢰감의 바탕이 된다.

이 시기의 부모는 '보살핌을 제공하는 부모(parents as caregivers)'의 역할을 수행한다. 일차적인 양육 책임을 지닌 부모는 이 시기에 적절하고 긍정적으로 영아를 양육해야 하는 것이 무엇보다 중요하다.

(3) 유(乳)아기

유아기는 약 18개월부터 3세경으로 걸음마기(toddlerhood)라고도 불린다. 이 시기는 프로이트의 발달단계로는 항문기에 속한다. 이 시기도 신체적으로 급속한 성장을 보여, 신장은 출생 시의 약 1.8배, 체중은 출생 시의 약 3.5~4배 정도에 이른다. 유아는 손과 눈의 협응이 점차적으로 정교해진다.

에릭슨은 이 시기의 심리사회적 위기를 '자율성 대 수치 및 의심'으로 설명하고 있다. 유아는 혼자 걷고 말하고 대소변을 가리면서 자율적이고 자기주장적인 존재가 된다. 활발하게 움직이며 자기탐색 활동을 하고, 이를 통해

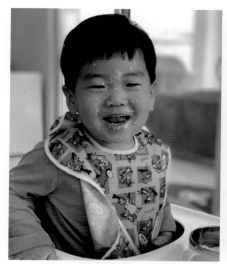

🎧 밀가루 반죽 놀이를 하는 유아

🎧 안전 펜스를 넘고 싶은 유아

급격한 속도로 인지 발달을 이룬다. 그러나 유아가 하고자 하는 일이 좌절되었을 때는 공격적이고 반항적인 경향을 나타내기도 한다. 이 시기에 부모가 스스로 행동하려는 유아를 칭찬하고 격려하면 자율성이 형성되나, 지나치게 억압하거나 조롱하면 수치심과 의심이 발달하게 된다.

이 시기의 부모역할은 '보호자로서의 부모(parents as protectors)'라 규정할 수 있다. 유아기는 활발하고 호기심 많으며 자기주장이 뚜렷해지는 시기이기 때문에, 부모는 가능한 한 안전한 환경을 제공하여 유아가 마음껏 자율성을 함양하고 호기심을 충족하고 다양한 학습 경험을 획득할 수 있도록 도와주는 것이 중요하다.

(4) 유아기

유(幼)아기는 4세부터 6세경까지를 지칭하며, 초등학교에 입학하기 전이므로 학령 전기라고 부르기도 한다. 유아기는 이전 시기에 비해 성장 속도가 다소 늦어지며, 출생 시 신장의 2배, 체중은 약 5.5~6배 정도로 성장하며, 뇌의 약 90%가 완성된다. 이 시기 유아의 인지적 특징을 피아제는 전조작적 사고(pre-operational thinking)라고 하였다.

유아는 영아의 특징인 감각운동적 사고에 비해 정신적인 표상이 가능하며 빠르고 유동적인 사고를 한다. 그러나 전조작적 사고라는 용어가 암시하는 바와 같이, 어떤 논리적 결론에 도달하기 위해 정신적으로 사고하여 행하는 활동은 아직까지는 부족한 면이 있다. 이 시기의 유아는 자기중심성이 강해져서 다른 사람의 입장을 고려하지 못하고 자신의 관점에서만 사고하거나 말한다.

에릭슨은 이 시기를 '주도성 대 죄책감'이라는 대비되는 개념으로 설명하고 있다. 이 시기의 유아는 스스로 계획하고 달성하기 위해 주도적으로 행동하고 노력한다. 이 과정에서 유아가 설정한 계획과 기대가 성공적으로 이루어지면 주도성이 확립되지만, 유아가 잦은 실패와 갈등 또는 주위의 억압을 경험하게 되는 경우에는 죄책감을 초래하게 된다.

이 시기의 부모역할은 '양육자로서의 부모(parents as nurturers)'라 규정지을 수 있다. 여기서 양육이란 자녀가 더 나은 발달을 하도록 이끌고 지도하는 것을 의미한다. 부모는 자기중심적인 유아에게 애정 어린 보살핌과 관심으로 교육하고 지도하는 양육자의 역할을 감당하여야 한다. 아울러 부모는

🎧 자연을 즐기는 유아

🎧 사이좋은 유아기 자매

자녀가 자율성과 선도성을 위협받지 않으면서 책임감 있는 행동을 습득함과 동시에 부모와는 신뢰감을 더욱 증진할 수 있도록 양육하는 것이 무엇보다 중요하다. 그리하여 일관성 있는 규칙을 제시하되 유아의 호기심과 반응에 민감하게 대처하는 것이 필요하다.

(5) 아동기

아동기는 6, 7세부터 11~12세경까지의 시기이며, 아동이 초등학교에 입학하는 시기에 해당하므로 흔히 학령기(school years)라고도 불린다. 이 시기에 아동은 신체적·인지적 발달이 현저하게 이루어진다. 아동은 6세부터 외관상 유아 티를 벗고 신장과 체중이 크게 증가하게 된다. 아동의 신체 발달은 영양 섭취의 개선과 같은 환경적 요인으로 인해 매년 꾸준히 증가하고 있다. 아동은 인지적으로는 구체적 조작기에 이르러, 사물과 사건의 원리를 깨닫고 분류하며 관계를 이해하는 데 있어 상당한 발달을 보인다. 언어능력도 상당히 발달하여 의사소통과 표현도 정교해질 뿐만 아니라 정서적으로도 감정이 분화되고 내면화된 양상을 보인다.

이 시기의 아동에게 학교는 새로운 환경으로 작용하여 부모 외에 권위자로서의 교사 및 또래집단과의 역할이 커지게 되며, 그들과의 사회적 상호작용을 통해 대인관계에 필요한 기술을 습득하고 그들의 평가 및 피드백을 기반으로 자아개념이 형성된다.

　아동기는 다른 시기에 비해 비교적 안정적이라 정신분석학적 입장에서는 잠복기 또는 잊혀진 시기(forgotten years)라고도 불린다. 에릭슨의 심리사회적 발달단계에서 아동기는 '근면성 대 열등감'의 위기를 겪는다. 대부분의 아동이 초등학교에 다니는 이 시기에는 각종 지식과 사회가 요구하는 기술을 습득한다. 이때 아동이 순조로운 학습과 대인관계에서 성공을 경험하면 근면성과 유능감을 갖게 되나, 잦은 실수나 실패를 경험하게 되면 열등감이나 사회적 부적응감을 갖게 될 위험이 있다.

　이 시기의 부모역할은 '격려자로서의 부모(parents as encouragers)'라 할 수 있다. 아동은 자신의 능력을 최대한 발현하되, 자발적이고 능률적으로 학습에 임할 수 있는 환경에서 다양한 경험을 하는 것이 필요하다. 부모는 아동에게 적합한 환경을 조성해 주어 아동의 근면성과 다양한 능력을 함양하고 긍정적인 자아개념을 형성할 수 있도록 격려하는 것이 중요하다. 그리고 아동이 다양한 상황이나 과제를 수행함에 있어서 부모가 합리적이며 논리적인 설명을 제공하는 것이 인지적으로 적합하다. 아동을 훈육할 때는 행동 지

🎧 집에서 온라인 수업 중인 아동들

침을 정확하게 설명하여 바람직한 행동은 충분히 칭찬하고 격려하되, 바람직하지 못한 행동의 결과는 이해시키는 귀납법(induction)을 사용하는 것이 좋다.

아동이 책임감 있게 성장하는 데 효과적인 양육 전략으로 부모는 '자연적 귀결(natural consequences)'과 '논리적 귀결(logical consequences)'을 사용할 수 있다. 자연적 귀결이란 아동이 일상생활을 통해 스스로 선택한 어떤 행동에 수반되는 결과를 직접 체험하는 것을 말한다. 예를 들면, 자녀가 추운 날씨에 샌들을 신고 학교에 가려고 한다. 이때 부모가 논리적으로 설명하여 샌들을 신지 못하게 하기보다는 샌들을 신고 학교에 가 보니 발이 시리다는 것을 아동이 직접 경험하여 그 결과를 깨닫도록 한다. 이러한 경험을 한 아동은 자연스럽게 다음에는 이와 같은 행동을 하지 않게 된다는 것이다.

이와 달리 논리적 귀결은 아동이 사회질서나 논리적인 절차를 거쳐 주어진 규칙을 지키지 않은 것과 관련된 결과를 체험하게 되는 것을 말한다. 따라서 문제 상황에 대해 아동에게 논리적으로 설명해 주고 아동의 선택에 따

🎧 코로나 시대 방역수칙을 지키며 함께 노는 미국의 아동들

라 결정하도록 한다. 물론 이때 아동이 결정한 선택에 대해서는 스스로 책임을 지도록 양육하는 것이 중요하다. 예를 들어, 자녀가 방과 후 숙제를 다 한 다음에 친구와 놀 수 있다는 규칙을 정했는데 그 규칙을 지키지 않았다면, 이에 수반되는 논리적 귀결을 통해 잘못된 행동을 하지 않도록 함으로써 자신이 선택한 행동에 대해 책임을 져야 한다는 것을 깨닫도록 한다.

(6) 청소년기

청소년기는 사춘기가 시작될 무렵인 12~13세경부터 21~22세경까지를 말한다. 이 시기의 가장 큰 변화로는 제2차 성징(secondary sexual characteristics)이 나타나고, 생식기능이 생기게 되며, 이성에 대해 높은 관심을 갖게 되는 것이다. 청소년은 급속한 신체적 성숙과 정서적 불안정을 경험한다. 인지적으로는 가설을 세우고 추리를 할 수 있는 등의 형식적 사고가 발달하게 된다. 그래서 자신의 미래를 계획해 보기도 하고, 부모로부터 독립하기를 원하며 자율성을 추구한다.

에릭슨은 청소년기에 겪게 되는 갈등 양상을 '정체감 대 역할혼란'으로 설명하고 있다. 청소년은 '나는 누구이며, 무엇을 할 수 있는가?'와 같이 자신의 존재와 진로에 대해 고민한다. 이때 청소년이 자신의 존재와 추구할 가치에 대해 확신이 서게 되면 긍정적인 자아정체감이 확립되나, 그렇지 못하면 역할혼란에 빠지게 된다. 자아정체감을 성취하는 데에는 개인차가 있어, 어떤 사람은 청년기 후반이나 성인기에 이르러 자아정체감을 획득하기도 한다.

사춘기를 기점으로 청소년은 자율성이 증가하며 가족 관계를 다시 조율하거나 재정의하는 결정적인 시기를 맞이한다(Hill, 1980). 자율성(autonomy)이란 개인이 독립적으로 스스로의 의지대로 행동할 수 있는 능력이다(Newman & Newman, 1984; 한정란 외, 2005 재인용). 자율성의 획득은 청소년이 부모의 영향력으로부터 벗어나 자아정체감을 획득해 가고, 자기 스스로 목표를 설정하거나 진로를 결정하는 등 현실적인 문제를 해결하는 점진적인 과정이다.

청소년이 서서히 부모로부터 정서적·행동적으로 독립하고 자율성을 획득하는 것은 청소년기의 중요한 발달과업인 동시에 성인으로 도약하기 위한 기초가 된다. 청소년기에 부모에 대한 애착 수준이 약화되는 것은 당연한 현상이다. 일부 부모들은 청소년 자녀의 이러한 행동을 받아들이기 힘들어하거나 자녀를 지나치게 통제함으로써 청소년 발달에 부정적인 영향을 초래하기도 한다. 청소년기 동안 지나치게 부모에 의존적인 청소년의 경우 책임감 있는 성인으로 성장하거나 사회적으로 적응하는 데 어려움을 겪기 쉽다.

많은 학자는 청소년기에는 부모-자녀 관계도 질적으로 변화되어야 한다고 주장한다. 청소년기 동안 청소년은 부모와 정서적으로 가깝게 교감하면서 부모로부터 큰 갈등 없이 분리되는 것이 무엇보다도 중요하다. 사실 청소년은 부모로부터 자유로워지기를 원하지만, 정작 자신이 도움을 필요로 할 경우에는 언제든지 부모가 곁에서 자신을 지원해 주기를 원한다. 그러므로 가장 바람직한 것은 청소년이 부모-자녀 관계의 애정 수준을 유지하면서 자율성을 획득하는 것이다. 청소년이 부모와 안정된 관계를 유지하는 동시에 자율성을 획득하게 되면, 사회에서 다른 사람과 대인관계를 형성하는 데 있어 심리적인 지지와 자신감을 가질 수 있다(Papini et al., 1990; Rice, 1990).

청소년기 자녀와 부모와의 관계에서 보이는 의존성(dependence)은 아동기에 부모를 향한 의존성과는 전혀 다른 양상을 보인다. 청소년은 부모에게 의존하던 생활을 재조정하여 부모-자녀 간에 상호 의존성(interdependence)을 형성하게 된다(허혜경 외, 2015). 상호 의존성은 청소년이 자율성을 확보하기 시작하여 좀 더 독립적이기를 원할 때, 부모가 성숙한 태도를 보이며 자녀가 원하는 부분을 조정하거나 허락해 주는 방식으로 상호 영향을 주는 관계를 가지는 것이다. 물론 청소년기에는 부모역할이 질적으로 달라져야 한다. 청소년기 이전에 보였던 양육자로서의 역할보다 청소년기에는 '상담자로서의 부모(parents as counselors)'의 역할이 요구된다.

〈글상자 5-1〉에는 청소년기에 자녀가 직면하게 되는 다양한 발달 전환적 사건이 제시되어 있다. 이와 같이 청소년 자녀가 정체감 형성 및 진로 탐색으로 갈등하거나 이유 없이 반항하거나 다양한 발달 전환적 사건에 직면할 때, 부모는 그들의 발달 특성을 이해하고 자녀의 상담자 역할을 적절히 수행해야 한다.

글상자 5-1 ㅤㅤ 청소년기의 발달 전환적 사건

1. 역할혼란에 대비되는 개념으로서 개인적 정체감을 확립한다.
2. 남녀 또래와 새롭고 더 성숙한 관계를 확립한다.
3. 사춘기에 나타나는 신체적 변화를 받아들인다.
4. 자신의 성을 받아들여 건강한 성적 정체감을 형성한다.
5. 부모와 다른 가족 구성원에게서 정서적인 독립을 시작한다.
6. 개별화 과정이 시작된다.
7. 경제적인 독립이 시작된다.
8. 직업이나 진학을 선택하고 준비하기 시작한다.
9. 건전하고 친밀한 관계를 맺기 위한 기술을 학습하기 시작한다.
10. 사회적으로 책임감 있는 행동이 나타난다.
11. 행동을 다스릴 수 있는 가치관과 도덕적 체계를 결정한다.

출처: Bigner (2007). *Parent-child relations: A introduction to parenting.*

청소년은 아동기에 비해 부모와 일상생활의 사소한 문제에서부터 미래의 진로 결정에 이르기까지 상대적으로 많은 갈등과 마찰을 일으킨다. 각 가정마다 문제의 종류, 갈등의 양과 정도가 다양하며, 일상생활부터 통제와 자율성, 권위와 불복종, 학교 성적, 교우관계, 이성 교제, 군입대, 진로, 가치관의 차이 등 세대 간 갈등을 일으키는 영역도 광범위하다.

그러므로 이 시기에는 부모-자녀 관계가 상호의존적인 것이 바람직하며, 원만한 의사소통이 필요하다. 이는 긍정적인 부모-자녀 관계를 확립하고 부모에 대한 긍정적 자기지각(self-perception)을 형성하는 데 영향을 미친다.

🎧 자연을 즐기는 청소년기 자녀

🎧 새로운 곳을 여행하는 청소년기 자녀

청소년기에 부모와 자녀 간에 갈등을 일으키는 핵심적인 다섯 가지 영역
은 다음과 같다(Holmbeck, Paikoff, & Brooks-Guss, 1995; Rice & Dolgin, 2009).

● 문화와 생활: 부모와 빈번하게 갈등을 유발하는 영역으로(Smetana &
Asquith, 1994), 친구, 이성 친구의 선택, 외출 허락, 허용되는 장소 및 활동, 통금, 연령에 허용되는 활동(운전, 행사 등), 패션, 헤어스타일 등이 갈등의 원인이 된다.

- 책임감: 일상생활에서 청소년 자녀가 책임감을 다하지 못하였을 때 부모와 갈등이 일어날 수 있다. 예를 들어, 소지품이나 방의 정리정돈, 용돈 문제, 전화 사용, 집안일 돕기, 가족 공동 물건의 사용 문제 등이다.
- 학교생활: 성적이나 숙제 등 학습관, 학교에서의 행동, 교사에 대한 태도 등의 문제로 가족 간의 갈등이 생길 수 있다.
- 가족관계: 가족 간의 갈등은 자녀의 미성숙한 행동, 부모에 대한 태도와 존중의 수준, 형제간의 다툼, 친척관계, 자율성과 통제 등의 문제에서 생길 수 있다.
- 사회 규범: 부모는 자녀가 사회생활을 함에 있어 음주, 흡연, 약물 사용, 성행동, 가치관과 언어, 비행(반사회적 가치관이나 다툼에 휘말리는 행동 등) 등의 문제를 염려하므로 갈등의 가능성이 있다.

청소년기의 부모-자녀 갈등은 갈등 자체보다는 갈등 이후의 회복능력에 따라 부모-자녀 관계의 질이 좌우된다. 예를 들면, 건강한 부모-자녀 관계

🎧 대학에 갓 입학한 청소년기 자녀

는 갈등 이후 다시 이전 상태로의 회복이 빠른 반면, 건강하지 못한 부모-자녀 관계는 갈등 이후 원상태로 회복하는 데 감정과 시간이 많이 소요되며, 경우에 따라서는 관계가 회복되기 전에 또 다른 갈등을 빚기도 한다. 또는 지속적인 갈등으로 인해 정상적인 부모-자녀 관계가 유지되기 어려운 경우도 있다(Hann, Smith, & Block, 1968).

🎧 미국 대학생의 모습   🎧 한복을 입고 데이트를 즐기는 청년들

　부모-자녀의 원만한 갈등 해결을 위해서는 부모와 자녀 간의 원활한 의사소통이 필요하다. 이는 긍정적인 부모-자녀 관계를 확립하고 부모에 대한 긍정적 자기지각을 형성하는 데 영향을 미친다. 청소년기 자녀를 둔 부모가 의사소통을 원활히 하는 데 도움이 되는 부모역할 지침을 정리하면 〈글상자 5-2〉와 같다(정영진, 1996; 허혜경 외, 2010).

글상자 5-2   **청소년기 자녀와 원활한 의사소통을 위한 부모역할 지침**

1. 자녀가 못마땅하고 예측할 수 없는 행동을 하더라도 부모의 가치관과 기대 수준에 맞추지 말고 자녀의 감정을 이해하도록 한다.
2. 자녀와 의사소통 시에는 자녀의 단점을 언급하거나 사생활을 침해하지 않도록 한다. 청소년에게는 자신의 결점을 공개적으로 드러내거나 사생활을 침해를 당하는 것이 수치와 모욕으로 받아들여질 수 있다.
3. 자녀와 대화할 때 길게 이야기하거나 잔소리나 설교를 하지 않도록 주의한다. 부모가 대화 요령이 없으면, 설령 자녀가 힘든 문제가 있다 하더라도 상의하고 싶은 마음이 사라지게 마련이다.
4. 자녀가 대화를 원하면 어떠한 주제라도 진지하게 귀를 기울이며 진정한 의논 상대가 되도록 노력한다. 또한 가족의 의사결정 시에는 함께 참여할 수 있도록 한 인격체로서 존중해 준다.
5. 자녀와 대화 시 일관되게 이야기한다. 부모가 한 말이나 약속에 대해 자주 번복하거나 대수롭지 않게 여기면 자녀는 혼란스러워진다.

출처: 정영진(1996). 자녀발달의 결정적 시기; 허혜경 외(2010). 청년발달, 재인용.

(7) 청년기~성인 초기

이 시기는 22~23세경부터 30세 전후 정도이다. 청년은 신체적 발달 및 인지적 발달을 거의 완성하게 된다. 이때 청년은 진로 및 학교생활, 자아개념, 자아정체감, 교우관계, 이성관계 및 결혼 등이 주된 관심사이다.

에릭슨은 이 시기를 '친밀감 대 고립감'의 갈등적 상황으로 표현한다. 자아정체감을 획득한 청년은 이성을 포함하여 타인과 친밀한 대인관계를 형성하게 되며, 우정과 동료애 그리고 친밀감을 획득한다. 그러나 전 단계에서 자아정체감을 성취하지 못한 청년은 자기 존재 및 자신의 진로 등의 문제에서 해답을 찾지 못한 채 자기 자신을 상실하게 되지는 않을까 하는 두려움 때문에 사회적으로 진정한 대인관계를 이루지 못하고 고립감에 빠지게 된다.

이 시기의 부모역할은 '부모와 성인 자녀(parents and adult children)'라 설명할 수 있으며, 청소년기보다 더욱더 성숙한 부모-자녀 관계가 요구된다.

이 시기에는 청년 자녀가 자신의 진로를 찾으며, 직업을 갖고 부모에게서 독립할 준비를 하거나, 친밀감을 추구하며 결혼을 하여 가정을 형성하게 된다. 부모와 성인 자녀는 상호 독립적이기는 하나 물리적 거리가 가깝고 의사소통의 빈도가 높으며, 전화, 방문, 문자, SNS 등과 같은 '의사소통원(sources of communication)'의 활용 여부에 따라 부모-자녀 관계의 질이 달라질 수 있다.

지금까지 살펴보았듯이, 급변하고 있는 현대사회에서는 부모가 제대로 부모역할을 수행하는 것이 쉽지 않다. 특히 최근에는 많은 부모 및 예비 부모가 세대의 변화를 고려하여 자녀가 장성하기까지 부모역할을 더욱 전문적으로 수행해야 할 필요성을 절감하고 있다. 이에 따라 임신을 한 태내기부터 성인 초기의 자녀를 양육하기까지 각 발달단계에서 효과적인 부모역할을 수행하기 위한 전문적인 부모교육이나 지식 및 정보에 대한 수요가 점차 증가하고 있다.

🎧 미국 대학 캠퍼스의 대학생들 모습

참고문헌

김진숙(1998). 지역사회에서 자녀지도를 위한 부모교육사업 추진 실태와 향후 방안. 부모
　　교육 활성화 추진방향과 방안. 청소년 대화의 광장 1998 전국 부모교육 활성화 추진대
　　회, 98(19), 15-31.
류왕효(2009). 부모교육. 서울: 신정.
박화윤, 마지순, 안라리, 천은영(2006). 부모 자녀 관계 증진을 위한 부모교육. 서울: 창지사.
신용주, 김혜수(2011). 대학생을 위한 부모교육. 서울: 학지사.
신용주, 김혜수(2017). 다음 세대를 위한 부모교육. 서울: 학지사.
신용주, 윤혜경, 강인재(1997). 부모교육 및 상담. 서울: 양서원.
오영희, 박창옥, 강영식(2012). 가족관계. 서울: 동문사.
이경희(2010). 아동발달과 부모교육(개정판). 경기: 교문사.
정영진(1996). 자녀발달의 결정적 시기. 서울: 학지사.
정옥분, 정순화(2000). 부모교육: 부모역할의 이해. 서울: 양서원.
최혜순(2013). 부모교육. 서울: 동문사.
한미현, 문혁준, 강희경, 공인숙, 김상희, 안선희, 안효진, 양성은, 이경열, 이경옥, 이진숙,
　　천희영(2013). 아동복지(제3판). 서울: 창지사.
한정란, 이성호, 강승혜, 김미옥, 김은정, 김혜수(2005). 청소년의 자율성과 창의성 계발을 위
　　한 부모교육 방안 연구. 서울: 한국청소년개발원.
허혜경, 김혜수(2010). 청년발달. 서울: 학지사.
허혜경, 김혜수(2015). 청년심리와 교육. 서울: 학지사.
허혜경, 김혜수, 박인숙(2013). 현대 가정의 이해. 서울: 문음사.

Bigner, J. J. (2006). *Parent-child relations: an introduction to parenting*. 박성연 외
　　편역(2007). 부모-자녀관계: 부모교육의 이해. 경기: 교문사.
Bigner, J. J. (2007). *Parent-child relations: A introduction to parenting*. NY:
　　Macmillan Publishing Co.
Brooks, J. B. (1981). *The process of parenting*. Palo Alto, CA: Mayfield Publishing Co.
Erikson, E. H. (1963). *Childhoood and society*. NY: Norton.
Freud, S. (1933). *New introductory lectures in psychoanalysis*. NY: Norton.
Gestwicki, C. (2000). *Home, school, and community relations: A guide to working
　　with parents*. Albany, NY: Delmar.

Hammer, T. J., & Turner, P. H. (1990). *Parenting in contemporary society.* Boston: Allyn & Bacon.

Hann, N., Smith, M. B., & Block, J. (1968). Moral reasoning of young adults: Political-social behavior, family background, and personality correlates. *Journal of Personality and Social Psychology, 10,* 183–201.

Hill, J. P. (1980). The family. In M. Johnson (Ed.), *Toward adolescence: The middle school years. The seventy-ninth yearbook of the National Society for the Study of Education* (pp. 32–55). Chicago: University of Chicago Press.

Hoffman, M. L. (1970). Moral development. In P. Mussen (Ed.), *Carmichael's manual of child psychology. Vol.2* (3rd ed.). New York: John Wiley.

Holmbeck, G. N., Paikoff, R. L., & Brooks-Gunn, J. (1995). Parenting adolescents. In M. Bornstein (Ed.), *Handbook of parenting, Vol. I* (pp. 91–118). Hillsdale, NY: Lawrence Erlbaum Associates.

Lamb, E. (1981). *The role of the father in child development.* USA: John Wiley & Sons.

Papini, D. R., Roggman, L. A., & Anderson, J. (1990). *Early adolescence perceptions of attachment to mother and father: A test of the emotional distancing hypothesis.* Paper presented at the meeting of the Society for Research in Adolescence, Atlanta.

Parsons, T., & Bales, R. F. (1955). *Family socialization and interaction process.* New York: Free Press.

Piaget, J. (1952). *The origins of intelligence in children.* NY: International Universities Press.

Rice, F. P., & Dolgin, K. G. (2007). *Adolescent: Development, relationships, and culture.* 정영숙, 신민섭, 이승연 공역(2009). 청소년심리학. 서울: 시그마프레스.

Rice, K. G. (1990). Attachment in adolescence. A narrative and meta-analytic review. *Journal of Youth and Adolescence, 19,* 511–538.

Smetana, J. G., & Asguith, P. (1994). Adolescents and parents' conceptions of parental authority and adolescent autonomy. *Child Development, 65,* 1147–1162.

제6장

부모양육이론

1. 부모양육이론

부모는 가정에서 자녀의 사회화를 담당하는 중요한 역할을 한다. 자녀는 출생 후부터 영유아기, 아동기, 청소년기를 지나 진학이나, 취업, 결혼 등으로 부모를 떠나 독립할 때까지 지속적으로 성장 · 발달하는데, 이 과정에서 가장 훌륭한 최초의 교사가 바로 부모인 것이다. 한 생명을 잉태하는 순간부터 세상을 떠나는 시점까지 진행되는 부모기는 자녀가 발달하는 양상에 따라 함께 변화한다.

이와 같이 자녀의 성장 발달에 따라 변화되는 부모역할 및 수행해야 할 과제에 대하여 갈린스키(Ellen Galinsky, 1980)는 성장하는 부모기의 6단계(the six stages of parenthood) 이론을 정립하였다. 발달심리학자인 갈린스키는 부모기를 성인의 발달과정으로 보았으며, 생명을 잉태하는 시기부터 자녀의 발달단계와 맞물려 발달해 가는 부모의 발달단계를 다음과 같이 나누었다.

갈린스키(1942~)

- 이미지 형성 단계(image-making stage): 출산 및 부모기에 대한 준비
- 자녀양육 단계(nurturing stage): 자녀의 영아기
- 권위 형성 단계(authority stage): 자녀의 유아기
- 설명하는 단계(interpretive stage): 자녀의 학령기
- 상호 의존하는 단계(interdependent stage): 자녀의 청소년기
- 떠나보내는 단계(departure stage): 성장한 자녀가 가정을 떠나는 시기

『부모기의 6단계 이론』

부모기는 연습 없이 부모역할이 이루어진다는 점이 가장 두드러진 특징이다. 바람직한 부모기를 보내기 위해서는 인간 발달에 대한 이해와 대인관계 기술이 요구된다.

갈린스키가 제시한 부모기 6단계 이론의 특징을 살펴보면 다음과 같다(신용주 외, 2021).

1) 이미지 형성 단계

첫 번째 단계는 이미지 형성 단계(image-making stage)로서 부모역할을 어떻게 수행할 것인지에 대하여 생각하고 이상적인 부모역할을 연습하는 시기이다. 이 단계는 부모기를 준비하는 예비 부모기로서, 부모는 출산과 부모기에 대한 이미지를 형성한다.

이 시기에는 태아에게 애착을 갖기 시작하며, 출산을 준비한다. 또한 임신한 것에 대한 성취감, 여성이란 존재의 재확인, 생명의 창조로 인한 자긍심, 자녀가 생기는 것에 대한 환희, 자녀를 만날 기대감 등을 느끼게 된다. 한편, 태어날 자녀와 출산 과정에 대한 두려움과 부모로서의 책임감을 느끼기도 한다. 예비 부모들은 자신의 부모보다 더 나은 부모가 될 것을 기대하고 다짐하며, 스스로의 부모 이미지를 형성해 간다.

2) 자녀양육 단계

두 번째 단계는 자녀양육 단계(nurturing stage)로서 자녀의 출생 후부터 애착관계를 형성하는 약 2세 정도까지의 시기이다. 이 단계에서는 부모와 영아 간에 신뢰하며 안전한 애착을 형성하는 일이 중요하다. 애착 형성에서 자녀의 초기 경험과 부모와의 접촉이 자녀의 인생에 장기적으로 영향력을 미치기 때문이다. 부모는 새로운 가족 구성원이 된 자녀를 양육하면서 가족 내 불균형을 바로잡고 부모 자신의 자아개념도 재정의할 필요가 있다.

부모는 자녀양육으로 인해 부부관계에 소홀하거나, 예상치 못한 자녀의 기질과 성격, 육아의 어려움으로 인해 지치거나 당황할 수 있다. 따라서 부모는 자녀에 대한 기대와 현실 간의 차이를 인정하고 자녀와 애착을 형성하면서 자녀와 적응하는 부모기로의 성공적인 전이가 필요하다.

3) 권위 형성 단계

　세 번째 단계인 권위 형성 단계(authority stage)는 자녀가 어린이집이나 유치원에 다니게 되는 유아기(2~5세)에 해당된다. 이 시기의 자녀들은 어린이집, 유치원 등과 같은 기관에서 2차 사회화 과정을 거치게 되며 성역할을 습득하고, 자아개념을 형성하며, 인성의 틀이 만들어지는 성격 발달의 중요한 시기를 겪게 된다. 이 시기는 자녀에게 좋은 본보기(modeling)를 보임으로써 부모로서의 신뢰감과 권위를 형성해 나가는 중요한 시기이다.

　또한 자녀와 어떠한 방식으로 상호작용하며 의사소통할 것인지를 선택해 나가는 시기이기도 하다. 부모는 자녀의 발달을 이해하여야 하며, 자녀가 고집부릴 때 다루는 기술, 자녀의 변화에 대처하는 기술 등을 알아야 한다. 때로는 부모의 기대와는 다르게 커 가는 자녀를 보면서 예상치 못한 실망과 분노가 생길 수도 있지만, 자녀의 발달적 욕구에 따른 행동의 옳고 그름, 적절성과 부적절성 등 책임감을 수용하고 자녀를 훈육할 수 있는 권위를 가져야 한다.

4) 설명하는 단계

　네 번째 단계는 설명하는 단계(interpretive stage)로서, 만 4, 5세부터 12, 13세 정도까지의 시기이다. 자녀가 유치원이나 초등학교에 입학하면 부모는 부모기에 대한 이미지를 검토하고, 그 이미지가 얼마나 실현되었는지 스스로에게 묻게 된다.

부모는 상황에 따른 현실을 어떻게 설명하고, 자녀의 질문에 답하고, 훈육하고, 가르칠 것인지 생각해야 한다. 부모는 자녀의 기술 습득을 돕고 가족의 가치를 자녀에게 전달하는 역할을 한다. 또한 어떠한 가치관으로 자녀의 잠재력을 발굴하여 향상시켜 줘야 하는지 탐색하는 시기이다.

특히 이 시기는 자녀가 부모로부터 개별화와 분리에 대한 욕구가 생겨 부모와의 마찰이 다소 잦아질 수 있다. 따라서 부모는 자녀의 건전한 발달을 지원해야 하며, 자녀와의 다양한 갈등을 효과적으로 처리하는 기술이 요구된다. 또한 가족의 역할과 권위를 재조정함으로써 부부의 경계와 자녀의 경계를 재설정할 필요가 있다.

5) 상호 의존하는 단계

다섯 번째 단계인 상호 의존하는 단계(interdependent stage)는 자녀의 청소년기에 해당된다. 신체적 성장 급등, 생리적 변화 및 성적 성숙, 이성에 대한 관심, 자율성 증가 등으로 인해 청소년 자녀는 심한 스트레스를 받게 된다. 청소년 자녀를 둔 부모는 훌쩍 자란 자녀의 모습을 발견하고, 자녀와의 관계 속에서 어떻게 상호작용을 할 것인지 고민하게 된다. 자녀가 사춘기를 맞이하게 되면, 부모는 자녀를 성적 욕구를 지닌 존재로 받아들여야 하며, 자녀의 독립에 대한 욕구와 자아정체감 등을 인정하고 이러한 발달적 욕구를 충족시킬 수 있도록 지원하는 것이 중요하다.

청소년기 자녀는 심리적 갈등과 정서적 불안감이 증가하고, 현실과 이상, 기존의 가치와 새로운 가치 간의 갈등을 겪으며, 자신의 진로와 자아정체감을 획득하기 위한 고민이 많아지므로, 부모의 깊은 관심과 배려가 필요하다.

부모는 이 시기에 중년기의 스트레스를 받게 된다. 부모는 육체적으로 갱년기를 겪는 동시에, 자녀가 성장하여 부모로부터 심리적으로 점차 멀어지게 되면서 빈 둥지 증후군, 삶의 허탈감 등과 같은 심리적 갈등을 겪기도 한다.

6) 떠나보내는 단계

마지막 단계는 떠나보내는 단계(departure stage)로서 자녀가 가정을 떠나는 시기이다. 부모는 부모기의 모든 경험을 평가하고, 자녀를 떠나보내며 부모의 권위를 자녀에게 이양시키는 것이다. 그동안 키워 온 자녀에 대해 평가하고, 떠나는 자녀와 부모로서 자신의 이미지를 생각하며 성공과 실패를 맛보기도 하는 시기이다.

부모 입장에서 자녀를 떠나보낼 준비가 이루어져야 하며, 자녀를 떠나보낸 상황에서 부부관계를 새롭게 재정립하는 시기이기도 하다. 이와 같이 자녀를 떠나보내기 위한 준비, 자녀를 떠나보내고 나서의 적응, 자녀가 떠난 후 변화된 부모역할에 적응, 부부관계의 변화 등을 경험하는 단계이다.

아울러 부모는 자녀를 잘 키웠는지, 부모로서 살다 보니 자신의 존재는 무엇인지 등 부모기 동안의 자신에 대하여 평가해 보게 된다. 또한 '나는 엄마처럼 살 거야.' '아빠처럼 살지 않을 거야.' 등과 같은 자녀의 평가에도 직면하게 된다.

요약해 보면, 갈린스키가 부모기의 6단계 이론에서 제시한 것은 부모역할은 본질적으로 정체되기보다는 발달단계에 따라 변화한다는 것이며, 그 상호작용과 역동성은 양방향적이라는 것이다. 부모역할은 자녀의 성장과 함께 변화하는 발달의 과정이며, 매우 오랜 기간에 걸쳐 지속되는 과정이다. 평균수명이 연장됨에 따라 부모역할을 수행해야 하는 기간이 과거보다 더 늘어났다. 효과적인 부모역할을 위하여 자녀의 발달적 요구와 부모의 발달적 요구를 조화시키면서 부모역할을 수행하여야 한다.

2. 부모양육모형

자녀가 태어나면 가장 먼저 부모는 자녀를 양육하는 역할과 함께 자녀의 사회화를 도와주는 다양한 역할을 담당하게 된다. 이렇게 부모가 자녀를 성인이 될 때까지 보호하고 발달을 도와주는 모든 활동, 자녀를 보살피고 키우는 행위를 양육이라고 한다. 또한 부모가 자녀를 양육하는 가운데 취하는 일반적인 태도나 행동의 경향성을 양육태도라고 한다. 부모의 자녀양육태도는 부모역할 수행과 부모-자녀 관계의 질을 결정하며, 유아의 전반적 발달에 중요한 영향을 미친다.

부모의 양육태도를 이론적으로 체계화한 최초의 학자는 시먼즈(Symonds, 1949)이다. 그는 부모의 양육태도를 거부적-과보호적, 우세적-복종적이라는 두 차원으로 구분하였는데, 이는 부모의 양육방식을 체계화하는 데 큰 기여를 하였으나 부정적 측면을 중심으로 설명했다는 한계를 가지고 있다.

이후 쉐퍼(Schaefer, 1959)와 바움린드(Diana Baumrind, 1971)에 의해 부모양육태도에 대한 연구가 이루어져 최근까지 활용되고 있다. 여기서는 쉐퍼의 양육태도 유형과 바움린드의 양육 유형(허혜경 외, 2013 재인용) 그리고 가트맨의 감정코치 양육모형(Gottman, 2007: 유윤영, 2010 재인용)에 대해 살펴보고자 한다.

1) 쉐퍼의 양육태도 유형

쉐퍼는 30년 이상 장기적으로 수행한 종단 연구 결과를 토대로 부모의 양육에 가장 중요한 두 요소인 애정과 자율성을 축으로 하는 양육모형을 구성하였다. 애정의 반대쪽을 적대, 자율성의 반대쪽을 통제로 보아 양육태도를 '애정-적대(love-hostility)'의 차원과 '자율-통제(autonomy-control)'의 차원으로 분류하였다.

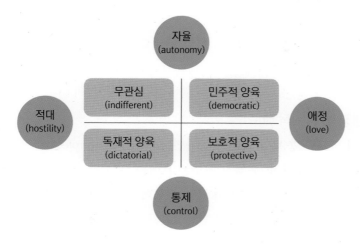

[그림 6-1] 쉐퍼의 양육행동 유형

　애정-적대 차원에서 애정 차원은 칭찬이나 애정 표현 또는 자녀의 요구에 민감한 반면, 적대 차원은 애정을 표현하지 않는 등의 행동을 말한다. 자율-통제 차원은 부모의 통제를 측정하는 데 연구자 간에 차이를 보이므로 애정-적대 차원이 자녀의 발달에 미치는 영향력만큼 뚜렷한 영향력을 제시하지는 못한다. 자율-통제 차원이 자녀 발달에 미치는 영향력은 부모의 애정-적대 차원의 위치 정도에 따라 차이를 보인다.

　쉐퍼는 '애정-적대'의 차원과 '자율-통제'의 차원을 고려하여 다음과 같은 네 가지 양육태도 유형으로 분류하였다([그림 6-1] 참조).

(1) 애정적-자율적 태도

　부모가 자녀에게 애정이 있으면서 자율을 허용하는 민주적(democratic) 양육행동 유형이다. 부모가 자녀에게 자율적, 허용적, 민주적, 수용적 양육태도를 보이는 유형이다. 이런 양육태도를 보이는 부모는 자녀에게 관심을 가지고 함께 대화를 나누며, 자녀의 의사를 존중하고, 허용적 · 관용적 태도를 보인다. 또한 통제나 복종을 피하고, 부정적 감정도 표현할 수 있도록 허용하여 자녀의 정서적인 안정을 지원한다.

따라서 이러한 부모의 자녀는 능동적이고 외향적이며 독립적이고 사회 적
응능력이 높다. 또한 사려 깊고, 책임감 있으며, 창의적이고 자신이나 타인
에게 적대감이 적은 편이다.

(2) 애정적-통제적 태도

애정이 있으나 통제의 수준이 높다면, 이는 보호적(protective) 양육행동을
하는 유형이다. 애정적-통제적 태도를 보이는 부모는 자녀에게 애정을 주면
서도 자녀의 행동에 제약을 많이 하는 유형이다. 부모가 의존성을 조장하고,
소유적인 태도를 보이는 경향이 많다. 자녀를 소유물로 생각하므로 자녀가
독립적 행동을 할 때 부모는 오히려 좌절감을 느끼기도 한다. 자녀에게 새로
운 탐색의 기회를 제한하여 궁극적으로 자녀가 스스로 학습할 기회를 축소
시킨다.

따라서 이러한 부모의 자녀는 애정적-자율적인 부모의 자녀보다 더 의존적
이고 사교성과 창의성이 적은 편이며, 상상적 적대감을 품는 경향을 보인다.

(3) 적대적-자율적 태도

만일 부모가 자녀에게 애정이 없는 적대적인 상태에서 자율성을 많이 허
용한다면, 이는 무관심한(indifferent) 양육행동을 하는 유형이다. 적대적-자
율적 태도의 부모는 자녀를 수용하고 받아들이지 못하는 동시에 자녀를 마
음대로 행동하도록 두는 형태이다. 이러한 양육 유형의 부모는 자녀에 대해
거리감, 무관심, 태만 및 냉담한 태도를 나타낸다.

따라서 이러한 부모의 자녀는 불안정한 정서를 갖게 되어 공격적이고 위
축된 행동을 보이거나 자신의 행동 조절이 자유롭지 못하게 된다.

(4) 적대적-통제적 태도

적대적-통제적 태도란 부모가 자녀에게 사랑하지 않고 적대적으로 대하
며, 통제만 하는 독재적(dictatorial) 양육행동의 유형이다.

적대적-통제적 태도의 부모는 자녀를 따뜻하게 받아들이지 않을 뿐만 아니라 자녀에게 체벌하거나, 심리적으로 통제하는 특성을 지닌다. 즉, 권위적·독재적·거부적 양육 태도를 나타내게 된다. 특히 정서적으로 미성숙하고 불안정하여 일관성 없는 태도로 심하게 훈육하며, 절대적 기준에 따라 자녀의 태도와 행동을 평가하는 경우가 대부분이다.

따라서 이러한 부모의 자녀는 자아에 대한 분노가 발생하며, 공격적 행동발달과 같은 부정적 영향을 받을 수 있으며, 내면적 갈등과 고통을 지니게 되어 사회적 적응이 어려우며 자학적·퇴행적이 되기도 한다. 특히 정신질환을 보이는 사람들의 부모에게서 이러한 양육태도가 많이 나타난다.

2) 바움린드의 양육 유형

부모의 양육 유형은 두 가지 차원으로 설명할 수 있다(허혜경 외, 2015). 첫 번째는 부모가 자녀에게 베푸는 사랑과 따뜻함의 정도이다. 이것은 사랑과 증오(love-hostility) 또는 따뜻함과 거부(warmth-rejection) 등 학자에 따라 사용하는 용어는 다양하나, 궁극적으로 그 개념은 유사하다. 두 번째는 부모가 자녀에게 허용하는 자율성-통제(autonomy-control)이다. 자율성이란 자녀가 부모나 다른 성인의 영향력으로부터 자유를 얻고자 노력하는 과정이라 할 수 있다(Collins, Lausen, Mortensen, Luebker, & Ferreira, 1997). 자율성-통제 차원은 청소년기에 접어들면서부터 자율성을 점점 더 누리고자 하는 청소년 자녀의 요구와 부모가 기존에 해 오던 양육 행동 간에 미묘한 갈등과 도전을 받게 된다.

바움린드(Diana Baumrind, 1973, 1991)는 유아교육기관에 다니고 있는 유아들의 행동 특성과 부모의 양육 유형(parenting style)을 연구하였다. 그녀는 부모의 양육 유형을 애정(responsive)과 통제(demanding)라는 두 요인으로 설명하였다. 부모가 자녀에게 표현하는 애정의 정도, 그리고 규

바움린드(1927~2018)

칙의 분명함과 적용에서의 일관성으로 표현되는 통제의 정도에 따라 부모 양육태도를 다음 세 유형으로 설명할 수 있다.

애정과 통제 수준이 모두 높은 가장 바람직한 양육 형태로 여겨지는 권위 있는 양육(authoritative parenting), 애정은 낮으나 통제 수준이 높은 독재적 양육(authoritarian parenting), 애정은 높으나 통제 수준이 낮은 허용적 양육(permissive parenting)으로 분류할 수 있으며, 유형별 특징은 다음과 같다.

(1) 권위 있는 양육

권위 있는 양육(authoritative parenting) 유형의 부모는 자녀를 애정과 수용으로 대하여 어느 정도 제한된 범위 내에서 아동이 자율성을 갖도록 격려한다. 부모가 민주적이고 합리적인 방식으로 통제를 할 경우 이성적 설득과 명백한 권위 혹은 심리적 강화 등을 통제할 줄 아는 사람으로 자라도록 한다. 또한 부모-자녀 간의 의사소통도 잘 이루어지는 가장 바람직한 양육 유형이다.

(2) 독재적 양육

독재적 양육(authoritarian parenting) 유형의 부모는 합리적인 통제 방법을 효과적으로 사용하지 못하며, 자녀의 행동을 통제하는 데 체벌이나 강압적 방법을 사용하기도 하고, 권위적 행동을 하며, 부모가 내린 결정이나 규칙을 절대적으로 준수하도록 강요하며, 자녀에게 매우 성숙한 행동을 요구한다. 이 경우 자녀는 쉽게 불안정해지며, 퇴행적이고, 신뢰심이 적고, 또래집단에 흥미가 없는 사람으로 자라게 된다. 부모는 자녀에 대한 애정과 동정심이 적고 양육에 있어 융통성이 없으며 자녀와 원활한 의사소통을 하지 못한다.

(3) 허용적 양육

허용적 양육(permissive parenting) 유형의 부모는 자기 신뢰감이 없고 자기 통제력도 부족하며 온정적이기는 하나, 자녀를 통제하지 못하고 자녀에게 성숙된 행동을 요구하지도 않는다. 부모는 자녀에게 친구와 같이 여기며, 자녀에게 자유를 제공하지만 훈육은 거의 하지 않는다. 가정도 체계적으로 운영하지 못하는 허용적 부모를 둔 자녀는 미숙하고, 의존심이 많으며, 자아통제를 하지 못하고, 퇴행성이 심하며, 새로운 경험을 회피하려는 경향을 보인다.

이후 맥코비와 마틴(Maccoby & Martin, 1983)은 바움린드의 양육 유형을 더욱 발전시켰다. 그들은 바움린드의 허용적 양육을 방임적 양육(indulgent parenting)으로 명명하였으며, 애정과 통제 수준이 모두 낮은 무관심한 양육(neglectful parenting)을 포함하여 네 가지 유형의 양육 유형을 제시하였다(https://en.wikipedia.org/wiki/Parenting_styles).

〈표 6-1〉 맥코비와 마틴의 양육 유형

	통제적(demanding)	비통제적(undemanding)
애정적 (responsive)	권위 있는 양육 (authoritative Parenting)	방임적인 양육 (indulgent parenting)
비애정적 (unresponsive)	독재적인 양육 (authoritarian parenting)	무관심한 양육 (neglectful parenting)

출처: 위키피디아, https://en.wikipedia.org/wiki/Parenting_styles

방임적 양육은 허용적이고, 비지시적이며, 자유분방한 양육방식이다. 방임적 부모는 자녀에게 바른 행동을 요구하지도 않으며, 적절하게 행동하도록 규제하지도 않는, 즉 행동적 기대 수준과 통제 수준이 매우 낮은 것이 특징이다. 방임적 부모는 애정 수준은 높으나 양육에 대한 책임감이 낮아 방임적인 부모 슬하에서 자라난 청소년의 경우 비행이나 반사회적 행동을 할 경향이 높은 것으로 나타났다.

무관심한 양육은 애정과 통제 수준이 모두 낮으며, 자녀양육에 관여하지 않는 양육 유형이다. 양육 유형 가운데 가장 부정적인 유형으로, 부모가 양육에 관심을 집중하지 않아 자녀와 정서적 유대관계를 맺지 못하고 양육에 거의 참여하지 못하는 경우이다. 또한 자녀와의 애착 수준은 상당히 분리적이며, 자녀의 감정이나 의견에 부정적이고, 자녀양육에 관심이 없는 특성을 보인다. 자녀에 대한 어떠한 요구와 책임도 지지 않으려 하며, 심할 경우 자녀를 거부하는 극단적인 양상을 보이기도 한다. 무관심한 부모 밑에서 양육된 아동은 정서적으로 고립된 특성을 보이거나, 의존적이거나 화를 잘 내고, 충동적인 경향을 보인다.

이와 같이 자녀에 대한 양육태도가 다양하게 나타나는 것은 부모의 사회경제적 지위, 가정환경, 가족 구조 등이 부모-자녀와의 관계, 부모의 태도, 요구 및 기대, 자녀의 사회성 발달, 또래관계, 비행 등에 영향을 미칠 수 있기 때문이다(Simons, Whitbeck, Conger, & Melby, 1991). 특히 신체적 양육과 정서적 양육 과정이 모두 포함된 통합적인 부모역할이 강조되므로 다양한 부모양육 유형을 이해할 필요가 있다.

3) 가트맨의 감정코치 양육모형

가트맨(1942~   )

가트맨(Gottman, 2007)은 기노트(Ginott)의 인본주의 부모교육이론을 기초로 하여 감정코치 양육모형을 제시하였다. 가트맨은 부모와 자녀 사이는 감정과 정서의 교류가 이루어지는 관계이므로 감정이 수반될 수밖에 없으며, 이에 따라 좋은 양육법이란 지성 이상의 것을 필요로 한다고 보았다. 또한 현대사회는 이혼율이 높고 청소년 비행 등과 같은 문제점이 유발될 수 있으므로 시대에 부응하는 새로운 양육모형이 필요하다고 보았다.

가트맨은 3,000여 가구를 대상으로 과학적인 연구를 통해 축소전환형, 억압형, 방임형 그리고 감정코치형의 네 가지 양육모형을 제시하였다. 그는 모든 분야의 성공과 행복을 좌우하는 요인은 지능지수(IQ)가 아닌 정서인식과 감정대처 능력이라 주장하였으며, 자녀의 감정에 관여하는 부모를 '감정코치(emotional coach)'라 정의하였다(https://www.gottman.com).

가트맨이 감정코치라는 용어를 쓴 이유는 부모도 마치 운동 코치처럼 자녀에게 삶의 희로애락에 대처하는 방법을 가르쳐야 한다고 보았기 때문이다. 그는 기쁨과 행복만을 느끼게 하고 인정하는 것이 아니라, 분노, 슬픔, 두려움과 같은 부정적인 정서 속에서 인생의 교훈을 얻을 수 있으므로 무시하지 않았다. 감정코치로서 부모는 자녀의 행동을 훈육하되, 감정을 제한해서는 안 된다.

가트맨은 감정코치형을 '정서지능(EQ)'을 가르치기에 가장 바람직한 양육모형으로 보았으며, 자녀에게 정서지능을 가르치는 데 실패한 부모의 양육유형으로 축소전환형, 억압형, 방임형을 제시하였다. 가트맨의 네 가지 양육모형의 특징(최성애, 2010)과 함께 어린이집에 가기 싫어하는 자녀의 예를 들어 양육모형을 살펴보고자 한다(유윤영, 2010).

(1) 축소전환형 부모

축소전환형 부모(dismissing parents)는 기본적으로 감정을 긍정적 감정과 부정적 감정으로 구분하며, 분노나 슬픔 등의 부정적 감정은 쓸데없거나 무시해야 하는 것이라고 생각한다. 따라서 축소전환형 부모는 자녀의 부정적 감정에 공감하지 않고, 무관심하거나 대수롭지 않게 여긴다. 또한 자녀의 부정적 감정을 다른 것으로 환기시키거나 감정을 축소하기 위해 노력하지만, 자녀의 부정적 감정은 완화되지 않는다.

축소전환형 부모의 자녀는 부정적인 감정은 나쁜 것으로 생각하고, 자신의 감정을 수용하여 해결하기보다는 감정을 전환시키거나 회피하기 위해 즉각적인 대안을 선택하여 불안감을 느끼게 된다.

민준: (어린이집에 가지 않겠다고 운다.)

어머니: 도대체 왜 어린이집에 가는 게 슬픈 건데? 민준이가 좋아하는 ○○과자 줄 테니까 어린이집에 가자. 오늘 어린이집 선생님이랑 재미있는 놀이할 수 있을 거야.

(2) 억압형 부모

억압형 부모(disapproving parents)는 자녀의 감정을 인정하거나 공감하기보다는 부모의 기준으로 판단하여 억누르는 유형이다. 일반적으로 억압형 부모는 결과 지향형 가치관을 가지고 있으며, 과업 달성에 지장을 주는 분노와 슬픔과 같은 부정적 감정은 약하거나 좋지 않은 성격에서 비롯되므로 빨리 버리라고 질책한다. 억압형 부모는 자녀가 부정적인 감정을 드러내는 것을 비판하고, 이러한 감정을 표현했다는 이유로 나무라거나 벌을 주기도 한다.

자녀는 실수를 하거나 성취도가 낮을 경우에 부모의 비난, 질책, 지시를 받으며 자랐기 때문에 자신감이 부족하고 자존감이 낮으며, 자녀도 역시 다른 사람에게 부정적인 의사소통 방식을 사용하게 된다.

> 우석: 오늘 어린이집에 가지 않을 거야.
>
> 어머니: 네 고집에 질렸어. 또 안 가겠다고 하면 혼날 줄 알아.

(3) 방임형 부모

방임형 부모(laissez faire parents)는 다른 양육이론에서 사용하는 방임형(uninvolved, indulgent parents) 부모와는 차이가 있다. 가트맨의 방임형 부모는 자녀의 감정을 알아차리고 받아들이지만, 자녀의 부정적인 감정을 어떻게 해소해야 할지에 대한 아무런 조치를 취하지 않는 유형이다. 방임형 부모는 자녀의 감정을 인정하고 공감하지만, 자녀의 행동을 바람직한 방향으로 이끌거나 한계를 제시하지는 못한다. 방임형 부모는 자녀의 행동을 바람직한 방향으로 이끌기보다는 자녀의 눈높이에서 타협을 하는 경향을 보인다.

일반적으로 방임형 부모의 자녀는 자기의 감정대로 살아왔지만, 부정적인 감정이 들 때 어떻게 조절해야 하는지를 학습하지 못했기 때문에 정서적으로 미숙하고 심리적 혼란을 겪게 된다.

> 민우: 오늘 어린이집에 안 갈 거야.
>
> 어머니: (껴안으며) 그래, 가고 싶지 않구나. 이해해. (어떻게 해야 할지 몰라 당황해
> 한다. 그렇다고 혼자 놔둘 수 없기에 자녀와 타협한다.) 엄마가 10분만 놀아
> 줄 테니까 울지 말고 어린이집에 가는 거야.

(4) 감정코치형 부모

감정코치형 부모(emotional coaching parents)는 자녀의 감정에 관여하여 적절히 대처하도록 양육하는 바람직한 양육 유형이다. 특히 이 유형의 부모는 자녀의 분노나 슬픔 등의 부정적인 감정을 충분히 공감해 주고 난 후에 그 감정이나 사건을 어떻게 처리해야 할지 자녀와 함께 고민하고 대화함으로써, 자녀가 궁극적으로 부정적 감정 문제를 해결하는 방법을 스스로 생각해 내고 결정하도록 도와주는 유형이다.

> 서준: 오늘 어린이집 가기 싫어. 엄마랑 집에 있고 싶단 말이야.
>
> 어머니: 그래, 엄마도 네 맘 잘 알아. 엄마도 우리 서준이랑 같이 집에 있고 싶어. 하지
> 만 오늘은 엄마가 중요한 약속이 있어요. 그 약속을 어길 수는 없어요.
>
> 서준: (울기 시작한다.) 왜 안 돼? 싫어. 싫단 말이야.
>
> 어머니: (서준을 무릎에 앉힌다.) 서준아, 엄마 말에 실망했겠지만… 오늘 우리가 집
> 에 계속 있을 수는 없어.
>
> 서준: (끄덕이며) 응.
>
> 어머니: (서준이를 안아 주며, 울음을 그칠 때까지 기다린다.) 이렇게 하면 어떨까? 내
> 일 엄마와 함께 있자. 엄마가 내일은 쉴 수 있으니까, 서준이도 어린이집 안
> 가도 되고, 그럼 하루 종일 같이 있을 수 있어. 내일 엄마랑 같이 뭐 할까?
>
> 서준: 맛있는 것도 먹고, 만화책도 보고 싶어.
>
> 어머니: 그래. 그거 좋겠다. 또 뭐 할까?

> 서준: 선우랑 공원에 가서 놀고 싶어.
>
> 어머니: 그래. 선우 엄마한테 물어볼게. 그런데 지금은 어린이집에 가야 해. 알았지?
>
> 서준: 응.

자녀와 교감하는 '감정코칭 5단계'는 다음과 같다.

- 1단계: 자녀의 감정 인식하기
- 2단계: 감정의 순간을 좋은 기회로 삼기
- 3단계: 자녀의 감정을 공감하면서 경청해 주기
- 4단계: 자녀가 감정을 표현하도록 도와주기
- 5단계: 자녀 스스로 문제를 해결할 수 있도록 하기

감정코치 양육법은 자녀의 부정적 감정에 대하여 공감하고 대처하도록 지원한다는 점에서 방임형 부모와는 다음과 같은 차이가 있다.

- 자녀의 부정적 감정을 인정한다.
- 자녀가 느낀 감정을 그대로 느끼도록 한다.
- 자녀가 우는 동안 곁에서 함께 있어 준다.
- 슬퍼하는 자녀의 관심을 결코 딴 데로 돌리려고 하지 않는다.

감정코치형 부모에게 양육된 자녀들은 문제 상황에서 대처하는 능력과 감정 회복력이 뛰어난 것으로 나타났다. 양육 유형에 따른 부모의 반응과 자녀에게 미치는 영향을 정리하면 〈표 6-2〉와 같다(Gottman, 2007).

〈표 6-2〉 부모양육 유형별 부모의 반응 및 자녀에게 미치는 영향

유형	부모의 반응	자녀에게 미치는 영향
축소전환형	• 자녀의 부정적 감정은 독이 되므로 빨리 사라지기를 바란다. • 자녀의 감정은 비합리적이기 때문에 중요하지 않다고 본다. • 부정적 감정에 초점을 맞추면 문제를 더 악화시킨다고 여긴다. • 부정적 감정을 보이는 것은 자녀가 정서적으로 안정되지 못해서라고 믿는다. • 자녀와 문제를 함께 해결하지 않고, 시간이 지나면 문제가 해결될 것이라고 믿는다.	• 자녀는 자신의 감정이 옳지 않고, 부적절하다고 느끼며, 상황을 느끼는 자신의 방식이 본질적으로 옳지 않다고 생각할 수 있다. • 자녀가 자신의 감정을 조절하기 어려워한다. • 자기 자신과 다른 사람의 감정을 인식하는 능력이 부족할 수 있다.
억압형	• 많은 행동이 축소전환형과 유사하나 더 부정적이다. • 자녀의 감정표현이 옳고 그른지 판단하고 비판한다. • 자녀에게 한계를 정할 필요성을 지나치게 의식한다. • 부정적 감정은 성격이 나쁘기 때문이며, 억제해야 한다고 여긴다. • 감정은 나약하게 만들기 때문에 자녀가 정서적으로 강해지기를 바란다. • 자녀에게 권위에 대한 복종을 기대하며, 부모가 옳다고 생각하는 기준에 순응하기를 요구한다.	• 축소전환형과 같은 결과를 보인다.
방임형	• 자녀의 모든 감정표현을 거리낌 없이 수용한다. • 부정적 감정을 위로하지만, 감정에 대해 가르치지는 않는다. • 지나치게 관대하여 한계를 설정해 주지 않으며, 문제해결법을 가르쳐 주지 않는다. • 부정적 감정은 이겨 내는 것 외에 할 수 있는 일이 없다. • 감정이 표출되면 모든 것이 해결된다고 믿는다.	• 감정을 조절하는 법을 터득하지 못한다. • 집중력이 부족하고 친구 사귀기와 타인과 좋은 관계 맺기가 어려워진다.
감정코치형	• 자녀가 부정적 감정을 느낄 때가 곧 부모와 친밀감을 높일 기회라고 생각한다. • 슬퍼하거나 화를 내거나 두려워하는 자녀와 시간을 보낸다. • 자녀의 감정을 존중하며, 부정적 감정을 놀리거나 무시하지 않는다. • 자녀를 위해 자신이 모든 것을 해결해야 한다고 느끼지 않는다.	• 자신의 감정을 신뢰하게 된다. • 감정을 조절하고 문제를 해결하는 방법을 터득한다. • 자긍심이 높고, 학습능력이 뛰어나며, 다른 사람과 원만한 관계를 형성한다.

출처: Gottman (1997). *Raising an emotionally intelligent child: The heart of parenting* 재구성.

참고문헌

김명희(2011). 부모교육과 상담. 서울: 동문사.

김현주, 손은경, 신혜영(2003). 현장 중심 부모교육 이론과 실제. 서울: 양서원.

신용주, 김혜수(2021). 뉴 노멀 시대의 결혼과 가족. 서울: 창지사.

유윤영(2010). 부모와의 관계증진을 위한 실제 중심의 부모교육. 서울: 정민사.

최성애(2010). 중한 인생을 함께하기 위한 가트맨식 부부 감정코칭: 최성애 박사의 행복수업소. 서울: 해냄출판사.

허혜경, 김혜수(2015). 청년심리와 교육. 서울: 학지사.

허혜경, 김혜수, 박인숙(2013). 현대 가정의 이해. 서울: 문음사.

Baumrind, D. (1971). Current patterns of parental authority. *Developmental Psychology Monograph, 4*, 1-103.

Baumrind, D. (1973). The development of instrumental competence through socialization. In A. Pick (Ed.), *Minnesota Symposium on Child Psychology, Vol. 7.* Minneapolis: University of Minnesota Press.

Baumrind, D. (1991). Effective parenting during the early adolescent transition. In P. A. Cowan & E. M. Hetherington (Eds.), *Advances in family research, Vol. 2.* Hillsdale, NJ: Erlbaum.

Galinsky, E. (1980). *Between generations: The six stages of parenthood.* NY: Times Books.

Gottman, J. M. (1997). *Raising an emotionally intelligent child: The heart of parenting.* 남은영 감수(2007). 내 아이를 위한 사랑의 기술. 서울: 한국경제신문.

Maccoby, E. E., & Martin, J. A. (1983). Socialization in the context of family: Parent-child interaction. In E. M. Hetherington (Ed. P. H. Mussen General Ed.), *Handbook of child psychology, Vol. 4:* Socialization, Personality, and social development (pp. 1-101). NY: Wiley.

Schaefer, E. S. (1959). A circumplex model of maternal behavior from infancy to preadolescence. *Journal of Abnormal and Social Psychology, 61*(1), 1-6.

Simmons, R. L., Whitbeck, L. B., Conger, R. D., & Melby, J. N. (1991). The effect of social skills, values, peers, and depression on adolescent substance use. *Journal of Early Adolescence, 11*, 466-481.

Symonds, P. M. (1949). *The dynamics of parent-child relationship.* New York: Columbia University Press.

위키피디아, https://en.wikipedia.org/wiki/Parenting_styles
The Gottman Institute, https://www.gottman.com

제7장

효과적인 자녀훈육

『긍정적 훈육을 위한 부모 가이드』를 저술한 피카르트(Pickhardt, 2004)는 훈육을 "아동으로 하여금 가족의 규칙 속에서 가족의 가치관에 따라 살아가 도록 가르치는 부모의 지도와 교정의 조합"이라고 정의하였다. 그는 훈육의 공식을 다음과 같이 설명하였다.

훈육(discipline) = 지도(90%, instruction) + 교정(10%, correction)

여기서 훈육에는 자녀를 양육하면서 나타나는 자녀의 그릇된 행동을 그때그때 단호하게 바로잡아 주는 부모의 끊임없는 노력이 필요함을 알 수 있다. 부모로서의 역할은 안정된 지도와 양육적 사랑을 제공하여 자녀가 평생에 걸쳐 익힌 부모의 가치관과 행동의 지침에 따라 살아갈 수 있도록 신념과 행동의 틀을 만들어 주는 것이다.

Discipline: n. discipline is a combination of parental instruction and parental correction that teach a child to live according to family values and within family rules(Pickhardt, 2004, p. 1).

♠ 『긍정적 훈육을 위한 부모 가이드』

1. 부모의 양육행동

많은 부모가 자녀를 양육하는 데 있어 가장 효과적인 훈육방법이 무엇인지 궁금해한다. 각 가정이 처한 환경적인 조건과 가족 구성원의 기질적 요인이 다양하기 때문에 완벽하게 좋은 부모-자녀 관계를 유지하거나 누구에게나 완벽한 자녀양육 방법으로 자녀를 키우는 것은 불가능하다.

르매스터와 드프레인(LeMaster & DeFrain, 1989)은 〈글상자 7-1〉과 같이 부모의 양육행동을 다섯 가지로 분류하였으며, 부모가 적어도 한두 가지의 양육행동을 동시에 보일 수 있다고 하였다(Lamanna & Riedmann, 1991, pp. 402-403: 정현숙 외, 2002, p. 160 재인용).

이 다섯 가지 양육행동 중 가장 바람직하고도 현실적인 유형은 '운동 코치(athletic coach) 같은 양육행동'이다(정현숙 외, 2002). 운동 코치는 선수나 운동 팀을 위해 운동 분야에서 필요한 능력과 기술을 갖춘 사람으로, 자신의 팀이 경기에 임할 때 승리할 수 있도록 전략을 짜고 선수를 훈련시키며 지시하지만, 선수가 제대로 경기에 임하지 않더라도 선수 대신 직접 경기에 나서지는 않는다. 이와 같은 운동 코치의 특성을 부모에게 적용해 보면, 부모는 자녀의 인생에 필요한 정보와 능력 등을 가르쳐 주고 어떻게 해야 바람직한 길로 갈 수 있을지 알지만 자녀 대신 자녀의 인생을 살아 줄 수는 없는 존재이다. 따라서 부모는 자녀양육의 코치로서 자녀와의 상호 애정적이고 긍정적인 관계에 기초하여 자녀양육에 임해야 한다.

🎧 유아기 자녀와 어머니가 함께 책을 읽는 모습

부모는 자녀를 효과적으로 훈육하기 위하여 다양한 반응과 대처를 하며 상호작용한다. 자녀를 효과적으로 훈육하기 위해서는 먼저 자녀의 행동을 세심하게 관찰해야 한다. 행동의 동기, 허용할 수 있는 행동의 한계, 자녀의

글상자 7-1　부모의 양육행동 유형

1. 운동 코치(athletic coach) 같은 양육행동

   코치(부모)는 경기(삶)에 대해 충분한 능력과 지식을 갖고 있으며 준비된 사람이다. 따라서 자녀로 하여금 자신의 재능을 계발하기 위해 열심히 노력하도록 격려한다. 그러나 부모는 자녀의 삶을 대신 살아 줄 수 없음을 잘 안다.

2. 교사-상담가(teacher-counselor) 같은 양육행동

   '부모란 자녀 발달을 올바르게 인도할 수 있는 전지전능자'라는 신념을 가진 부모에게서 나타나는 양육행동이다. 자녀양육에서 발달적 모델에 따라 행동하므로 좋은 양육행동이나 부모 자신의 욕구보다 자녀의 욕구를 더 우선시하고, 부모의 힘을 과장하고 자녀를 매우 소극적인 존재로 간주하기도 한다.

3. 친구(pal) 같은 양육행동

   '부모란 자녀에게 친구 같은 존재'라는 신념을 가진 부모가 보이는 양육행동으로, 자녀에게 어떤 지도도 하지 않으면서 규칙과 범위를 자녀 스스로 정하도록 한다. 부모는 이 방법으로 자녀와의 세대 갈등을 피할 수 있으리라 생각하지만, 이러한 방임적 양육행동은 오히려 자녀의 약물 사용이나 비행을 야기한다. 또한 자녀의 문제가 잘 해결되지 않으면 이러한 부모는 보다 독재적인 양육행동을 보이기 쉽다.

4. 경찰관(police officer) 같은 양육행동

   친구 같은 양육행동의 반대되는 유형으로, 자녀에게 항상 규율에 복종할 것을 강요하고 자녀의 사소한 반항에도 벌을 준다. 오늘날 청소년에게는 적절하지 않은 양육행동으로 방임적인 양육행동과 마찬가지로 자녀의 비행과 가출을 야기할 수 있다.

5. 순교자(martyer) 같은 양육행동

   '자녀를 위해서는 무슨 일이든 한다'는 신념을 가진 부모가 보이는 양육행동으로, 습관적으로 자녀를 기다리거나 자녀를 뒤따라 다니며 돌보기, 자녀에게 계속 잔소리하기, 자녀가 사 달라고 하는 것은 다 사 주기 등의 모습으로 나타난다. 부모는 실행 불가능한 목표를 자주 설정하며, 그 결과 자녀에게 죄책감을 느낀다.

반응, 상황적 요인, 자녀의 행동을 변화시킬 수 있는 적절한 방법, 자녀에게 영향을 주는 주변 인물 등을 다각도로 분석하고, 어떤 결과를 목표로 할 것인지, 즉각적인 변화를 추구할 것인지 혹은 장기적인 변화를 추구할 것인지, 행동 변화 후 어떻게 반응할 것인지 등을 끊임없이 결정해야 한다(박영애 외, 2005). 다음으로는 훈육이 요구되는 자녀의 행동에 부모가 일반적으로 활용할 수 있는 가장 기본적인 반응과 대처방법을 소개한다.

2. 효과적인 훈육방법

자녀를 양육하다 보면 부모는 자녀의 바른 행동으로 인해 기쁨과 보람을 느끼기도 하지만, 자녀의 그릇된 행동으로 낙담하거나 당황하기도 한다. 부모는 자녀의 모든 그릇된 행동을 예방하거나 전면적으로 통제할 수는 없지만, 훈육을 통해 바람직한 방향으로 변화시킬 수 있다. 그러므로 부모는 자녀가 그릇된 행동을 할 경우 실망이나 걱정, 핀잔 등 비생산적인 행동보다는 자녀가 바람직한 방향으로 변화해 나가고자 하는 동기를 부여해 주기 위해 훈육을 사용하도록 한다. 부모가 자녀를 훈육할 때 활용할 수 있는 부모역할 지침은 〈글상자 7-2〉와 같다(Popkin, 2007).

팝킨(Popkin, 2007)은 자녀를 훈육할 때 정중하게 요청하기, 나-메시지 사용하기, 단호하게 지시하기의 세 가지 방법을 사용하도록 권유한다. 자녀를 훈육하는 상황에서는 먼저 부모가 부드러운 어조로 정중하게 요청하며, 그래도 자녀가 행동의 변화를 보이지 않는 경우 나-메시지 사용하기와 단호하게 지시하기의 방법으로 점점 강도를 높여서 훈육하는 것이 효과적이다. 자녀의 훈육에 필요한 효과적인 방법으로 정중하게 요청하기, 나-메시지 사용하기, 단호하게 지시하기를 살펴본다(Popkin, 2007).

글상자 7-2   **자녀훈육을 위한 부모역할 지침**

1. 부모의 목표는 자녀를 가르치는 것이지, 자녀에게 상처를 주는 것이 아니다. 부모는 자녀의 감정을 굳이 상하게 하지 않고도 아주 잘 가르칠 수 있다.
2. 자녀의 부정적인 행동을 교정해 줄 경우에도 자녀가 조금이나마 좋아진 점을 찾아내서 격려한다.
3. 자녀를 훈육할 때, 강력한 주장적 표현은 가능한 한 자제한다.
4. 자녀를 훈육할 때는 사랑하는 마음으로 지도한다. 부모가 자녀를 사랑하기 때문에 훈육한다는 것을 자녀가 알게 되면 자녀는 훈육을 좀 더 쉽게 수용한다.
5. 부모가 좌절하고 화가 난 상황에서 감정적으로 자녀를 훈육하지 않는다. 부모가 실망하거나 화가 난 감정으로 훈육하거나 부모의 욕심이 앞선 상태에서 자녀를 훈육할 경우, 자녀는 부모의 훈육을 받아들이려 하지 않는다.

출처: Popkin (2002). *Active parenting now: leader's guide*.

1) 정중하게 요청하기

팝킨은 자녀가 가끔씩 그릇된 행동을 하거나 문제가 생기는 이유는 부모가 기대하는 것이 무엇인지 자녀가 정확하게 알지 못하기 때문이라고 한다. 그러므로 부모는 엄격한 훈육을 사용하기보다는 정중한 요청만으로 자녀의 행동을 충분히 변화시킬 수 있다.

정중한 요청이란 부모가 원하는 것을 자녀에게 정중하게 요청하는 방식으로 말하는 것이다(Popkin, 2007). 특히 부모-자녀 관계가 긍정적인 경우에는 정중한 요청만으로도 상당한 효과를 볼 수 있다. 예를 들어, 자녀가 옷을 갈아입은 후 벗은 옷을 제멋대로 놓아두는 것을 부모가 더 이상 원치 않을 때 다음과 같이 정중한 요청을 사용할 수 있다.

> "○○야, 엄마 좀 도와줄래? 네가 벗은 옷은 네가 직접 빨래통에 넣으렴."
>
> (이때 자녀가 그러겠다고 하거나 바로 행동으로 옮기면 부모는 다음과 같이 말
> 할 수 있다.)
>
> "엄마를 도와줘서 고마워."

간단한 일상 대화처럼 보이지만, 때때로 부모는 자녀에게 함부로 말하거나 감정적으로 대하는 경향이 있다. 그런데 부모가 자녀의 행동 변화를 요구하면서 함부로 말하거나 감정적으로 화를 내면 자녀의 마음속에 책임감이 생기지도 않을뿐더러, 행동으로 옮기고 싶다는 마음이 우러나오기 힘들고 오히려 반항심이 자극될 수 있다.

때로는 부모가 정중하게 요청하고 자녀도 하겠다고 대답하였으나 곧바로 실행하지 않을 수 있다. 이때는 부모가 다시 한번 정중하게 요청하여 자녀가 실천할 수 있도록 한다. 하지만 자녀가 계속 대답만 하고 실행에 옮기지 않으면 보다 강력한 훈육이 필요하다.

2) 나-메시지 사용하기

나-메시지는 고든(Gordon)이 '부모효율성 훈련(PET) 프로그램'에서 제안한 방법이다. 나-메시지는 자녀가 잘못했다고 말하기보다 자녀의 행동에 대해 부모인 '내'가 어떻게 느끼는지를 말하는 것이다. 나-메시지는 부모가 정중하게 요청하기를 사용하였으나, 자녀의 행동이 변화하지 않을 경우 사용할 수 있는 보다 주장적인 방법이다. 나-메시지는 부모가 자녀를 비난하는 대신 그 상황에서 자녀가 왜 비난받을 행동을 했는지를 생각할 수 있게 해 준다.

부모가 가정에서 나-메시지를 사용하는 방법을 정리해 보면 〈글상자 7-3〉과 같다(홍경자, 2004; Popkin, 2007; www.gordontraining.com). 그리고 〈표 7-1〉은 나-메시지 사용의 예시를 보여 주고 있다.

글상자 7-3	나–메시지 사용 방법

1. 부모가 원하는 행동이나 상황이 무엇인지에 대해 자녀에게 구체적인 정보를 제공한다. 자녀의 행동에 초점을 맞추고 자녀의 자존감을 상하지 않게 하기 위해서는 '행위'와 '행위자'를 구별하는 것이 중요하다. 부모는 "너의 ~가 내게 문제가 되는구나."라는 식으로 말을 한다. 예를 들면, "네가 벗은 옷을 치우지 않으니까 내게 문제가 되는구나."와 같이 나–메시지를 사용한다.

2. 행위나 상황을 객관적으로 묘사한다. "네가 매번 대답은 하고 행동하지는 않는다면……."과 같이 현재의 자녀 행동이나 상황에 기초하여 말한다.

3. 부모가 원하는 행동에 대한 정당한 이유를 설명해 준다. 부모님 말씀에 순종하라고 말하는 것보다 자녀에게 기대하는 행동에 대한 간단한 설명을 제공해 주는 것이 자녀의 행동 변화에 더 효과적이다. 예를 들면, "왜냐하면 내가 일일이 네 뒤를 쫓아다니며 벗은 옷을 치우느라 시간도 많이 들고 힘이 들기 때문이야."와 같이 말함으로써 갈아입은 옷을 정리하지 않은 자녀의 행위가 부모의 생활을 방해하고 있음을 설명해 준다.

4. 자녀의 성격이 아닌 자녀의 행위에만 초점을 둔다. 자녀의 행위만을 강조해 말하면 자녀의 인성과 자아존중감이 상하는 것을 줄일 수 있다.

5. 나–메시지는 부모가 감정이 고조되었을 때는 가급적 사용하지 않는 것이 좋다. 나–메시지를 화가 난 어조로 사용하게 되면 자녀에게 혼합 메시지가 전달되며, 이러한 혼합 메시지는 부정적인 행동 결과를 빚을 수 있기 때문이다. 또한 나–메시지는 단호하나 차분한 어조로 사용할 때 가장 효과적이다.

6. 자녀를 비난하거나 평가하지 말고 그 상황이나 자녀의 행동에 대해 부모가 느끼는 점을 말한다. 부모는 자녀 행위의 심각성에 대해 "나는 ~에 속이 상한다." 또는 "나는 ~이 걱정된다."와 같이 말하면 자녀는 대부분 귀담아듣고 행동에 변화를 보이게 된다.

7. 부모는 자녀에게 위협적이지 않은 방식으로 말함으로써 자녀가 부모의 말을 경청하는 분위기를 조성한다.

8. 좀 더 강력하게 부모의 주장을 전달하는 나–메시지로는 '동의 얻기'와 '시간 설정하기'가 있다. 동의 얻기는 "(나는 ~을 원한다.) ~을 좀 해 주겠니?"라고 질문한 뒤 자녀의 동의를 받아 실천하도록 하는 방법이다. 그리고 시간 설정하기는 부모의 요청이 몇 번 있었으나 자녀가 이행하지 않을 경우, "언제 하겠니?"라고 물어봄으로써 자녀가 언제 실행에 옮길 것인지에 대해 명확한 동의를 얻는 방법이다.

〈표 7-1〉 나-메시지 사용 예

비난하는 표현	나-메시지
소리 지르지 마.	나는 네가 이렇게 소리 지르는 상황이 싫어.
넌 왜 오빠처럼 못 하니?	난 저녁 먹을 때 네가 늦게 오면 초조하단다.
너 때문에 힘들어 죽겠다.	나는 너의 행동 때문에 실망했단다.
넌 제대로 하는 일이 없구나.	나는 네가 이렇게 했으면 좋겠어.
이 멍청아.	내가 집에 왔을 때 사방이 어지럽혀 있으면 속상해.
넌 이기적이고 무책임해.	난 네가 묻지도 않고 내 물건을 가져가서 화가 났어.

출처: Bloch et al (2003). *The power of praise.*

🎧 검도를 통해 예를 배우는 아동

3) 단호하게 지시하기

　　만약 부모의 정중한 요청이나 나-메시지에 자녀가 응하지 않는다면, 그다음 단계로 단호하게 지시하기를 사용할 수 있다(Popkin, 2007). 단호하게 지시하기는 짧지만 단호하게 자녀에게 주의를 주는 부모의 훈육 행위이다. 부모는 자녀에게 정중히 요청하고 나-메시지를 사용해도 자녀가 건성으로 대답하면서 행동으로 옮기지 않을 경우, 대부분 자녀에게 화를 내거나 자녀의 잘못을 지적하며 설교하게 된다. 하지만 이는 좋은 방법이 아니며, 자녀가 부모의 말을 계속 듣지 않을 경우에는 짧고 분명한 말투로 자녀의 눈을 똑바로 응시하면서 단호하게 부모가 기대하는 행동을 상기시킨다. 자녀는 짧고 단호한 어조에 환기되어 바로 행동에 옮기게 되는데, 이때 부모는 자녀의 행동 실행에 대해 고맙다는 말로 격려해 주는 것을 잊지 말아야 한다.

3. 반영적 경청과 공감적 이해

자녀에게 자신의 말을 잘 들어 주고 공감해 주고 이해해 주는 부모가 있다는 것은 상당한 지지로 작용한다. 부모가 자녀의 생각이나 느낌을 정확히 알기 위해서는 자녀의 말을 주의 깊게 들어야만 한다. 경청의 유형은 소극적 경청부터 적극적 경청까지 4단계로 분류할 수 있다(정현숙 외, 2002).

첫째, 소극적 경청은 아무 말도 하지 않고 상대방의 말을 집중해서 듣는 자세이다. 이 경청 유형은 듣는 사람이 말하는 사람의 말을 듣고 있고 그 말에 동의한다는 비언어적 메시지를 담고 있으나, 말하는 사람의 입장에서는 상대방의 반응이 없으므로 듣는 상태를 의심하거나 불안해할 수 있는 경청 유형이다.

둘째, 상대방의 말을 잘 듣고 있다는 것을 알리는 언어적·비언어적 반응을 보내는 것이다. 즉, "그래?" "정말?" 등과 같은 언어적 동의를 보이거나 고개를 끄덕이는 등의 비언어적 반응을 함으로써 말하는 사람에게 주목하나, 그 내용을 공감하는지에 대한 확신은 없는 경청 유형이다.

셋째, 상대방이 말문을 열 수 있도록 "그것에 대해 말하고 싶니?" "그래서?"와 같은 격려하는 언어를 사용하는 것이다. 즉, 상대방의 이야기를 이해하며 듣고 있고 그다음 내용을 말하도록 격려한다고 볼 수 있으나, 그 내용에 수반된 감정까지 완전히 이해하고 있는지는 알 수 없는 경청 유형이다.

넷째, 반영적 경청 혹은 적극적 경청이다. 반영적 경청(reflective listening)이란 말하는 사람이 어떠한 느낌으로 이야기하는지 주의집중하여 들은 후, 자신이 이해한 느낌을 간단한 말로 다시 이야기하는 방법이다. 즉, 부모가 자녀의 메시지와 감정을 이해하고 있음을 확인시켜 주는 일종의 거울과 같은 경청 유형이다.

반영적 경청이란 효율적 의사소통을 위해 대화 시 효과적으로 들어 주는 행위를 의미하며, 적극적 경청이라고도 한다. 반영적 경청은 '체계적 부모효율성 훈련(STEP)'이라는 부모교육 프로그램에서 제안한 의사소통 기법으로, 자녀의 행동 중 감정 메시지를 분석해서 그 감정 언어를 반응으로 보여 주는 것이다(Dinkmeyer & McKay, 1982). 적극적 경청(active listening)은 '부모효율성 훈련(PET)'이라는 부모교육 프로그램에서 제안된 기법으로, 듣는 사람이 말하는 사람만큼 적극적으로 의사소통 과정에 참여하는 것을 의미한다. 이 두 경청기법은 서로 유사한 개념으로, 부모가 자녀와의 대화에 진정한 관심과 성의 있는 자세로 임하고 자녀를 이해하고 지원하려는 의지가 분명함을 보여 주는 수용적이고 감정이입적인 태도를 강조한다(박영애 외, 2005).

특히 부모는 자녀가 질문에 대답하거나 자신의 이야기를 할 때 반영적 경청의 태도로 임하는 것이 중요하다. 반영적 경청을 하는 요령은 상대방의 눈을 응시하면서 주의를 집중하여 자녀의 이야기를 경청해 주는 것이다. 그러고 나서 부모는 자녀의 마음을 이해하고 있다는 사실을 언어적·비언어적으로 전달해 준다. 즉, 자녀가 하는 말의 기저에 깔린 감정과 느낌을 파악하여 그대로 표현해 주는 기법이다. 다음은 반영적 경청의 예이다.

예 1)

소영: 엄마, 나는 오늘 수학 숙제를 잘 못하겠어요.

어머니: 오늘 수학 숙제가 많이 어려운가 보구나.

예 2)

건우: 엄마, 나 오늘 유치원에 가기 싫어. 승준이가 정말 보기 싫단 말이야!

어머니: 승준이가 건우를 괴롭히나 보구나. 그래서 오늘 유치원에 가는 것이 싫은 거구나.

예 3)

지현: 엄마, 나 오늘 국어 시험 잘 봤어요.

어머니: 시험을 잘 봐서 정말 기분이 좋겠구나. 수고했어.

공감적 이해는 상대방에 대해 경청하는 자세와 함께 비언어적 표현과 감정, 생각까지도 이해할 수 있는 태도를 의미한다. 그러므로 부모는 자녀에게 반영적 경청과 함께 "음, 그랬구나." "몹시 속상했겠구나."와 같이 언어적 반응을 함으로써 공감할 수 있으며, 고개를 끄덕이거나 표정을 통해 비언어적 공감을 표현할 수도 있다. 즉, 반영적 경청은 부모가 자녀와의 대화를 유지하기 위해 필요한 기술이며, 공감적 이해는 자녀의 말에 실린 감정과 메시지를 분석해서 공감적인 반응을 언어적·비언어적으로 표현하는 것이다.

반영적 경청과 공감적 이해는 자녀의 모든 행동에 적용될 수 있는 기법이나, 자녀가 어려운 문제를 겪고 있을 때 특히 효과적인 의사소통 방법이다. 자녀의 정서적 어려움이나 느낌은 부모가 부정하거나 야단친다고 해서 해결되는 것이 아니므로, 부모는 자녀의 문제와 감정을 보다 자유로운 분위기에서 표현할 수 있도록 격려하고 적극적으로 경청하며 공감해 주어야 한다. 이와 같이 반영적 경청과 공감적 이해는 부모-자녀 관계에서 상호 교감을 최대화하고 진정한 의사소통을 이루게 하는 기법이므로 '촉진적 반응' 또는 '촉진적 의사소통'이라고도 부른다.

4. 칭찬과 격려

칭찬(praise)은 상대방의 바람직한 행위나 특성과 같은 결과에 대한 평가적·판단적 행위이다. 한편, 격려(encouragement)는 과정에 대한 인정과 수용을 전달하는 지원적·촉진적 행위라 할 수 있다(박영애 외, 2005).

먼저, 칭찬의 필요성, 칭찬의 방법, 칭찬 시 유의사항 등에 관해 살펴보고자 한다. 칭찬은 인간의 뇌 속에서 도파민(dopamine)이라는 신경전달물질을 분비시켜 쾌감을 느끼게 하고, 혈액에서 인터루킨(interleukin) 등의 면역 강화물질의 분비를 촉진시킨다. 이러한 물질은 뇌에서 불필요한 스트레스 호르몬인 코르티솔(cortisol)의 분비를 억제하고, 신체를 긴장시키고 흥분시키는 교감신경계의 활성을 억제하여 몸을 편안한 상태로 만들어 준다(박영애 외, 2005). 그러므로 칭찬을 많이 받은 자녀는 병에 걸릴 위험도 낮아지고, 자율신경계가 늘 편안한 상태에서 최적의 신체 상태와 긍정적인 심리 상태로 유지시켜 준다. 단 몇 번의 칭찬으로 이러한 효과가 즉각적으로 나타나는 것은 아니며, 오랜 시간 동안 부모의 일관성 있고 애정 어린 칭찬을 받아 온 자녀에게 칭찬의 효과가 두드러진다.

🎧 칭찬을 받고 즐거워하는 자녀

칭찬은 어떻게 하느냐에 따라 그 효과에 차이가 크기 때문에 칭찬하는 방법을 제대로 이해해서 활용하여야 한다. 부모의 칭찬은 곧 부모의 관심을 의미하기 때문에 자녀에게 칭찬을 통해 부모의 관심을 정확히 인식하도록 하는 것이 중요하다. 부모가 자녀에게 칭찬을 하는 방법을 정리해 보면 〈글상자 7-4〉와 같다(박영애 외, 2005; 상진아, 2008).

글상자 7-4   긍정의 말로 칭찬하는 방법

1. 부모는 자녀가 성취하기까지의 과정이나 노력에 대해 칭찬을 하며, 결과에 대한 부모의 만족도에 중점을 두지 않는다. 자녀가 성취하기까지 쏟은 노력, 과정, 자녀 스스로 느끼는 기쁨, 자랑스러움 등을 강조하여 칭찬한다. 즉, 단순히 성취 결과에 대한 칭찬이 아니라 성취 과정이나 노력에 대해, 부모의 만족도가 아니라 자신감, 보람, 뿌듯함과 같은 자녀의 느낌에 대해 칭찬하되, 이러한 요인과 부모의 사랑을 연결시켜서는 안 된다.

2. 부모는 자녀의 재능보다 노력에 대해 칭찬한다. 부모가 자녀에게 "넌 재능을 타고났어." "역시 소질이 있어."와 같이 자녀가 좋은 결과를 이루어 냈음에도 타고난 재능이라고 칭찬하는 것은 궁극적으로 자녀에게 해가 된다. 자녀에게 재능과 소질이 있다면 '노력 없이 능력만으로 얻을 수 있는 성과는 없다.'는 것을 알려 주어야만 타고난 재능을 당연한 결과로 여기고 노력을 게을리하는 일이 생기지 않는다. 재능이나 소질이 있는 자녀라 할지라도 숨은 노력의 결과를 몰라주는 부모가 되어서는 안 된다.

3. 자녀의 눈높이에 맞게 칭찬을 한다. 예를 들어, "우리 ○○이 얼마나 완벽한 아인데." "못하는 것이 없어." "넌 최고로 착해."와 같이 지나치게 과장된 칭찬을 하여 부담을 주는 행위는 삼간다. 지나친 칭찬은 자녀에게는 부담감을 주거나 완벽함에 대한 기대로 스트레스까지 받게 하며, 성취하는 과정에서 완벽하거나 최고가 되지 못하면 죄책감과 절망을 느끼게 할 수 있다.

4. 결과보다는 과정에 대해 칭찬을 한다. 자녀의 바람직한 행동에 대해서는 그 행위에 대한 결과를 칭찬할 수 있으나, 학업이나 과제와 같이 성취와 관련된 경우에는 과정의 중요성과 노력에 대하여 칭찬하되 자녀의 성격이나 사람됨 또는 인격에 대한 언급은 삼간다. 학업의 경우에는 자녀의 등수나 점수보다는 노력으로 인한 성취도를 인정해 주고 칭찬하는 것이 바람직하다.

5. 자녀의 성취 결과에 대해 칭찬해야 하는 경우에는 자녀가 계획대로 목표를 달성했을 때 그 성취 부분을 충분히 인정해 주고 칭찬해 주는 것이 좋다. 이때에도 목표에 도달 하게 된 과정과 노력을 결과와 함께 칭찬해 준다.

6. 친구 또는 형제와의 갈등 시 무조건 참는 행위만으로 칭찬하지 않고, 상황을 고려하여 중립적 입장에서 잘 판단하여 칭찬을 한다. 예를 들어, 형제자매 간에도 형, 누나라는 이유로 무조건 참는 행위를 칭찬하는 것은 자녀의 정당한 의견에 귀 기울이지 않고 억 울한 마음이 생기게 할뿐더러 칭찬의 효과도 적다. 나아가 무조건 참는 행위만을 칭찬 하면 억울한 일, 또래관계의 어려움과 같은 상황에서도 습관적으로 참고 자신의 의사 표현을 잘 하지 못하게 된다.

7. '어른스럽다'는 이유로 칭찬을 하는 일은 자제한다. 부모는 편하고 어려움을 덜 주는 소위 '애어른'같이 '어른화된 아이(adultized child)'를 칭찬하는 경우가 많다. 예를 들 어, "집안일도 척척 잘해." "항상 동생을 잘 돌보는 책임감 있는 맏이야."와 같은 칭찬 은 때로는 아이가 아이다운 행동을 하고 싶어도 하지 못하게 부담을 준다. 자녀에게 부모의 필요를 채우거나 어른의 역할을 부여하는 일은 피한다.

8. 자녀의 외모 등 특정 측면만을 강조하여 칭찬하는 것은 위험하다. 어려서부터 '예쁘다' 는 칭찬을 계속해서 들어 온 자녀는 외모를 예쁘게 가꾸고 싶은 동기는 쉽게 가질 수 있으나 학업을 열심히 하거나 착한 행동을 하는 일은 하찮게 여길 수 있다.

9. 부모는 자녀에게 기대하는 행동, 특성, 능력 등 자녀가 칭찬받을 수 있는 항목과 우선 순위를 알도록 하며, 그에 상응하는 자녀의 행동에는 일관성 있고 분명하게 칭찬한다.

출처: 박영애 외(2005). 현대인의 자녀양육; 상진아(2008). 칭찬과 꾸중의 힘.

부모가 자녀를 자율적인 아이로 키우고 싶으면 잘하고 못하고를 떠나서 자녀가 한 일의 과정과 노력에 대해 칭찬해 주어야 한다. 그러나 부모는 기 대하는 바와 욕심이 앞서 결과 위주로 판단하여 칭찬에 인색하기 쉽다. 칭찬 은 아동으로 하여금 칭찬을 하는 사람과 그 칭찬에 의존하게 하므로 과도한 칭찬이나 잘못된 칭찬은 그 효과를 반감시킬 수 있다.

다음으로 최근에는 칭찬과 함께 생산적이고 촉진적인 의미의 칭찬인 격려 에 대한 관심이 더욱 커지고 있다. 격려는 칭찬에 비해 과정에 대한 인정과

〈표 7-2〉 칭찬과 격려의 차이점

	칭찬	격려
관심 영역	• 외적 통제 • 외적 평가 • 자기 평가와 개인적 이익 • 과제 수행에 대한 보상	• 자기 존중과 성장 • 내적 평가 • 가치 인정 및 장점과 공헌에 대한 가치 부여

자녀 에게 미치는 영향	• 과제 수행에 대한 보상
	  – 실패에 대한 두려움
	  – 지나친 기준과 가치 부여
	• 자기 평가와 개인적 이익
	  – 과다 경쟁의식
	  – 타인의 희생을 개의치 않는
	    최고 지향 성향
	• 외적 평가
	  – 남을 기쁘게 하는 것에 대한 가치 부여
	  – 반대하는 것에 대한 두려움
	• 외적 통제
	  – 순종하는 것에 대한 가치 부여
	  – 반항 가능성
	  – 포기와 협동
		• 노력과 향상
		• 자기 존중과 성장
		  – 실패 경험에 대한 자기 극복
		  – 재시도하려는 노력
		• 내적 평가
		  – 자기 성장과 진보에 대한 긍정적
		    평가
		• 노력과 향상
		  – 노력에 대한 인정
		  – 지속적인 노력
		• 가치 인정
		  – 개인과 모든 이를 위해 재능을 활용
		  – 자신과 타인의 성공에 대해 만족

출처: 신용주 외(2006). 자녀지도와 부모교육. p. 102.

수용의 메시지를 자녀에게 전달해 주는 지원적이고 촉진적인 행위이므로 보다 생산적인 접근이라 할 수 있다. 격려는 아동으로 하여금 바람직한 행동을 스스로 할 수 있는 의지와 힘을 키워 주는 건설적인 방법이다. 칭찬과 격려의 차이점을 좀 더 자세히 살펴보면 〈표 7-2〉와 같다.

　최근에는 격려와 같은 긍정적인 말을 자녀에게 자주 사용함으로써 다각적인 면에서 자녀의 정신건강과 자아존중감을 키워 줄 수 있는 방법이 많이 소개되고 있다. 긍정(affirm)의 사전적 정의는 '확언하다, 긍정하다, 인정하다'로, 부모가 성격, 행동, 특성 등 자녀를 긍정적으로 인정하고 격려할 수 있는 요인은 매우 다양하다. 자녀를 격려할 때 사용하여야 할 세 가지 요령은 다음과 같다(Bloch & Merritt, 2009).

- 나-메시지를 사용하여 1인칭으로 말한다.
- 현재 시제로 말한다.
- 긍정적으로 말한다.

부모가 자녀를 인정하고 수용하며 자녀에게 스스로 할 수 있는 의지와 용기를 북돋워 주는 격려와 긍정의 말을 전달하는 방법은 〈글상자 7-5〉와 같다(박영애 외, 2005; Bloch & Merritt, 2009).

글상자 7-5   긍정의 말로 격려하는 방법

1. 긍정적인 말로 자녀의 독립심, 자립심, 책임감을 키운다. 긍정적인 말은 자녀에게 내면화되어 삶의 탁월한 창의력이 된다. 이것은 환경적인 조건보다 자생력을 더 중요시하는 것으로서 아동의 자율성과 자발성 개발을 강조한 몬테소리, 칭찬을 강조한 드라이커스(Dreikurs), 청년기의 자아정체성 이론으로 유명한 에릭슨(Erikson)의 주장과도 일관적이다.
2. 긍정적으로 격려해 줌으로써 자녀는 외면보다 내면에 더 중심을 둔 존재로 변화할 수 있다. 외부에서 평가되는 긍정적인 메시지인 칭찬보다 격려를 통해 자립심을 키우게 되는 것이다.
3. 부모는 긍정적인 격려를 통해 자녀의 자신감과 자부심을 높일 수 있다. 나아가 수치심을 해소하고 자아존중감을 자각하도록 도와준다.
4. 격려는 자녀가 스스로 목표를 세우고 성취할 수 있도록 용기와 끈기를 키워 준다. 격려는 학문적인 성취, 운동, 대인관계 등 모든 영역에 해당되며, 그 결과는 촉진적이다.
5. 격려는 자녀가 스스로에게 정직하고, 외부 압력에 저항하고, 역경에 대처할 수 있는 긍정적인 효과를 가져온다. 자녀는 때때로 실패나 좌절에 직면할 수 있으나 격려와 긍정의 말을 통해 자책감에서 벗어날 수 있으며, 다음에는 보다 성장할 수 있도록 노력하는 힘을 갖게 된다.
6. 격려는 자녀에게 미래에 대한 자신감을 심어 주는 반면, 절망과 실패감은 자신감을 감

소시킨다. 자녀는 일생 동안 좋든 싫든 성공과 실패의 결과를 모두 수용할 줄 알아야 하므로, 결코 포기하지 않고 발전하는 용기 있고 긍정적인 사고방식을 배우는 것이 중요하다. 그러므로 부모는 보다 생산적인 방법인 긍정의 말로 격려함으로써 자녀를 인정하고 지원하도록 한다.

출처: 박영애 외(2005). 현대인의 자녀양육; Bloch et al (2003). *The power of praise.*

5. 자녀 행동의 통제

행동주의이론에 따르면, 아동의 행동은 환경과의 상호작용을 통해 습득되며, 일반적으로 자녀의 바람직한 행동을 습득시키는 기본적인 장(場)은 가정이다. 가정에서 자녀의 행동을 가르치는 과정에는 두 가지가 있다(정현숙, 2016).

첫째, 자녀는 의미 있는 타인(significant others)인 부모나 형제 등의 모델을 관찰하고 모방함으로써 바람직한 행동을 습득하게 된다. 둘째, 자녀는 자신의 행위의 결과를 통해 학습한다. 예를 들면, 자녀는 부모가 자녀의 행동에 부여한 적절한 보상과 통제를 통해 바람직한 행동을 계속하게 되고 그릇된 행동은 줄일 수 있다. 여기서는 통제 상황의 분석과 바람직한 행동 요구하기 그리고 효과적으로 꾸중하기와 벌 주기를 통하여 자녀의 바람직하지 않은 행동을 감소시키는 부모역할에 대해 살펴본다.

해마다 부모의 꾸중을 두려워하거나 부모에게 심한 꾸중을 들은 초·중·고등학생이 자살하는 사건이 끊이지 않고 있다. 이러한 현상을 볼 때 '꾸중도 잘하면 보약'이지만 자칫 잘못 사용하면 자녀에게 씻을 수 없는 상처를 줄 수 있으므로 자녀의 행동을 적절하게 통제하는 부모역할이 중요하다.

1) 통제 상황의 분석과 바람직한 행동 요구하기

자녀의 그릇된 행동을 바르게 통제하기 위하여 부모는 꾸중하기에 앞서 통제 상황에 대한 분석을 해야 한다. 자녀의 그릇된 행동에 대한 통제 상황을 분석하는 행위에는 다음과 같은 내용에 대한 점검과 분석이 포함되어야 한다(박영애 외, 2005). 이와 같은 통제 상황에 대한 분석은 자녀에 대한 보다 정확한 이해, 세심한 관심, 그릇된 행동에 대한 진단 및 효율적 대처를 위해 반드시 필요한 과정이다.

- 정확하게 자녀의 어떠한 행동이 문제가 되었는가?
- 문제가 발생한 것은 어떠한 상황에서인가?
  (예: 장소, 주변 환경, 함께 있었던 사람)
- 문제 상황에서 부모는 어떻게 반응했는가?
- 자녀의 행동과 부모의 행동에 대한 결과는 어떠했는가?
- 자녀의 그릇된 행동은 언제부터 발생했으며, 그때의 주변 환경은 어떠했는가?
- 자녀의 그릇된 행동은 얼마나 자주 발생하고 있는가?
- 부모는 자녀의 그릇된 행동을 수정하고자 어떻게 노력했는가?
- 자녀의 그릇된 행동을 수정하기 위한 부모의 노력을 분석해 볼 때, 어떠한 점이 효과가 있었고 어떠한 점은 효과가 없었는가?

통제 상황에 대하여 분석하고 나면, 부모는 자녀에게 꾸중하기에 앞서 그릇된 행동에 대한 지적과 지시 그리고 행동수정이 필요한 상황에서 바람직한 행동을 요구할 필요가 있다. 만약 부모가 통제 상황에 대해 세심하게 분석하였다면 자녀의 그릇된 행동에 대해 정확하게 지적할 수 있다. 때로는 부모의 정확한 지적과 바람직한 행동에 대한 지시만으로도 자녀의 그릇된 행동에 대한 통제가 이루어질 수 있다. 그러나 부모는 자녀에게 수정하기 원하는 그릇된 행동을 지적하고 지시하는 행위와 함께 상황에 따라서는 바람직한 행동을 정확하게 요구하여 행동의 변화를 도모할 수 있다. 부모-자녀 관계는 호혜적인 관계이므로 부모가 요구하는 내용보다는 요구하는 방식이나 태도에 따라 자녀의 순종과 불순종 여부가 결정된다고 해도 과언이 아니다. 자녀의 바람직한 행동을 이끄는 부모역할 지침은 〈글상자 7-6〉과 같다(박영애 외, 2005).

글상자 7-6   **자녀의 바람직한 행동을 이끄는 부모역할 지침**

1. 자녀 행동에 대한 요구는 가급적 적게 하는 것이 좋다. 요구는 하루에 5~6회 이내로 제한한다. 특히 청소년 자녀의 경우에는 부모의 요구를 간섭이나 잔소리로 오해하거나 인내하지 못하여 갈등을 유발할 수 있으므로 주의한다.
2. 요구할 때는 예의 있게 하는 것이 좋다. 그릇된 행동의 수정을 요구하는 경우에는 감정적으로 민감할 수 있으므로, 부모는 더욱 예의 있고 긍정적인 감정으로 대한다.
3. 요구는 구체적으로 하여 오해의 소지가 없도록 하는 것이 좋다. 부모가 자주 쓰는 표현 중 '알아서 해라' '적당히 해라' 등의 표현은 자녀가 주관적이고 자의적으로 해석할 수 있으므로 자녀의 행동을 요구할 경우에는 가급적 사용하지 않도록 한다.
4. 바람직한 행동을 요구할 때는 의문문보다는 아동에게 선택의 여지를 주지 않는 명령문의 형태로 진술하는 것이 좋다. 부모가 의문문의 형태로 행동을 요구할 경우 거절, 논쟁, 대치 상황을 유발할 가능성이 있기 때문에 단호하게 요구하도록 한다.
5. 한 번에 한 가지 행동을 요구하는 것이 좋다. 부모의 욕심이 앞서 여러 가지 행동의 수정을 한번에 요구한다면 자녀에게는 잔소리나 부담스러운 요구가 되어 실현하고 싶은 욕구를 저하시킬 수 있다.
6. 부정문보다는 긍정문 형태로 진술하는 것이 좋다. 예를 들어, '~하지 마라'보다는 '~하도록 해라'가 더 바람직한 표현이다.
7. 요구는 간단명료한 문장으로 하는 것이 좋다. 때로는 자녀에게 자세히 설명하려는 의도가 지나쳐 설교하듯이 장황하게 설명하는 경우가 있는데, 이러한 요구는 자녀의 행동 변화의 핵심을 흐리게 할 우려가 있다.
8. 요구한 후에는 어느 정도 시간을 두고 자녀가 바람직한 행동을 실행에 옮기도록 기다려 주는 것이 좋다. 자녀는 자신의 그릇된 행동에 대해 생각해 보거나, 지금 하고 있는 일을 정리하고 행동에 옮길 시간이 필요하다.

출처: 박영애 외(2005). 현대인의 자녀양육.

2) 벌 주기

부모가 자녀에게 행동수정을 요구했으나 수용하지 않는다면 벌을 사용할 수밖에 없다. 행동주의 학습이론에 따르면, 벌이란 자녀의 바람직하지 않은 행동을 감소시키기 위해 자녀에게 부정적인 반응을 초래하는 행동이나 상황을 제공하는 것이다(정현숙, 2016). 그러나 벌을 잘못 사용할 경우 벌을 받는 자녀는 부모에 대한 저항감 또는 적개심을 가지거나 공격성을 보이는 등 긍정적인 효과보다는 부정적인 결과가 나타날 수 있다. 그러므로 효과적인 벌 주기를 통해 자녀의 행동수정을 모색하는 부모의 양육행동이 필요하다.

벌은 꾸중, 애정의 철회, 특권 박탈, 타임아웃(time-out) 등을 통해 그릇된 행동을 감소시키기 위한 후속 자극이다. 부모가 자녀의 행동수정을 위해 사용할 수 있는 효과적인 벌 주기 방법을 소개하면 다음과 같다(신용주 외, 1997; 오영희 외, 1999).

(1) 꾸중

자녀가 반복적으로 그릇된 행동을 하거나 안전에 위협적인 행동을 할 경우에는 꾸중을 해서 행동의 변화를 시도한다. 만약 부모가 자녀의 잘하는 행동은 놔두고 못하는 행동이나 그릇된 행동만을 꾸중하면 잘하는 것까지도 못하게 된다. 그러므로 잘하는 행동은 칭찬하고 못하는 행동은 격려하며, 그릇된 행동은 꾸중하여 자녀의 행동을 통제한다.

자녀의 행위에 대해서 꾸중을 하고 자녀의 성격에 대해서는 공격하지 않는다. 또한 꾸중을 비난이나 핀잔을 하듯 해서는 안 된다. 예를 들어, "너는 왜 항상 그 모양이니?" "너같이 말 안 듣는 아이는 없을 거야." 등과 같이 자녀의 성격과 태도, 과거의 행위까지 포괄적으로 비난하는 것은 좋지 않다. 부모는 자녀의 잘못된 행동을 구체적으로 제시하면서 꾸중하는 것이 좋다.

자녀를 꾸짖은 다음에 부모는 반드시 따뜻한 사랑과 격려로 감싸 주어야 한다. 꾸중을 들은 뒤에 자녀는 죄책감, 불안감, 공포감 등으로 자신의 능력

이나 자존감에 상처를 받을 수 있다. 또는 야단맞은 것만 억울해하거나 야단
친 사람에게 서운함을 느껴 적대감이나 반항심을 가질 수 있다.

(2) 애정의 철회

자녀는 부모에게 사랑과 인정을 받고 싶어 한다. 자녀의 그릇된 행동에 대
해 자녀에게 애정을 철회하는 것은 매우 강력한 형태의 벌로서 신중하게 사
용하여야 한다. 자녀가 잘못된 행동을 할 경우, 부모가 중립적인 표정으로
자녀에게 언어적 반응이나 관심을 보이지 않으면 자녀가 심리적으로 불편함
을 느껴 자신의 잘못된 행동을 수정하게 된다.

(3) 특권 박탈

특권 박탈은 적극적인 벌의 형태 중 하나로서 부모의 권위를 사용하여 자
녀의 특권을 박탈함으로써 자녀의 행동을 통제하는 방법이다. 특권을 박탈
할 경우에는 자녀가 가장 선호하는 활동을 제한하는 것이 좋다. 그 예로는
TV 시청을 제한하는 것, 놀이터에 나가 놀지 못하도록 하는 것, 컴퓨터 게임
을 제한하는 것 등이 있다.

부모가 합리적으로 특권을 박탈하는 것은 자
녀에게 부모의 통제에 대한 권위를 부여한다.
그러나 특권 박탈을 지나치게 자주 사용하거나
심하게 사용하면 자녀의 반항심을 증가시키기
쉽다.

(4) 타임아웃

타임아웃(time-out)은 현재 상황이 자녀의 그
릇된 행동을 유발하는 원인이라고 판단될 때
자녀를 다른 공간에 혼자 격리시키는 행위이
다. 즉, 자녀가 잘못된 행동을 할 경우 자녀의

🎧 타임아웃 중인 아동
출처: Pediatric Associates of Charlottesville,
https://www.charlottesvillepeds.com/
discipline-for-toddlers-makingtimeout-
work

모든 활동을 중단하고 제한된 시간 동안 특정 장소에 혼자 있게 하는 방법이다. 타임아웃을 효과적으로 사용하기 위해서는 타임아웃에 적용되는 잘못된 행동을 몇 가지로 한정하여 실시하되, 일관성 있게 훈육하는 것이 핵심이다. 타임아웃을 실시하는 장소는 안전하고 최대한 자녀에게 지루하여 전혀 매력이 없는 곳이 적절하다. 타임아웃의 시간은 자녀의 연령을 고려하여 정하는 것이 적절하다. 예를 들어, 4세 이하는 3분 이내, 5~8세는 5~10분, 8세 이상은 10분 이상의 타임아웃을 실시하되, 부적절한 행동을 멈추면 이전 상황으로 복귀할 수 있다고 알려 준다(신용주 외, 1997). 자녀가 타임아웃을 성공적으로 마치면 부모는 자녀를 꼭 안아 주는 '메이크업 포옹(makeup hug)'을 해 준다. 자녀는 타임아웃 시간을 통해 자신이 무엇을 잘못했는지 되돌아볼 수 있는 기회를 가지게 되어 장기적으로 자아통제력(self-control)을 향상시킬 수 있다.

　타임아웃은 자녀의 공격적 행동이나 위험한 행동을 통제하는 데 가장 효과적이다. 타임아웃의 단계별 시행 방법은 〈표 7-3〉과 같다(박영애 외, 2005; 이순형 외, 2010). 그리고 바람직하지 못한 행동에 대한 타임아웃 사용 방법은 〈글상자 7-7〉과 같다.

〈표 7-3〉 타임아웃의 단계별 시행 방법

	단계	시행 방법
1	규칙에 대해 설명하기	타임아웃은 잘못된 행동을 고치기 위해 사용하는 것임을 알려 주고, 어떤 규칙을 따라야 하는지 설명한다.
2	잘못한 즉시 타임아웃 장소로 보내기	잘못된 행동의 결과로 타임아웃이라는 벌을 받는다고 연상하도록 잘못한 즉시 타임아웃 장소로 바로 옮긴다.
3	정해진 시간만큼 타임아웃 실시하기	연령에 맞게 타임아웃을 실시하되, 타임아웃의 시작과 끝을 알 수 있도록 타이머를 이용해 일정 시간이 지나면 소리가 울리도록 한다.
4	끝난 후 자신의 잘못 돌아보기	타임아웃을 받게 된 이유를 말해 보게 함으로써, 잘못된 행동으로 인해 타임아웃을 하게 되었음을 깨닫게 한다.

출처: 이순형 외(2010). 부모교육.

글상자 7-7   **바람직하지 못한 행동에 대한 타임아웃 사용 방법**

1. 엄격하나 분명한 목소리로 요구하며, 애걸하거나 소리를 지르지 않는다.
2. 조용히 속으로 10까지 센다. 단, 이때 자녀가 수를 세는 것을 알지 못하게 한다.
3. 만약 10초 안에 부모의 요구를 듣지 않으면 자녀의 눈을 똑바로 쳐다보며, "네가 ~하지 않으면 저 ○○에 세워 놓을 거야."와 같이 훈육의 전략으로 타임아웃을 시행할 것을 자녀에게 알린다.
4. 다시 속으로 10까지 센다. 이때도 자녀가 수를 세는 것을 알지 못하게 한다.
5. 자녀가 부모의 지속적인 요구를 계속 듣지 않으면 자녀의 손이나 팔을 붙잡고 침착하게 또렷한 목소리로 타임아웃을 시행하겠다고 말한다.
6. 이때 자녀가 애원하든 소리를 지르든 간에 타임아웃 장소로 데리고 간다. 타임아웃 중에는 자녀가 화장실을 가거나 물을 먹으러 가는 것도 허용하지 않는다.
7. 자녀에게 "자, 지금부터 ○분 동안 여기 서 있어."와 같이 말하며 타임아웃을 실시한다. 자녀가 자리를 이동하면 다시 지정 장소로 데려가 세워 놓고, 자녀 근처에 있으면서 타임아웃을 계속 유지하도록 한다.
8. 시간이 되면 "자, 이제 너는 ~을 할 수 있어."와 같이 말한다. 타임아웃 이후에는 부모가 자녀를 안아 주는 것과 같은 긍정적 행동으로 개시하는 것이 좋다.
9. 자녀가 다시 수용할 수 없는 행동을 하면 앞의 타임아웃 과정을 반복하되, 나이를 고려하여 시행한다.
10. 타임아웃 이후에 보이는 자녀의 수정된 행동에 대해 긍정적인 반응을 보이며 칭찬한다.

출처: 박영애 외(2005). 현대인의 자녀양육; 정현숙 외(2002). 부모학.

　부모가 자녀의 바람직하지 않은 행동을 수정하기 위해 사용할 수 있는 효과적인 벌 주기 지침을 몇 가지 제시하면 〈글상자 7-8〉과 같다(박영애 외, 2005; 정현숙 외, 2002).

　이와 같이 자녀의 바람직하지 않은 행동에 대한 벌은 곧바로 실시하는 것이 좋으며, 어떠한 경우에도 체벌은 사용하지 않는다. 벌을 받는 자녀는 부모에 대한 부정적인 감정을 가지거나 행동수정에 반항을 하는 등의 부작용을 보일 수 있으므로 다른 긍정적인 방법과 병행하여 벌을 사용해야 효과적이다. 예를 들어, 피카르트(Pickhardt, 2004)는 '벌 한 번당 긍정적 반응 두 번의 규칙(2-for-1 rule)'을 제안했는데, 이것은 자녀에게 한 번 벌을 준 후에는 30분 이내에 두 가지 긍정적인 반응을 제공하는 것이다. 이와 같이 부모의 긍정적인 행동과 함께 벌 주기를 적용할 때 벌의 부정적인 효과는 감소하고 행동의 수정 효과는 증가한다.

글상자 7-8 　자녀에게 효과적으로 벌을 주는 양육 지침

1. 벌은 자녀의 잘못된 행동이 통제 불가능할 때까지 기다리지 말고 초기에 주는 것이 효과적이다.
2. 벌은 그릇된 행동이 발생한 직후에 주는 것이 바람직하다. 영유아기 자녀는 사건의 인과관계를 정확하게 파악하는 것이 어려우므로 적절치 못한 행동 직후에 벌을 가하는 것이 효과적이다.
3. 가능한 한 객관적이고 중립적인 태도를 취한다. 벌을 주는 부모가 감정적인 태도를 취하면 교육 효과가 감소된다.
4. 자녀가 지키지 않은 규칙을 간단하고 분명하게 설명해 줌으로써 자녀 스스로가 잘못을 인식하고 벌을 수용하도록 한다.
5. 그릇된 행동을 보이기 시작한 자녀에게는 초기이므로 엄한 수준보다는 경미한 수준으로 벌을 주는 것이 효과적이다.
6. 유사하게 그릇된 행동을 보일 때는 벌을 일관적으로 사용하여 바람직한 사회적 행동을 강화해 준다.
7. 어떤 자녀는 부모의 꾸중이나 벌 주기 등 잘못에 대한 부정적인 반응도 부모의 관심을 끌 수 있다고 생각하며 고의적으로 문제행동을 하기도 한다. 그러므로 부모는 문제행동의 원인을 면밀하게 분석한다.

출처: 박영애 외(2005). 현대인의 자녀양육; 정현숙 외(2002). 부모학.

참고문헌

박영애, 최목화, 양명숙, 나종혜, 김민정(2005). 현대인의 자녀양육. 서울: 학지사.

상진아(2008). 칭찬과 꾸중의 힘. 서울: 랜덤하우스.

신용주, 김혜수(2006). 자녀지도와 부모교육. 서울: 형설출판사.

신용주, 윤혜경, 강인재(1997). 부모교육 및 상담. 서울: 양서원.

오영희, 엄정애(1999). 부모와 자녀. 서울: 동현출판사.

이순형, 민하영, 권혜진, 정윤주, 한유진, 최윤경, 권기남(2010). 부모교육. 서울: 학지사.

정현숙(2016). 가족생활교육. 서울: 신정.

정현숙, 유계숙, 어주경, 전혜정, 박주희(2002). 부모학. 서울: 신정.

홍경자(2004). 청소년의 인성교육: 나는 누구인가. 서울: 학지사.

Bloch, D., & Merritt, J. (2003). *The power of praise*. 최인자 역(2009). 아이의 미래를 바꾸는 칭찬의 힘. 경기: 동화출판사.

Dinkmeyer, D., & McKay, G. D. (1982). *Systematic training for effective parenting*. Circle Pines, MN: American Guidance Service.

Discipline: n. discipline is a combination of parental instruction and parental correction that teach a child to live according to family values and within family rules(Pickhardt, 2004, p. 1).

LeMasters, E. E., & DeFrain, J. (1989). *Parents in contemporary America: A sympathetic view* (5th ed.). Belmont, CA: Wadsworth.

Pickhardt, C. E. (2004). *The everything parent's guild to positive discipline*. Avon, MA: Adams Media.

Popkin, M. H. (2002). *Active parenting now: leader's guide*. 홍경자, 노안영, 차영희, 최태산 공역(2007). 부모코칭프로그램: 적극적인 부모역할. 서울: 학지사.

Pediatric Associates of Charlottesville, https://www.charlottesvillepeds.com/discipline-for-toddlers-making-timeout-work

제8장

부모교육이론

부모교육의 필요성이 제기됨에 따라 부모교육이론과 함께 부모교육 프로그램이 다양하게 개발되어 운영되고 있다. 이 장에서는 부모교육의 대표적인 이론인 민주적 부모교육이론, 부모효율성 훈련이론, 인본주의 부모교육이론, 상호교류분석이론, 행동수정이론 그리고 체계적 부모효율성 훈련이론에 대해 살펴본다.

1. 드라이커스의 민주적 부모교육이론

루돌프 드라이커스(Rudolf Dreikurs)의 민주적 부모교육이론은 알프레드 아들러(Alfred Adler, 1870~1937)의 개인심리학(individual psychology)이론을 부모교육에 적용하여 발전시킨 이론으로, 민주적인 부모-자녀 관계와 인간관계의 평등성을 강조한다. 부모-자녀 관계의 평등성은 무엇이든지 허용하는 것이 아니라, 주어진 한계 내에서 자유를 허용하는 것을 의미한다. 다시 말해, 민주적 부모교육이론은 부모가 주어진 한계 내에서 자녀가 행동을 선택 또는 결정할 수 있도록 돕는 데 그 목적이 있다. 드라이커스는 평등한 부모-자녀 관계를 주장하였기에 그의 이론을 '민주적 부모교육이론' 또는 '자녀양육의 평등성 이론'이라고 부른다(박성연 외, 2014).

아들러는 기본적으로 인간을 사회적 존재로 인식하였으며, 인간의 성격은 사회 환경과의 상호작용에 의해 형성된다고 보았다. 그가 주장한 개인심리학에서 개인(individual)이란 라틴어 'individuum'에서 비롯되었으며, 이는 더 이상 나눌 수 없다(un-divided)는 의미로서 인간을 총체론적 입장에서 이해한다. 인간이 직면하는 대인관계, 학업, 직업, 사랑 등의 중요한 문제들이 사회적이기 때문에 개인과 사회를 분리하여 볼 수는 없다. 즉, 인간은

아들러(1870~1937)

개인을 둘러싼 물리적·사회적 환경의 맥락에서 이해해야 한다고 주장한다. 또한 아동 초기는 성격 형성의 결정적인 시기이다. 이 시기에 아동과 다른 사람과의 협력, 특히 성인과의 상호작용은 아동의 성격 형성 및 사회 환경을 이해하는 데 영향을 준다. 아들러는 비엔나에 아동보호상담소를 설립하여 정서불안 아동과 그들의 부모를 대상으로 가족상담을 실시하였다. 그의 주된 상담기법으로는 민주적 원리와 격려 그리고 책임의식의 강조 등이 있다.

아들러의 제자이자 동료였던 드라이커스는 1897년 비엔나에서 태어나 의과대학을 졸업하였으며, 그 후 5년간 정신과 인턴과정을 마치고 아들러의 아동보호상담소에서 연구하였다. 드라이커스는 아들러의 심리학을 발전시키고 실용화하였다.

구체적으로, 아들러의 이론을 부모교육, 결혼상담, 가족상담 및 정신치료에 적용하고, 인간의 상호작용에 필요한 민주적인 갈등 해결방법의 체계를 발전시켜 민주적 부모교육이론을 정립하였다. 드라이커스는 1939년 미국으로 건너가 시카고 소재 에이브러햄 링컨센터에 부모상담센터를 설립하였으며, 이곳에서 상담 및 부모교육과 가족교육 프로그램을 운영하였다.

드라이커스(1897~1972)

드라이커스는 민주적인 부모-자녀 관계를 형성하고, 위계적이기보다는 민주주의에 기반을 둔 가정 내 인간관계에 초점을 두었다. 아동의 첫 사회적 장(場)인 가정이 민주적인지 아닌지는 아동의 자아개념, 자아 이상 및 가치관을 형성하는 데 영향을 준다. 드라이커스는 부모는 자녀를 이해하고 격려하며 자녀에게 동기를 부여해 자율적으로 행동하게 하는 민주적 양육기술이 필요하다고 주장하였다. 부모는 아동을 하나의 인격체로 여기고 존중하되 그들이 스스로 행동하고 결정할 수 있도록 도와주어야 한다.

드라이커스의 민주적 부모교육이론은 다음과 같은 기본 가설에서 출발한다(박성연 외, 2014).

- 아동은 사회적 존재이며, 다른 사람과의 관계를 통해 자신에 대한 생각을 갖게 된다.
- 모든 행동에는 목표가 있다.
- 행동의 근본적 목표는 소속감을 통해 자신이 중요하다는 것을 인식하는 데 있다.
- 문제행동은 주로 낙담한 아동에게서 나타난다.
- 타인에 대한 배려가 중요하다는 것을 가르쳐야 한다.
- 모든 사람은 능력이 각기 다르지만 그 가치에서는 동등하다.

드라이커스에 따르면, 민주적 가정을 형성하기 위해서는 다음과 같은 다섯 가지 양육원리에 따라 자녀를 길러야 한다.

첫째, 긍정적인 가정 분위기를 조성한다. 이를 위해서는 부모-자녀 갈등을 피해 자녀가 반항하지 않도록 하며, 자녀의 바람직한 행동을 유발하고 잘못된 행동을 수정할 수 있도록 자녀에게 용기와 격려를 주는 것이 중요하다.

둘째, 가정의 권리와 의무를 준수한다. 가정의 구성원으로서 자녀는 책임과 의무를 다하되, 부모가 제공하는 권리와 혜택을 누리며 양육되는 것이 중요하다.

셋째, 부모는 자녀와의 약속을 중요시하며, 나아가 자녀가 사회에서 규칙과 질서를 준수할 수 있는 자질을 함양할 수 있도록 도와준다.

넷째, 부모는 자녀가 일상생활에서 발생하는 문제 상황에서 해답을 주기보다는 선택의 기회를 주어 자녀 스스로 문제를 해결하도록 하는 자연적 귀결(natural consequences)을 알려 준다. 자연적 귀결은 자녀가 자연적 사건의 결과를 경험함으로써 행동 목표를 스스로 터득하는 것이다. 예를 들어, 자녀가 아침식사를 거르면 학교에서 체육시간에 기운이 없어 힘들 것이다. 이러한 자연적 결과를 자녀들이 선택한 행동의 결과를 통해 경험함으로써 체육수업이 있는 날은 아침식사를 하는 것이 더 좋다는 사실을 알 수 있다.

다섯째, 부모는 자녀가 상황에 맞는 행동을 하면 바람직한 결과를 낳으나, 부적절하게 행동하면 부정적인 결과를 초래하게 된다는 논리적 귀결(logical consequences)을 알려 준다. 그러면 자녀는 사회적 질서 속에서 논리적 결과로부터 다음 행동 목표를 터득하게 된다. 예를 들면, 자녀는 계단에서 부주의하게 뛰어다니다 넘어지면 다칠 수도 있다는 것을 논리적 결과를 통해 배울 수 있다.

이러한 양육 원리에 따라 민주적 가정 분위기를 조성하게 되면 자녀의 바람직한 행동을 형성하는 데 큰 도움이 된다. 이와 같이 부모가 민주적 양육태도를 지니기 위해서는 부모교육을 통해 자녀양육 기술과 훈육방식을 익히는 것이 바람직하다.

아들러와 드라이커스에 근거를 둔 민주적 부모교육이론은 드라이커스와 함께 부모교육을 위해 동역하던 딩크마이어와 맥케이(Dinkmeyer & Mckay, 1976, 1982)에 의해 '체계적 부모효율성 훈련(Systematic Training for Effective Parenting: STEP)'이라는 부모교육 프로그램으로 개발되었다.

드라이커스는 부모는 자녀의 관심 끌기, 반항적 힘 행사하기, 보복행동하기, 부적절한 행동하기, 병리적인 행동하기와 같은 잘못된 행동의 이면에 있는 목적에 대해 정확하게 인식하여야 한다고 강조했다. 자녀가 보이는 대표적인 잘못된 행동은 다음과 같다.

- 관심 끌기: 자녀는 안정감을 느끼기 위하여 부모의 관심을 끌고자 노력한다. 부모나 다른 사람의 관심을 긍정적인 방법으로 끌려고도 하지만, 때로는 부정적인 방법을 사용해서라도 관심을 끌기 위해 귀찮게 구는 행동을 하거나 부적절하게 질문을 하기도 한다. 이때 부모가 관심을 보이게 되면 자녀의 잘못된 관심 끌기 행동은 강화되어 계속적으로 그런 행동을 반복하게 된다. 그러므로 부모는 자녀가 잘못된 행동으로 관심을 끌려고 할 경우에는 관심을 보이지 말아야 한다.

- 반항적 힘 행사하기: 자녀는 관심 끌기를 통해 부모의 관심과 주의집중을 받으려고 하지만, 이러한 목표가 달성되지 못하면 자신이 원하는 대로 해 버리거나 반항하게 된다. 자녀는 부모의 요구나 통제를 거절하고, 자신의 힘을 활용하여 반항함으로써 고집을 부리거나 자신의 입장을 유지할 수 있다고 잘못 판단한다. 이때 부모가 더 강한 힘을 행사하여 자녀의 반항적 행동과 고집을 꺾으려 하면 자녀는 더욱 상처를 받게 된다. 부모는 자녀가 이러한 상황에서 갈등에 대처하는 방안을 터득할 수 있도록 지원한다.

- 보복행동하기: 보복은 자신이 상처를 받은 만큼 다른 사람도 상처를 받아야 한다고 느낄 때 하는 행동이다. 자녀는 부모의 관심을 끌거나 반항적 힘을 행사하였으나, 의도대로 되지 못한 경우에 자신이 받은 상처만큼 다른 사람도 상처를 받아야 한다고 생각하여 보복행동을 하게 된다. 자녀가 어릴 경우에는 오줌을 싸거나 동생을 때리고 장난감을 부수는 행동 등으로 나타나고, 조금 커서는 공격적이고 심술궂은 행동을 보이기도 한다. 부모는 자녀가 보복행동에 대한 자연적 결과를 경험할 수 있는 기회를 통해 스스로 잘못된 행동임을 인식하도록 하거나, 부모가 자녀를 사랑하고 있다는 것을 확인시켜 주는 것이 좋다.

- 부적절한 행동하기: 자녀는 관심 끌기나 반항적 힘 행사하기, 보복행동하기 등으로 자신이 이루고자 하는 목표를 달성하지 못한 경우에 존재감을 갖지 못할 뿐 아니라 크게 실망하여 부적절한 행동을 하게 된다. 특히 자녀의 부적절한 행동에 대해 부모가 비난하거나 비판하게 되면 자녀의 부적절한 행동은 더욱 증가하게 된다. 부모는 자녀의 행동을 개선하도록 긍정적인 행동이나 작은 변화를 보일 경우에 칭찬하고 격려한다. 그러면 자녀는 부모가 자신을 사랑하고 도와주려는 의지가 있음을 알게 되어 자신감을 갖게 되어 적절한 행동을 성취하게 되고, 자연히 부적절한 행동은 감소하게 된다.

- 병리적인 행동하기: 때로는 자녀가 부정적인 생각, 막연한 불안감 또는

과도한 신경질, 공격적 행동, 정신병, 정신분열증 등과 같은 병리적 행동 반응을 보이기도 한다. 자녀의 부정적인 생각과 병리적인 행동 반응은 부모의 관심과 노력으로 감소될 수 있다. 때로는 교육기관에서 부적응이나 비행의 결과로 병리적 행동 반응을 보일 수 있으므로 부모는 자녀의 행동에 관심을 가져야 한다. 때로는 어린 자녀가 성장하면서 일시적으로 병리적 행동이 나타날 수도 있으므로, 부모는 관심을 갖고 사랑으로 규칙적인 생활습관과 활동을 할 수 있도록 돕는다.

2. 고든의 부모효율성 훈련이론

토머스 고든(Thomas Gordon, 1918~2002)은 임상심리학을 전공하였으며, 오랜 기간 동안 정서적·지적 어려움이 있는 아동을 치료하였다. 고든은 아동의 문제가 의학적 문제라기보다는 부모-자녀 관계의 문제라고 확신하였으며, 부모-자녀 관계의 개선을 위해 '부모효율성 훈련(Parent Effectiveness Training: PET)' 프로그램을 개발하였다.

PET 운동은 미국 전역에 단시간 내에 확산되었으며, 훈련 대상도 저소득층 부모에서부터 교사, 행정가, 상담원 등에 걸쳐 폭넓게 실시되었다. 우리나라에서도 PET 프로그램은 민주적인 분위기에서 자율적인 자녀로 양육하기에 효과적인 방법으로 인식되어 널리 확산되고 있다.

토머스 고든(1918~2002)

고든은 먼저 부모-자녀 관계는 상호 애정과 존중이 기초가 되어야 의사소통이 원활하게 이루어진다고 주장하였다. 특히 고든은 부모-자녀 의사소통의 장애 요인을 열두 가지로 설명하고 있다(Gordon, 1975, 1990). 이러한 의사소통의 장애 요인을 잘 극복하면 건강한 부모-자녀 관계가 형성되나, 그렇지 않을 경우 파괴적인 부모-자녀 관계뿐만 아니라 자녀의 심리적·정서적

〈표 8-1〉 의사소통에 걸림돌이 되는 열두 가지 장애 요인적 언어표현

	장애 요인적 언어표현		예
1	명령, 지시, 요구	자녀에게 명령·지시하는 표현	"말대꾸하면 안 돼." "네 방으로 가거라." "그만 좀 시끄럽게 해라."
2	주의, 위협, 경고	결과를 말함으로써 자녀에게 특정 행동을 중지시키는 표현	"성적만 나빠 봐. 용돈을 주지 않겠다." "너, 그만하지 않으면 혼난다."
3	훈계, 설교	자녀에게 해야 할 일과 해서는 안 되는 일을 일일이 알려 주는 표현	"여자답게 행동해라." "사람이 이야기하고 있을 때 방해해선 안 돼."
4	강의, 교수, 논리적 논쟁	사실, 정보, 논리 또는 부모 자신의 의견 등으로 자녀의 판단에 영향을 주려는 표현	"어렸을 때 열심히 해야만 훌륭한 사람이 될 수 있다." "책은 집어던지라고 있는 게 아니라 읽으라고 있는 거다."
5	충고, 해결책 제안	자녀에게 어떤 문제해결을 위한 조언과 제안을 하는 표현	"숙제를 혼자 할 수 있도록 계획표를 짜지 못하니?"
6	비판, 비난, 판단	자녀에 대한 부정적 판단, 평가를 내리는 표현	"너는 어려서 몰라." "너는 항상 그 모양이야."
7	해석, 진단, 심리분석	자녀의 행동에 대해서 나름대로 진단하여 분석하고 잘못을 지적하여 전달하는 표현	"네 노력이 헛될까 봐 두려워하고 있구나."
8	욕설, 조소, 수치감	자녀에게 수치감을 주거나 욕설을 하는 표현	"말썽꾸러기야." "그런 짓을 하다니 창피한 줄 알아라."
9	칭찬, 부추기기	긍정적인 평가나 판단을 무조건 내리고 동의하는 표현	"너는 아주 영리하니까 무엇이든지 다 할 수 있어."
10	퇴행, 주의 돌리기, 화제 바꾸기	부모가 문제에서 도피하거나 농담을 하며 문제를 회피하려는 표현, 자녀가 문제를 회피하고 신경 쓰지 않도록 하는 표현	"그건 있을 수 있는 일이다." "잊어버리자." "이렇게 말 잘 듣고 조용한 아이들을 가지게 되어 정말 기쁘구나."
11	질문, 탐문, 심문	부모가 자신의 문제를 해결하기 위해 필요한 정보를 자녀에게서 얻으려 하거나 원인, 동기, 이유를 알고자 하는 표현	"네가 왜 엄마를 싫어하는지 말해 봐." "누가 너에게 그런 짓을 가르쳐 주었니?"
12	격려, 동정, 위로, 지원, 안심시키기	자녀의 기분을 맞추려 애를 쓰거나, 불쾌한 기분을 풀어 주려고 하거나, 자녀의 감정을 부정하려는 표현	"염려 마. 잘될 거야." "별것 아니야. 누구나 다 그런 경우가 있어."

출처: 김영옥(2007). 부모교육.

문제를 유발하게 된다고 주장한다. 부모-자녀 관계의 원활한 의사소통을 가로막는 장애 요인적 언어표현은 〈표 8-1〉과 같다.

고든은 "부모는 사람이지 신이 아니다(Parents are persons, not God)."라고 하며, 부모 스스로가 완벽하지 않은 감정을 지닌 존재로 인식할 때 자녀와 좀 더 원만한 관계를 유지할 수 있다고 주장하였다.

고든은 부모-자녀 관계를 수용의 개념으로 설명하였다. 자녀가 자기 방에서 장난감을 어지르는 행동이라도 부모의 수용 영역에 따라 자녀의 행동은 문제시될 수 있다. 부모의 수용 정도는 자녀의 행동이 일어난 상황에 따라 달라진다. 예를 들면, 같은 행동이라도 자녀가 집에서 행동했을 때와 친구네 집에서 행동했을 때 부모의 허용 수준이 다를 수 있다. 이는 한편으로 부모의 행동이 일관성 없는 것처럼 보일 수도 있지만, 완벽하지는 않으나 부모 자신이 자녀의 수용 정도와 상황을 고려하여 일관성 있게 훈육하도록 노력하는 것이 중요하다.

아동의 문제행동이 문제인지 혹은 부모의 문제인지 문제의 소유자를 정확하게 파악한 후, 적절한 양육기술을 적용하는 것이 중요하다. 예를 들어, 다른 친구와 자기 자녀를 자꾸 비교하여 평가하고 높은 기대치를 부여하는 것은 부모의 문제에 속하지만, 자녀가 스스로 무능력하다고 생각하는 것은 자녀의 문제라 할 수 있다. 문제행동은 문제의 소유자에 따라 해결방법이 달라질 수 있으므로 적합한 양육기술을 상황에 맞게 적용하여야 한다.

부모와 자녀 간의 바람직한 의사소통을 위한 조력기술로, 고든은 적극적 경청(active listening), 나-메시지(I-message), 무승부법(no-lose-method) 등을 들었다. 먼저, 적극적 경청은 반영적 경청이라고도 하며, 이는 부모가 자녀의 생각이나 감정을 수용적인 태도로 들어주되 충고나 훈계를 하기보다는 자녀가 표현하는 언어와 감정을 확인한 후에 의미하는 바를 느낀 그대로 피드백하는 것이다. 적극적 경청은 자녀에게 문제가 있을 때 사용하면 효과적이다.

다음으로, 나-메시지는 부모가 자녀와 의사소통을 하는 기술로서 자녀의 행동에 대해 부모가 솔직하게 감정을 표현하는 기법이다. 나-메시지 사용에는 자신의 감정이 과도하게 노출되지 않도록 조절하는 훈련이 필요하며, 특히 나-메시지는 부모에게 문제가 있을 때 사용하면 효과적이다.

마지막으로, 무승부법은 부모-자녀 갈등 시 승부를 떠나서 서로의 합의점을 찾아 갈등을 해소하는 방법이다. 무승부법을 사용할 때는 부모가 자녀를 하나의 인격체로서 존중하는 마음이 수반되어야 한다.

고든이 개발한 PET는 1989년 한국심리상담연구소를 통해 우리나라에 보

〈표 8-2〉 PET 프로그램 교육 내용

회기	주제	내용
1	12가지 걸림돌 네모꼴 수용 도식	• 목표 설정하기 • 현재 사용하고 있는 의사소통의 문제점 살펴보기 • 부모-자녀 갈등이 누구의 문제인가를 네모꼴 수용 도식을 통해 나누어 보기
2	경청의 종류	• 의사소통의 원리 알기 • 적극적 경청 방법 습득하기
3	반영적 경청	• 반영적 경청을 단계별로 연습하여 익히기 • 소집단으로 나누어 시연하고 서로 보아 주기
4	적극적 경청 심화 환경 개선	• 적극적 경청의 긍정적 영향 찾기 • 환경의 개선으로 문제를 해결하는 방법 찾기
5	나-메시지	• 부모의 마음을 자녀에게 잘못 전달해서 생기는 부정적 영향 경험하기 • 나-메시지의 원리를 터득하고 시연하기
6	나-메시지 심화 기어 바꾸기	• 나-메시지 심화하기 • 상황별로 나-메시지와 적극적 경청을 적절히 사용하는 연습하기
7	제3의 방법	• 기존의 문제해결 방법이 갖는 문제점과 한계점 숙지하기 • 제3의 방법으로 부모-자녀 갈등 해결하기
8	가치관 대결	• 서로의 가치관 차이에서 발생하는 문제해결 방법을 소개하고 적응하기 • 첫 회에 설정한 목표 달성 정도를 점검하기 • 평가하기

출처: Gordon (1990). *Parent effectiveness training: the tested new way to raiseresponsible children*.

급되었다. PET는 주 1회 3시간씩 총 8회에 걸쳐 부모와 자녀 간의 효과적인 의사소통기술 및 문제해결능력을 중심으로 부모교육을 실시하고 있다. PET 프로그램의 내용을 요약하면 〈표 8-2〉와 같다.

3. 기노트의 인본주의 부모교육이론

기노트(1922~1973)

하임 기노트(Haim Ginott, 1922~1973)는 인본주의 심리학자인 에이브러햄 매슬로(Abraham H. Maslow, 1908~1970)와 칼 로저스(Carl Rogers 1902~1948)의 영향을 받았으며, 인본주의 심리학에 기초한 놀이치료의 선구자인 버지니아 액슬린(Virginia, M. Axline)의 이론을 부모교육에 적용하였다. 기노트는 가정 내에서 일어나는 일상적인 문제해결에 중점을 두었으며, 이때 부모는 조력자의 위치에서 자녀를 도와주어야 하며, 이를 위해 부모와 자녀 간의 원만한 의사소통이 필요하다고 하였다. 부모가 자녀와 적극적인 대화로 자녀를 한 인격체로서 인정하고 이해할 때 의사소통이 원활해진다.

기노트는 아버지 역할과 어머니 역할을 〈표 8-3〉과 같이 구분하였다.

〈표 8-3〉 아버지 역할과 어머니 역할

아버지 역할	어머니 역할
• 사회적 양육의 책임자 • 자녀의 도덕적 · 인격적 훈련자 • 모험심과 독립심 형성자	• 애정적인 양육자 • 자녀의 건강과 일상생활 지원자 • 자녀의 긍정적인 분위기 조성자

출처: 이경화 외(1999). 부모교육.

기노트가 주장한 자녀양육의 기본 원리를 요약하면 다음과 같다(Ginott, 1961, 1965).

- 부모는 자녀의 인격을 존중하는 태도로 자녀와 대화해야 하며, 대화기술을 익혀야 한다. 자녀가 바람직한 행동을 하지 않을 때, 부모는 자녀의 잘못된 행동에 초점을 맞추어야 하며, 자녀의 인성이나 성격을 비난해서는 안 된다.
- 부모는 자녀에게 칭찬과 같은 긍정적인 강화를 과용하지 말고, 객관적인 평가와 적절한 칭찬과 보상을 하는 것이 바람직하다.
- 부모는 자녀와의 상호작용에서 발생하는 갈등이나 스트레스에 대해 자신의 감정을 언어로 표현하는 본보기를 보여 주어야 한다.
- 자녀에게 위협적인 언행이나 뇌물 공세(원하는 물건을 모두 주면서 달래는 행위), 빈정대기, 설교하기 등의 방법은 사용하지 않는다.
- 부모와 자녀는 가까이서 눈높이를 맞추어 이야기하는 등 신체적인 거리가 적을 때 효과적인 의사소통을 할 수 있다.
- 자녀에게 자기 행동에 대해 책임질 기회를 제공하여 자신의 행동에 대한 책임감을 습득하도록 한다.
- 자녀는 부모가 자기가 이해할 수 있는 합리적 한계를 설정해 줄 때 책임감 있는 행동을 할 수 있다.
- 체벌은 효과적이지 못하여 어린 유아나 아동에게는 해를 줄 수 있으므로 절대 사용하지 않으며, 가급적 언어적 의사소통으로 문제를 해결한다.

기노트는 이해심과 동정심이 많은 어머니는 자녀가 상처를 받거나 문제에 직면했을 때 많은 도움을 제공할 수 있다고 하였다. 부모는 자녀에게 분노하거나 설교하는 것이 좋지 않으며, 지나치게 칭찬하거나 보상하는 것은 오히려 부정적인 영향을 미친다고 하였다.

기노트의 부모교육 프로그램은 10~15명으로 구성된 부모 집단을 대상으로 1주일에 한 번씩 90분간 15주에 걸쳐 실시된다. 부모교육 프로그램은 네 단계로 구성되며, 부모는 이를 통해 자녀를 이해함과 동시에 자녀양육 기술을 습득하여 가정에서 효과적으로 대응할 수 있다.

① 자유롭게 말하기(recitation phase) 단계

부모가 자녀와의 여러 문제와 고민을 스스럼없이 이야기하며, 프로그램 지도자는 감정이입 과정을 통해 공감하고, 수용하며, 적극적으로 경청한다. 이 과정에서 부모들은 자신이 경험하고 있는 문제가 자신만의 문제가 아니라 다른 부모들도 비슷한 문제를 가지고 있음을 인식하면서 공감대를 형성하게 된다. 지도자는 부모들이 수용적 분위기 안에서 안정감과 새로운 자녀양육 기술을 습득하여 자녀 중심으로 이해하고 문제를 해결할 수 있도록 도와준다.

② 감수성 향상하기(sensitization phase) 단계

부모가 경험하고 있는 자녀와 관련된 문제 그 자체에 관심을 갖고 부모-자녀 간의 의사소통에서 자녀의 느낌은 어떠한지 자녀의 입장에서 깊이 생각해 봄으로써 부모-자녀 간에 교류되는 감정에 대한 통찰력을 갖도록 훈련한다. 부모는 이 문제를 자녀의 입장에서 생각해 보고 문제해결을 시도하고자 한다. 예를 들면, 부모는 자녀의 감정을 충분히 이해하여 '우리 아이가 왜 그랬을까?' '그때 기분은 어떠했을까?' 등을 생각해 보고, 참여한 부모들과 이야기를 나누며 감수성을 향상시킨다. 감수성 향상훈련을 통해 부모는 자녀의 행동에 보다 민감해질 수 있으며, 자녀와 공감대를 형성할 수 있다. 또한 부모는 자녀의 행동에 대한 이해의 폭이 넓어지고 자녀를 비판하기보다는 수용하는 것이 중요하다는 것을 인식하게 되며, 부모 자신의 태도를 변화시키고자 노력하게 된다.

③ 개념 형성하기(concept formation phase) 단계

아동의 문제와 행동에 대한 부모의 감수성이 향상되면 부모-자녀 간의 문제의 원인을 파악하게 되어 자녀의 행동에 대한 이해와 통찰력이 생기게 된다. 자녀양육에서 자신의 부족함을 인식하여 자녀의 입장에서 부모의 감정을 수용하는 기술 및 양육 행동을 익힐 수 있다.

④ 기술 배우기(skill learning phase) 단계

지금까지 배운 자녀양육 기술을 실제 상황에서 직접 자녀에게 적용해 봄으로써 문제를 해결하는 단계이다. 이 단계에서 부모는 가정으로 돌아가 감정적 의사소통을 해 보거나 부모 자신의 감정을 표현하는 등 문제해결에 적합한 양육기술을 실제로 적용해 보고, 그 결과에 대해 다시 토론한다.

4. 번의 상호교류분석이론

상호교류분석(Transactional Analysis: TA)이론은 1950년대에 부모-자녀 의사소통과 상호교류방법을 개선하고자 에릭 번(Eric Berne, 1910~1970)에 의해 개발된 이론이다. 유대인 정신과 의사였던 번은 프로이트의 정신분석이론에 영향을 받았으며, 샌프란시스코의 정신분석연구소에서 에릭슨의 지도를 받으면서, 특히 인간의 성격에 대한 학문적 관심을 갖게 되어 1964년 『심리 게임: 교류분석으로 읽는 인간관계의 심리학(Game People Play: The Psychology of Human

번(1910~1970)

Relations)』이라는 저서를 통해 상호교류분석이론을 소개하였다. 번은 인간의 성격은 사회적 상호작용과 깊은 관계가 있다고 주장하였다. 그러나 그의 이론은 저술 방식이 상당히 이론 지향적이며 난해하여 정신치료에 보다 적합하다.

이후 상호교류분석이론과 주요 개념은 해리스(Harris, 1970)의 『마음의 해부학: 친밀한 관계를 만드는 소통의 비밀(I'm OK-You're OK)』과 제임스와 존지워드(James & Jongeward, 1971)의 『아이는 성공하기 위해 태어난다(Born to Win)』라는 책을 통해 전 세계적으로 널리 알려지게 되었다. 상호교류분석은 성격 분석을 통해 정신건강을 유지하거나 예방하기 위한 활동의 영역이 확장되어 부모-자녀 관계의 향상을 위한 부모교육이론에 널리 적용되었다.

♙『심리 게임』

♙『마음의 해부학』

♙『아이는 성공하기 위해
태어난다』

1) 상호교류분석이론의 기본 개념

상호교류분석이론에서 개인의 인성은 성장하면서 형성된 개인의 행동양식으로서 세 가지 자아 상태로 구성되어 있다. 즉, 인성은 부모자아(Parent ego), 성인자아(Adult ego), 아동자아(Child ego)의 세 가지 자아 상태(ego state)로 이루어져 있으며, 개인의 성격을 자아 상태를 통해 분석하는 방법이 P-A-C 모델인 교류구조분석이다. 이 세 가지 자아 상태는 프로이트의 성격 구조와는 달리 관찰 가능하고 역동적이어서 각 개인의 의사소통 과정에서 각각의 자아 상태는 말하는 내용이나 태도 등으로 나타나게 된다. 번은 개인의 인성 내에서 일어나는 세 자아 상태 간의 교류적 측면을 강조하였다.

2) 인성의 구조

(1) 부모자아

부모자아(Parent ego: P)란 아동의 사회화 과정에서 부모나 형제 또는 다른 권위 있는 사람들을 통해 배워 온 행동, 예절, 가치관 등에 관한 내면화된 인식이다. 부모자아 상태는 주로 부모의 행동이나 가치를 반영한 것이기 때문에 자녀를 돌보는 양육적 부모자아(nurturing parent ego: NP) 상태와 통제적 부모자아(controlling parent ego: CP) 상태로 나눌 수 있다.

양육적 부모자아 상태는 부모가 아동이 필요로 하는 정신적·육체적인 것을 제공해 주는 기능이 강하며, 아동을 통제하기보다 보살펴 주고 격려해 주는 유형으로 양육했을 때 발달한다. 이러한 경우에 아동은 건전한 인성을 형성하게 된다.

반면에 통제적 부모자아 상태는 통제적이고 간섭을 하며 아동의 의사보다는 부모의 주장대로 행동할 때 아동이 형성하게 되는 자아 상태로서, 양육적 부모자아 상태보다 바람직하지 못하다.

번은 부모자아 상태가 특히 아동의 도덕성과 가치 발달에 많은 영향을 미치므로 부모는 자녀를 양육할 때 아동의 권리를 존중하고 인성 발달을 위해 심리적으로 배려하는 노력이 필요하다고 강조하였다.

(2) 아동자아

아동자아(Child ego: C)란 개인이 어린 시절에 느끼고 행동했던 것과 동일한 감정이나 행동을 나타내는 상태로서 인간의 기본적인 욕구, 감정, 충동의 저장고라 할 수 있다. 다시 말해, 어린 시절에 보고 듣고 느끼고 이해한 것에 대한 자신의 반응이 기억되어 형성된 상태이다. 예를 들면, 생리적 욕구나 정서에 관련된 기억, 부모에 대해 습관적으로 사용했던 반응양식, 감정, 충동 등으로 구성되어 있으며, 자신에 대한 인식을 확인할 수 있는 것들이다.

아동자아는 상대방이 부모와 같이 행동하거나 자신이 의존적이라는 느낌이 들 때 또는 즐거울 때 주로 작용한다. 아동자아 상태는 즐겁고 자유로운 감정 상태인 천성적 자아(natural ego) 상태와 순응하는 감정 상태인 순응된 자아(adapted ego) 상태로 분류된다.

천성적 자아 상태는 아동이 자유로운 그대로의 개성을 지닌 자아 상태로 좋거나 싫은 자신의 감정에 자유롭고 창의적인 면을 지니고 있다. 반면, 순응된 자아 상태는 아동 스스로의 자율적 측면보다는 부모의 기대나 욕구를 중요시하며, 그들의 의견과 느낌에 자신을 순응하려는 경향으로 인한 의존 적인 상태라 할 수 있다.

번은 천성적 자아 상태를 지닌 아동은 정서적으로 건강하고 자유로운 심리 상태를 누리는 반면, 지나치게 순응된 자아 상태를 소유한 아동의 경우 정서적 장애 및 적응 문제를 유발하기 쉽다고 주장하였다.

(3) 성인자아

성인자아(Adult ego: A)란 개인의 인성 중에서 사실에 기초하여 자료를 모으고 분류하며, 사물을 판단하거나 논리적 결론에 이르고자 하는 부분이다. 성인자아 상태는 감정이 결여된 논리적인 처리의 기능을 가지므로 감정보다는 이성이 앞선다고 할 수 있다. 따라서 성인자아는 울기도 하고 웃기도 하고 걱정하기도 하는 부모자아 상태나 아동자아 상태가 하는 일 등은 하지 않고 감정적이지 않고 냉정하며 논리적인 기능을 발휘한다. 성인자아 상태의 원숙 정도는 개인마다 차이를 보인다. 지나치게 냉정하고 논리적인 성인자아 상태를 지닌 경우에는 부모-자녀 관계에 문제를 일으킬 수도 있다.

3) 자아 상태의 교류

교류(transaction)란 두 사람 사이의 쓰다듬기(stroke, 일종의 자극)의 교환을 의미하며, 의사소통을 하기 위해 한 사람의 자극이 주어지면 다른 사람이 반응을 하는 것을 뜻한다. 교류분석은 부모자아, 성인자아, 아동자아 상태를 응용하여 상호 간의 의사소통 형태를 분석하는 것을 의미한다. 부모-자녀 간의 상호교류 과정에서 일어나는 의사소통을 분석해 보면, 자아 상태의 교류는 상보적 교류, 교차적 교류, 암시적 교류로 구분할 수 있다.

(1) 상보적 교류

상보적 교류(complementary transaction)란 특정 자아 상태에서 보내는 메시지에 대한 수신자의 반응이 서로 바라는 대로 이루어져서 자극과 반응의 방향이 평행을 이루는 형태의 교류방식이다. 성인자아 대 성인자아, 부모자아 대 부모자아, 아동자아 대 아동자아와 같은 상보적 교류에서는 주고받는 자극과 반응이 평행하여 상호 간의 의사소통과 교류가 원활하게 이루어진다. 일반적으로 상보적 교류가 이루어지는 경우에는 '공감을 얻었다' '상대방이 내 이야기를 잘 듣고 있다' '기분이 좋다' '의사소통이 잘 된다' 등의 감정을 느끼게 된다.

다음은 상보적 교류가 이루어지는 대화의 예이며, [그림 8-1]은 상보적 교류가 이루어진 예시를 그림으로 나타낸 것이다.

예 1)

어머니 A: 요즘 애들은 정말 버릇이 없는 것 같아요. (부모자아)

어머니 B: 맞아요. 우리가 클 땐 그러지 않았는데요. (부모자아)

예 2)

어머니: 너 오늘 친구 만나러 몇 시에 가지? (성인자아)

자녀: 7시에 가요. (성인자아)

예 3)

자녀: 엄마, 저 오늘 정말 공부하기 싫어요. (아동자아)

어머니: 그래, 그럼 오늘은 엄마랑 같이 실컷 놀자. (아동자아)

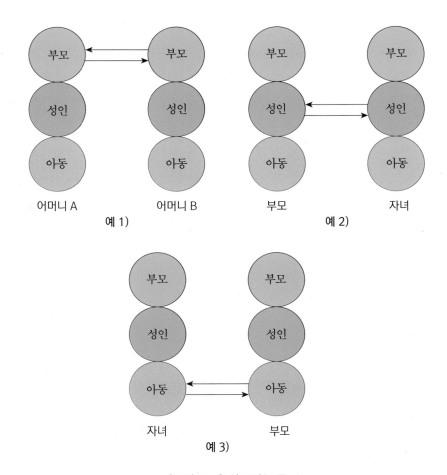

[그림 8-1] 상보적 교류

앞의 '예 2)'에서와 같이 어머니가 자녀에게 성인자아 상태로 합리적으로 대답해 주기를 바라면서 자녀에게 자극을 보낸 것에 대해 자녀도 어머니의 기대와 일치하여 반응하는 성인자아 상태로 응답하고 있다.

(2) 교차적 교류

상호 간의 의사소통에서 주고받는 자극과 반응이 평행한 상보적 교류와는 달리, 자극과 반응이 서로 교차하는 교차적 교류(crossed transaction)가 이루어지기도 한다([그림 8-2] 참조). 교차적 교류란 상호 간의 의사소통에서 주고받는 자극과 반응이 상대방에게 기대했던 반응과는 다른 예상 외의 반응이 오는 경우이다. 즉, 자극과 반응의 평행한 교환이 예상되는 상보적 교류와는 달리 자극과 반응이 기대한 자아 상태로 되돌아오지 않아 서로 교차하는 교류이다.

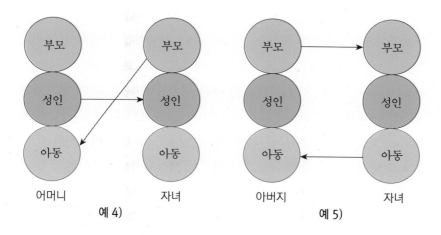

[그림 8-2] 교차적 교류

　다음에 제시한 '예 4)'에서 어머니는 자녀에게 성인자아 상태로 합리적으로 대답해 주기를 기대하거나 부모자아 상태로 예절을 가르치려는 자극을 보냈지만, 이에 대해 자녀는 아동자아 상태로 쏘아붙이는 반응을 보이는 교차적 교류가 일어나고 있다. 이처럼 교차적 교류가 일어나면 예상치 못한 반응으로 인해 무시당하는 느낌이 들고, 의사소통은 중단되며, 갈등을 경험하게 된다.

예 4)

어머니: 중간고사는 언제부터 시작이니? (성인자아)

　자녀: 몰라요! 제가 어떻게 알아요. (아동자아)

예 5)

아버지: 식사할 때는 항상 소리 내지 말고 먹도록 해라. (부모자아)

자녀: 아빠는 늘 밥 먹을 때 잔소리해서 같이 밥 먹기 싫어. (아동자아)

(3) 암시적 교류

상보적 교류와 교차적 교류는 외부로 나타나는 자아 상태의 교류이지만 내부에서는 다른 자아 상태의 교류가 일어나는 경우가 있다. 암시적 교류 (ulterior transaction)란 외부로 나타난 대화 내용과는 달리 그 이면에 숨겨진 메시지가 존재하는 경우이다. 암시적 교류는 잠재적 교류 또는 이면적 교류라고도 지칭한다. 외부로 드러나는 자극과 반응을 사회적 메시지라고 하며, 내부로 전해지는 자극과 반응은 심리적 메시지라고 한다. 암시적 교류는 표면적 메시지인 사회적 메시지와 숨겨진 메시지인 심리적 메시지 두 가지를 동시에 보내는 경우이다. 따라서 암시적 교류는 상보적 교류나 교차적 교류와는 달리 동시에 2개 이상의 자아 상태를 포함하고 있는 가장 복잡한 교류 형태라 할 수 있다.

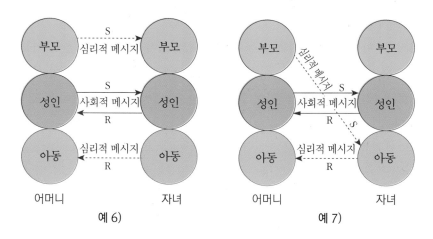

[그림 8-3] 암시적 교류

[그림 8-3]에서와 같이 암시적 교류는 외부로 표현되는 사회적 메시지와 내부에서 전달되는 심리적 메시지의 내용이 다르기 때문에 의사소통에서 갈등이 생긴다. 이러한 경우에는 표면으로 드러나는 사회적 메시지뿐 아니라 내부의 심리적 메시지까지 이해하고 반응을 해야 한다.

'예 6)'에서 어머니가 자녀에게 "중간고사는 언제부터니?"라고 묻는 말의 표면상의 전달법은 객관적인 정보를 얻고자 하는 성인자아에 근거한 것이다. 그러나 그 속에 "너는 왜 이렇게 공부를 안 하니? 중간고사가 얼마 안 남은 것 같은데."라는 심리적 메시지가 숨어 있다면 이는 지시적인 부모자아에 근거한 것이다. '예 7)'에서도 어머니는 "벌써 10시란다. 이제 잘 시간이구나."라고 성인자아에 기초해 말하지만, 어머니와 자녀 모두 각기 다른 심리적 메시지로 교류하고 있음을 알 수 있다. 따라서 상호 간에 단순히 표면상으로 드러난 사회적 메시지에 대해서만 반응을 보이며 부모-자녀 간의 의사소통은 원활하게 이루어지지 않는다.

4) 상호교류분석이론에 기초한 부모교육

번은 인간은 생존을 위해 자극의 욕구(stimulus hunger)가 있으며, 이를 위해 신체적 접촉의 중요성을 피력하였다. 상호교류분석이론에서는 아동에게 필요한 자극의 욕구로 쓰다듬기(stroke)를 들었다. 긍정적 쓰다듬기(positive stroke)의 예로는 부모가 자녀의 등을 가볍게 두드려 주거나 긍정적인 언어를 사용하여 자녀를 인정해 줌으로써 자녀의 자극 욕구를 만족시켜 주는 행위 등을 들 수 있다.

일반적으로 모든 아동은 긍정적 쓰다듬기를 원하며, 이러한 자극이 충족되지 않을 경우 기분이 나빠지며 관심을 끌고 싶어서 부정적 쓰다듬기의 자극이라도 받고자 한다. 번은 아동이 자신의 환경에서 부모나 다른 사람과의 교류를 통해 대인관계 또는 문제를 해결함에 있어서 긍정적·부정적 생활 자세를 형성하게 된다고 설명했다. 아동이 형성할 수 있는 네 가지 유형의 생활 자세는 〈표 8-4〉와 같다.

번은 상호교류분석이론에 기초한 부모교육 프로그램을 운영하면서 부모에게 건강한 부모-자녀의 인성 구조를 분석하여 원만하게 의사소통을 할 수 있는 상호교류 방법을 지도하였다. 그리고 부모를 대상으로 자녀의 네 가지 유형의 생활 자세를 분석하여 그에 적합하게 부모를 교육하는 방법을 사용하도록 권유하였다.

〈표 8-4〉 상호교류분석이론에 근거한 네 가지 유형의 생활 자세 및 부모교육

자녀의 생활 자세	내용	특징	부모교육
자기 부정/ 타인 긍정 (I'm not ok, You're ok.)	• 타인에 대한 긍정 및 자기에 대한 부정 • 출생 후 아동에게 흔히 발견되며, 부모를 긍정적으로 지각하여 부모의 지시에 전적으로 의존	• 열등감, 부적절함, 우울증, 죄의식 • 타인에 대한 불신 • 감정적 도피 또는 타인을 기피하는 경향	자녀의 자율성을 존중하며 지지하는 양육방법
자기 부정/ 타인 부정 (I'm not ok, You're not ok.)	• 유아기에 흔히 나타남 • 무능력감을 경험하며 자기를 부정하거나 생을 자포자기하는 경향	• 버림받았다고 지각하며, 반항하고 자기부정을 함 • 모든 사람에게 분노하는 감정이 있음 • 의욕 상실	엄격한 지도와 감독, 긍정적 강화 및 격려
자기 긍정/ 타인 부정 (I'm ok, You're not ok.)	• 생후 2~3년 유아기 특성 • 부모로부터 학대를 받거나 심한 신체적·정신적 학대를 경험한 아동의 특성 • 부모에 대한 부정과 타인을 무시하는 경향 • 자기 긍정 경향을 보이나 불안정한 생활 자세를 보임	• 자립하려는 강한 욕구 • 자만심 및 자기 방어 • 극심한 불신, 비난, 증오 및 편집증적 자세	인내와 관찰
자기 긍정/ 타인 긍정 (I'm ok, You're ok.)	• 건강한 심리 자세 • 자기 자신 및 타인 존중 • 성장기 부모의 바람직한 자세 전수	• 긍정적 사고 • 자기 성장을 위한 노력	스스로 문제를 해결할 수 있도록 동기부여

출처: 김명희(2000). 현대사회와 부모교육 수정.

5. 행동수정이론

행동수정이론(behavior modification theory)이란 존 브로더
스 왓슨(John Broadus Watson, 1878~1958)과 벌허스 프레더
릭 스키너(Burrhus Frederic Skinner, 1904~1990)에 의해 소개
된 행동주의(behaviorism) 심리학의 행동원리와 학습원리에
기초한 것이다. 행동수정이론에서는 자녀의 모든 행동은 개
인과 환경 간의 상호작용에 의해 학습된 것으로 보았다. 따
라서 아동의 바람직하지 못한 행동은 학습된 결과이며, 이를
수정하기 위해서는 양육환경을 변화시켜 재학습시켜야 한다
고 주장하였다. 그러므로 부모역할은 주로 보상, 처벌, 모델
링 등을 통해 자녀의 행동을 변화시키거나 새로 학습시키는
데 목적을 두며, 바람직한 부모-자녀 관계를 형성하기 위해
서는 부모가 좋은 역할 모델이 될 것을 강조하였다.

왓슨(1878~1958)

여기서 무엇보다도 중요한 것은 부모가 자녀의 행동을 관
찰하여(observe) 기록하는(record) 것이며, 관찰·기록한 자
녀 행동을 분석하는(analyze) 과정이 수반되어야 한다는 것

스키너(1904~1990)

이다. 부모는 자녀의 행동을 면밀히 관찰할 필요가 있으며, 파악한 아동의
문제행동의 빈도, 기간, 강도 등에 학습원칙을 적용하여 아동의 행동이 바람
직한 방향으로 변화되도록 도와주어야 한다. 즉, 부모는 자녀의 사회화의 대
행자(agency of socialization)이자 환경의 결정자인 셈이다.

부모교육에 적용할 수 있는 행동수정이론의 원리는 다음 세 가지로 나눌
수 있다.

첫째, 모방학습이론(modeling theory)이다. 자녀가 부모의 행동을 모방함
으로써 자연스럽게 그들의 태도가 형성되고 행동을 하게 된다는 이론이다.

둘째, 조작적 조건형성이론(operant conditioning theory)이다. 부모가 자녀의 행동을 변화시키기 위해서는 자극과 반응의 조건을 인위적으로 조정·형성하여 지도한다는 이론이다. 예를 들면, 자녀가 바람직한 행동을 했을 때는 칭찬, 격려 또는 물건으로 보상을 제공함으로써 그 행동을 강화(reinforcement)하고, 부적절한 행동을 했을 때는 불쾌한 경험을 제공하거나 회피 행동을 보임으로써 그 행동을 소거(extinction)하는 방법이다.

셋째, 고전적 조건형성이론(classical conditioning theory)이다. 부모가 자녀에게 바람직한 행동에 대해서는 자극과 반응의 조건 형성을 반복적으로 제시하여 앞으로도 계속 자녀가 올바른 행동을 할 수 있도록 하는 반면, 바람직하지 못한 행동은 소거시키는 방식이다.

행동수정이론에 기초한 부모교육 프로그램의 특징은 행동주의이론이나 원칙, 개념을 부모에게 강의 중심으로 교육시키는 것이다. 그리고 행동수정에 관련된 여러 가지 전문 서적을 부모에게 제시하여 부모가 자녀양육에 적절히 활용하도록 하는 방법이다.

행동수정이론에 입각한 부모교육 프로그램은 일반적으로 부모나 자녀에게 손쉽게 적용할 수 있다는 장점이 있다. 또한 장시간을 요하지 않으며, 아동뿐만 아니라 청소년 자녀에게도 변화를 유도할 수 있어 그 효과가 세계적으로 입증되었다.

6. 체계적 부모효율성 훈련이론

STEP(Systematic Training for Effective Parenting)이라고 알려진 체계적 부모효율성 훈련은 아들러의 이론을 토대로 고든의 이론을 응용하여 미국 플로리다주에 위치한 의사소통 및 동기유발 연구소(Communication and Motivation Training Institute)의 돈 딩크마이어(Don Dinkmeyer, 1924~2001)와

애리조나 대학교의 게리 맥케이(Gary McKay)가 1976년에 개
발한 부모교육 프로그램이다. STEP은 드라이커스의 민주적
부모교육이론, 기노트의 인본주의 부모교육이론, 고든의 부
모효율성 훈련이론, 번의 상호교류분석이론, 행동수정이론
등을 종합하여 개발되었다.

딩크마이어(1924~2001)

STEP은 사랑과 존중을 바탕으로 하는 민주적 가정에서 자
녀가 스스로 선택하고 결정한 사항을 책임감 있게 행동하도
록 도와준다. 부모는 민주적 가정환경에서 자녀를 격려하고
지지하며, 자녀 스스로 자연적 귀결과 논리적 귀결을 이해하
고 습득할 수 있도록 한다. STEP은 총 9장(각 2시간)으로 구
성된 교육 프로그램이며, 지도자와 부모 프로그램으로 분류
된다. 한 가지 흥미로운 점은 STEP에서는 아버지 프로그램
과 직장에 다니는 어머니를 위한 저녁 프로그램이 개발되어
있다는 점이다.

맥케이

STEP의 내용을 살펴보면 다음과 같다.

① 자녀 행동 이해하기

자녀의 바른 행동 및 잘못된 행동을 이해하기 위해서는 기본적으로 자녀
를 존중하는 마음가짐이 중요하다. 특히 아동의 잘못된 행동은 관심 끌기,
반항적 힘 행사하기, 보복행동하기, 무능함 보이기의 네 가지로 나눌 수 있
으며, 이는 대부분 자녀가 사회적으로 인정받고자 하는 욕구에서 비롯된다.
자녀의 잘못된 행동을 이해하기 위해서 부모는 자녀를 존중하고 용기와 격
려로 북돋우며 사랑으로 의사소통하는 것이 중요하다.

② 부모 자신과 자녀 이해하기

자녀의 행동을 이해하기 위해서는 가족 분위기와 가치관, 부모의 양육 형
태 및 훈육방법 등과 가정환경 요인을 점검해 보는 것이 필요하다. 그리고

부모는 자녀를 이해하려 노력하는 한편, 좋은 부모는 어떤 부모인지를 생각해 보며 자신의 행동을 분석해 보는 것이 중요하다. STEP에서는 완벽한 부모가 되기보다는 책임감 있는 부모가 될 것을 강조한다.

③ 자아존중감과 자신감 길러 주기

STEP에서는 자녀에게 용기를 줌으로써 자녀 스스로 가치 있는 존재라고 느끼도록 자신감을 부여해 주는 방법으로 자아존중감과 자신감을 길러 줄 수 있다. 자녀가 실수나 잘못된 행동을 하더라도 통제나 벌을 가하기보다는 긍정적 행동을 제시해 주는 '내적 동기화' 방법을 제시한다. 특히 부모가 자녀를 격려할 때 자녀의 자아존중감과 자신감이 고취된다.

④ 경청하기

STEP에서 주장하는 효과적인 의사소통 방법은 경청(listening)이다. STEP에서는 자녀의 감정과 생각을 반영하는 개방적인 반응 형태인 반영적 경청을 강조한다. 반영적 경청을 위해 부모는 의사소통을 할 때 자녀를 존중하여 눈 맞추기(eye contact), 배려(caring)와 부모의 긍정적 관심을 보여 주는 비언어적 행동(non-verbal behavior)을 사용한다. 부모가 자녀에게 사용하는 비언어적 행동의 예로는 고개를 끄덕이거나 미소를 짓는 행동 등을 들 수 있다.

⑤ 대안 찾기와 나-메시지 사용하기

자녀에게 문제가 발생하였을 때는 자녀의 감정을 이해하기 위한 경청, 브레인스토밍(brainstorming), 예상되는 결과에 대한 논의 등을 통해 대안을 모색한다. 그런 다음 나-메시지를 사용하여 솔직한 생각과 감정을 표현하는 것이 중요하다.

⑥ 책임감 함양하기

자녀의 책임감을 함양시켜 주기 위해서는 부모의 개입 없이 자연적 사건으로부터 질서와 행동 목표를 스스로 터득하게 하는 자연적 귀결과 논리적 결과의 경험을 통해 배우는 논리적 귀결 방법이 바람직하다. 이 두 가지 귀결방법을 사용하기 위해서는 다음과 같은 몇 가지 사항을 유의하도록 한다.

- 자녀의 행동목적과 감정을 이해한다.
- 부모의 행동은 일관적이고 단호하되, 메시지는 친절하게 전한다.
- 행위자와 행위를 분리하며, 문제의 소지자가 누구인지 파악한다.
- 독립심을 갖도록 용기를 북돋아 준다.
- 부모는 자녀에게 지나친 동정심을 삼간다.
- 말은 적게 하고 행동을 먼저 한다.
- 부모는 완벽주의자가 되려고 지나치게 애쓰지 않는다.
- 남의 생각에 관심을 기울이거나 지나치게 의존하지 않는다.
- 자녀와 싸우거나 포기하지 않는다.
- 행동의 결과에 대해서는 자녀 스스로 책임지도록 한다.

⑦ 자연적 귀결 또는 논리적 귀결 활용하기

자녀가 도덕적 상황에서 자연적 귀결 또는 논리적 귀결을 적절히 사용할 수 있도록 지도하며, 이때는 나-메시지로 의사소통하는 것이 효과적이다. 자연적 귀결은 자녀가 자연적 사건의 결과를 경험함으로써 행동 목표를 스스로 터득하는 것인 반면, 논리적 귀결은 자녀가 사회 안에서 자신의 행동에 대한 논리적 결과를 경험함으로써 사회적 질서를 지켜야 한다는 행동 목표를 터득하는 것이다.

논리적 귀결은 자녀의 바람직하지 못한 행동을 수정할 때, 규칙을 위반했을 때 사용된다는 점에서는 벌과 유사하다. 그러나 논리적 귀결은 행위자의 행동 자체에만 초점을 맞추어 행동을 수정하고, 인성을 손상시키지 않는다는 점에서 벌과 구별된다(정현숙 외, 2002). 논리적 귀결과 벌의 차이점은 다음과 같다.

〈표 8-5〉 논리적 귀결과 벌의 차이

논리적 귀결	벌
• 합의된 규칙과 사회적 질서의 강조 • 잘못된 행동의 논리적 설명 • 인권 존중 • 행위와 행위자의 분리 • 현재와 미래의 행동에 초점 • 자유로운 선택권 부여 • 도덕적 판단을 하지 않음 • 자신을 소중하게 여김 • 사려 깊고 신중함	• 일방적인 권위의 강조 • 잘못된 행동과 논리적 관계가 없을 수도 있음 • 도덕적 판단 내포 • 과거 행동에 초점 • 무관심, 위협 • 복종, 순종을 요구 • 자신을 하찮게 여김 • 종종 충동적

출처: 정현숙 외(2002). 부모학.

⑧ 가족회의 운영하기

가족에 관련된 의사결정이 필요할 때는 모든 가족 구성원이 참여한 가족
회의(family meeting)를 통해 결정하도록 한다. 가족회의 시 지켜야 할 사항은
다음과 같다.

- 가족 구성원 모두 동등한 입장에서 돌아가며 사회를 맡아 진행한다.
- 브레인스토밍하여 대안을 모색한다.
- 가족이 모두 참석할 수 있는 시간으로 계획하여 가족이 함께 모여 가족회
  의를 진행한다.
- 회의 소요 시간은 가족들이 함께 정한다. 자녀가 어린 경우에는 20~30분
  정도가 바람직하며, 가급적 1시간을 넘기지 않도록 한다.
- 가족 내에 일어난 일을 서로 알리고 격려한다.
- 가족 모두가 개방적인 태도로 경청, 상호 격려, 위로, 솔직한 감정 교류
  가 가능하도록 노력한다.
- 가족회의의 결정 사항과 내용은 가능한 한 기록한다.

⑨ 자신감과 잠재력 함양하기

STEP은 특히 자녀의 자신감과 잠재력을 길러 주는 것을 강조한다. 그러므로 부모는 자녀양육에 대한 효능감을 위축시키는 자기 패배적(self-defeating) 신념을 지양하고, 효과적이며 민주적으로 행동하는 것이 중요하다. 이를 위해서 자녀의 현재 상태를 그대로 수용하고 이해하며, 효과적 부모역할을 수행하기 위해 부모가 먼저 변화하려는 의지를 갖는 것이 중요하다.

STEP은 이상과 같은 아홉 가지 주제로 집단방법을 활용하여 부모교육을 실시하고 있으며, 이 교육을 받은 부모들은 긍정적인 양육태도로 변화하였다고 보고하였다.

참고문헌

김명희(2000). 현대사회와 부모교육(증보판). 서울: 학문출판.

김영옥(2007). 부모교육. 경기: 공동체.

박성연, 김상희, 김지신, 박응임, 임희수, 전춘애(2014). 자녀와의 진정한 만남을 위한 부모교육. 서울: 교육과학사.

이경화, 성영혜, 윤석희, 이신동(1999). 부모교육: 사랑, 결혼, 부모. 서울: 학문사.

정옥분, 정순화(2008). 예비 부모교육. 서울: 학지사.

정현숙, 유계숙, 어주경, 전혜정, 박주희(2002). 부모학. 서울: 신정.

Dinkmeyer, D., & McKay, G. D. (1976). *The parents handbook: Systematic training for effective parenting.* Circle Pines, MN: American Guidance Service.

Dinkmeyer, D., & McKay, G. D. (1982). *Systematic training for effective parenting.* Circle Pines, MN: American Guidance Service.

Ginott, H. (1961). *Group psychotherapy with children.* New York: McGrow-Hill.

Ginott, H. (1965). *Between parent and child.* New York: Macmillan.

Gordon, T. (1975). *Parent effectiveness training.* New York: New American Library.

Gordon, T. (1990). *Parent effectiveness training: the tested new way to raise responsible children.* 이형득 외 공역(1996). 자율적 자녀육성을 위한 부모교육. 서울: 형설출판사.

Harris, T. (1970). *I'm OK, You're OK.* New York: Harper & Row.

부모교육 프로그램

부모는 부모교육에 참여하여 부모의 역량을 강화할 수 있다. 이에 따라 정부, 교육기관, 민간단체 등에서는 부모역할 증진, 자녀양육에 필요한 지식과 정보의 제공, 자녀교육에 대한 태도와 인식의 개선 등이 잘 이루어질 수 있도록 부모교육 프로그램을 운영하고 있다. 이 장에서는 현장에서 운영되고 있는 부모교육 프로그램 중 적극적 부모역할훈련, 주장적 훈육법, 아버지교육 프로그램 그리고 학부모책 프로그램에 대해 살펴보고자 한다.

1. 적극적 부모역할훈련

1) 적극적 부모역할훈련의 목적

적극적 부모역할훈련(Active Parenting Training: APT)은 1983년 마이클 팝킨(Michael Popkin) 박사가 제작한 비디오를 활용한 부모역할 프로그램이다. 적극적 부모역할훈련의 목적은 가족 구조 내에서 부모에게 자녀가 민주사회에서 살아가는 데 필요한 자질 및 지식을 제공하여 인간의 잠재력을 개발하도록 하는 부모역할을 성공적으로 수행할 수 있도록 하는 데 있다(Hammer & Turner, 1990). 적극적 부모역할훈련을 통해 부모는 적극적인 부모가 되어 자녀가 현대사회를 살아가는 데 필요한 기본적인 자질인 책임감, 용기, 협동심, 자신감, 자아존중감 등을 함양할 수 있도록 지원할 수 있다. 이 프로그램은 우리 자녀가 살고 있는 사회 안에서 성공적으로 생존하고 번영하도록 민주적인 양육방법으로 자녀를 보호하고 준비시켜 주는 것을 목적으로 한다(Popkin, 2007).

2) 적극적 부모역할훈련의 내용

아들러, 드라이커스, 로저스, 고든 등 다수의 학자가 고안한 부모교육 이념과 내용을 기초로 한 APT는 여섯 가지 주제를 중심으로 2시간씩 진행되는 부모역할 프로그램이다. APT는 적극적 부모되기(the active parent), 자녀 이해하기(understanding your child), 용기 북돋우기(instilling courage), 책임감 함양하기(developing responsibility), 협동하기(winning cooperation), 민주적 가정 실행하기(the democratic family in action)의 여섯 주제로 구성되어 있다(Popkin, 2007). 적극적 부모역할훈련을 주제별로 간단히 살펴보면 다음과 같다.

(1) 적극적 부모되기

APT의 첫 번째 주제는 '적극적 부모되기'다. 적극적 부모가 된다는 것은 책임감 있는 부모가 된다는 의미이다. 적극적 부모의 가정에서는 개인의 자유와 함께 책임 그리고 타인의 권리를 존중하는 민주적인 가정을 추구한다.

APT 이론에서는 부모를 지도자 유형에 근거하여 세 종류로 이해한다.

첫째 유형은 '군주형(autocratic style)' 부모로 흔히 '독재자'로 표현된다. 군주형 부모는 자녀에게 명령하는 부모로 자녀가 의견이나 의문을 제기하는데 귀 기울이지 않는 경향이 있다. 단지 부모의 명령에 순종하면 보상이 따르고, 그렇지 못하면 처벌이 주어지는 형태이다.

둘째 유형은 '허용형(permissive style)' 부모로 자녀의 '심부름꾼' 경향이 강하다. 허용형 부모는 자녀가 하고 싶은 일을 마음껏 할 수 있도록 허용한다. 부모는 자녀에게 제한 없는 많은 자유를 제공하며 규범을 느슨하게 적용시키되, 마치 심부름꾼과 같이 자녀의 요구를 무조건적으로 수용한다.

셋째 유형은 '민주형(democratic style)' 부모로서, APT에서 이상적으로 추구하는 '적극적 부모'가 바로 이 유형이다. 적극적 부모는 자녀에게 '한계 내에서의 자유(freedom within limits)'를 허용하며, 선택의 자유를 준다. 그리고 부모는 자녀 스스로 자유에 대한 책임을 질 것과 타인의 권리를 침해하지 않을 것을 강조한다. 부모는 가족 구성원 개개인을 중시하며, 질서와 협동, 용기, 상호 배려, 자아존중감과 같은 민주적 덕목을 길러 주고자 노력한다.

(2) 자녀 이해하기

APT의 두 번째 주제는 '자녀 이해하기'이다. APT에 따르면, 자녀의 그릇된 행동 이면에는 자녀의 몇 가지 심리적 욕구가 있으며, 이는 부정적 접근방식과 연결되어 행동으로 나타난다. 특히 APT는 자녀의 연령을 근거로 아동과 청소년으로 나누어 프로그램을 제공하고 있다. 예를 들면, 아동은 접촉의 욕구를 해소하기 위해 부당한 방법으로 관심을 끄는 접근방법을 이용하며, 힘의 욕구를 충족시키기 위해 반항을 하고, 물러서고자 하는 욕구를 위해 회피하며, 또 보호받고자 하는 욕구를 위해 보복하고자 하는 부정적 접근방법을 채택한다. 청소년도 아동과 마찬가지로 앞의 네 가지 욕구를 위해 동일한 접근방법을 사용하며, 추가로 도전의 욕구를 위해 스릴 있는 모험을 추구한다. 부모가 자녀의 행동을 이해하기 위해서는 먼저 자녀의 욕구를 정확히 파악하고 연령에 맞게 지도하는 것이 중요하다.

(3) 용기 북돋우기

APT의 세 번째 주제는 '용기 북돋우기'이다. 적극적 부모는 효과적인 훈육을 하기 위해 자녀가 행동하는 동기를 이해하여야 한다. 자녀의 행동 동기와 관련된 네 가지 측면은 사건(자녀의 삶에서 발생한 어떤 것), 사고(신념, 태도, 가치관 등), 감정 그리고 행동이다. APT에서는 이것을 '생각하기-느끼기-행동하기'라고 부른다. 즉, 자녀는 어떤 일이 일어날 때(사건) 의식적이든 무의식적이든 그 사건에 대해 생각하고(생각하기), 이러한 생각은 어떤 감정을 유발하며(느끼기), 자연스럽게 행동으로 연결된다(행동하기). 따라서 어떤 사건에 대한 생각을 바꾸면 감정도 바꿀 수 있고, 나아가 행동도 변화하게 되는 것이다.

성빈이가 우유를 먹고 식탁에 그대로 둔 채 방에 들어간 것을 보고 엄마가 화가 났다.

"성빈아, 우유를 다 마신 다음에는 냉장고에 다시 넣으라고 몇 번이나 말해야 되니?" (사건)

성빈이는 여러 가지 생각이 머리를 스친다.

'엄마는 또 잔소리야.'

'엄마는 늘 나한테 화만 내.' (생각하기)

이런 생각이 분노와 원망의 감정을 일으킨다. (느끼기)

그리고 성빈이는 얼굴을 찌푸리고 화를 내며 대답한다.

"엄마는 왜 항상 야단이세요!" (행동하기)

이 사건(엄마에 대한 성빈이의 행동)은 다시 엄마의 생각하기-느끼기-행동하기에 영향을 주게 된다.

이와 같이 사건에 대한 부정적인 태도와 가치관, 낮은 자아존중감은 부정적인 행동을 유발하며, 부정적인 행동은 바람직하지 못한 결과와 처벌을 가져온다. 이러한 부정적인 결과는 자아존중감을 떨어뜨려 다시 낙담과 부정적인 행동을 유발하는 '실패 회로'를 창출한다. 특히 자녀가 계속되는 실패를 경험하게 되면 특정 사건이나 자신에 대한 부정적인 사고를 떠올릴 가능성이 커지므로 낙심하거나 의기소침해지기 쉬우며, 이는 낮은 자아존중감으로 연결되어 부정적인 행동을 하게 되는 실패 회로가 형성되는 것이다. 그러므로 부모는 사건에 대한 사고를 전환함으로써 자녀를 성공 회로로 이끌어 주어야 한다.

적극적 부모는 자녀가 어떠한 사건에 부딪힐 때 용기와 자신감을 북돋아 주는 역할을 한다. 자녀가 긍정적인 사건을 경험하게 되어 자신감을 느끼게 되면 긍정적인 자아존중감을 형성하게 되고, 이는 자녀가 올바른 감정을 느

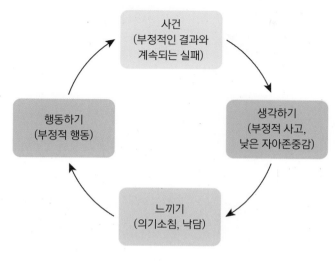

[그림 9-1] 실패 회로

끼며 긍정적으로 행동하도록 돕는다. 이러한 경험이 반복되면 자녀는 성공 회로를 형성하게 되고, 나아가 어려운 상황에 직면하거나 실패하는 사건이 발생하더라도 스스로 극복할 수 있게 된다.

그러나 자녀의 기를 꺾는 부모는 그 존재만으로도 자녀에게 부정적인 사건으로 작용할 수 있다. 부모가 자녀에게 완벽주의를 추구하거나, 부정적인 기대감을 갖고 실수를 지적하거나, 과잉보호하는 행동은 자녀의 기를 꺾는 행동에 속한다.

부모가 사용할 수 있는 자녀의 기를 살리는 기술로는 자신감 심어 주기, 용기 북돋우기, 자녀의 소중함 인정하기, 독립심 자극하기 등이 있다. 부모는 실패 회로에 있는 자녀가 부정적인 사건에 직면하게 될 때 적극적으로 기를 살려 주어 실패 회로에서 벗어날 수 있도록 도와주어야 하며, 성공 회로에 있는 자녀는 계속 격려해 주어 긍정적인 자아존중감을 유지하도록 해야 한다.

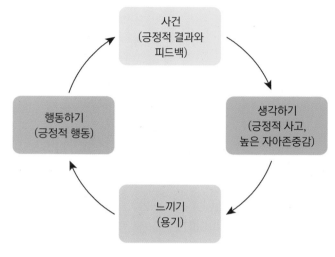

[그림 9-2] 성공 회로

(4) 책임감 함양하기

APT의 네 번째 주제는 '책임감 함양하기'이다. 책임감이란 자기 자신이 어떠한 행동을 선택하고, 그 결과를 수용하는 것을 의미한다. 부모는 자녀로 하여금 스스로의 선택에 따른 결과를 직접 체험하도록 함으로써 향후 자녀가 자신이 내린 결정에 대해 책임을 지는 삶을 살 수 있도록 양육한다.

APT에서는 자녀의 책임감을 기르기 위해 부모에게 다음 세 가지 양육기술을 권하고 있다.

- 부모의 의도를 자녀에게 알리기 위해서는 먼저 정중히 요청하기
- 나-메시지를 사용하여 자녀와 의사소통하기
- 이 두 기술이 효과가 없을 경우에는 자녀가 선택한 행동의 논리적 결과에 대하여 경험하게 하는 논리적 귀결을 사용하기

부모는 자녀가 스스로 선택한 행동에 대해 논리적 귀결, 즉 자신의 잘못된 행동에 대해 논리적으로 수반되는 결과를 경험하도록 해 주면, 자녀는 자신

의 행동을 조절할 수 있고, 자신이 선택한 행동에 대해 스스로 책임지는 것을 배울 수 있게 된다. 여기서 부모가 논리적 귀결을 사용하는 방법은 다음과 같다(Popkin, 1993).

- 자녀에게 스스로 선택할 권리를 준다.
- 자기가 선택한 행동에는 결과가 따른다는 것을 알려 준다.
- 자녀 자신의 잘못된 행동의 결과는 논리적으로 타당성이 있어야 한다.
- 부모 입장에서는 실제로 실천할 수 있는 선택권만을 허용한다.
- 단호하지만 조용한 목소리로 말한다.
- 일단 자녀에게 선택권을 주고 나서는 반드시 그대로 실행하도록 한다.
- 자녀가 부모를 시험해 볼 수 있다는 사실을 유념한다.
- 자녀가 자기 행동의 결과를 직접 경험하는 기회를 다시 준다.

(5) 협동하기

APT의 다섯 번째 주제는 '협동하기'이다. 민주사회에서 협동은 높은 가치를 지닌다. APT에서는 특히 의사소통을 통한 협동을 강조한다. 협동은 사회에서 두 사람 이상이 공동의 목적을 추구하기 위해 함께 일하는 것을 말한다. 부모-자녀 관계도 협동의 관계여야 이상적일 것이다. 가정에서는 부모-자녀 의사소통 장애 요인(communication blocks)을 제거하고 적극적인 의사소통 기법(active communication)을 사용하는 것이 자녀의 문제를 해결하고 부모와 자녀 간에 사랑과 신뢰를 쌓는 가장 바람직한 방법이다.

부모-자녀 관계에서 활용할 수 있는 적극적인 의사소통 기법은 다음과 같다(홍길회 외, 2016).

- 부모는 자녀에게 주의를 기울이면서 자녀의 말을 적극적으로 듣는다.
- 문제를 둘러싸고 있는 자녀의 감정에 관심을 기울인다.
- 자녀의 감정을 반영하면서 그 문제가 일어난 상황과 연결시킨다.

(예: 엄마가 너랑 한 약속을 지키지 않아서 네가 많이 서운했구나.)
- 대안을 찾아보고 결과를 평가해 본다.
- 추후 지도를 한다.

(6) 민주적 가정 실행하기

APT의 여섯 번째 주제는 '민주적 가정 실행하기', 즉 민주적 가정을 위해 APT의 실천 지침을 실행하는 것이다. 가족에게 문제가 발생하였을 때는 가족회의(family council meeting)를 열어 자녀가 의사결정 과정에 참여할 수 있는 통로를 마련해야 한다. 또 가족 내에서 '우리' 의식을 고취하고(raising a 'we' generation), 가족 단위의 중요성을 부각시키는 것(emphasizing the family unit)도 민주적 가정을 형성하려는 노력의 일환이다. 이 외에도 민주적 가정을 이루기 위한 교육 내용에는 가족 단위를 강조하고, 부모를 대하는 법 등도 포함된다.

지금까지 살펴본 APT에서 다루고 있는 여섯 가지의 주제의 교육 내용을 정리하면 〈표 9-1〉과 같다.

〈표 9-1〉 적극적 부모역할 훈련

주제	교육 내용
적극적 부모되기 (the active parent)	• 양육 형태 • 어떤 자녀로 키우기를 희망하는가? • 한계 내에서의 자유 • 가족 강화활동
자녀 이해하기 (understanding your child)	• 아동 행동의 목표 • 그릇된 행동의 네 가지 목표 • 부모되기와 분노 • 자아존중감 키우기
용기 북돋우기 (instilling courage)	• 낙담시키지 않기 • 격려하는 네 가지 방법 • 문제 소유자 파악

책임감 함양하기 (developing responsibility)	• 나-메시지 • 자연적 · 논리적 귀결 • 상호 존중
협동하기 (winning cooperation)	• 의사소통의 장애물 넘기 • 적극적 의사소통 • 감정에 귀 기울이기 • 사랑을 표현하기
민주적 가정 실행하기 (the democratic family in action)	• 가족회의 • 집단 내에서 부모를 대하는 법 • 가족 단위의 강조 • '우리' 의식의 함양

출처: Popkin (1983). *Active parenting handbook.*

　적극적 부모역할 훈련은 자아존중감이 높은, 용기 있고, 책임감 있으며, 협동적인 자녀로 양육할 수 있는 지식과 정보, 양육기술을 제공해 주기 위해 비디오, 토의, 역할놀이, 독서, 가족화목 활동 등을 통한 부모역할 훈련을 실시한다.

　APT는 자녀의 연령을 고려하여 2~12세 자녀를 둔 부모를 위한 '적극적 부모역할훈련(Active Parenting Training: APT)' 그리고 10대 청소년 자녀를 둔 부모를 위한 '10대 자녀를 위한 적극적 부모역할훈련(Active Parents of Teens: AP/Teens)'으로 구분하여 개발하였다.

　우리나라에서 APT는 1995년부터, 그리고 AP/Teens는 1996년부터 보급되었다. APT와 AP/Teens의 구체적인 내용은 〈표 9-2〉와 같다.

　또한 APT의 목적은 부모가 자녀에게 민주사회에서 살아 나가는 데 필요한 자질 및 지식을 제공하여 자녀의 잠재력을 개발하는 데 있다. APT의 비디오 교재는 일반가족, 한부모가족, 재혼가족과 같은 다양한 가족 유형이 등장하기도 하며, 다문화가족도 고려하여 구성되어 있다. 이에 부모가 경제적이면서 효과적인 방법으로 부모교육을 받을 수 있다는 장점이 있다(Popkin, 2007).

〈표 9-2〉 APT와 AP/Teens

	APT	AP/Teens
대상	만 2~12세 아동의 부모 및 교사	중·고·대학생의 부모 및 교사
제1부	적극적 부모되기	적극적 부모되기
제2부	용기와 자아존중감 북돋우기	용기와 자아존중감 북돋우기
제3부	자녀 이해하기	책임감 함양하기
제4부	책임감 함양하기	의사소통을 통한 협동심 구하기
제5부	협동하기	음주·약물 예방을 위한 부모와 교사의 역할
제6부	민주적 방법으로 함께 문제해결하기	성교육자로서의 부모와 교사의 역할

출처: Popkin (1993). *Active parenting today.*

APT에 대한 부모교육 효과를 정리해 보면 다음과 같다(이숙 외, 2009; 홍길회 외, 2016).

첫째, APT는 부모-자녀 간의 의사소통을 향상하고, 유대관계를 돈독히 하는 데 효과적이다.

둘째, APT를 통해 부모는 자녀가 민주사회 시민으로 성장하는 데 필요한 기본 자질인 자아존중감, 용기, 책임감, 협동심 등을 함양하도록 지원할 수 있다.

셋째, APT는 자녀의 연령별로 만 2세부터 12세까지의 자녀를 둔 부모를 위한 APT와 AP/Teens로 구분하여 개발되어 있으므로 자녀의 연령에 적합한 부모역할을 수행하는 데 도움이 된다.

넷째, APT는 부모의 양육태도와 자아존중감의 긍정적인 변화 그리고 부모역할에 대한 효능감 증진에 효과가 있는 것으로 나타났다.

2. 주장적 훈육법

가족 및 아동 상담가인 리 캔터(Lee Canter)와 교사인 말린 캔터(Marlene Canter)에 의해 고안된 주장적 훈육법은 본래는 교사의 훈육을 돕기 위해 개발되었다(Canter & Canter, 1976). 그들은 교사를 대상으로 실시한 워크숍이 성공을 거두자, 부모를 대상으로 하는 주장적 훈육법(Assertive Discipline for Parents: ADP)을 고안하여 시행하였다(Canter & Canter, 1985).

ADP에서 훈육이란 "아동에게 더 적절한 행동을 가르치도록 도와주는 교정적 행동"으로 정의되며, 어떠한 상황에서도 부모는 훈육 시 자녀의 신체적·정서적 안정감을 위협해서는 안 된다고 주장한다. 먼저 부모는 자녀를 훈육할 때 사용하는 단호하지 못한 반응, 무시하기, 적대적 반응 등과 같은 부적절한 반응을 인식한 후에 다음과 같은 세 단계의 주장적 훈육법을 배우게 된다(박성연 외, 2008).

ADP의 세 가지 기본 단계는 '단호하게 대화하기' '말과 함께 행동으로 보여 주기' '규칙 정하기'이다. 각 단계를 자세히 소개하면 다음과 같다(박성연 외, 2008).

● 첫 번째 단계: 단호하게 대화하기

단호하게 대화하기란 부모가 우선 자녀에게 직접 요구되는 행동을 말하는 것이다. 이때 부모는 위협적으로 야단을 치기보다는 온화하지만 단호한 어조, 시선, 몸짓 같은 비언어적 행동을 적절하게 사용하여 자녀의 잘못된 행동을 단호하게 지적해 주는 것이 효과적이다. ADP에서는 언어적 칭찬이나 비언어적 칭찬(예: 미소, 등 두드려 주기, 안아 주기)을 긍정적 강화로 활용할 것을 강조한다. 또 부모는 자녀를 하루에 적어도 3회 이상 칭찬함으로써 칭찬을 긍정적 강화로 적극 활용할 것을 권유한다.

그러나 단호하게 대화했음에도 불구하고 자녀의 잘못된 행동이 계속될 경우에는 자녀에게 같은 말을 단호하게 반복하여 자녀가 따를 수 있도록 훈육한다.

- 두 번째 단계: 말과 함께 행동으로 보여 주기

부모가 자녀에게 단호하게 말하였으나 자녀의 행동이 개선되지 않을 경우에는 자녀에게 잘못된 행동의 결과를 스스로 알게 하기, 부모의 훈육을 시험하는(testing) 자녀 행동 다루기, 자녀 행동이 개선되었을 때 긍정적 지지 제공하기 등을 사용한다.

구체적으로, 부모가 단호하게 말한 후에도 자녀의 잘못된 행동이 계속될 경우, 부모는 자녀로 하여금 그릇된 행동의 논리적 결과를 알도록 하되 그러한 훈육방법이 자녀에게 신체적·심리적 해를 끼치지 않도록 한다. 부모는 자녀가 자신의 잘못된 행동의 결과를 인식하고, 자신의 행동에 대한 책임감을 느껴 스스로의 행동을 선택하도록 하며, 이에 따른 논리적 결과를 자녀가 감당하도록 한다. 그 방법으로 부모는 행동 제한, 격려, 특권 박탈 등을 연령에 맞게 활용할 수 있다. 또한 부모의 훈육을 시험하기 위해 떼를 쓰거나 도전적인 행동을 취하는 경우, 부모는 단호하게 대화했던 말을 일관적으로 반복하여 훈육한다. 최종적으로 자녀가 행동의 개선을 보이면 긍정적 지지를 제공하거나 자녀의 특권을 회복시켜 주어 자녀의 행동 변화를 칭찬해 준다.

- 세 번째 단계: 규칙 정하기

대부분의 경우 자녀의 잘못된 행동은 앞의 두 단계에서 해결되지만, 어떠한 경우에는 규칙을 정해서 체계적으로 자녀의 행동을 관리할 필요가 있다. 이 단계에서는 자녀에게 변화하기 바라는 행동, 잘못된 행동에 따른 결과, 긍정적인 행동에 대한 강화, 자녀의 행동을 감독하는 방법 등을 부모와 자녀가 함께 구체적으로 계획할 수 있다.

그러나 이러한 훈육방법이 제대로 실천되지 않을 경우에는 부모는 훈육의

🎧 부모교육 프로그램에 참여한 부부들

출처: http://www.kace.or.kr

기술을 사용하여야 한다. 예를 들어, 부모는 자녀 행동의 심각함에 따라 벌의 등급을 정해 부과하는 방법(parent-saver techniques), 한 명 또는 여러 명을 관리해야 할 경우 긍정적 강화로 구슬을 제공하고 일정 수량을 획득한 자녀에게 다시 원하는 것을 보상하는 구슬 모으기(marble mania) 방법 등을 사용함으로써 훈육의 위계를 세울 수 있다.

이 단계에서 가장 중요한 것은 부모가 권위를 가지고 설정한 규칙을 일관성 있게 실행하는 것이다. 즉, 부모는 자녀와 눈을 마주치며, 침착하고 단호하게 부모의 요구를 설명하고, 자녀의 행동이 어떠한 방식으로 통제될 것인지를 합리적으로 설명해 주어야 한다.

3. 아버지교육 프로그램

아버지를 나타내는 '부(父)'는 오른손에 회초리를 든 사람을 상징화하여 만들어진 글자로서 전통적인 아버지 역할을 짐작케 한다. 정신분석이론에 따르면, 동일시 대상으로서 아버지의 역할이 중요하며, 어린 시절 아버지의 양육 태도는 이후 자녀가 성장하여 부모가 되었을 때의 양육태도와 밀접한 관련이 있다. 성역할 면에서 살펴보면, 스스로 안정되고 유능한 남성성을 지니고 있다고 지각하는 아버지와 그 자녀가 긴밀하게 상호작용할 때, 남아는 남성성이 긍정적으로 발달하고 여아는 성장하여 다른 남성과 원만한 관계를 가질 수 있는 기반을 형성할 수 있다.

전통적으로 자녀양육의 주된 책무가 어머니에게 있다는 사고방식이 존재해 왔다. 아직까지도 부모교육 참여자의 대다수가 여성이며, 부모교육 프로그램을 개발할 때도 주 대상으로 어머니를 겨냥하여 왔다(Harmon & Brim, 1990: 신용주 외, 2006 재인용). 그러나 현대사회 및 가족 구조가 변화함에 따라 세대 간의 자녀양육에 관련된 정보 획득이 어려우며, 여성의 사회참여가 급증하게 되어 아버지의 적극적인 자녀양육에 대한 요구가 증가하고 있다.

아버지와 자녀가 함께 시간을 보내지 못하여 심리적 유대가 약화되는 '아버지 부재 현상'이 또 다른 사회문제로 부각되기도 한다. 그러므로 자녀양육을 담당하는 주체로서 좀 더 적극적인 아버지 역할이 요구된다. 이에 따라 아버지 역할을 효과적으로 수행하기 위해 특별히 개발된 부모교육 프로그램의 수요가 증가하고 있다. 여기서는 아버지를 위한 부모교육 프로그램의 사례로 '두란노 아버지학교'와 '찾아가는 아버지교실' '코로나 시대의 비대면 아버지교실' 그리고 '반응적 아버지교육 프로그램'을 소개하고자 한다.

1) 두란노 아버지학교

두란노 아버지학교(www.father.or.kr)는 우리나라뿐 아니라 유럽, 아시아, 오세아니아, 미주 지역 등 전 세계적으로 확산되고 있는 대규모의 아버지교육 프로그램이다. 두란노 아버지학교는 성경적인 아버지상을 추구하며, 아버지의 권위를 회복하고, 아버지 부재의 가정에 아버지를 되돌려 보내자는 목적으로 1995년 10월부터 실시된 아버지교육 프로그램이다. 두란노 아버지학교는 이 시대의 문제가 바로 가정의 문제이며, 가정의 문제는 바로 아버지의 문제라는 기본적인 인식에서 출발하였으며, 아버지의 회복을 통해 가정을 회복하고, 가정 회복을 통해 사회를 변화시키는 사회운동이다.

　우리나라의 경우 초기에는 교회에서 개설되어 주로 기독교인이 참석하였지만, IMF 이후 아버지학교가 세상에 알려지면서 일반인 참석자가 급증하였다. 이에 일반인을 위한 아버지학교 개설의 요청에 따라 2004년부터 종교를 초월한 '열린 아버지학교'가 운영되고 있다.

　아버지학교에서는 '아버지가 살아야 가정이 산다'는 비전으로 다음 네 가지 목표를 가지고 아버지와 남성, 나아가 사회를 변화시키는 중추적인 역할을 하고 있다.

- 아버지의 정체성 회복
- 새로운 가정문화 창출
- 직장, 사회 속에서의 리더십 개발
- 사회봉사 지원 그룹 배출

　두란노 아버지학교는 총 다섯 개 주제 강의(아버지의 영향력, 아버지의 남성, 아버지의 사명, 아버지의 영성 아버지의 가정)를 듣고, 마지막 주차에는 가족과 함께 참여하는 시간과 수료식을 가지는 아버지교육 프로그램으로, 7~8명 규모의 소집단 활동 및 다양한 과제를 수행하는 과정으로 구성되어 있다.

　두란노 아버지학교의 주제 및 교육 내용은 〈표 9-3〉과 같다.

아버지의 영향력

아버지의 남성

아버지의 **사명**

아버지의 **영성**

아버지의 **가정**

〈표 9-3〉 두란노 아버지학교의 주제 및 교육 내용

주제	교육 내용
주제 1 아버지의 영향력	1. 결속하기: 자녀를 한 인격체로 성장시키며, 전체 가족 구성원을 하나로 결속함 2. 사랑하기: 자녀를 수용하며 인정하고 세워 줌 3. 인도하기: 자녀의 삶을 통해서 올바른 길을 가도록 지도함 4. 파송하기: 자녀에게 능력을 부가하여 자녀 스스로 독립된 삶을 살도록 도움
주제 2 아버지의 남성	1. 남성을 지탱하는 네 가지 요소: 왕, 전사, 스승, 친구 2. 남성의 상실 요인: 한국 남성 문화(체면문화, 일문화, 음주문화, 성문화, 레저문화, 폭력문화 등)의 잘못된 영향 3. 남성의 회복: 책임감의 회복, 성결의 회복, 지도력의 회복, 사랑의 회복 4. 남성의 모델: 예수 그리스도를 진정한 남성의 모델로 여김
주제 3 아버지의 사명	1. 자녀의 원천: 자녀의 정신적 · 물질적 · 영적 원천인 아버지 2. 자녀의 지표: 자녀의 나아갈 바를 보여 주는 푯대인 아버지 3. 자녀의 자부심: 자녀의 자랑거리이자 자부심인 아버지 4. 자녀 미래의 보장: 신앙의 유산을 통한 미래의 보장자인 아버지
주제 4 아버지의 영성	1. 축복권: 하나님의 말씀으로 자녀를 축복하는 권세 2. 말씀권: 하나님 말씀을 자녀에게 가르치는 권세 3. 훈육권: 하나님 말씀으로 자녀를 양육하고 훈계하는 권세 4. 신앙 전수권: 아버지의 경건한 신앙을 자녀에게 유산으로 남겨 주는 권세
주제 5 아버지와 가정	1. 가정: 안식과 치유, 성장이 있는 가정 2. 가정과 교회: 가정은 작은 교회, 교회는 큰 가정 3. 아버지의 정체성 회복: 목자, 제사장, 청지기, 지도자로서의 정체성 회복 4. 순결 서약: 아버지로서 거룩하고 순결하게 살아갈 것을 가족과 사회 앞에 서약

출처: (사)두란노아버지학교, http://www.father.or.kr

2) 찾아가는 아버지교실

　찾아가는 아버지교실 프로그램은 건강가정지원센터에서 전국적으로 실시하고 있는 아버지교육 프로그램이다. 여기서는 특히 서울시가 2009년부터 실시하고 있는 서울시 찾아가는 아버지교실에 대하여 소개하고자 한다.

　서울시에서 지원하고 있는 아버지 교육으로는 '서울시 찾아가는 아버지교실'을 들 수 있는데, 이는 서울시 소재 기업이나 공공기관 남성 근로자와 서울시 내 영유아 및 초등학생 자녀를 둔 아버지를 대상으로 양육과 가사 분담에 대한 인식 개선을 위한 가족친화교육이다. 일, 가정, 인간관계 등으로 스트레스가 많은 아버지가 찾아가는 아버지교육 프로그램을 통하여 개인으로서의 삶, 남편과 아버지로서의 삶을 돌아보며 일과 가정생활의 만족도를 높일 수 있는 가족친화적 사회 분위기를 조성하고자 하는 데 목적이 있다. 따라서 서울시는 일-가정 양립 문화가 시민의 건강한 가족문화를 형성할 뿐 아니라 기업의 생산성을 향상시키는 데 도움이 되어 개인과 직장, 나아가 사회가 모두 윈윈할 수 있도록 하는 가족정책의 일환으로 찾아가는 아버지교실 사업을 운영하고 있다.

최근 맞벌이가정이 증가함에 따라 아버지 역할이 과거 전통적인 생계부양자 역할에서 자녀양육과 가사분담까지 함께 수행하는 아버지 역할로 변화하였다. 아울러 아버지들 스스로도 일과 가정생활의 양립을 중요시하는 추세이므로 아버지 교육을 더욱더 활성화될 전망이다.

특히 가정에서의 아버지 역할이 강조되면서 '프랜대디(Friend+Daddy, 친구 같은 아버지)'에 대한 관심이 고조되고 있다. 프랜대디란 자녀양육에 적극적인 아버지들을 지칭할 때 쓰이는 신조어로 자녀들에게 엄마만큼 가까운 존재로 인식되는 아버지를 의미한다. 찾아가는 아버지교실은 아버지 역할의 중요성, 균형 있는 일과 가족생활 실천 방법, 효과적인 자녀와의 놀이 등을 교육해 '프랜대디'로 만들어 주는 프로그램이다. 찾아가는 아버지교실을 통해 아버지는 본인 스스로 어떤 유형의 아버지인지 인식하고, 자녀와 소통할 수 있는 방법을 배우고, 자녀와 함께 대화하고 활동함으로써 가족 친밀감을 향상시킬 수 있다.

일반적으로 서울시 찾아가는 아버지교실은 서울시 소재 어린이집이나 유치원, 초등학교에서 아버지가 7명 이상일 경우 아버지대상 가족친화 집합교육이 제공된다. 서울시 찾아가는 아버지교실에서 운영하는 집합교육의 내용은 지역별로 다양할 수 있으나, 일반적으로는 다음과 같은 주제를 다루고 있다.

- 아버지의 자기 돌봄과 스트레스 관리
- 코치형 아버지되기
- 부모의 네 가지 유형과 아이의 갈등 해소 방법
- 자녀와의 의사소통 기술
- 자녀와의 친밀감과 애착관계
- 효과적인 훈육: 부모의 도덕성은 자녀의 마음의 거울
- 자녀의 자존감을 높이는 양육
- 민주적 가족 만들기
- 우리 가족 이야기(아동기, 청소년기)
- 우리들의 아름답고 소중한 가족인권 이야기

최근에는 코로나 팬데믹으로 인해 찾아가는 아버지교실이 대면 및 비대면으로 진행되고 있다. 일-가정 양립과 좋은 아빠되기의 두 마리 토끼를 잡기 위해 고군분투하는 아버지들이 스트레스로 지친 자신의 감정을 관리하는 방법부터 시작해서 자녀의 미래와 가족의 분위기를 행복하게 변화시키는 아버지 역할을 강화할 수 있도록 부모교육을 실시하고 있다.

찾아가는 아버지교실은 아버지 교육과 자녀와 함께하는 체험활동으로 구성하여 운영하는 경우가 많다. 특히 아버지 교육과 함께 아버지와 자녀가 함께 활동하는 프로그램을 통해 아버지-자녀의 관계의 향상을 기대할 수 있다.

출처: 패밀리서울, https://familyseoul.or.kr/

3) 코로나 시대의 비대면 아버지교실

2020년도부터 현재까지 코로나19로 인해 가정 양육 시간이 증가함에 따라 부모역할이 더욱 중요해지고 있다. 어느 부모나 바람직한 부모가 되고 싶지만, 막막하기도 하고 지치기도 하는 게 현실이다.

이에 비대면으로 부모교육, 특히 아버지교육이 실시되거나, 아버지가 활용할 수 있는 양육 지침서가 개발되었다. 서울시는 자녀양육을 고민하고 있는 시민을 위해 '온라인 아빠교실'과 '다자녀 양육지침서'를 개발하여, 배포하였다.

서울시육아종합지원센터는 15분 분량의 '온라인 아빠교실' 영상 콘텐츠 20편을 제작하였는데, '온라인 아빠교실'은 대중교통으로 이동하는 출퇴근 시간에도 부모교육에 참여할 수 있도록 양육 역량강화에 필요한 핵심적 내용을 담은 것이 특징이다. '온라인 아빠교실' 교육 영상은 서울시육아종합지원센터 유튜브 채널을 통해 누구나 접근할 수 있다(https://www.youtube.com/channel/UCABND3IA4DQrLUi7ZbuAiIA). '온라인 아빠교실'의 교육 내용은 다음과 같다.

- 우리 아이 올바른 습관 형성하기
- 애착유형별 자녀양육 코칭
- 자존감을 높이는 존중의 훈육법
- 영아기 부모 육아 스트레스 다루기
- 아이 행동, 그 속에서 마음 읽기
- 미디어에 '풍덩' 빠져 버린 아이 지키기
- 한 지붕 속 다자녀 키우기
- 조기교육이 아닌 적기교육

4) 반응적 아버지교육 프로그램

반응적 아버지교육 프로그램은 반응적 아버지에 관한 이론(Shawn & Knudson-Martin, 2006)과 아버지의 양육 유형에 관한 연구(O'Shea & Windell, 2006), 지속적인 결혼 및 강한 가족의 특징과 관련된 개념(Ammons & Stinnett, 1980; Billingsley et al., 2005) 등을 기초로 하여 긍정적인 훈육자로서의 아버지 역할을 포함하여 개발되었다(신용주, 2009).

〈표 9-4〉 반응적 아버지교육 프로그램의 주제 및 교육 내용

주제	교육 내용
1회기 반응적 아버지 이해하기	• 반응적 아버지의 개념 • 반응적 아버지상(Shawn & Knudson-Martin, 2006)에 대한 이해 • 반응적 · 양육적 아버지의 특징 • 반응적 아버지가 가족 및 자신에게 가져올 수 있는 변화에 대한 이해
2회기 행복하고 역량 있는 가족에 대해 깨닫기	• 사회 변화에 따른 가족 및 가족 가치관 변화 이해 • 가족 구성원의 역할 변화 및 부부관계와 부모-자녀 관계의 변화 이해 • 행복하고 강한 가족의 특성(Ammons & Stinnett, 1980; Billingsley et al., 2005)에 대한 이해 • 가족 역량의 극대화를 위한 노력
3회기 아버지로서의 나 이해하기	• 아버지의 자녀양육 참여가 자녀의 성장 · 발달에 미치는 영향 • 반응적 아버지가 되기 위한 방법(Shawn & Knudson-Martin, 2006)에 대한 이해 • 아버지 참여의 3차원(개입, 접근성, 책임)(Lamb et al., 1987)에 대한 이해 • 양육적 행동(Coltrane & Adams, 2001)에 대한 이해 • 긍정적 훈육자로서의 아버지 역할에 대한 이해
4회기 아내에게 조율하기	• 성역할 고정관념 및 평등한 젠더 개념에 대한 이해 • 아내의 직업에 대한 존중 및 아내의 역할 과중에 대한 이해 • 행복한 결혼생활의 지혜와 방법에 대한 학습 • 부부간의 공통 관심사, 여가활동, 의사소통의 중요성 이해 • 부부가 부모역할을 공유하는 것에 대한 이해 • 자녀양육의 동반자됨에 대한 이해
5회기 자녀에게 조율하기	• 자녀의 성장 단계별 발달과업과 행동 특성에 대한 이해 • 효과적 의사소통의 중요성 인식 • PET, APT, STEP 이론에 기초한 대화법 및 적극적 부모역할: 나-메시지, 반영적 경청, 귀결법 등 • 아버지 양육방식의 5요소(O'Shea & Sindell, 2006)에 대한 이해
6회기 반응적 아버지 되기	• 아버지 학습 동아리 형성 및 온 · 오프라인 네트워킹 출범

출처: 신용주(2009). 반응적 아버지교육 프로그램의 모형 개발에 관한 연구.

최근에는 부부간의 성역할 변화 및 현대 가족의 부모-자녀 관계를 긍정적으로 수용하며 행복한 결혼생활과 가족을 위한 역량을 키우는 반응적 아버지(responsive fatherhood)상이 제시되고 있다. 반응적 아버지교육 프로그램이란 남성을 아내와 자녀의 요구에 부응하며 자녀양육에 적극적으로 참여하는 아버지로 변화시키기 위한 프로그램이다. 이 프로그램에서는 가족의 요구에 민감하며 이를 충족하기 위해 노력하는 반응적 아버지상과 함께 긍정적 훈육을 실시하는 새로운 아버지상을 추구한다. 또한 지속적이고 행복한 가족생활을 지향하는 아버지 역할 수행을 위한 기본 개념과 기술을 습득하는 것을 목적으로 한다.

반응적 아버지교육 프로그램은 주 1회 토요일 오전 2시간 동안 6주에 걸쳐 진행할 수 있다. 프로그램 대상은 영유아기 및 아동기 자녀를 둔 30~40대 아버지로, 특히 맞벌이가정의 아버지를 주 대상으로 한다. 반응적 아버지교육 프로그램의 주제 및 교육 내용을 소개하면 〈표 9-4〉와 같다.

4. 학부모책 프로그램

서울특별시교육청에서는 학부모의 경험과 지혜라는 무형자산을 다른 학부모와 공유하여 학부모들 간의 소통과 공감의 장을 마련하기 위해 학부모책 프로그램(Parent Book Program)을 운영하고 있다. 학부모책(Parent Book)이란 덴마크의 사회운동가 로니 에버겔(Ronni Abergel)이 창안한 '사람책'(Human Library, 사람과 사람이 마주 앉아 자유로운 대화를 통해 책을 읽듯 지식과 경험을 나누는 프로그램)에서 벤치마킹하여 교육청 사업에 맞게 학부모와 접목한 프로그램이다.

학부모책은 일방적인 강의 방식에서 벗어나 학부모로서의 경험과 지혜를 나누고 자녀교육과 관련된 고충을 해소할 수 있는 소통의 장을 마련하여 학부모의 역량강화, 인식 개선 그리고 교육참여 문화 확산을 목적으로 한 새로운 시도의 부모교육 프로그램이다.

학부모책은 자녀를 기르면서 경험한 시행착오, 고충 등을 나누고, 그 과정에서 축적된 지혜를 전달하고자 하는 학부모가 한 권의 '학부모책'이 되어 독자인 다른 학부모와 함께 자유롭게 대화하는 방식의 부모교육이다. 즉, 자녀양육의 지혜와 경험이 풍부한 학부모가 한 권의 '학부모 책'이 되고, 다른 학부모들이 그 책의 독자가 되어 주제별로 자유롭게 소통하는 부모교육 프로그램이다. 학부모들은 학급별로(초등, 중·고등, 초·중·고등), 관심 있는 이야기 주제별로 학부모책 프로그램을 신청할 수 있다. 신청 전에 이 프로그램이 강의 방식이 아닌 대화 방식으로 운영되는 프로그램이므로 학부모의 적극적인 참여가 필요함을 공지하고 있다.

학부모책 프로그램은 기존에는 '찾아가는 학부모책'과 같이 오프라인으로 진행되다가, 2020년부터 코로나 확산 방지를 위하여 온라인(ZOOM)으로 진행되고 있다. 온라인 학부모책 프로그램의 내용을 소개하면 다음과 같다.

- 교육대상: 초·중·고·특수학교 학부모
- 운영형태:
  - 실시간 쌍방향 온라인 연수(ZOOM)
  - 1명의 학부모책이 10명 이내의 학부모와 온라인상에서 대화 방식으로 진행
- 운영내용: 학부모책 이야기를 주제로 2시간 진행(10명 이내로 진행)
- 신청 방법: 서울학부모지원센터 홈페이지 게시판 또는 신청 URL 접속을 통하여 신청
- 참여 인원: 회차당 10명 이내

서울시교육청에서 2021년도에 진행한 온라인 학부모책 프로그램(2차) 사례를 소개하면 다음과 같다.

출처: 서울학부모지원센터 블로그, https://blog.naver.com/parents_sen/222344717671
서울학부모지원센터, http://parents.sen.go.kr

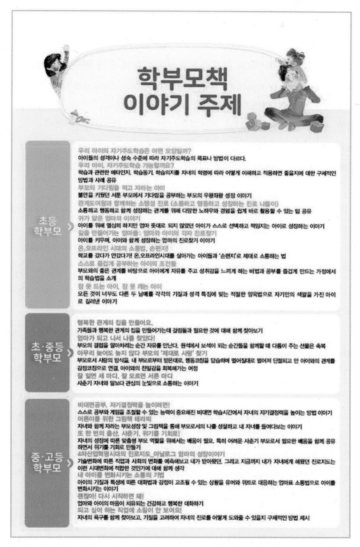

출처: 서울학부모지원센터 블로그, https://blog.naver.com/parents_sen/222344717671
서울학부모지원센터, http://parents.sen.go.kr

참고문헌

박성연, 김상희, 김지신, 박응임, 전춘애, 임희수(2008). 자녀와의 진정한 만남을 위한 부모교육(개정판). 경기: 교육과학사.

신용주(2009). 반응적 아버지교육 프로그램의 모형 개발에 관한 연구. Andragogy Today: Interdisciplinary. *Journal of Adult & Continuing Education, 12*(3), 47-72.

신용주, 김혜수(2006). 자녀지도와 부모교육. 서울: 형설출판사.

이숙, 유희정, 최진아, 이춘아(2009). 훈련중심 부모교육(2판). 서울: 학지사.

정갑순(2006). 부모교육론(개정판). 서울: 창지사.

홍길회, 이혜란, 왕영희, 정미자(2016). 사회 · 가족 변화에 따른 부모교육. 서울: 창지사.

Ammons, P., & Stinnett, N. (1980). The vital marriage: A closer look. *Family Relations, 29*(1), 37-41.

Billingsley, S., Lim, M. G., Caron, J., Harris, A., & Canada, R. (2005). Historical overview of criteria for marital and family success. *Family Therapy, 32*(1), 1-14.

Canter, L., & Canter, M. (1976). *Assertive discipline: A take-charge approach for today's educator.* Santa Monica, CA: Canter and Associates.

Canter, L., & Canter, M. (1985). *Assertive discipline: For parents* (Rev. ed.). New York: Harper & Row.

Hammer, T. J., & Turner, P. H. (1990). *Parenting in contemporary society.* Boston: Allyn & Bacon.

O'Shea, K., & Windell, J. (2006). *The fatherstyle advantage.* New York: Stewart Tabory & Chang.

Popkin, M. H. (1983). *Active parenting handbook.* Atlanta, GA: Active Parenting.

Popkin, M. H. (1993). *Active parenting today.* 홍경자 역(1998). 현대의 적극적 부모역할 훈련: 만 2세부터 12세 아동의 부모를 위하여. 서울: 중앙적성출판사.

Popkin, M. H. (2002). *Active parenting now: Parent's guide.* 홍경자, 노안영, 차영희, 최태산 공역(2007). 부모코칭 프로그램: 적극적인 부모역할 now!. 서울: 학지사.

Richey, D. D., & Wheeler, J. J. (2000). *Inclusive early childhood education.* Albany, NY: Delmar.

Shawn, M., & Knudson-Martin, C. (2006). Father responsibility: Couple processes and the co-construction of fatherhood. *Family Process, 45*(1), 19-37.

건강가정지원센터, https://www.familynet.or.kr

(사)두란노아버지학교, www.father.or.kr

서울특별시 육아종합지원센터 유튜브, https://www.youtube.com/channel/
　　　UCABND3IA4DQrLUi7ZbuAiIA

서울학부모지원센터, http://parents.sen.go.kr

패밀리서울, https://familyseoul.or.kr

제10장

가정생활과 부모역할

1. 코로나 시대의 부모역할

2020년도부터 아직까지도 전 세계는 코로나 팬데믹(COVID-19 Pandemic)으로 몸살을 앓고 있다. 코로나 팬데믹으로 일상화된 '언컨택트(uncontact)'한 삶은 메가 트렌드(megatrend)이자 새로운 삶의 방식으로 자리 잡았다. 코로나 팬데믹은 그 이전과는 완전히 다른 예측 불허한 뉴 노멀(new normal) 시대를 맞이했다. 언컨택트, 언택트, 비대면, 사회적 거리두기 등은 코로나 팬데믹으로 불안한 세상을 안전하게 연결하고자 하는 주된 변화 양상으로, 이는 우리의 의식주, 생활양식, 인간관계, 교육방식, 소비문화, 정치, 사회문화는 물론 연애 방식, 결혼관, 자녀관에 이르기까지 엄청난 변화를 일으키고 있다. 코로나의 장기적인 확산으로 인해 코로나 블루 현상이 심각한 사회문제로 부각되고 있으며, 팬데믹이 종식되더라도 코로나 블루 현상은 당분간 지속될 것이라는 우울한 전망도 조심스럽게 제기되고 있다. 코로나 블루는 개인의 정신건강뿐 아니라 결혼 및 출산, 가족 가치관 및 다음 세대의 정신건강에도 부정적인 영향을 미치고 있다.

2020 청소년종합실태조사(여성가족부, 2021) 결과에 따르면, 코로나19로 청소년들의 삶은 전반적으로 부정적인 변화가 많았다. '학교생활'(부정적

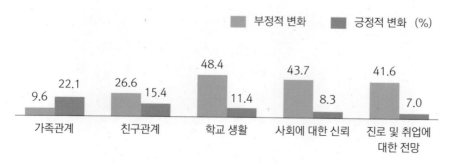

[그림 10-1] 9~24세 청소년 코로나19로 인한 삶의 변화 영역별 비교

출처: 여성가족부(2021). 2020 청소년종합실태조사.

48.4%, 긍정적 11.4%)이나 '사회에 대한 신뢰'(부정적 43.7%, 긍정적 8.3%) 등은 나빠졌으나, '가족관계'(긍정적 22.1%, 부정적 9.6%)는 좋아진 것으로 나타났다(여성가족부, 2021).

특히 코로나로 인한 사회적 거리두기의 한 형태인 '집콕' 생활은 자녀들의 발달에 필수적인 양질의 교육, 문화적 경험, 또래관계, 가족관계, 학교생활 등을 제한하고 있다. 부모도 자녀도 모두 학교에 다니고, 친구들과 맘껏 뛰어놀고, 문화적 경험을 쌓는 것이 얼마나 중요한 교육활동인지 절감하고 있다. 이로 인해 부모와 자녀가 가정에 머무는 시간이 많아졌으며, 부모 입장에서는 고용 불안, 사회 활동 제약, 양육 부담 증가 등으로 스트레스 수준이 높아졌을 뿐 아니라 부모의 스트레스가 자녀에게 표출될 위험도 증가한 것으로 분석된다. 실제로 2020년 1월부터 8월까지 접수된 가정 내 아동학대 112 신고 건수는 8,452건으로 2019년 같은 기간(7,515건)에 비해 12.5%나 증가한 것으로 나타났다(뉴시스, 2021. 5. 9.).

마스크 착용이 일상화됨에 따라 아동들이 얼굴 표정 변화 읽기 등의 기회를 제대로 갖지 못해 언어 발달과 의사소통기술이 저하될 것으로 우려되고

🎧 코로나 시대 놀이터의 모습

⚲ 코로나 시대 초등학교의 하교 시간

있다. 표정을 인식하는 능력은 어린 시절 반드시 습득해야 할 '제2의 외국어' 와 같은 능력으로, 코로나 사태가 장기화되면 아동들이 표정을 인식하는 능력을 제대로 학습하기 어려워질 수 있다고 한다. 리처드 쿡 런던대학교 교수는 마스크를 쓰고 대화하다 보니 아동은 소통을 도와주는 핵심 요소인 얼굴 표정을 인식할 기회를 제대로 갖지 못하여, 얼굴 인식을 담당하는 뇌 영역인 측두엽 방추상회(fusiform gyrus)의 발달이 저하될 수도 있다고 주장하였다 (EBS, 〈지식채널 e〉, '마스크, 얼굴 반쪽이 사라진 세상').

아직 진행 중인 코로나 시대에 우리 자녀를 어떻게 키우는 것이 현명한 일일까? 포스트 코로나 시대에 자녀들이 외부 활동이 제한되고 언컨택트한 삶이 이루어지다 보니 자녀들의 미디어 이용이 증가하고 있다. 영국 매체『더선(The Sun)』은 인터넷 안전을 위해 활동하는 영국 내 비영리기관인 인터넷 매터스(Internet Matters)의 보고서를 인용해 자녀들의 무분별한 미디어 노출을 예방하기 위한 여덟 가지 양육지침을 〈글상자 10-1〉에 제시하였다(머니투데이, 2021. 5. 6.).

글상자 10-1 코로나 시대, 온라인상에서 자녀를 보호하기 위한 양육지침

1. **자녀 보호 설정 확인하기**: 자녀가 직면할 수 있는 위험을 최소화할 수 있는 '자녀 보호 및 개인 정보 설정'을 다시 확인한다. 예를 들어, 구글의 세이프 서치 필터 기능은 음란물이 포함된 사이트를 차단한다. 이러한 필터는 100% 효과적이지는 않지만, 적어도 자녀가 위험에 노출되는 빈도를 최소화할 수 있다.

2. **티셔츠 테스트 활용하기**: 자녀에게 온라인상에 정보가 공개되면 삭제할 수 없다는 사실을 알려 주는 방법으로 티셔츠 테스트를 활용할 수 있다. 부모는 자녀에게 "티셔츠에 써서 입고 다닐 수 있는 내용이 아니라면 온라인에 게시하지 말라."라고 설명한다.

3. **아이들이 사용하는 앱 알아보기**: 자녀와의 대화를 통해 자녀가 사용하는 앱을 알아볼 수 있다. 자녀 세대에 유행하고 있는 앱이 계속해서 변함에 따라 주기적인 대화를 통해 자녀가 관심을 보이는 앱을 파악하고, 또 그 앱을 직접 사용해 보면서 자녀가 어떠한 경로로 위험한 콘텐츠에 노출될 가능성이 있는지 알아본다.

4. **위치 서비스를 끄라고 권유하기**: 많은 앱이 위치 서비스에 대한 사용 권한을 요청하면서 기기의 백 그라운드에서 지속적으로 머문다. 예를 들어, 스냅챗(Snapchat)에는 지도에서 다른 사람의 위치를 볼 수 있는 기능이 있다. 또 다른 앱에서는 사용자가 직접 위치를 추가할 수 있는데, 예를 들어, 인스타그램 사진에는 위치를 태그할 수 있는 기능에 대해 이 기능을 주의해서 사용해야 함을 알려 준다.

5. **자녀의 친구 파악하기**: 자녀의 온라인 게시물을 모니터링해 누가 그들과 상호작용하는지 확인해야 한다. 평범하지 않은 사람을 발견하면 자녀에게 누구인지 물어본다. 아동은 자신이 누구와 채팅하는지에 대해 제대로 인지하지 못할 수 있기에 자녀가 나누는 메시지에 관심을 기울이는 것이 중요하다.

6. **'가짜'가 무엇인지 교육하기**: 자녀가 가짜 뉴스를 분별해 내는 방법을 알려 주도록 한다. 또한 비현실적으로 '포토샵'된 이미지가 사회관계망서비스(SNS)에 지속적으로 업로드됨으로써 자녀가 이러한 이미지를 추구하게 되거나 당연시할 수 있다. 따라서 이러한 부적절한 이미지보다는 유명인과 인플루언서가 포토샵된 이미지를 게시한다는 사실을 알려 주는 것도 유용한 방법이다.

7. **비판적 사고를 길러 주기**: 자녀에게 비판적 사고를 함양할 수 있도록 지원한다. 비판적 사고를 통해 가짜 뉴스를 구분해 내는 방법뿐 아니라 자녀에게 온라인상에서 어떻게 제품이 광고되는지, 간접광고(ppl)에 대해서도 설명해 준다. 아동은 자신이 좋아하는 인플루언서가 왜 이 제품을 칭찬하는지 모른 채 수동적으로 또는 충동적으로 온라인 구매를 할 수 있다.

8. **화면 시간제한을 설정하기:** 소셜 미디어에서 하루에 3시간 이상을 보내는 청소년은 정신건강에 문제가 생길 확률이 두 배 이상 증가하는 것으로 나타났다. 또한 자녀가 휴대폰을 놓지 않으면 야간에 충분한 휴식을 취할 수 없고, 이는 학교 성적에 부정적인 영향을 미칠 수 있다. 따라서 화면 시간제한을 설정하기를 권한다.

출처: 머니투데이(2021. 5. 6.). 코로나 시대, 온라인상에서 자녀를 보호하기 위한 8가지 팁은?

코로나의 확산으로 인해 온라인 서비스와 미디어에 더욱 의존하고 있는 자녀들이 우려되고 있다. 교육부에 따르면, 2021년 1월 기준 우리나라 아동의 미디어 사용 시간은 세계보건기구(WHO) 권고 시간에 4배가 넘는 수준이다. 인터넷매터스(internetmatters.org) CEO인 캐롤린 번팅이 권고한 대로 온라인에서 발생할 수 있는 모든 위험에 대해 늘 주의해야 하며, 부모 역시 IT의 변화에 부응하고자 노력하여야 한다고 권고하였다(머니투데이, 2021. 5. 6).

2. 건강한 식생활을 위한 부모역할

1) 아동 · 청소년의 건강 실태

자녀의 식생활 수준을 향상시키기 위해서는 우리나라 청소년의 건강 실태를 파악하는 것이 중요하다. 우리나라 청소년의 건강상의 특성을 소개하면 다음과 같다(여성가족부, 2021).

첫째, 우리나라 청소년들의 주관적인 건강 평가 결과를 살펴보면, 2020년 13~18세 청소년의 대부분이 자신의 신체 · 정신 건강이 좋다고 평가한 것으로 나타났다. 구체적으로 2020년 13~18세 청소년 중 자신이 신체적으로 97.3%, 정신적으로 97.7%가 건강하다고 인식하였다.

둘째, 우리나라 아동 · 청소년의 비만율은 꾸준히 증가하고 있는 추세이다.

2019년 비만군 학생들의 비율은 25.8%이며, 과체중은 10.7%, 비만은 15.3%로 전년도(과체중 10.6%, 비만 14.4%)보다 0.8%p 증가한 것으로 나타났다(교육부, 2020).

[그림 10-2] 과체중 및 비만 비율

출처: 교육부(2020). 2019년도 학생 건강검사.

셋째, 학생들의 비만율은 패스트푸드, 탄산음료 및 단맛 음료 섭취율의 꾸준한 증가로 인한 것으로 분석되고 있다(교육부 · 보건복지부 · 질병관리본부, 2019). 패스트푸드, 탄산음료 및 단맛 음료의 증가는 에너지, 탄수화물 · 지방의 과잉 섭취로 이어질 수 있으므로 자녀들의 균형 잡힌 영양섭취에 대한 관

- 주 3회 이상 패스트푸드 섭취율(%):
  16.7%(2016) → 20.5%(2017) → 21.4%(2018)
- 주 3회 이상 탄산음료 섭취율(%):
  27.1%(2016) → 33.7%(2017) → 34.7%(2018)
- 주 3회 이상 단맛 음료 섭취율(%):
  41.4%(2016) → 47.1%(2017) → 50.3%(2018)

출처: 교육부, 보건복지부, 질병관리본부(2019). 청소년건강행태조사.

리가 필요하다.

넷째, 청소년들의 아침 결식율은 점점 더 증가하고 있는 추세이다(통계청 국가통계포털, kosis.kr). 2020년도 중·고등학생을 대상으로 주 5일 이상 아침식사 결식률은 37.3%로 나타났다. 성별로 살펴보면 남학생은 35.5%, 여학생은 39.2%로, 여학생의 아침식사 결식률이 더 높게 나타났다. 학교급별로 살펴보면 중학생은 35.5%, 고등학생은 39.0%로 나타나 아침 식사의 중요성에 대한 인식 개선이 필요하다.

다섯째, 아동 및 청소년의 음주와 흡연은 영양 상태에 부정적인 영향을 초래할 수 있다. 2020년 중·고등학생 중 4.4%는 최근 30일 내 흡연하였으며, 10.7%는 최근 30일 내 음주 경험이 있다고 응답하였다(통계청·여성가족부, 2021). 청소년의 현재 흡연율 및 현재 음주율은 전년도 대비 감소 추이를 보이고 있다. 아동·청소년의 음주와 흡연은 알코올이나 니코틴으로 인해 음식의 섭취를 기피하게 되거나, 섭취된 영양소의 대사와 흡수를 저해하고 편향된 식습관을 초래하기 때문에 성장기 아동·청소년의 건강에 미치는 부정적 영향이 심각하다. 따라서 아동·청소년의 금주, 금연, 간접흡연 방지를 위한 체계적인 교육이 필요하다.

[그림 10-3] 흡연율 및 음주율 추이

출처: 교육부, 보건복지부, 질병관리본부(2019). 청소년건강행태조사.

전반적으로 우리나라 청소년들의 주관적인 건강 평가는 긍정적으로 나타
났으나, 점점 증가하고 있는 비만율, 패스트푸드, 탄산음료 및 단맛 음료 섭
취율의 꾸준한 증가, 높은 아침 결식률, 음주 및 흡연으로 인한 영양소의 섭
취·대사·흡수의 부정적 영향 등의 특성을 보이며, 이는 궁극적으로 아
동·청소년의 건강에 부정적인 요인으로 작용하고 있다. 이에 따라 자녀가
어려서부터 가정에서 영양적으로 균형 잡힌 음식의 섭취와 함께 올바른 식
습관을 기르도록 지원하는 부모역할이 요구된다.

2) 식생활 지도를 위한 부모역할

성장기에 있는 자녀에게 균형 있는 식생활은 자녀의 발달과 건강에 직접
적인 영향을 준다. 아침 결식률, 편식, 인스턴트식품 섭취의 증가, 잦은 외식
등과 같은 불규칙하고 불균형적인 식생활로 인해 자녀의 영양 부족 또는 비
만과 같은 결과를 초래하기 쉽다. 이에 따라 자녀는 양질의 단백질, 칼슘, 철
등을 골고루 함유한 균형 있는 식사와 함께 적당한 운동과 휴식이 필요하다
(정영숙 외, 2001).

부모의 올바른 식사지도는 가정교육의 중요한 영역 중 하나로 간주된다.
부모는 식사시간을 자녀와 즐거운 의사소통의 시간으로 활용할 수 있다. 자
녀의 바른 식사지도를 위해 활용할 수 있는 부모역할 지침은 〈글상자 10-2〉
와 같다(김옥분, 2005; 신용주 외, 2011; 유남희, 2005; 정영숙 외, 2001).

글상자 10-2   **올바른 식사지도를 위한 부모역할 지침**

1. 부모의 식습관은 자녀의 식습관 형성과 밀접한 관련이 있다. 예를 들어, 부모가 편식을 하면서 자녀의 편식을 나무라면 설득력이 부족하다. 그러므로 부모가 솔선수범하여 균형 있는 식사를 할 때 자연스럽게 자녀의 올바른 식습관을 형성할 수 있다.

2. 자녀가 규칙적인 아침식사를 할 수 있도록 지원한다. 성장기 자녀에게 아침식사는 두뇌활동을 촉진하고 정서적 안정감을 제공하는 데 도움이 된다. 그러므로 부모는 자녀에게 규칙적인 아침식사의 중요성을 설명해 주고, 자녀가 가급적 아침식사를 거르지 않도록 도와준다.

3. 부적절한 조리 방법으로 인해 자녀가 편식할 수도 있다. 따라서 부모는 성인 위주로 조리한 음식을 자녀에게 먹도록 강요하기보다는 자녀의 기호에 맞게 조리하여 식사를 제공하도록 한다. 특히 자녀가 싫어하는 채소의 경우 예쁜 모양으로 조리하여 식탁에 올리거나 자녀와 함께 장을 봐서 음식을 만드는 등 자녀의 관심을 유발하는 활동을 식사와 연계한다.

4. 일주일에 몇 번은 온 가족이 다 함께 모여서 식사할 수 있는 시간을 마련하도록 한다. 가족이 출근하거나 등교하는 시간이 다 다르고 저녁 먹는 시간도 각각일 수 있기 때문에 온 가족이 함께 식사를 한다는 것은 쉬운 일이 아니다. 그러므로 부모는 주말 또는 가족이 모이기 쉬운 시간을 정해 함께 식사하도록 하는 것이 중요하다.

5. 부모는 식사 시간을 자녀에게 지적하고 싶은 내용이나 문제를 제기하는 시간으로 활용하지 않는다. 자녀에게 유쾌하지 않거나 다소 무거운 내용은 가족회의 또는 다른 시간에 다루는 것이 바람직하다.

6. 식사 예절은 즐거운 분위기에서 분명하고 명료하게 가르쳐 준다. 예를 들어, 어른이 먼저 수저를 든 후에 식사를 하는 것, 편식하는 것이 좋지 않은 이유, 식사 초대를 받았을 때의 예절 등은 평소에 식탁에서 나눌 수 있는 좋은 주제이다.

7. 식사 준비를 자녀와 함께 하는 기회를 가지며, 자녀의 바른 태도를 적극적으로 칭찬한다. 부모가 식사 준비 시 자녀가 돕도록 하면, 자녀는 만드는 음식에 대한 관심과 기대가 증폭될 뿐만 아니라 부모와의 상호작용을 통해 유대감도 돈독해져 자연스럽게 식사 시간이 즐거워지거나 식사 분위기가 화목해질 수 있다.

8. 자녀가 외식할 때 지켜야 할 식사 예절에 관해서도 평소에 지도해 둔다. 예를 들어, 식사 시간에는 바른 자세로 앉아서 먹으며, 식사 도중에 큰 소리로 이야기하거나 돌아다니지 않는다는 것을 가르쳐 둔다. 특히 외식할 경우 주위 사람에게 피해가 가지 않도록 돌아다니지 않으며, 조용히 식사할 수 있도록 지도한다.

3) 자녀의 비만 예방을 위한 부모역할

우리나라 아동 · 청소년은 서구화된 식습관, 운동 부족, 실내 활동의 증가 등의 요인으로 인해 비만이 심각한 문제로 대두되고 있다. 우리나라 아동 · 청소년의 비만 실태 및 특성은 다음과 같다(교육부, 2020).

아동 · 청소년 과체중 · 비만율(교육부, 학생건강검사)

(2015년) 21.8% → (2017년) 23.9% → (2019년) 25.8%

아동 · 청소년의 과체중 · 비만율은 매년 증가하여 2019년에는 25.8%의 아동 · 청소년이 과체중 · 비만인 것으로 나타났다. 여기서 과체중이란 체질량지수(BMI)를 성별, 연령별, 체질량지수 백분위수 도표에 대비해 85백분위수 이상 95백분위수 미만인 경우를 말하며, 비만은 95백분위수 이상인 경우를 의미한다.

아동 · 청소년의 비만은 우리나라뿐 아니라 전 세계적으로 심각한 문제로 주목받고 있다. 전 세계적으로 아동 · 청소년의 비만이 크게 증가하여 오는 2025년이 되면 전 세계 5~17세 아동 중 2억 1,800만 명 정도가 과체중이 되고, 이 중 약 9,100만 명은 비만이 될 것이라는 전망이다. 이로 인해 아동 400만 명이 제2형 당뇨병을, 2천 700만 명이 고혈압을, 3천 800만 명이 간 지방증을 앓게 될 것으로 예상된다(연합뉴스, 2016. 11. 14.).

어릴 때 비만하게 되면, 80~90%가 성인 비만으로 이어지는 것으로 나타났다. 소아비만은 지방 세포 수 자체가 늘어나는 '증식형 비만'인 반면, 성인 비만은 이미 만들어진 지방세포들의 크기가 점점 커지는 '비대형 비만'이다. 지방세포 크기는 운동, 식이요법 등으로 줄일 수 있지만, 지방세포의 수는 지방 흡입과 같은 인공적인 방법 외에는 해결방안이 없다.

코로나 팬데믹은 자녀들의 식습관에도 변화를 가져왔다. 코로나로 인해 학교 활동이나 바깥 놀이도 제한적으로 이루어지고, 체육시설의 이용도 제한됨에 따라 아동들의 활동량이 크게 감소한 반면, 식사, 간식, 야식을 먹는 경우는 증가함에 따라 살찌기 용이한 환경이 조성되었다는 분석이다(헬스조선뉴스, 2021. 3. 15.). 한동안 '확찐자', 즉 코로나로 인해 집에서 먹고 생활하고 하다 보니 살이 확 찌게된 사람이라는 말이 생겨날 정도였다.

아동·청소년의 비만 퇴치와 아동 건강에 대한 인식의 개선을 위한 범국가적인 노력은 어렵지 않게 찾아볼 수 있다. 우리나라도 범국가적으로 '비만예방의 날'을 제정하고, 비만예방 디자인 공모전을 통해 비만예방 의식을 고취하려는 노력을 강화하고 있다. 우리나라의 아동·청소년 비만율은 점점 증가하고 있어, 우리나라 초·중·고등학생의 비만 문제는 날로 심각해지고 있는 추세이다. 이에 따라 서울시교육청은 학교에 비만아동 집중관리 안내서와 구체적인 프로그램을 제공하고, 매년 '튼튼이 캠프'를 운영하여 청소년 비만예방 활동을 강화하고 있다. 우리나라 아동·청소년의 경우 앉아 있는 시간이 많으므로 생활 속 비만예방 실천문화가 널리 확산되어야 할 것이다.

아동·청소년의 비만을 예방하기 위해서는 건강한 식단과 건강한 생활습관이 필요하다. 아동·청소년을 위한 생활 속 비만예방 실천수칙을 살펴보면 다음과 같다.

첫째, 하루 세끼 식사를 꼭 챙겨 먹기를 권장한다. 배고픔을 느끼지 않도록 하루 세끼를 규칙적으로 먹으면 기초대사량이 높은 체질로 만들 수 있다.

둘째, 지나친 동물성 지방의 섭취를 삼간다. 사육된 고기는 성장촉진제, 항생제, 환경호르몬에 노출될 가능성이 있으며, 동물성 지방은 비만은 물론 내분비 활동을 교란시킬 수 있기 때문이다.

셋째, 주 3회 30분 이상 꾸준히 운동하기를 권장한다. 건강한 식습관과 함께 규칙적으로 운동을 하면 비만을 예방하는 데 효과적이다.

넷째, 비타민과 식이섬유가 풍부한 음식을 섭취하는 것이 바람직하다. 식이섬유가 풍부한 음식은 포만감을 주어 과식을 줄일 수 있으며 체내 노폐물을 배출시켜 주는 데 효과적이다. 또한 비타민은 신진대사를 원활하게 하여 열량 소비를 촉진하므로 중성지방이 체내에 축적되는 것을 막아 줄 수 있다.

아직도 우리 사회에는 비만에 대한 왜곡된 인식이 팽배하며, 이러한 그릇된 인식과 식습관은 아동·청소년의 비만을 유발하여 여러 가지 자녀 발달에 부정적인 영향을 일으킨다(EBS 생방송 60분 부모 제작팀, 2010).

첫째, 성장기에는 살이 좀 쪄도 결국은 살이 키로 갈 것이라는 생각이다. 그러나 적당히 통통한 경우는 나중에 키가 클 수 있으나, 뚱뚱한 경우에는 옆으로만 살이 쪄서 오히려 키가 크는 데 방해가 될 수 있다.

둘째, 성조숙증을 유발할 수 있다. 우리 몸은 체지방이 많아지면 성인이 될 준비를 하여 제2차 성징이 나타날 수 있다. 특히 여아의 경우 초경은 대부분 체중이 45~47kg일 때 시작되는데, 월경을 하기 위해서는 체중의 약 17% 이상이 지방으로 구성되어야 한다(허혜경 외, 2015). 따라서 살이 찐 아동의 경우에는 제2차 성징이 빨리 나타나게 되고, 성장판이 일찍 닫혀 성장하는 데 문제가 생길 수 있다.

셋째, 비만과 학습능력은 별개라고 생각하나, 과잉 축적된 지방조직으로 인해 뇌의 혈액순환 효율이 떨어지면 학습능력과 집중력이 저하된다.

넷째, 정서나 성격 형성에 부정적인 영향을 줄 수 있다. 비만 아동의 경우 학교생활과 같은 집단생활을 할 때 친구들로부터 놀림이나 따돌림을 받을 소지가 있으며, 자신의 외모에 대해 자신감이 떨어지고 자아존중감이 낮아질 수 있다.

다섯째, 소아비만은 성인비만으로 이어지거나 고지혈증, 지방간, 당뇨병, 고혈압과 같은 각종 성인병을 유발할 수 있다. 성인비만은 지방세포 크기가 커지지만 소아비만은 지방세포 수가 증가하므로 성인비만으로 이어질 확률이 높다.

아동 · 청소년 비만의 원인은 유전적인 원인부터 심리적 원인까지 다양하다(유남희, 2005).

첫째, 자녀의 영양 상태가 개선되고, 햄버거나 피자 등 인스턴트식품을 선호하는 자녀의 먹을거리 문화가 바뀌었기 때문이다. 그러나 자녀들은 영양 섭취량은 많은 데 비해 상대적으로 운동량은 부족하여 체중이 점점 증가하고 있는 추세이다.

둘째, 유전적으로 비만인 경우가 있다. 부모가 비만인 경우에는 자녀들도 비만일 확률이 높다.

셋째, 강박관념에 사로잡힌 과식으로 비만이 초래될 수 있다. 자녀의 낮은 자아존중감, 불안정, 손상된 사회적 기능과 같은 문제를 먹는 행위를 통해 해소하고자 할 때 과식이나 폭식이 유발된다.

이와 같이 자녀의 비만은 건강에 해로울뿐더러 자녀의 신체상(body image)을 부정적으로 정립시켜 자아존중감을 해치게 할 우려가 있으며, 수치감을 느끼는 등 심리적 · 정서적 문제를 수반하기도 한다. 과체중 또는 비만 아동은 심혈관 질환, 뼈나 관절 문제, 수면성 무호흡, 낮은 자아존중감 등의 위험에 노출되어 있을 뿐 아니라 장기적인 건강 문제를 유발할 확률이 상당히 높다.

그러므로 부모는 비만인 자녀를 바르게 지도하고 자녀의 비만을 예방하기 위해 남다른 노력을 해야 한다. 구체적인 내용은 〈글상자 10-3〉과 〈글상자 10-4〉와 같다(Joslin & Decker, 1997: 신용주 외, 2017 재인용; 유남희, 2005; 정영숙 외, 2001; http://www.helpguide.org).

글상자 10-3 **비만 자녀 지도를 위한 부모역할 지침**

1. 자녀에게 잔소리하기보다는 자녀가 비만을 극복하도록 최대한 격려한다. 부모는 먼저 자녀와 함께 장기적인 목표를 세워 식습관을 조절하고 운동을 병행하도록 한다. 예를 들어, 식사 시간과 음식 종류, 섭취량 등을 조절하도록 부모와 자녀가 함께 노력하여 목표에 도달하도록 한다. 운동도 하루에 20분 이상 자녀가 장기간 쉽게 할 수 있는 종류로 정해 실천한다. 그러나 10대 중반까지는 자녀가 성장하고 있기 때문에 지나친 다이어트보다는 운동량을 늘리는 방법이 이상적이다.

2. 자녀가 체중 감량 목표를 달성할 수 있도록 동기를 부여한다. 부모나 친구와 함께 운동을 한다거나, 목표를 달성한 후에 여행, 영화, 놀이동산 가기 등의 보상을 마련한다.

3. 식생활 일기를 쓰도록 격려한다. 자녀가 매일 자신이 먹은 음식, 감정 상태, 운동량 등을 기록하여 자신의 식생활을 점검해 보는 것이 효과적이다. 체중 감량도 중요하지만, 성장기에는 키 크는 것도 중요하므로 부모는 무조건 적게 먹이거나 열량을 제한하지 않고 5대 식품군이 골고루 함유된 식단으로 열량을 계산해 먹이도록 한다.

4. 먹는 장소는 반드시 식탁으로 제한한다. 자녀가 TV 앞, 컴퓨터 앞, 침대 위에서 아무 생각 없이 간식을 먹는 습관을 고치도록 지도한다.

5. 식욕을 억제할 수 있는 활동을 고안한다. 자녀의 섭취 열량은 증가한 반면, 주거문화나 놀이문화는 단순해져 행동반경이나 활동 공간이 줄어들고 있다. 부모는 가벼운 스트레칭, 좋아하는 음악을 틀어 놓고 방청소하기, 춤이나 가벼운 운동, 산책하기 등을 장려한다.

6. 자녀가 지방이나 당분이 과다하게 함유된 음식은 제한하되, 그래도 먹고 싶을 경우에는 조금만 먹도록 지도한다. 너무 먹는 것을 절제하거나 몰래 숨어서 다 먹어치우는 것보다는 오히려 조금 먹거나 배가 부를 때는 차라리 남기는 것이 낫다.

7. 자녀에게 간식을 먹을 때 다음 질문을 스스로 하도록 한다.
   - 나는 왜 먹는가? (예: 화가 나서, 공복감 때문에, 입이 심심해서 등)
   - 무엇을 먹는가? (예: 달콤한 과자, 탄산음료, 기름진 육류 등)
   - 누구와 함께, 어디서 먹는가? (예: 다른 사람과 함께 먹나? 혼자서 숨어서 먹나?)

8. 비만이 유전일 경우 부모 자신도 식단 조절에 함께 참여하도록 한다. 부모는 자녀와 함께 식생활을 통해 일종의 절제를 습득하는 자기조절 훈련의 기회를 갖는 것이 좋다.

9. 자녀가 불안정한 심리 상태에서는 과식할 우려가 있다. 자녀가 심리적 문제나 스트레스를 과식으로 해소하지 않도록 하기 위해 부모는 자녀의 불안정한 정서나 스트레스의 근본적인 원인이 무엇인지 이해하고 그 문제를 해결하도록 노력한다.

출처: 김옥분(2005). 이런 아이는 이렇게 하세요; 신용주 외(2011). 대학생을 위한 부모교육; 유남희(2005). 우리 아이 이런 행동 어떻게 할까요?; 정영숙 외(2001). 아동발달과 부모교육.

글상자 10-4   **자녀의 비만 예방을 위한 부모역할 지침**

1. 자녀가 TV를 시청하는 동안에는 에너지 소비가 적을 뿐 아니라 TV에서 방송되는 식품 광고 등을 보며 간식을 먹고 싶은 충동을 느끼기 쉽다. 실제로도 TV 시청이 1시간씩 늘어남에 따라 비만 이환율이 2%씩 증가하였으며, 하루 2시간 이상 TV를 시청하는 아동은 활동적인 아동에 비해 혈중 콜레스테롤 지수 및 설탕이 함유된 간식의 섭취 빈도가 높게 나타났다. 그러므로 자녀의 TV 시청 시간을 줄임으로써 자녀가 TV를 보며 무심코 필요 이상의 음식을 섭취하는 상황적 요인을 통제할 수 있다.

2. 군것질 습관을 없앤다. 군것질은 식사를 불규칙하게 만든다. 자녀가 군것질 여부에 상관없이 일정한 시간에 식사를 섭취하게 함으로써 군것질 습관을 고칠 수 있다.

3. 부모는 탄산음료나 과자와 같은 간식거리를 집에 많이 사다 놓지 않는다.

4. 간식으로 튀김, 라면 등과 같은 고지방 식품은 피하고, 대신 요구르트, 과일 등을 권한다. 자녀가 선호하는 간식이 뚜렷할 경우에는 대체 음식을 권유한다. 예를 들어, 감자튀김보다는 구운 감자를, 닭튀김보다는 닭구이를, 아이스크림보다는 요구르트를, 케이크나 도넛보다는 쌀빵이나 통밀빵을 대체 음식으로 제공하는 것이 바람직하다.

5. 가족이 모두 모여 식사한다. 모든 가족에게 똑같은 음식을 제공하고, 작은 그릇에 음식을 먹을 만큼만 담아서 먹는다.

출처: 김옥분(2005). 이런 아이는 이렇게 하세요; 신용주 외(2011). 대학생을 위한 부모교육; 유남희(2005). 우리 아이 이런 행동 어떻게 할까요?; 정영숙 외(2001). 아동발달과 부모교육.

3. 자녀의 스트레스 관리를 위한 부모역할

우리나라 아동 · 청소년은 과도한 학업 스케줄과 그에 따른 스트레스, 불규칙적인 식사, 휴식 부족, 수면 부족 등과 같은 긴장된 환경 속에서 생활하고 있다. 2021년 청소년 통계결과에 따르면, 2020년 중 · 고등학생 34.2%은 평상시 스트레스를 느끼며, 25.2%는 최근 1년 내 우울감을 경험한 것으로 나타났다. 2020년 중 · 고등학생 스트레스 인지율은 고등학생 37.9%, 중학생 30.4% 순으로 나타났으며, 여학생(40.7%)이 남학생(28.1%)보다 스트레스

인지율이 높게 나타나 남학생에 비해 여학생이 상대적으로 스트레스를 더 많이 느끼는 것으로 나타났다.

　아동기·청소년기의 환경 요인을 잘 다스리기 위해서 반드시 수반되어야 하는 조건은 바로 자녀의 건강이다. 특히 자녀의 정신건강 상태를 건강하게 유지하기 위해서는 자녀의 스트레스 관리를 위한 부모역할이 필요하다. 스트레스(stress)는 인체에 가해지는 해로운 인자나 자극인 스트레스원(stressor)에 대하여 체내에서 일어나는 긴장 상태를 말한다. 인간은 남녀노소를 가리지 않고 누구나 다 스트레스를 받는다. 스트레스는 그 자체가 항상 문제나 위기로 발전되는 것은 아니며, 적당한 스트레스는 오히려 신체와 정신에 활력을 주는 것으로 알려져 있다.

　아무리 건강한 가족이라도 복잡한 현대사회에서 생활하면서 다양한 스트레스원에 노출된다. 단, 아동·청소년의 경우 아직 미성년자이므로 내외적 자극에 대해 개인이 적절하게 대응하거나 스트레스에 효율적으로 대처할 수 있는 능력이 부족할 수 있다. 더욱이 장기간 반복적으로 스트레스를 받게 되면 정서적으로 불안과 갈등을 일으키기 쉬우며, 비행에 가담할 확률이 높아진다.

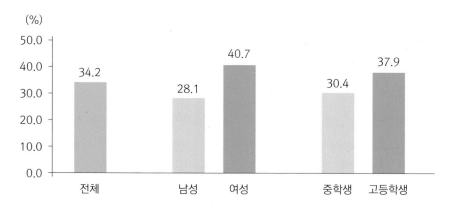

[그림 10-4] 스트레스 인지율(2020)

출처: 교육부, 질병관리청(2021). 청소년건강행태조사.

아동이 생활 속에서 받게 되는 스트레스를 완화하는 데에는 가족관계 내에 잠재된 자원이나 지지력이 중요한 역할을 한다. 기능적이고 원활한 부모-자녀 관계는 가족 구성원에게 각자가 필요로 하는 자원과 지지를 제공하여 성장을 촉진하는 반면, 부정적인 가족관계는 그 자체가 스트레스를 제공하는 요인으로 작용하여 구성원 각자가 서로를 힘들게 할 뿐 아니라 단순한 심리적 · 사회적 부적응에서부터 비행에 이르기까지 많은 문제를 유발하기도 한다. 부모-자녀 관계가 원활하지 못할 때 자녀와 부모는 서로 불신하고, 부정적인 감정을 유발하여 역기능적 상호관계로 발전하게 된다(최연실 외, 1997: 신용주 외, 2011 재인용).

자녀가 스트레스를 받을 때 부모는 먼저 자녀에게 스트레스를 유발하는 요인이 무엇인지 구체적으로 파악하는 것이 중요하다. 자녀의 스트레스 유발 요인으로는 부모와의 관계, 교우관계나 입시 문제, 가정 또는 학교에서 발생하는 문제 등 다양하다.

청소년 자녀와 중년 부모의 경우에는 서로의 발달단계 자체가 문제가 되는 경우가 있다. 청소년은 급격한 발달상의 변화로 인해 정서적으로 불안정하고, 독립성과 자율성이 증가하여 부모에게서 벗어나고자 한다. 한편, 청소년 자녀를 둔 중년 부모는 자신 역시 중년기의 내외적 변화와 위기를 경험하게 된다. 청소년 자녀는 서서히 독립하고자 하므로 기존의 부모-자녀 관계를 재정립할 필요를 느끼게 된다. 이때 부모가 자녀를 통제할수록 부모와 자녀 모두에게 스트레스는 가중되고 서로를 긍정적인 지지원으로 인식하는 데 실패하게 된다. 그러므로 부모는 자녀의 스트레스 유발 요인을 정확히 파악하여 그것을 극복하는 데 필요한 자원이나 지지를 제공하여야 한다.

스트레스를 많이 받는 아동의 경우 부모나 교사로부터 사회적 지지를 많이 받을수록 스트레스가 완화되어 비행에 가담하거나 심리적 · 정서적으로 부정적 영향을 적게 받는 것으로 나타났다(이은주, 1998). 즉, 부모는 자녀가 스트레스를 받을 때 자원과 지지를 제공하는 사회적 지지원의 역할을 수행하여야 한다. 또한 부모는 자녀가 가지고 있는 스트레스에 대한 취약점과 자녀의 스트레스 관리능력이 어느 정도인지를 파악하는 것이 중요하다. 부모가 자녀에게 스트레스를 적절하게 극복하는 전략을 제공해 주는 것은 자녀의 스트레스 완화에 도움이 된다. 자녀의 스트레스 관리를 위해 활용할 수 있는 부모역할 지침은 〈글상자 10-5〉와 같다(구광현 외, 2002; 신용주 외, 2011 재인용).

시카고 대학교의 매디와 코바사(Maddi & Kobasa, 1984)에 따르면, 스트레스에 강한 사람은 '3C'가 강한 특성을 지니고 있다. 여기서 3C란 스트레스를 유발하는 사건을 통제할 수 있는 통제력(control), 스트레스를 개인의 성장과 발달의 기회로 변화시키는 도전력(challenge) 그리고 스트레스 상황에서도 자신과 가족, 일에 대한 확고한 책임감 및 수행 능력(commitment)을 의미한다. 더 주목할 만한 사실은 스트레스 극복에 반드시 필요한 이 3C는 어렸을 때 스트레스를 다루는 과정에서 스트레스를 회피하기보다는 부모나 교사의

글상자 10-5 **자녀의 스트레스 관리를 위한 부모역할 지침**

1. 자녀에게도 스트레스를 유발하는 요인과 그에 대한 감정이 있다는 사실을 이해한다.
2. 자녀에게 부모로부터 유발되는 스트레스 상황이 있을 수 있으므로, 부모는 자신의 언어나 행동을 먼저 점검해 보도록 한다. 예를 들면, 부모가 자녀에게 하는 무리한 기대나 경쟁을 조장하는 발언, 더 어린 나이에 올바른 행동을 하도록 강요하기 등의 태도는 자녀에게 스트레스를 유발할 수 있다.
3. 자녀가 스포츠, 산책, 음악 감상 등 자신에게 맞는 스트레스 극복 방법을 개발할 수 있도록 도와준다. 이때 부모가 자녀의 스트레스 대처 방안을 직접 지시하기보다는 몇 가지를 권해 준 다음 자녀 스스로 선택하게 하는 것이 효과적이다.
4. 자녀가 스트레스를 회피하기보다는 잘 극복할 수 있을 거라는 자신감을 제공해 주는 것이 중요하기는 하나, 부모가 자녀의 스트레스를 반드시 해소해 주어야 한다는 중압감은 떨쳐 버리는 것이 좋다.
5. 부모가 자녀의 자아존중감과 감정을 존중해 주어 정서적으로 안정되면 자녀의 스트레스 대처능력이 향상될 수 있다.

출처: 구광현 외(2002). 부모역할과 자녀교육; 신용주 외(2011). 대학생을 위한 부모교육.

도움으로 스트레스를 성공적으로 극복하였던 경험을 토대로 길러진다는 것이다. 그러므로 부모는 자녀가 겪게 되는 스트레스 상황을 이해하고, 자녀가 스스로의 능력과 방법으로 스트레스에 대처할 수 있도록 자신감을 북돋우고 격려해 주는 역할을 수행하여야 한다.

4. 자녀의 성교육을 위한 부모역할

성은 단순한 본능이 아니라 사랑과 친교를 바탕으로 한 인간관계이다. 하지만 아직도 많은 사람이 '성'이라 하면 대부분 성교, 쾌락 또는 얼굴을 붉히거나 억제해야 하는 충동 등을 연상한다. 특히 TV, 책, 인터넷 등을 통해 보다 개방적인 성 문화에 노출되고 있는 우리 자녀에게는 성에 대한 그릇된 정보나 왜곡된 성 가치관, 편견, 퇴폐적인 성 문화 등을 접할 수 있는 기회가 상당히 많다.

그러므로 성교육은 인간의 성을 심리적 · 사회적 · 윤리적 측면에서 이해하고 수용하여 건전한 인격을 형성하도록 하는 인성교육이라 할 수 있다. 가정은 가장 먼저 자녀의 성교육이 이루어지는 학습의 장이다. 부모가 자녀에게 성교육을 실시하는지의 여부와 무관하게 자녀는 부모가 지니고 있는 성에 대한 태도와 생각을 직간접적으로 전달받는다. 부모는 자녀에게 의식적 · 무의식적으로 성교육을 수행하고 있는 것이다. 그러므로 가정에서 실시하는 성교육은 인간을 인간답게 만드는 전인교육의 일환으로서 남녀의 성에 관한 지식과 정보를 신체적 · 심리적 · 사회적 측면에서 통합적으로 접근시킴으로써 성장과 발달이 조화롭게 이루어지도록 하며, 건전한 사회인으로 성장하여 원만한 대인관계를 유지하고 이를 토대로 행복한 생활을 영위할 수 있게 한다(김준희, 2001; 박화윤 외, 2006).

부모는 자녀의 성교육을 언제부터 시작하고, 어느 수준까지 다루어야 할지 몰라서 당황할 수 있다. 부모는 7세 이전 유아 자녀의 성교육을 위해 두 가지를 명심하는 것이 좋다(EBS 생방송 60분 부모 제작팀, 2010).

첫째, 주입식이 아닌 오감교육, 즉 느낌으로 성교육을 시작하는 것이 좋다. 이것은 성을 부끄럽거나 수치스러운 것이 아니라 기분 좋은 것으로 알도록 하는 것이다. 둘째, 성교육은 자녀가 관심이나 호기심이 생겨 묻기 시작할 때 실시하는 것이 바람직하다. 4~5세경에 성에 대한 관심이 생겨서 질문을 던지기 시작하면 너무 구체적으로 알려 주는 것보다 자녀의 눈높이에서 설명해 주고, 자세한 것은 초등학교 이후에 다시 설명해 주는 것이 좋다.

만약 부모가 성은 어른이 되면 자연히 알게 되는 것이며 자녀가 관심을 가져서는 안 되는 영역으로 생각한다면, 자녀는 성에 대한 궁금증이 있어도 부모 몰래 비밀리에 해결하고자 할 것이며, 성에 대한 호기심으로 인해 왜곡된 형태로 성을 탐닉할 수 있다. 그리고 가정에서 흔히 볼 수 있는 '남자는 모두 다 못 믿을 존재다'라는 사고방식이나 '여자에게는 순결이 가장 중요하며, 이성관계에서는 금욕적으로 행동하여야 한다'는 식의 비체계적인 성교육은 자녀로 하여금 오히려 성을 부정적으로 받아들이게 할 우려가 있다. 그러므로 부모는 자녀에게 설명할 수 있는 기본적인 성교육 관련 답변을 미리 숙지하여 자연스럽게 자녀에게 설명해 주면 많은 도움을 받을 수 있다(EBS 생방송 60분 부모 제작팀, 2010).

가정에서 실시하는 성교육의 내용으로는 남성과 여성의 신체적 차이 인식하기에서 출발하여 전반적인 성 발달 교육, 성역할 교육, 성희롱 및 성폭력 예방교육, 성윤리 교육, 성범죄 증가에 따른 성폭력 대처교육 등 광범위하다. 부모가 가정에서 일상생활을 통해 실시하는 성교육은 자녀가 올바른 성의식을 형성하는 데 중요한 역할을 한다. 그러므로 부모는 자녀가 성에 대한 편견이나 부담 또는 피해의식을 갖지 않고 올바른 성 지식과 태도를 지닐 수 있도록 도와주는 것이 중요하다.

〈글상자 10-6〉은 대구광역시 교육청에서 지정한 성교육 준거학교인 도원중학교의 양호교사 김명숙이 운영한 성교육 관련 사이트(신용주 외, 2011 재인용)를 참고하여 정리한 자료이다. 이 사이트에서는 성교육 자료와 함께 자녀의 성교육을 위해 부모가 가져야 할 기본적인 태도 및 전반적인 지침을 제공하고 있다. 가정에서 자녀의 올바른 성교육을 위한 부모역할 지침을 살펴보면 〈글상자 10-7〉과 같다(박화윤 외, 2006; 신용주 외, 2011).

결론적으로, 모든 남녀가 주체적인 성적 의사결정 능력을 지니고, 책임감 있게 자신의 성을 건강하게 가꾸어 나가는 '인간중심적인 성문화'가 확산되어야 한다. 이를 위해서는 어려서부터 바른 성의식을 가지고 자신의 몸과 성적 욕구를 통제하는 능력을 키워 성적인 문제에 대해서는 반드시 책임의식을 갖는 것이 중요하다. 부모와 자녀가 성, 피임, 임신 등에 대한 정확한 성지식을 습득하여야만 원치 않는 성관계, 성폭력, 임신 등과 같은 예상치 못한 성적 위험 상황에서 현명하게 대처할 수 있는 능력이 생길 것이다. 나아가 자녀가 성적 주체로서 성적 자기결정견을 행사하며, 책임감 있는 성행동을 할 수 있을 것이다.

글상자 10-6   자녀의 성교육을 위한 예상 질문과 답변

1. 아기는 어디서 나오나요?

   부모는 자녀에게 "너는 어디서 온다고 생각하니?"라고 되묻는다. 또는 "엄마 몸
   에는 아기가 나오는 문이 있는데, 아기가 다 자라면 그 문이 열린단다."라고 말해
   준다. 아이가 "그 문이 어디 있어? 한번 보고 싶어."라고 말하면, "아기가 나오고
   나면 그 문이 닫혀서 안 보여."라고 말해 준다. 4세 정도의 자녀가 이런 질문을 할
   때는 상상의 여지를 두어도 무방하다.

2. 아기는 어떻게 만들어져요?

   대부분의 성교육 그림책에는 '아빠의 아기씨와 엄마의 아기씨가 만나서……"와
   같이 복잡하고 자세하게 설명되어 있다. 이런 경우 자녀는 "그 아기씨들은 어떻
   게 만나나요?"라는 질문을 할 수 있다. 이때는 영유아 자녀에게 구체적으로 설명
   해 주기보다 "엄마와 아빠가 사랑을 하면 만들어진단다. 그것은 아주 기적 같은
   일이야. 네가 초등학교에 들어가면 얘기해 줄게."라고 말한 뒤 그에 대한 답변을
   자녀가 좀 더 큰 후에 해 주는 것이 좋다. 8세 정도의 자녀는 생리적인 것에 대한
   설명을 어느 정도 이해한다.

3. 나는 왜 이렇게 가슴이 작고, 엄마는 왜 가슴이 커요?

   이 경우에는 엄마의 손과 아이의 손을 대 보고, "이것 봐, 엄마 손이 네 손보다 크
   지? 너도 엄마처럼 크면 가슴도 커진단다."라고 설명한다. 또한 "외모와는 상관없
   이 너는 소중하단다."라는 말을 자연스럽게 많이 해 주고, 인간은 누구나 귀하다
   는 이야기를 자주 들려준다.

4. 왜 나는 앉아서 오줌을 누고 아빠는 서서 눠요?

   여자아이가 특히 자주 하는 질문이다. "여자와 남자는 오줌 나오는 길이 다르게
   생겼단다. 여자가 서서 누면 오줌이 다리를 타고 흐르기 때문에 앉아서 누는 거
   야."라고 말해 준다.

5. 나는 왜 고추가 없어요?

   우리는 흔히 남자는 고추가 있고, 여자는 고추가 없다는 말을 많이 한다. 이러한
   말은 여자아이에게 불필요한 상실감을 줄 수 있으며, 처음부터 무엇인가를 갖지
   못한 느낌을 줄 수 있다. 부모는 "네 것은 남자들이 가진 거랑 이름도 다르고 있
   는 곳도 다르단다."라고 말해 준다.

출처: 구광현 외(2002). 부모역할과 자녀교육; 신용주 외(2011). 대학생을 위한 부모교육.

글상자 10-7   자녀의 성교육을 위한 부모역할 지침

1. 부모는 체계적인 성교육을 받지 못한 세대이다. 그러므로 자녀에게 올바른 성교육을 실시하기 위해 부모가 먼저 성에 관한 바른 지식을 갖추어야 한다. 따라서 부모 자신이 지니고 있는 성에 대한 태도, 인식 및 사고를 점검해 보는 시간을 가질 필요가 있다.

2. 자녀가 성에 대한 질문을 할 경우에는 연령을 고려하여 사실적이고 간단하게 답변하는 것이 좋다. 부모가 대답을 회피한다면 자녀는 부적절한 통로를 통해 왜곡된 성 지식을 습득할 우려가 있다.

3. 자녀의 성적 성숙을 인정한다. 자녀가 성적으로 성숙하여 발생하는 고민이나 불안이 자연스러운 것임을 인정해야 성에 대한 자연스러운 대화가 가능하다.

4. 부모가 일상생활에서 모범을 보여야 한다. 부모가 성은 부끄럽거나 은밀한 것이라는 부정적인 생각이 들도록 행동한다면 자녀도 자연스럽게 부모와 유사한 성 가치관을 습득하게 될 것이다. 그러므로 부모는 성에 대해서 자연스럽고 긍정적인 태도를 보이도록 하며, 화목한 가정 분위기 속에서 서로 존경하는 부부관계를 유지하는 것이 성교육의 첫걸음이다.

5. 자녀가 이성에 대한 올바른 이해를 가질 수 있도록 지도해야 한다. 이성의 특성에 대한 이해 부족은 성 문제를 일으키는 원인이 될 수 있다.

6. 성교육의 과학적인 면과 사회적·윤리적인 면을 병행해서 가르쳐야 한다. 성도덕의 기본은 인간존중의식이다. 우리나라에서 성 범죄율이 높은 이유는 성 도덕과 윤리 수준이 낮기 때문이다. 그러므로 성 도덕 교육 내용으로 남의 몸 함부로 만지지 않기, 자신의 몸 소중히 보호하기, 성폭력 예방하기 등을 유아기부터 가르치는 것이 중요하다.

7. 자녀에게 생물학적 성 지식과 함께 인간으로서 바람직한 이성 교제나 사랑에 관한 심리적 지식 등 올바른 사고의 틀을 정립해 준다. 부모는 과학적인 내용을 친절한 태도로 자녀에게 전달함으로써 자녀가 성교육이 중요하다는 것을 인식하도록 한다.

8. 자녀가 성에 관한 질문을 할 때 당황하거나 회피해서는 안 된다. 이 경우 부모가 몰라도 된다는 식의 대답이나 거짓말을 하게 되면 자녀는 오히려 성에 대한 왜곡된 인식과 함께 부모에 대한 불신감을 키우게 된다.

9. 부모가 자녀에게 적극적으로 대화를 한다. 또한 부모는 대화를 통해 성에 관한 자녀의 생각이나 가치관을 파악할 수 있다. 나아가 자녀 연령을 고려하여 필요한 정보에 관해서는 부모가 적극적인 대화를 통해 알려 줄 수 있다.

10. 대중매체나 성 관련 서적 등에서의 성교육 소재를 활용하여 자녀가 성에 대해 바른 인식을 가질 수 있도록 도와준다. 필요시에는 전문적인 도움을 받는 것도 효과적이다.

출처: 박화윤(2006). 부모 자녀 관계 증진을 위한 부모교육; 신용주 외(2011). 대학생을 위한 부모교육.

5. 자녀의 자조 기술을 위한 부모역할

자녀의 바른 기본 생활습관은 하루아침에 형성되는 것이 아니라 가정에서 일관성 있는 지도가 필요하다. 자녀가 형성해야 할 기본 생활습관으로는 정리하기, 인사 잘하기, 바른 말 사용하기, 화장실 사용하기 · 손 씻기와 같은 청결습관, 바른 태도로 먹기 · 골고루 먹기와 같은 식습관, 차례 지키기, 교통질서 지키기, 잠자리 습관 등이 있다. 자조 기술(self-help skill)이란 자녀가 이러한 일상생활을 스스로 하는 데 필요한 다양한 기술이라 정의할 수 있다.

자녀가 일상생활을 스스로 할 수 있는 자조 기술의 중요성을 살펴보면 다음과 같다(이화여자대학교 이화어린이연구원, 2016).

- 자조 기술의 발달은 자녀가 독립적인 인간이 되는 데 필수적이다.
- 자조 기술은 자녀가 생애 초기부터 자신의 사회에서 독립적인 인간으로 생활하기 위해 갖춰야 하는 기술 중 하나이다.
- 자조 기술의 발달은 긍정적인 자아개념을 갖는 데 필수적이다.
- 자녀가 다양한 경험, 활동, 과제에 참여하는 과정에서 성취감을 느꼈을 때 긍정적인 자아개념이 형성된다. 자녀는 일상에서 의존적이던 자신이 점차 독립적으로 생활하면서 발전되는 자신을 통해 더 많은 성취감을 느끼게 된다. 따라서 자조 기술은 일상생활을 스스로 하는 과정에서 긍정적인 자아개념을 형성하는 데 기여한다.
- 자조 기술은 책임감과 자기조절능력의 발달에 필수적이다.
- 자녀는 연령이 증가함에 따라 개인에게 주어지는 역할(차례 지키기, 정리하기, 화장실에서 용변 처리하기, 옷을 제자리에 걸기 등)을 수행하는 과정에서 책임감이 발달한다. 때로는 해야 하는 일보다 하고 싶지 않은 것(골고루 먹기, 줄서기, 청소하기 등)이 있더라도 해야 하는 이유를 이해하고, 하려고 노력하는 과정에서 자기조절능력이 발달하게 된다.

- 자조 기술은 자신이 속한 사회의 삶의 양식을 학습하는 데 필수적이다.
- 자녀가 자조 기술을 습득하게 된다는 것은 스스로 일상생활을 할 수 있다는 의미이자, 사회에서 받아들여지는 삶의 양식을 익힌다는 의미이기도 하다. 예를 들면, 어른과 함께 식사할 때의 예절, 적당한 목소리로 이야기하기, 공공장소에서 질서 지키기 등은 그 시대, 그 사회의 삶의 양식이 반영된 형태이다.

따라서 부모는 자녀가 일상생활과 관련된 자조 기술을 바르게 형성할 수 있도록 기술적인 측면뿐만 아니라 태도와 지식적 측면, 함께 사는 예절과 가치 등도 함께 습득할 수 있도록 지원하여야 한다. 자녀의 자조 기술 형성을 위한 부모역할 지침을 정리하면 〈글상자 10-8〉과 같다(이화여자대학교 이화어린이연구원, 2016).

글상자 10-8   자녀의 자조 기술 형성을 위한 부모역할 지침

1. 자녀가 스스로 일상생활을 영위하기 위한 자조 기술을 습득하는 것은 자녀의 입장에서는 힘든 일임을 이해한다. 태어나면서부터 자녀는 부모가 전적으로 먹여 주고, 씻겨 주고, 재워 주고, 입혀 주고, 치워 주다가 어느 순간부터 점차 자녀 스스로 하도록 요구받게 된다. 따라서 이러한 일상생활 습관이 자녀 입장에서는 힘들기도 하고, 재미없고 하기 싫은 일일 수 있다.
2. 자조 기술을 지도할 때는 자녀가 조금씩 자신의 발달 수준에 맞게 참여하도록 하고, 성취감과 즐거움을 느낄 수 있도록 칭찬하고 격려한다.
3. 자녀의 능력에 대한 신뢰를 갖는 것이 중요하다. 자녀는 어린 시기부터 다양한 일상생활에 주도적으로 참여할 수 있는 능력이 있다. 스스로 할 수 없는 영유아의 경우에는 "기저귀 가지러 같이 가자." "빨래는 여기다 넣는 거야." 등과 같이 언급해 주어 자녀 자신도 참여하고 있음을 알려 준다.
4. 자녀의 연령과 발달 수준을 고려하여 자조 기술을 지도한다. 일상생활에 필요한 자조 기술의 수준은 자녀의 신체 · 인지 · 언어 · 사회 · 정서 발달 수준과 밀접한 관련이 있다. 따라서 부모는 자녀의 발달 시기에 할 수 있는 과제와 할 수 없는 과제를 파악하여

자녀에게 자조 기술을 익힐 수 있도록 지원한다.

5. 자녀의 정서 상태, 건강 상태, 특정한 날, 특정 상황 등을 고려하여 자조 기술을 지도한다. 자녀가 어릴 경우 어제까지 즐겁게 했던 정리를 오늘 갑자기 하지 않겠다고 고집을 피우기도 한다. 특히 스스로 먹고, 씻고, 입고, 신고, 치우는 일의 경우 자녀의 건강 상태가 좋지 않을 경우 귀찮아지고 힘들게 느껴질 수 있다. 자녀가 어릴수록 자신의 감정이나 건강 상태를 정확하게 표현하지 못할 수 있으므로 부모는 영유아의 기분이나 신체적 상태를 고려하여 융통성 있게 지도한다.

6. 자조 기술은 발달 수준에 맞추어 서서히 습득되며, 개인차가 있을 수 있다. 일반적으로 신체 · 인지 · 언어 · 사회 · 정서 발달이 이루어져야 일상생활에 필요한 자조 기술도 서서히 발달하게 된다. 따라서 그 연령의 자녀에게 기대하는 수준까지 자조 기술을 성취하도록 '밀어붙이는' 식의 지도 방법은 오히려 자녀에게 스트레스를 줄 수 있다. 따라서 자조 기술은 1~5년, 때로는 그 이상까지 소요될 수 있는 장기적 접근방법으로 일관성 있게 지도하는 것이 중요하다.

7. 자조 기술을 익히는 과정에서 자녀가 스트레스를 받지 않고 성취와 보람을 느끼도록 지도한다. 자녀가 익히고 있는 자조 기술은 성인의 관점에서는 늘 부족하게 보이기 마련이다. 따라서 부모는 자녀가 자조 기술을 잘 형성하고 있는 데도 칭찬과 격려보다는 지적을 하거나 대신 해 주기 쉽다. 자녀 입장에서는 잘하고 있는데도 다그치거나 인정을 받지 못한다고 느낄 수 있으며, 이것은 장기적으로 자조 기술을 습득하는 데 부정적인 영향을 줄 수 있다. 따라서 부모는 자녀가 스스로 성취한 것에 대한 인정과 칭찬 그리고 격려를 해 주어 궁극적으로 자녀 스스로 일상생활을 하는 자조 기술을 잘 형성하도록 지원한다.

출처: 이화여자대학교 이화어린이연구원(2016). 영유아교육기관에서의 일상생활지도: 독립적인 시민으로 키우기 위한 교육의 첫걸음.

참고문헌

교육부(2020). 2019년도 학생건강검사.

교육부, 보건복지부, 질병관리본부(2015). 청소년건강행태온라인조사.

교육부, 보건복지부, 질병관리본부(2019). 청소년건강행태온라인조사.

교육부, 보건복지부, 질병관리본부(각 연도). 청소년건강행태온라인조사.

교육부, 질병관리청(2021). 청소년건강행태조사.

구광현, 김영숙, 이수남, 이은상, 최양미(2002). 부모역할과 자녀교육. 서울: 교육과학사.

김옥분(2005). 이런 아이는 이렇게 하세요. 경기: 양서원.

김준희(2001). 엄마, 난 어디서 나왔어? 서울: 청어람미디어.

뉴시스(2021. 5. 9.). 팬데믹 끝나도 '코로나 블루'는 수십년 지속될 수 있어.

머니투데이(2021. 5. 6.). 코로나 시대, 온라인상에서 자녀를 보호하기 위한 8가지 팁은?

박화윤, 마지순, 안라리, 천은영(2006). 부모 자녀 관계 증진을 위한 부모교육. 서울: 창지사.

신용주, 김혜수(2011). 대학생을 위한 부모교육. 서울: 학지사.

신용주, 김혜수(2017). 다음 세대를 위한 부모교육. 서울: 학지사.

여성가족부(2015). 2015 청소년백서. 서울: 여성가족부.

여성가족부(2019). 2019 청소년통계.

여성가족부(2021). 2020 청소년종합실태조사. 서울: 여성가족부.

유남희(2005). 우리 아이 이런 행동 어떻게 할까요? 경기: 양서원.

이은주(1998). 생활사건스트레스와 사회적 지지가 청소년 비행에 미치는 영향. 한국청소년
    연구, 28, 115-137.

이화여자대학교 이화어린이연구원(2016). 영유아교육기관에서의 일상생활지도: 독립적인 시민
    으로 키우기 위한 교육의 첫걸음. 서울: 도서출판 파란마음.

정영숙, 김영희, 박범혁(2001). 아동발달과 부모교육. 서울: 램프레스.

질병관리본부(2015). 제11차 청소년건강행태온라인조사 통계.

최연실, 옥선화(1997). 가족 스트레스 모델의 경험적 검증: 청소년 자녀가 있는 중년기 부
    부를 중심으로. 한국가족치료학회, 5, 55-78.

통계청, 여성가족부(2021). 2021 청소년통계.

허혜경, 김혜수(2015). 청년심리와 교육. 서울: 학지사.

헬스조선뉴스(2021. 3. 15.). 코로나보다 무서운 비만. 어릴 때 비만 못 잡으면 평생 '다이
    어트 숙제'

EBS 생방송 60분 부모 제작팀(2010). EBS 60분 부모: 성장 발달편. 서울: 지식채널.

Joslin, K. R., & Decker, M. B. (1997). *Positive parenting your teens.* 박미경 역(1997). 10대 자녀를 키우는 부모가 꼭 알아야 할 77가지 방법. 서울: 개미.

Maddi, S. R., & Kobasa, S. C. (1984). *The hardy executive: Health under stress.* Homewood, IL: Dow. Jones-Irwin.

약업닷컴, www.yakup.com/news

통계청 국가통계포털, kosis.kr

ebs, 〈지식채널e〉, 마스크, 얼굴 반쪽이 사라진 세상. www.ebs.co.kr.

HelpGuid, http://helpguide.org

internetmatters, www.internetmatters.org

제11장

사회생활과 부모역할

1. 자녀의 원만한 또래관계 지원을 위한 부모역할

1) 또래관계의 특징

자녀는 점차 성장함에 따라 또래와 친밀한 유대관계를 형성하며 우정을 싹틔우게 된다. 아동은 친구들과의 접촉을 통해 부모나 성인과의 수직적인 상호작용과는 다른 수평적인 상호작용을 경험하게 된다. 또래관계의 발달 양상을 보면 영아도 또래를 쳐다보거나 만져 보고 때로는 미는 등 의도적인 사회적 행동을 보이는 것으로 미루어 보아, 사회성(sociality)은 생후 첫해 중반 무렵부터 나타난다고 할 수 있다(김태련 외, 2008).

2세 전후의 유아도 혼자 노는 것보다 점점 다른 사람과 같이 노는 것을 좋아하며, 부모와의 애착이 안정된 자녀는 친구와 원만하게 어울리는 모습을 보인다. 유아기부터 연령이 증가함에 따라 아동의 또래 간 상호작용은 급격히 늘게 되어 또래와 함께 지내는 시간이 점점 증가하게 된다.

학령기 아동은 자신의 감정과 생각을 또래에게 분명하게 전달할 수 있으므로 또래관계가 한층 성숙되며, 자신의 사회적 행동을 다른 친구와 비교하게 된다. 아동은 또래와의 상호작용을 통해 우정을 발달시키고, 또 친구들이

🎧 영국의 초등학생들

선호하는 말투나 행동, 생각을 자연스럽게 습득한다. 때로는 친구들끼리 허용되는 어투나 태도가 부모를 당혹스럽게도 하지만, 자녀에게는 부모와 마찬가지로 친구가 의미 있는 타인(significant others)으로 영향을 미친다.

또래관계는 아동에게도 중요하나 청소년에게는 더욱 중요하다. 친구는 동료의식과 레크리에이션의 원천이 되고, 충고와 격려를 주고받으며 믿을 수 있는 동반자이자 스트레스를 받거나 힘든 상황에서는 안정감을 제공하는 가치 있는 존재이다(김태련 외, 2008).

아동은 연령 및 사회적 수준에 따라 놀이 양상에 뚜렷한 차이가 있다(김태련 외, 2008). 예를 들어, 2~3세 아동은 자신은 참여하지 않고 다른 아동이 노는 모습을 구경하는 방관자적 행동(onlooker) 또는 혼자놀이(solitary play)를 즐기는 경향이 짙다. 3~4세경에는 외관상으로는 또래와 함께 놀지만 상호작용이나 협동 등 활동을 함께하지 않는 병행놀이(parallel play)를 즐기며, 5~6세 무렵에는 역할 분담이나 집단 목표에 대한 구속 없이 함께 노는 연합놀이(associative play)나 단일놀이(single play)에 공동 목표나 독자적인 역할이 등장하는 협동놀이(cooperative play)의 비중이 점차 높아진다. 그리고 초등학교 시기에는 복잡한 규칙이 있는 게임이나 협동놀이가 등장한다(Vasta, Haith, & Miller, 1995). 청소년기에는 부모에게서 벗어나 자아정체감 형성에 도움을 줄 수 있는 동성 또는 이성과의 또래관계를 발전시킨다.

아동은 또래관계를 형성하면서 뚜렷한 성차를 나타낸다. 예를 들면, 남아

⌒ 어린이집에서 또래와 함께 활동 중인 유아

는 단체로 친구를 사귀며 바깥놀이를 더욱 선호하는 반면, 여아는 친구를 일대일로 만나 개별적인 관계를 형성하며 실내에서 노는 것을 더 좋아한다. 일반적으로 아동은 자신과 관심사가 비슷한 또래와 친밀한 관계를 형성하게 된다. 또래관계에 영향을 주는 요인으로는 나이, 지리적 여건, 성별, 학업 성취도, 사회경제적 지위, 성격, 운동, 외모 등을 들 수 있다.

또래관계는 단지 인간관계기술의 발달과 함께 아동의 사회성, 성격, 정서, 인지적 발달 등 전반적으로 미치는 영향이 상당하다. 또래관계가 아동에게 미치는 영향을 제시하면 다음과 같다(김태련 외, 2008; 신용주 외, 2006; 정영숙 외, 2001; 허혜경 외, 2010).

- 또래는 서로에게 중요한 역할 모델이 된다. 또래관계를 통해 상대의 행동을 관찰하고 모방하며, 내면화하게 되고, 자신이 해야 할 행동과 하지 말아야 할 행동을 구분할 수 있으며, 가치관과 사회적 규범을 습득할 수 있다.
- 또래는 서로에게 중요한 강화자(reinforcer)의 역할을 한다. 또래 집단에서는 강화의 상호성이 발견되는데, 예를 들면, 아동은 부모나 교사뿐만 아니라 또래에게서 받는 칭찬과 비난, 각종 피드백에 민감하게 반응하며, 아동 자신도 또래에게 자연스럽게 강화를 제공한다.
- 또래는 스스로를 평가할 수 있는 기준을 제공하는 사회적 비교 기능을 갖는다. 그러므로 아동은 또래의 행동을 관찰함으로써 자신의 능력에 대해 현실적으로 판단할 수 있다. 또래를 통해 자신을 비교ㆍ평가하며, 이러한 과정을 통해 자아존중감과 자아정체감을 형성하는 토대를 마련한다.
- 또래는 사회적 지지 기능을 한다. 사회적 지지에는 힘든 상황에서 타인이 주는 실제적 도움인 도구적 지지, 감정적 위안을 받는 정서적 지지, 충고나 도움을 제공받는 정보적 지지, 함께 있어 주거나 공유해 주는 동반적 지지 등이 포함된다. 이와 같이 또래집단의 사회적 지지 기능을 통해 아

동은 성인에게서는 느끼지 못한 편안함과 정서적 안정을 경험할 수 있다.
- 또래관계를 통해 자신의 욕구를 다른 사람의 욕구에 맞추어 조절하는 방법을 배우게 된다. 자기주장을 해야 할 때와 양보해야 할 때를 구별하여 행동하게 된다.
- 또래관계에서 긍정적인 상호작용의 경험은 사회 인지 발달을 촉진하고, 주위 사람으로부터 사회적·정서적 인정을 받고 있다는 느낌을 주어 안정된 정서를 갖게 하며, 전반적으로 자아개념과 도덕성 발달에도 기여한다.

일반적으로 부모는 자녀에게 친구를 스스로 선택할 수 있는 자유를 부여하는 것이 바람직한데, 그 이유는 장차 독립적으로 대인관계를 형성할 수 있는 능력을 발달시킬 수 있기 때문이다. 하지만 부모는 자녀가 어떤 친구를 사귀고 있는지 알고 있는 것이 바람직하다. 왜냐하면 부모는 자녀가 친구와 함께 그릇된 행동을 하거나 친구관계에서 갈등을 겪을 경우 자녀에게 실질적인 도움을 제공할 수 있기 때문이다.

🎧 생일파티를 즐기는 미국 아동들

⋒ 친구 집에서 즐겁게 노는 또래 아동들

여기서는 원만한 또래관계 수립과 관련해 수줍어서 친구를 사귀기 어려워하는 자녀를 위한 부모역할에 대해 구체적으로 살펴본다(신용주 외, 2011).

2) 수줍어하는 자녀의 또래관계 형성을 위한 부모역할

학령기 자녀는 학교생활 속에서 교우관계를 통해 사회성이 발달한다. 자녀는 교우관계가 원만한 경우 친구들에게 인정을 받게 되어 학교생활을 즐겁게 하고, 심리적 · 정서적으로 안정된다.

아동의 또래 내 인기 정도에 따라 인기아와 비인기아로 분류할 수 있다. 사회성 측정검사를 분석한 결과 인기아는 사회성이 뛰어나고, 자신감이 넘치며, 또래의 감정을 잘 이해하고, 또래와의 상호작용에 필요한 사회적 지식과 기술을 지니는 반면, 비인기아는 또래로부터 인기가 없거나 관심의 대상이 되지 못하는 것으로 나타났다. 인기아와 비인기아의 행동 특성을 정리해 보면 〈표 11-1〉과 같다.

〈표 11-1〉 인기아와 비인기아의 특징

인기아	비인기아
• 리더십이 있다. • 다양한 의견을 제안한다. • 사회적 기술이 뛰어나다. • 자신의 행동을 잘 통제한다. • 친사회적 행동을 한다. • 친구가 많다. • 의사소통 기술이 뛰어나다.	• 소극적이다. • 공격적 행동을 나타낸다. • 친구와 어울리지 못한다. • 상대편의 의도를 잘 이해하지 못한다. • 또래의 놀이를 방해한다.

출처: 최석란(2002). 어린이의 또래관계.

　특히 비인기아의 대표적인 유형으로는 공격적이거나 또래의 놀이를 방해하는 경우와 수줍음을 많이 타고 소극적인 경우를 들 수 있다. 수줍음이 많은 아동의 경우 친구를 사귀거나 또래와 어울리는 것을 어려워하고 두려워하며 망설이는 경향이 강하다. 그러므로 수줍어하는 아동은 또래의 관심이나 인정을 받지 못하고 소외되기 쉽다. 수줍어서 친구관계를 형성하는 데 어려움이 있는 자녀는 스스로 의기소침하여 학교생활에 흥미를 잃거나 힘들어할 수 있기 때문에 세심한 부모역할 수행이 요구된다. 수줍음이 많은 자녀가 친구를 사귀지 못할 때의 부모역할 지침을 요약해 보면 〈글상자 11-1〉과 같다(김태련 외, 2008; 신용주 외, 2011; 정영숙 외, 2001).

글상자 11-1   수줍어하는 자녀의 또래관계 지원을 위한 부모역할 지침

1. 부모가 민주적인 분위기에서 자녀를 양육하며, 자녀를 무조건적으로 사랑하고 있음을 확신하도록 한다. 따뜻하면서도 권위를 갖춘 민주적인 부모의 자녀는 일반적으로 또래와 원만한 관계를 맺고 적절히 사교적이지만, 자녀에게 무관심하거나 지나치게 엄격한 부모의 자녀는 위축되거나 수줍어하는 경우가 많아 또래에게 수용되기 힘들다.

2. 자녀가 새로운 일을 시도할 때 전적으로 지지해 준다. 지지적인 부모 밑에서 자란 자녀의 경우 또래와의 상호작용을 쉽게 시작하고, 이미 형성된 놀이집단에도 두려움 없이 참여할 수 있다. 또한 새로운 친구들을 보면 수줍어하기보다는 반갑게 맞이하거나 또래의 흥미를 서로 적절히 교류하며 상호작용을 시작하는 다양한 방법을 터득하게 된다.

3. 자녀가 친구를 사귈 수 있도록 집으로 초대하는 등의 기회를 마련해 준다. 부모는 친구의 선택, 또래와의 접촉 기회의 제공, 또래와의 상호작용에 대한 적절한 모니터링 등을 통해 자녀의 사교성에 긍정적인 영향을 줄 수 있다.

4. 자녀의 관심사에 대해 진지하게 들어 주고 대화하며, 관심사에 대해 직접 또는 간접적으로 새로운 경험을 할 수 있도록 격려해 준다. 때로는 또래집단의 관심사나 가치를 부모 세대가 이해하기 힘든 경우도 있으나, 부모-자녀 갈등은 표면적인 것으로 인한 것이지 살아가는 방식에 대한 기본적인 차이로 인한 것이라고 보기는 어렵다.

5. 자녀가 친구를 사귀는 데 있어서 부모를 실망시키고 있다는 느낌이 들지 않도록 주의한다. 부모는 친구를 선택하는 자녀의 의사를 가급적 존중하고 이해하는 것이 중요하다.

6. 부모는 자녀에게 어려운 상황이 닥쳤을 경우 자녀를 지나치게 과잉보호하거나 그 상황에서 도피시키지 않는다. 자녀에게 둘 이상의 개인이 상호작용할 때는 의견이나 행동 또는 목적 등이 일치하지 않아 사회적 갈등이 일어날 수 있음을 알려 준다. 이 시기에는 또래의 행동을 마음대로 통제하려는 힘겨루기 갈등, 서로 물건을 차지하려는 소유 갈등, 규칙 위반과 관련된 갈등, 친구와의 약속이나 믿음과 관련된 신뢰감 갈등 등 다양한 갈등이 일어날 수 있음을 알려 준다.

7. 부모는 자녀가 새로운 상황에서 스스로 모든 것을 알아서 해결하기를 기대하지 않는다. 수줍음이 많고 소극적인 자녀에게는 익숙하지 않은 상황에서 스스로 문제를 해결해야 한다는 점이 두렵고 힘들 수 있으므로 부모가 자녀에게 심리적·정서적 지원을 제공하도록 한다.

8. 친구 사귀는 것을 목적으로 스포츠 팀이나 특정 집단에 들어가도록 강요하지 않는다. 수줍음이 많거나 소극적인 아동의 경우 동적인 활동보다는 정적인 활동을 더 좋아하는 경우가 많다. 부모가 친구 사귀는 것을 목적으로 동적인 활동을 지나치게 권유하는 경우 자녀는 스트레스나 반발이 생길 수 있다.

출처: 김태련 외(2008). 발달심리학; 신용주 외(2011). 대학생을 위한 부모교육; 정영숙 외(2001). 아동발달과 부모교육.

2. 자녀와 교사의 원만한 관계 형성을 위한 부모역할

자녀가 유치원 또는 학교생활에 잘 적응하기 위해서는 부모의 협조가 필요하다. 특히 아동기 자녀의 경우에는 아직 독립적으로 학교에서 요구하는 학업과 생활을 하기 어려우므로 부모의 지도와 지원이 필요하다. 자녀의 학교생활 적응을 돕기 위해서는 평소에 부모가 학교나 교사에 대해 갖고 있는 태도가 중요하다(이순형 외, 2010). 부모가 학교에 대해 긍정적인 태도를 가지고 협조적으로 지원하면 자녀도 학교에 대해 긍정적인 태도를 가지고 학교생활을 성실히 할 것이다. 반면, 부모가 학교나 교사에 대해 거부적인 태도를 보이면 자녀가 학교생활에 적응하기 어려울 수 있다. 최근에는 자녀에 대

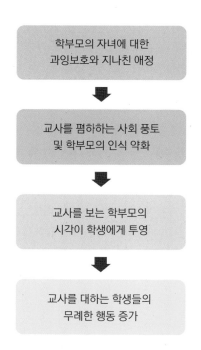

[그림 11-1] 문제 학부모가 자녀에게 미치는 영향

출처: 이명희(2008). 가정과 지역사회의 문제와 대안 찾기.

◯ 생일을 맞은 유아와 함께하는 교사

한 이기적인 교육열로 인해 과잉보호나 지나친 애정을 보이는 문제 학부모를 괴물 학부모(monster parents)라고 표현하기도 한다. 특히 자녀가 잘못 행동하여 학교에서 교사에게 야단을 맞을 경우, 문제 학부모가 자녀를 보호하는 과정에서 교사에 대해 부정적인 발언을 하거나 존중하지 못하는 경우가 있다. 이러한 문제 학부모의 왜곡된 자녀 사랑, 교사를 바라보는 부정적인 시각 등은 자녀에게 영향을 주어 [그림 11-1]과 같은 부정적인 결과를 초래할 수 있다(이명희, 2008).

이와 같이 부모는 장기적으로 볼 때 학교생활에서 교사가 자녀에게 미치는 영향이 상당하다는 것을 인식하고, 자녀 앞에서 경솔하게 교사를 비판하거나 험담을 하는 행위는 삼가야 할 것이다. 교사는 학교에 다니는 자녀에게 중요한 영향을 끼치는 의미 있는 사람 중 하나이다. 자녀의 전반적인 학교생활 및 교사관계와 관련된 부모역할을 요약하면 다음과 같다(신용주 외, 2006).

첫째, 부모가 솔선수범하여 자녀의 교사를 존경하는 마음을 가지는 것은 자녀가 교사와 원만한 관계를 유지하는 데 직간접적인 도움을 준다. 부모는 자녀 앞에서 절대로 교사에 대해 거부적인 태도를 보이거나 불평을 해서는 안 된다. 또한 자녀가 교사에게 야단을 맞았거나 교사와 문제가 있다고 해서 자녀에게 심문하듯이 "선생님이 너한테 어떻게 했니?" "선생님이 너한테만 그러시는 것 같니?"와 같이 물어보거나 "너희 선생님은 뭐 그까짓 것을 가지고 그러시냐!"와 같이 불만 섞인 비난을 하는 것은 자녀가 장기적으로 학교에서 교사와 긍정적 관계를 형성하는 데 부정적인 영향을 준다.

둘째, 자녀에게 학교생활을 넘겨짚어 부정적인 질문을 한다거나 빈정대듯이 말하는 것은 좋지 않다. 예를 들어, 자녀에게 "너 오늘 학교에서 야단맞았니?"라고 부정적으로 묻기보다는 "오늘 학교에서 어떤 일이 있었니?"라고 질문하는 것이 바람직하다.

셋째, 부모는 교사와의 상담을 주저해서는 안 된다. 자녀가 교사와의 관계에서 어려움이 있는 것으로 보이면 그 문제가 더욱 심각해지기 전에 담임교사와 직접 상담하는 것이 효과적이다. 이때 대부분의 교사는 자기 반 학생의 문제이므로 적극적으로 상담에 임한다.

넷째, 자녀가 행동, 교우관계, 학업 등과 관련하여 전반적 혹은 부분적으로 문제를 보이는 경우, 부모는 가정에서 지원할 수 있는 구체적인 방안을 교사와 의논하도록 한다.

다섯째, 부모가 어떠한 경우라도 자녀의 문제로 교사와 감정적으로 대립하는 것은 현명하지 못하다. 부모가 냉철하고 이성적으로 자녀의 문제점을 파악한 후에 적절한 해결점을 모색하는 것이 자녀의 행동을 개선하는 데 더 효과적이다.

♬ 교사들과 아동이 함께 하는 미국 유치원의 모습

여섯째, 부모는 자녀의 각종 교내 행사, 학부모회, 교사와의 면담 등에 적극적으로 참여하는 것이 좋다. 이러한 학내 모임은 궁극적으로 자녀의 교육에 대해 적극적으로 정보를 공유할 수 있는 장이 된다. 교사와의 면담은 한정된 시간 내에 이루어지기 때문에 부모가 아무런 준비도 없이 즉흥적으로 면담에 임하는 것은 비효율적이다. 부모는 교사 면담 전에 자녀에게 필요한 내용을 미리 준비한 후 체계적이고 조직적으로 면담에 임하면 비록 단시간이라도 효과를 극대화시킬 수 있다.

결론적으로, 부모는 우선 자녀의 말에 귀를 기울여야 한다. 미성년인 자녀의 후원자이자 대변인으로서, 부모는 교사와의 관계에서 이성적으로 임하는 태도를 가져야 한다. 여기서는 교사와 관련된 구체적인 사례를 들어 자녀와 교사 관계에서 필요한 상황별 부모역할을 살펴본다(김재은, 1995; 최정자, 1994: 신용주 외, 2011 재인용).

1) 교사에게 불손한 자녀를 위한 부모역할

교사를 불손하게 대하는 학생유형으로는 교사에게 대드는 학생, 교사를 비판하는 학생, 교사의 말을 듣지 않는 학생 등을 들 수 있다. 이러한 학생의 경우 말투가 거칠거나 무례하여 교사에게 예의 없이 행동하는 경우가 많다. 또는 교사의 말을 귀담아듣지 않고 제멋대로 행동하는 일이 빈번하다.

이러한 학생의 행동의 원인은 다양할 수 있으나, 대부분 가정에서의 대인관계에 문제가 있는 경우가 많다(김재은, 1995; 최정자, 1994: 신용주 외, 2006 재인용).

첫째, 부모가 분명한 기준 없이 자녀의 요구를 허용적으로 들어줄 때 자녀는 자연스럽게 어른이 자기를 존중하고 대접해야 한다고 인식하게 되어 교사에게도 무례하게 행동할 수 있다.

🎧 영국 초등학교의 독서지도 수업 모습

둘째, 가정에서 아버지가 권위적이어서 평소에 어머니를 무시하는 경우 또는 어머니가 지나치게 복종적인 경우에 자녀는 특히 여교사에게 가정에서 경험한 분위기대로 행동하는 경우가 발생한다.

셋째, 부모의 사랑을 많이 받지 못한 학생의 경우 교사에게서 사랑을 대리 보상받기 원하므로 교사의 눈에 띄는 행동을 하여 주목받고 싶어 하는 욕구에서 비롯된 무례한 행동을 하는 경향이 있다.

그러므로 부모는 가정에서 배우자나 자녀를 대하는 자신의 태도를 먼저 점검해 보는 것이 바람직하다. 부모가 스스로를 냉철하게 판단하기 어려울 때는 부부가 서로 상호 행동을 객관적으로 평가해 주거나 점검해 주어 잘못된 점을 점차 개선해 나가도록 한다.

또한 자녀의 행동에 문제가 있는 경우 부모가 서로 일관된 양육 기준을 가지고 훈육하되, 동시에 자녀가 부모의 애정을 느낄 수 있도록 하는 것이 중요하다. 예를 들면, 자녀가 버릇없이 부모에게 대할 때 반드시 눈을 마주 보고 차분한 목소리로 분명하게 야단을 친 후, 자녀가 반성을 하면 꼭 안아 주어 부모가 자녀를 사랑하는 마음을 자녀가 느낄 수 있도록 표현하는 것이 좋다.

2) 교사를 싫어하는 자녀를 위한 부모역할

교사를 싫어하는 학생은 다양한 행동 양상으로 자신의 마음을 표현한다. 예를 들어, 교사에게 다가오지 않거나 교사의 곁을 지날 때 아래를 보며 달아나는 학생, 교사를 두려워하는 학생, 교사에게 반항하는 학생, 교사와의 접촉을 피하거나 접촉은 하지만 곧 '싫어요'라고 반항적인 태도를 취하는 학생, 교사를 두려워하는 학생 등이 해당된다.

이런 학생 중에는 이전에 교사에게 야단을 맞은 후에 교사를 싫어하게 된 경우가 대부분이다. 그들이 보이는 반항적인 행동은 다시 교사의 지적을 받게 되고, 그러면 그 학생은 교사를 더욱 혐오하게 되는 악순환이 거듭되어, 결과적으로 교사와 학생의 상호관계는 더욱 악화된다.

자녀가 부모에게 교사에 대한 험담을 유난히 자주 하거나 불평을 하는 경우, 부모는 자녀와 교사의 관계에 문제가 있음을 짐작할 수 있다. 물론 부모는 자녀의 감정과 입장을 이해하여 공감하는 것이 중요하다. 그러나 자녀의 비판이나 불평에 동조하여 교사를 함께 비판하기보다는 긍정적인 방향에서 교사의 입장을 설명하여 교사에 대한 자녀의 태도가 바뀔 수 있도록 유도하는 것이 바람직하다.

부모가 활용할 수 있는 교사와의 의사소통을 위한 부모역할 지침을 정리하면 〈글상자 11-2〉와 같다(이명희, 2008).

글상자 11-2 **교사와의 의사소통을 위한 부모역할 지침**

1. 학부모로서 처음 교사와 만났을 때의 좋은 화제는 '아이의 좋은 점' 혹은 '아이가 즐겁게 열심히 하는 것'이 적절하다. 이것은 교사나 학부모도 부담 없이 이야기하기 좋은 주제일 뿐 아니라 아이의 좋은 점을 교사와 나누면 기분 또한 좋아진다. 또한 자녀도 부모로부터 교사의 이야기를 전해 들으면 학교생활에 자신감이 생기게 된다. 교사가 자녀의 좋은 점을 격려하고 칭찬하거나 그런 교사의 마음이 자녀에게 전달될 때 자녀의 사기를 높일 수 있다.

2. 부모는 학교의 주요 행사나 교육활동에 관심을 가지고 알고자 할 때 학교의 교육 방침이나 학교 분위기, 행사를 잘 이해할 수 있다. 학부모로서 학교 제반 행사에 참여하여 지원과 협력을 제공하면 교사와 학교도 부모의 관심에 고마워한다. 부모가 교사나 학교에 관심을 가지게 되면 자녀를 지도할 때 많은 도움이 되며, 학교나 교사와 공통 관심사가 생기게 된다.

3. 부모는 교사의 학급 경영 방침에 관심을 보임으로써 학급 경영에 대한 이해를 높이고 부모로서 참여할 수도 있다. 부모의 관심이 높을 경우 교사는 학부모의 관심에 감사하고 더욱더 학급 경영과 수업에 책임감을 가지게 된다. 학부모가 학교나 담임선생님에 대한 좋은 평판에 대하여 이야기하면 교사는 격려받는다.

4. 학부모가 자녀, 교사의 응원자이자 협력자라는 것을 밝히고, 필요한 경우 적극적으로 교사와의 면담을 요청한다.

5. 부모는 교사와의 면담을 통해 학교에서 학생의 성격과 특기, 적성에 대해 분명하게 파악한다. 부모는 자녀를 위해 학교에서 지도할 수 있는 것과 학부모가 도와야 할 것을 분명히 하여 학교와 부모가 함께 협조하여 아이를 기른다는 자세를 가진다.

6. 물론 자녀 당사자뿐만 아니라 부모도 자녀의 진로와 학업 성취도에 관해 교사와 긴밀하게 상담할 필요가 있으며, 학교, 가정 그리고 학생이 서로 상의하여 공통 목표를 설정하고, 해야 할 일을 정하여 성과를 수시로 점검하는 것이 효과적이다.

출처: 이명희(2008). 가정과 지역사회의 문제와 대안 찾기, 수정.

3. 자녀의 시험불안을 극복하기 위한 부모역할

1) 시험불안의 특징

학교환경에서 학업수행능력은 주로 시험으로 평가된다. 시험이 없는 학교 생활은 거의 불가능하며, 많은 학생에게 시험은 숨 막히는 답답함과 불안감을 주는 요인이다. 학교에서 교사는 학생의 학습 동기를 유발하고 학습 효과를 극대화하기 위해 학생의 신체적 · 심리적 반응이 주의집중적이고 깨어 있는 각성(arousal) 상태를 유지하게 한다(홍경자, 2004). 그런데 일부 학생은 각성 상태가 지나쳐서 신경이 예민하거나 신경을 곤두세우는 불안감이 심할 수 있다.

일반적으로 평소에 불안감이 높은 사람과 시험과 같은 특수한 상황에 직면하면 불안감이 높게 나타나는 사람이 있다. 평소에 불안감이 높은 경우를 상태불안이라 하고, 특수한 상황에서 불안감이 높게 나타나는 경우를 특성불안이라 한다. 특성불안의 대표적인 예인 시험불안(test anxiety)은 시험 보는 상황을 하나의 위협적인 상황으로 지각하여 지나치게 불안감을 느끼는 상태로 정의할 수 있다(홍경자, 2004).

대부분의 부모는 자녀가 시험을 칠 때는 어느 정도 긴장을 하는 것이 당연하며, 긴장이 없는 것보다는 있는 것이 시험을 잘 보도록 한다고 막연하게 생각한다. 또한 시험 성적에는 관심이 많으나, 시험불안을 느끼는 학생의 심리 상태는 가볍게 여기는 경향이 짙다. 그러므로 시험 상황에 자주 직면하는 자녀를 보다 잘 이해하고 지원하기 위해서는 시험불안과 학습 간의 관계를 이해하고, 시험불안이 심한 자녀를 지원하기 위한 부모역할에 대해 살펴볼 필요가 있다.

학교 현장에서 학업에 어려움이 있는 학생들에게 많이 나타나는 것이 정서적 문제인데, 시험불안도 학생들이 보이는 대표적인 정서적 문제 중 하나이다. 시험불안을 보이는 학생은 학습 과정 자체는 원활하게 수행하나, 시험에 대한 불안 수준이 지나치게 높아 시험에서 최상의 성취 수준을 보일 수 없다.

이와 같이 시험불안은 학습과 관련성이 높은 것으로 나타났다(김계현 외, 2009; 이철웅, 2007; 홍경자, 2004). 학업 성취 수준의 높고 낮음에 상관없이 시험에 대한 불안과 긴장감을 갖고 있는 것은 일반적이나, 특히 학업 성적이 우수하고 잠재 가능성이 높은 학생 중 시험불안으로 인해 능력만큼 성취를 보이지 않아 힘들어하는 경우가 많다.

이 외에도 학습불안은 교과내용의 복잡성과 관련하여 학업 성취에 영향을 주는 것으로 나타났다(홍경자, 2004). 단순한 내용을 학습할 경우에는 불안 수준이 높은 학생이 긴장감이 없는 학생보다 학업 성취가 높은 것으로 나타났으나, 복잡한 내용을 학습할 경우에는 불안 수준이 높으면 주의집중을 방해하여 학습 및 수행에 지장을 주는 것으로 나타났다.

2) 시험불안이 심한 자녀를 위한 부모역할

학업과 시험에 임할 때 어느 정도의 긴장감은 효율적일 수 있으나, 지나친 불안과 걱정은 오히려 학업 성취를 저해하는 요인이 된다. 그러므로 부모는 자녀의 낮은 학업 성취에 기여하는 요인이 시험불안 수준인지를 먼저 파악하도록 한다. 만약 자녀의 시험불안 수준이 지나칠 경우 부모가 그것을 적정 수준으로 낮추어 유지하도록 돕는 것이 자녀의 학업 성취에 효과적이다. 자녀가 시험불안을 극복할 수 있도록 지원하는 부모역할 지침을 소개하면 〈글상자 11-3〉과 같다(Bloch & Merritt, 2009).

많은 학생은 자신이 받은 성적으로 자신의 가치를 평가하곤 한다. 시험불안과는 다르게 일부 자신의 성적에 지나치게 민감한 성적 과민증 학생도 있다. 성적 과민증 학생은 성적이 우수하거나 낮은 학생 모두에서 나타난다(Bloch & Merritt, 2009). 의외로 성적 과민증은 가족의 특별한 인정이나 기대를

글상자 11-3   자녀의 시험불안 극복을 위한 부모역할 지침

1. 자녀의 시험불안 수준을 파악한다. 일반적으로 시험불안이 심한 자녀는 "나 이번 시험 망칠 것 같아." 등의 부정적인 말을 자주 하는 경향이 있다. 평소 자녀의 생각은 시험 상황에서 아는 문제마저도 불안 수준을 높여 저조한 성취 결과를 낳을 수 있다. 때로는 자녀가 시험 친 후에 "난 시험 시간에 머리가 멍해져서 아는 문제도 틀렸어."와 같은 말을 할 경우에는 자녀의 시험불안 수준이 지나치게 높다고 할 수 있다.

2. 부모가 자녀의 시험불안을 극복할 수 있도록 격려하기 위해 시험의 실패가 인생의 실패가 아니라는 것을 알려 준다. 또한 부모는 자녀가 잊고 있었던 과거의 성공 경험을 말해 주어 자신감 회복과 불안 수준 경감에 도움을 줄 수 있다.

3. 자녀가 시험불안이 높아서 하는 부정적인 말을 하는 습관을 없애도록 한다. 때로는 자녀와 대화를 통해 시험에 대한 부정적인 생각을 함께 써 보고, 그것을 극복할 수 있는 긍정적인 생각을 써서 눈에 띄는 곳에 붙여 두고 실천하도록 도와준다. 이러한 구체적인 방법은 시험에 대한 두려움을 없애고 자신감을 높이는 데 효과적이다.

시험에 대한 부정적 생각	시험에 대한 긍정적 생각
• 나는 시험을 망칠까 봐 두렵다.	• 나는 시험 준비를 했다.
• 이전보다 점수가 낮을까 봐 두렵다.	• 나는 꾸준히 나아지고 있다.
• 나는 멍청하다.	• 나는 영리하고 실력이 있다.
• 나는 시험에 약하다.	• 나는 매우 열심히 공부를 했다.
• 나는 시험이 두렵다.	• 긍정의 말이 도움이 될 것이다.
• 나는 늘 시험을 망쳤다.	• 나는 잘 봤던 시험을 기억한다.

4. 부모는 자녀가 시험 상황에서 좋은 성취를 거둘 수 있도록 구체적인 기술을 설명해 준다. 예를 들면, 자녀에게 시험을 보는 동안 긴장하지 않기, 깊게 심호흡하기, 쉬운 문제부터 풀기, 시험 준비한 것을 기억하기, 희망하는 점수를 받는 모습을 상상하기 등의 구체적인 기술을 알려 준다.

5. 실제로 시험 보기 전에 시험을 보는 연습을 하게 한다. 공연에서 미리 리허설을 하듯이, 기출 문제나 총정리 문제 등을 활용하여 시험 상황을 연습해 봄으로써 실제 상황에서 시험 보는 기술을 익히고 긴장감을 낮추는 훈련을 하도록 한다.

출처: Bloch et al (2009). *Power of positive talk.*

받는 우수한 학생에게서도 보이는 것으로 시험불안과는 차이가 있다. 우수한 학생은 자신의 높은 학업 성적이 곧 자기 가치라고 믿기 때문에 낮은 점수를 받게 될지도 모른다는 두려움과 불안이 있다. 그러므로 시험불안 자녀, 성적 과민 자녀를 포함한 모든 자녀를 둔 부모는 자녀의 학업 성적을 대함에 있어 현명한 입장과 태도를 취하는 것이 중요하다. 자녀의 성적을 대하는 부모를 위한 양육 지침을 정리해 보면 〈글상자 11-4〉와 같다(Bloch & Merritt, 2009).

글상자 11-4 자녀의 성적과 관련된 부모역할 지침

1. 성적표가 나오는 시기는 부모와 자녀 모두에게 스트레스가 될 수 있으므로 미리부터 성적 결과에 대한 부정적인 말로 자녀에게 부정적 감정, 혼란, 두려움을 주지 않는다.
2. 자녀는 만족스러운 성적을 받아올 수도 있고 그렇지 않을 수도 있다. 부모는 자녀가 성적표를 갖고 오면 먼저 감정을 절제하고 자녀와 함께 성적을 꼼꼼히 살펴보는 것이 중요하다. 만족스럽지 않은 결과라 하더라도 흥분하지 않는다.
3. 자녀의 성적이 저조하더라도 우선 긍정적인 말을 한다. 부모는 무엇이든 성적과 관련해 칭찬할 만한 것을 찾는다. 예를 들어, "네가 이번 시험을 통해 시도 많이 배우고, 별자리도 공부하고, 많은 것을 알게 되었구나."와 같은 긍정의 말을 먼저 하여 자녀의 두려움과 걱정을 완화시킨다.
4. 자녀에게 자신의 성적에 대해 먼저 자신의 생각이나 느낌을 이야기하도록 한다. 성적이 저조한 경우에는 자녀의 감정을 배려하여 "성적이 좋지 않은 걸 보니 마음이 안 좋구나. 너도 기분이 좋지 않을 거야."와 같이 말한다. 이때 부모는 자녀가 자신의 성적표를 두고 중립적으로 말하기 상당히 어려운 상황임을 이해한다.
5. 무엇을, 왜, 어째서 같은 단어를 사용해서 성적 결과에 대해 창피를 주거나 자녀의 말에 트집을 잡거나 비난하지 않는다. 대신 자녀에게 "성적을 올리려면 다음엔 무엇을 해야 될까?" "이 상황을 어떻게 생각하니?" "왜 성적이 낮게 나왔을까?"와 같이 물어보면서 대화를 유도한다.
6. 자녀가 지나치게 성적에 집착하거나 결과에 매달리지 않도록 한다. 성적은 학습하는 과정임을 알려 주고, 더욱 분발하여 다음 목적을 함께 의논하는 것이 더 생산적이다. 필요한 경우 자녀 또는 교사와 함께 공부 계획을 세울 수도 있다.
7. 부모가 자녀의 학업에 지나치게 간섭하지 않는다. 단, 자녀도 부모의 적절한 지원과 안내를 받으면 정서적으로 편안해질 수 있다. 자녀가 자발적으로 요청할 경우에는 지원을 아끼지 않는다.

출처: Bloch et al (2009). *Power of positive talk.*

4. 경제교육

자녀에게 어려서부터 돈이나 경제 개념에 대한 교육을 시켜야 한다는 필요성에 공감하지만, 많은 부모가 언제부터 어떤 내용으로 또 어떠한 방식으로 경제교육을 시켜야 하는지 막연하게 느낀다. 서점에 가면 아동이 읽을 수 있는 경제교육 서적을 손쉽게 구할 수 있으며, 각종 매스컴에서 산발적으로 경제교육을 다루고 있다. 금융기관이나 각종 단체에서도 초등학생을 대상으로 온오프라인상에서 어린이 용돈관리 강좌, 온라인 어린이 경제교육, 금융경제 캠프 등을 운영한다. 하지만 최근에는 재테크, 적금, 펀드, 주식, 심지어 가상화폐까지 어려서부터 자녀들이 접하게 되는 정보들은 자녀의 금융경제교육이 단순하지 않음을 시사한다.

자녀가 어려서부터 가정에서 경제교육을 해야 한다는 움직임이 강하게 일고 있다. 그러나 구체적으로 언제부터 어떻게 자녀에게 경제교육을 실시해야 하는지에 대한 중론은 아직 형성되지 않았다. 물론 자녀의 발달 연령을 고려하여 일상생활에서 경제교육을 해야겠지만, 많은 전문가는 자녀가 돈에 대해 알기 시작할 때 또는 수 개념을 형성하기 시작할 때부터 경제교육을 시작하는 것이 좋다고 본다. 일반적으로 경제교육은 동전이나 지폐의 차이, 그리고 돈의 액수를 구분할 수 있는 만 3~4세부터 실시하는 것이 좋다(http://kids.mosf.go.kr).

경제교육의 내용이 방대하나, 여기서는 경제교육과 관련하여 가정에서 부모가 실천할 수 있는 부모역할(김정훈, 2002)과 부모와 자녀 간에 가장 실질적인 주제인 용돈(김정훈, 2002; 신용주 외, 2011)에 대해 정리한다. 우선, 가정에서 자녀의 경제교육을 위해 부모가 실천할 수 있는 부모역할 지침을 살펴보면 〈글상자 11-5〉와 같다(김정훈, 2002).

다음으로, 자녀에게 돈을 직접 사용해 보는 경험을 가지게 하는 대표적인 학습 수단으로는 용돈을 들 수 있다. 자녀에게 바른 경제관을 심어 주는 지

글상자 11-5 **자녀의 경제교육을 위한 부모역할 지침**

1. 부모는 자녀가 돈을 어떻게 사용할 것인지를 스스로 결정하도록 도와주며, 직접적으로 지시하고 비판적으로 감독하기보다 돈의 사용 방법을 안내하고 충고하며 설명해 준다.
2. 자녀의 좋은 경제활동에 대해서는 칭찬하여 잘할 수 있다는 것을 확신하도록 하며, 실수를 하더라도 야단치기보다는 격려한다.
3. 자녀가 성공 경험뿐만 아니라 실수를 통해서도 경제학습이 이루어짐을 염두에 두어 학습에 활용한다. 예를 들어, 자녀가 TV나 광고를 액면 그대로 믿는 경우 또는 그런 상품이 간혹 사실과 다른 경우에는 설명해 주어 자녀로 하여금 광고의 특성을 깨닫게 해 준다.
4. 부모가 자녀의 역할 모델이 되어 예산 계획을 세우고, 규모 있게 지출하고, 가계부를 적는 것 등을 자녀가 직접 관찰할 수 있도록 한다.
5. 평소 경제교육에 일관성을 유지하되, 자녀의 연령과 특성에 따라 융통성을 발휘한다.
6. 돈의 목적은 객관적이어야 한다. 즉, 돈을 자녀의 상벌에 이용하지 말아야 하며, 심부름을 하는 등 일상적인 집안일에 대해서는 돈을 주지 않는다.
7. 자녀의 연령을 고려하여 가족 경제의 특정 항목(예: 가족 간식비)에 한하여 수입과 지출을 함께 기록하고 집행함으로써 가정예산 집행과정에 자녀가 가족 구성원으로서 참여할 수 있는 기회를 제공한다.
8. 가정의 경제적 상황이나 어려움에 대해 자녀에게 명확하고 단순하게 설명한다. 단, 부모는 자녀의 연령과 성숙 정도를 고려하여 대화의 깊이를 결정한다.
9. 자녀의 연령과 개인차에 따라 돈에 대한 태도, 경제감각, 돈관리 능력 등에 현저한 차이가 있을 수 있다. 그러므로 자녀의 연령과 개인차를 존중하고 최대한 고려하여 경제교육을 실시한다.
10. 자녀가 경제감각이 생길 때까지는 시간이 걸리므로 인내심을 가지고 교육한다.

출처: 김정훈(2002). 우리 아이 경제교육 어떻게 할까.

혜로운 부모가 되기 위하여 부모는 자녀가 일정 연령에 이르면 용돈을 주고 규모 있게 사용하도록 지도하여야 한다. 자녀가 돈의 개념을 이해하게 되면 가능한 한 빨리 돈의 가치와 올바른 쓰임새에 대해 지도해 주도록 한다.

용돈을 사용할 수 있는 나이는 자녀에 따라 개인차가 있다. 계획성 있는 자녀의 경우 초등학교 저학년 무렵부터 용돈을 사용할 수 있으나, 대부분은 초등학교 3~4학년 정도면 스스로 용돈을 사용하는 것이 가능하다. 그러나 소비 충동을 억제하지 못하고 계획성이 부족한 자녀의 경우에는 초등학교 5~6학년, 중·고등학생이라도 용돈을 규모 없이 사용하는 경우가 흔하다. 용돈을 계획성 있게 사용하는 능력은 자녀가 미래를 위해 현재의 욕구를 조절하는 능력과 밀접한 관련이 있다. 만족 지연 능력이 있는 자녀는 당장 갖고 싶거나 먹고 싶은 욕구를 참고 용돈을 모아 필요한 것을 한정된 금액 내에서 사는 계획을 세울 수 있다.

글상자 11-6　　자녀의 용돈 관리 지도를 위한 부모역할 지침

1. 자녀에게 처음 용돈을 줄 때 용돈 기입장을 함께 선물하며, 용돈을 규모 있게 사용하는 방법과 용돈의 지출 내역을 기입하는 방법을 잘 설명해 준다.
2. 자녀의 연령이나 가정환경에 따라 용돈의 액수나 빈도가 달라질 수 있음을 설명한다. 그러므로 형제자매 간이나 또래 친구와도 용돈에 차등이 있음을 자연스럽게 받아들일 수 있도록 한다.
3. 용돈만 주고 자녀에게 맡겨 놓기보다는 의논 상대가 되어 돈을 쓰는 법을 가르친다. 예를 들어, 자녀와 함께 은행에 가서 통장을 만들어 저축하는 법을 가르치고 저금의 가치와 즐거움을 함께 알게 한다.
4. 용돈으로 필요 없는 자질구레한 물건을 충동적으로 구입하거나 의미 없이 사용하지 않도록 지도한다.
5. 초등학생 자녀에게는 용돈 사용에 대해 지도하고, 중·고등학생 자녀에게는 용돈 사용 시 재량의 폭을 점차 넓혀 주는 등 자녀의 연령을 고려한 용돈 사용 지도교육을 한다.
6. 자녀에게 한꺼번에 많은 돈을 주어 소비 충동을 조장하거나, 필요할 때마다 너무 빠듯하게 돈을 주어 위축된 환경을 조성하는 것은 삼간다.
7. 용돈교육이나 돈에 대한 가치관에 대해 부모가 서로 다른 의견을 자녀에게 제시하지 않는다. 예를 들어, 자녀가 용돈이 부족할 경우 "엄마가 더 안 주신대요."라고 아버지에게 지원을 요청했을 때 아버지가 "내가 엄마한테 말해 볼게."라고 말하는 것은 바람직하지 않다. 대신 "아빠가 이유는 잘 모르겠지만, 엄마가 안 된다고 했으면 안 되는 거야."라고 말하는 등 부모가 일관된 용돈 사용 지도교육을 하는 것이 장기적으로는 자녀의 용돈 관리능력의 향상을 위해 바람직하다.

출처: 김정훈(2002). 우리 아이 경제교육 어떻게 할까; 신용주 외(2011). 미래를 여는 부모교육; 최정자(1994). 지혜로운 엄마 아빠가 되기 위한 아이사랑법.

자녀의 용돈 관리 지도를 위한 부모역할 지침을 살펴보면 〈글상자 11-6〉과 같다(김정훈, 2002; 신용주 외, 2011; 최정자, 1994).

또한 자녀는 학교 행사를 통해 실천 지향적인 경제교육을 받을 수 있다. 예를 들면, 초·중·고등학교에서 실시하는 알뜰장터나 바자회 행사에 참여해 가정에서 쓸 수 있는 물건을 나눠 쓰거나 교환해서 쓰는 과정을 통해 경제원리를 체득할 수 있다. 최근 중·고등학교에서 실시하는 교복 재활용 운동이나 선배의 교재 물려주기 운동을 통해 자녀가 물건을 아껴 쓰고 나눠 쓰는 경제감각을 체득할 수 있다. 학년이 바뀌면 다 쓴 교과서나 참고서를 물려주거나 다 읽은 필독도서는 교내 도서관에 기증함으로써 자원을 낭비하지 않고 공유하는 경제감각을 높일 수도 있다.

이 외에도 가정에서 자녀의 경제교육을 위해 활용할 수 있는 몇몇 경제교육 사이트를 소개하면 다음과 같다.

- 한국은행 청소년 경제교실(www.bok.or.kr): 한국은행의 지역본부에서 개최하는 청소년 경제교실에 참가할 수 있다.
- 기획재정부 어린이 경제교실(http://kids.mofe.go.kr): 유아·아동·청소년에게 경제 개념을 애니메이션으로 쉽게 설명해 준다.
- 금융감독원 금융교육센터(http://edu.fss.or.kr/fss/edu/main.jsp): 아동·청소년을 위한 금융교육을 실시하거나 금융교육 자료 및 교재를 제공해 준다.
- (사)청소년금융교육협의회(http://www.fq.or.kr): 초·중·고등학교에 찾아가는 금융교실을 운영하고, 주말 어린이 금융교실을 통해 학생들에게 필요한 맞춤 금융교육을 실시한다.
- JA코리아(www.jakorea.co.kr): JA(Junior Achievement) Korea는 경제교육 프로그램을 무상으로 제공하는 국제 비영리 교육기관으로, 유아부터 초·중·고등학생, 대학생 및 일부 성인에 이르기까지 체계적인 경제교육을 실시한다.

"물고기를 주지 말고 물고기 낚는 법을 가르쳐라"라는 말이 있다. 어려서 부터 경제 개념을 심어 준 유대인의 경제교육이 세계 경제와 금융시장, 부 (富)를 지배하고 있는 유대인의 기초가 되었음을 기억해야 할 것이다. 자녀에게 어려서부터 돈에 대한 소중함과 경제 개념, 나아가 올바른 투자 가치관까지 깨우칠 수 있는 경제교육의 필요성이 더욱 요구된다.

5. 세계시민교육

세계시민교육이란 인류 보편적 가치인 세계 평화, 인권, 문화 다양성 등에 대해 폭넓게 이해하고 실천하는 책임 있는 시민을 양성하는 교육으로, 최근 실종된 시민의식 등으로 인한 복잡한 문제들에 대한 교육적 대안으로 주목 받고 있다.

세계시민교육을 통해 공통적으로 다루어야 하는 핵심 요소는 다음과 같다 (www.qca.org.uk/ages3-14/subjects/6123.html; Collins, 2002).

⋒ 두바이 박물관에 체험활동을 나온 아랍 아동들

- 사회적 · 도덕적 책임감(social and moral responsibility): 아동은 어려서부터 자신을 존중하며, 교실 안팎에서 어른의 권위 그리고 인간관계에 있어서 사회적 · 도덕적으로 책임 있는 행동에 대하여 학습한다.
- 지역사회 참여(community involvement): 아동은 일차적으로 이웃의 삶과 문제에 관심을 가지며, 이차적으로는 이웃과 지역사회의 문제에 직접 참여하며 봉사하는 행동에 대해 학습한다.
- 정치적 이해(political literacy): 아동은 민주주의 제도와 실천과정, 문제점 등에 대해 배우며, 자신이 습득한 지식과 기술 및 가치관이 가정, 지역 사회, 지방자치단체, 국가적 수준에서 실제 국민생활에 어떻게 기여하는지에 대해 학습한다.

세계시민교육은 학생들로 하여금 세계시민으로서의 지식을 습득하고, 사회적 · 도덕적으로 책임지는 교양 있고 분별력 있는 시민으로서 적극적인 역할을 할 수 있도록 준비하게 한다. 또한 세계시민교육은 다른 사람과 함께 행동할 수 있는 자신감과 확신을 부여해 줌으로써 그들이 지역사회에 기여하도록 돕는 것을 목표로 한다(www.qca.org.uk/ca/subjects/citizenship).

세계시민교육을 통해 아동 · 청소년은 다음과 같은 내용을 경험할 수 있다 (Collins, 2002).

- 자신이 독특하다는 것을 알게 됨으로써 자신의 가치를 인식한다.
- 개개인은 여러 방면에서 서로 다르다는 것을 이해한다.
- 다른 사람의 관점에서 사물을 바라본다.
- 올바른 것과 잘못된 것을 인식하고 옳은 것을 선택한다.
- 자신에게 사회적 책임과 권리가 있다는 것을 이해한다.
- 민주적인 과정을 이해한다.
- 모든 사람이 동등하며, 다양한 문화와 사회 속에서 존재한다는 사실을 인식한다.

- 다른 인종과 문화에서 많은 것을 배울 수 있다는 사실을 이해한다.
- 개발도상국이 그들의 잠재력을 실현할 수 있도록 지원한다.
- 세계 평화를 위해 자신도 해야 할 일이 있다는 사실을 인식한다.

선진국 시민 이미지를 떠올리면 수준 높은 공중도덕과 질서의식 그리고 자신의 권익도 보장받으면서 다른 사람도 존중하는 생활을 영위하는 몸에 밴 시민의식이 연상된다. 예를 들면, 2011년 규모 9.0의 동일본 대지진과 10m 높이의 쓰나미, 방사능 물질 엄습의 공포적인 대참사 상황 속에서도 일본 국민은 놀라울 정도의 높은 질서의식을 보여 주어 전 세계를 감동시켰다. 쇼핑센터나 편의점에서 10시간 넘게 줄을 서야 겨우 식량을 살 수 있음에도 새치기나 원성 한마디 없이 조용히 자기 차례를 기다렸다 구입하고 다른 사람을 배려하느라 꼭 필요한 만큼만 구입하였다. 또한 길에는 쓰레기 하나 떨어져 있지 않았으며, 광장으로 대피하는 중에도 침착하게 질서를 지키는 모습을 유지해 시민의식이 문화 수준과 직결됨을 생생하게 보여 주었다.

최근에는 세계화 추세에 발맞추어 세계시민의식(global citizenship)을 함양하여야 한다는 인식이 고조되고 있다. 이와 같이 서로의 권리와 책임을 존중하며, 질서의식을 지키고 공동생활을 하는 세계시민의식은 학교교육만으로는 단기간에 형성되지 않는다. 세계시민의식을 갖춘 국민을 양성하기 위해서는 정부와 사회 그리고 학교와 가정의 공동 노력이 필요한데, 그중에서도 가장 중요한 것이 가정의 역할이다(신용주, 2005).

가정에서는 사회화 과정을 통해 자녀가 민주적 시민으로 성장할 수 있는 시민교육의 기초를 마련할 수 있다. 세계시민교육의 발전을 저해하는 가족 환경의 변화 요인을 분석해 보면 다음과 같다.

첫째, 핵가족화됨에 따라 가정 내 위계질서와 예절교육이 강조되던 가부장적인 과거와는 달리 가족 구성원 개개인의 안녕과 번영을 우선으로 추구하는 가족이기주의의 팽배를 들 수 있다. 자신의 가족 공동체만 지나치게 중시하고 타 공동체와의 공생관계는 고려하지 않는 가족이기주의가 증가하고 있다.

둘째, 가구당 자녀 수가 적어짐에 따라 자녀 위주의 사고방식을 지닌 부모가 증가하게 되었다. 이는 부모의 교육열과 맞물려 가족자원의 많은 부분을 자녀교육에 투자하는 반면, 자녀의 인성교육에는 상대적으로 소홀한 불균형적인 학업 중심 지원 양태를 낳았다.

셋째, 자녀에 대한 물질적 · 정서적 지원은 대폭 증가한 반면, 부모, 조부모 등 성인에 대한 존경심은 약화되었다. 이에 따라 부모의 권위가 과거보다 많이 축소되었으며, 부모에 대한 공경심 역시 많이 감소되었다.

넷째, 허용적 양육태도를 보이는 부모가 늘고 있다. 자녀에게 엄격한 행동의 규범이나 예절에 대한 기대 수준이 낮아짐에 따라 자녀와 친구같이 지내는 부모가 늘어나면서 훈육과 사회화 기능의 수행이 미약해졌다는 평가를 받고 있다.

선진국에서는 가정에서 부모가 민주시민교육을 실천할 수 있도록 다양한 방식을 활용하고 있다. 영국의 예를 살펴보면, 영국에서 다루고 있는 시민교육의 아홉 가지 요인은 권리와 책임(rights and responsibilities), 정체성(identity), 지역에서의 민주주의(local democracy), 의사소통(community action), 갈등(conflict), 범죄(crime), 정부와 의회(government and parliament), 미디어(media), 지구촌(global community) 그리고 유럽연합, 유엔 및 영연방 국가(EU, UN and Commonwealth)이다. 이와 같은 시민교육의 활성화를 위해 영국 교육기술부(Department of Education and Skill: DfES)에서는 부모가 정보를 얻고 여러 링크에 접속하거나 질문을 할 수 있는 전용 사이트(http://www.dfes.gov.uk/citizenship)를 운영하면서, 아홉 가지 영역에 초점을 맞추어 만화 형식이나 퀴즈, 게시판 운영 등 다양한 방법으로 시민의식 및 시민권에 대한 정보를 제공하거나 교환할 수 있게 하고 있다. 그리고 부모는 이 사이트를 통해 자녀의 시민의식을 고취하는 방법, 상황별로 자녀의 시민의

| 글상자 11-7 | 세계시민교육을 위한 부모역할 지침 |

1. 우리나라의 전통적인 밥상머리교육과 같이 식사 시간에 웃어른이 자연스럽게 자녀에게 교양을 갖춰 일상적인 대화를 나눔으로써 생활 속에서 시민교육을 실천한다.

2. 식사 시간을 식사 예절, 자세, 어른 공경, 음식에 관련된 전통 등을 습득하는 교육의 장으로 활용하여 세계 속의 한국인으로 성장하도록 한다.

3. 자녀가 자신의 의사를 분명하고 당당하게 표현할 수 있을 뿐만 아니라 다른 사람의 의견을 경청할 줄도 아는 민주 시민의 기본 소양을 지니도록 교육한다. 자녀와 대화를 할 때 자녀의 의견을 경청하는 것이 중요한데, 만약 자녀가 뚜렷하고 개성 있는 의견을 개진하더라도 끝까지 주의 깊게 들어 주도록 한다.

4. 부모가 자녀의 의견에 반드시 동의할 필요는 없지만, 이때 중요한 전제는 자녀의 견해도 타당하다는 것을 인정하여야 한다는 것이다. 또한 자녀의 의견에 대해 부모가 반대의 논점을 합리적으로 제시하는 것은 자녀가 자신의 의견에 대해 다시 한번 생각하도록 하는 데 도움이 된다.

5. 자녀가 직면한 사건이나 상황에 관한 이야기를 진지하게 들어 주는 것이 중요하며, 특히 가족 구성원이나 친구와의 갈등과 같은 특정 주제에 대해 함께 토론하는 것은 자녀를 민주 시민으로 양성하는 밑거름이 된다.

6. 자녀가 다양한 서적을 읽고 부모와 함께 그에 대해 토론을 함으로써 간접 경험을 하고, 작가나 주인공 또는 제삼자의 입장에서 공동체 생활에 대해 생각해 보는 것은 자녀의 사회성을 향상시키고 관점을 확대하는 데 도움이 된다.

7. 한국인으로서의 정체성을 확립하고, 외국 문화의 유입 속에서도 우리 고유의 가치와 문화를 지키도록 하며, 우리 전통의 우수성과 지혜로움을 알려 주어 우리 문화에 대한 자부심을 갖도록 한다. 한국인으로서의 정체성을 확보하는 부모교육의 일환으로 우리나라 명절 모임이나 가족 행사에 가족 구성원이 적극적으로 참여하여 친족 간의 유대관계를 돈독히 하고 가족 간의 공동체 의식을 다지는 기회로 삼는다.

8. 자녀로 하여금 학교나 지역사회에서 제공하는 다양한 형태의 모임이나 활동에 참여하도록 하여 자녀가 공동체 생활과 협동의식을 학습할 수 있는 계기를 가지도록 한다.

9. 인간은 사회에서 공동체 생활을 하며 살아가야 하기 때문에 반드시 규칙과 법을 준수하는 질서의식이 함양되어야 하며, 타인을 배려하고 상호 존중하는 태도를 갖추는 것이 중요하다.

출처: 신용주(2005). 좋은 시민 만들기와 가정의 역할.

식 교육을 지원하는 방법을 제공받을 수 있다(신용주, 2005).

미국의 경우 민주시민교육에서 주로 다루고 있는 교육 내용에는 지역사
회 및 다원화 사회에 대한 이해, 미래 시민과 미래 사회의 가족, 일, 고용, 여
가활동, 민주주의와 건전한 정치의식의 함양, 시민생활과 법, 사회봉사 등이
있으며, 이 외에도 환경교육과 경제활동에 관한 내용이 강조되고 있다(공성
진, 2004).

우리나라와 같이 예절이 중요시되는 나라의 경우에는 자녀가 익혀야 할
중요한 가치관과 태도인 성실, 도덕성, 규칙 준수 그리고 예절과 타인에 대
한 배려가 시민교육의 기초가 된다. 이에 영국, 미국 그리고 우리나라의 시
민교육에 근거하여 자녀를 민주 시민으로 양성할 수 있도록 도와주는 부모
역할 지침을 제시해 보면 〈글상자 11-7〉과 같다(신용주, 2005).

자녀가 세계시민으로 자라나야 할 필요성은 우리나라 교육과정에서도 뚜
렷하게 명시하고 있다(허혜경 외, 2017).

첫째, 「교육기본법」 제2조에서는 "교육은 홍익인간(弘益人間)의 이념 아래
모든 국민으로 하여금 인격을 도야하고 자주적 생활능력과 민주시민으로서
필요한 자질을 갖추게 함으로써 인간다운 삶을 영위하게 하고 민주국가의
발전과 인류공영의 이상을 실현하는 데 이바지하게 함을 목적으로 한다."라
고 하여 우리나라가 국가교육과정에서 추구하고 있는 인간상이 민주시민임
을 명시하고 있다.

둘째, '2015 개정교육과정 총론'에서는 추구하고 있는 인간상으로 자주인,
창의인, 문화인, 세계인을 제시하고 있는데, 세계인(global-minded person)으
로서 필요한 역량으로 의사소통능력, 세계시민의식, 지구공동체 문제해결,
인류공영, 배려와 나눔을 명시하고 있으며, 이 역시 세계시민교육을 통해 길
러질 수 있다.

셋째, 우리나라에서는 2015년 7월부터 「인성교육진흥법」이 시행되어 인
성교육을 의무적으로 실시하고 있다. 인성교육의 핵심 가치와 덕목을 세계

시민의식과 결합하여 균형 있게 가르친다면 그 교육 효과는 기대 이상일 것이다.

　이러한 세계화의 흐름 그리고 국가 교육과정의 변화에 부응하여 21세기를 살아가는 자녀들의 삶에 필요한 세계시민의식을 길러 줄 수 있는 세계시민교육 역시 가정에서부터 비롯되어야 할 것이다. 최근에는 어려서부터 세계시민의식을 길러야 한다는 공감대가 형성됨에 따라 자녀의 발달단계에 맞게 세계시민교육에 대한 시대적 요구가 증가하고 있다. 이에 따라 부모는 일상생활에서 자녀의 공동체 생활에 필요한 태도, 다문화, 평화, 지속 가능한 세계를 위한 생태친화적 태도 등과 같은 다양한 주제로 세계시민교육에서 다루고 있는 개념들을 가르칠 수 있다(Collins, 2002; Fountain, 1994). 가정에서의 실천적이고 합리적인 세계시민교육을 통해 글로벌 시민을 양성할 수 있으며, 가정을 민주시민의식을 함양하는 세계시민교육의 장으로 적극 활용할 것을 권장한다.

참고문헌

교육과학기술부, 이화여자대학교 학교폭력예방연구소, 청소년폭력예방재단, 법무부, 자녀 안심하고 학교보내기운동 국민재단 부설 한국법교육센터(2012). 학교폭력 사안처리 가이드북. 서울: 교육과학기술부.

김계현, 김동일, 김봉환, 김창대, 김혜숙, 남상인, 천성문(2009). 학교상담과 생활지도(2판). 서울: 학지사.

김명자(2002). 청소년의 학교폭력행위 예측모형. 전남대학교 대학원 박사학위논문.

김재은(1995). 유아문제행동의 특징과 지도방법. 서울: 국민서관.

김정훈(2002). 우리 아이 경제교육 어떻게 할까. 서울: 굿인포메이션.

김태련, 조혜자, 이선자, 방희정, 조숙자, 조성원, 김현정, 홍주연, 이계원, 서린자, 손원숙, 홍순정, 박영신, 손영숙, 김명소, 성은현(2008). 발달심리학. 서울: 학지사.

김혜원(2014). 청소년 학교폭력. 서울: 학지사.

노충래, 이신옥(2003). 중학생의 학교폭력에 영향을 미치는 요인에 관한 연구: 부부폭력 목격경험, 아동학대 피해경험, 내적통제감 및 학교생활을 중심으로. 학교사회복지, 6, 1-35.

법무부, 교육과학기술부(2012). 학교폭력에 대한 교사의 역할-교사용. 서울: 법무부 · 교육과학기술부.

송재홍, 김광수, 박성희, 안이환, 오익수, 은혁기, 정종진, 조봉환, 홍종관, 황매향(2012). 학교폭력의 예방 및 대책. 서울: 학지사.

신용주(2005). 좋은 시민 만들기와 가정의 역할. 제23차 지역사회교육포럼논문.

신용주, 김혜수(2006). 자녀지도와 부모교육. 서울: 형설출판사.

신용주, 김혜수(2011). 대학생을 위한 부모교육. 서울. 학지사.

이규미, 지승희, 오인수, 송미경, 장재홍, 정제영, 조용선, 이정윤, 유형근, 이은경, 고경희, 오혜영, 이유미, 김승혜, 최희영(2015). 학교폭력 예방의 이론과 실제. 서울: 학지사.

이덕진(2007). 가정폭력이 청소년의 학교폭력에 미치는 영향에 관한 연구. 남부대학교 대학원 석사학위논문.

이명희(2008). 가정과 지역사회의 문제와 대안 찾기. 제26차 지역사회교육포럼 자료집.

이순형, 민하영, 권혜진, 정윤주, 한유진, 최윤경, 권기남(2010). 부모교육. 서울: 학지사.

이철웅(2007). 교육상담과 생활지도연구. 경기: 교육과학사.

정영숙, 김영희, 박범혁(2001). 아동발달과 부모교육. 서울: 램프레스.

정영숙, 신민섭, 설인자(2001). 청소년심리학. 서울: 시그마프레스.

정현주, 김하나, 최보영(2012). 학교폭력부모지침서. 서울: 한국청소년상담원.

조운주, 최일선(2016). 유아를 위한 학교폭력 예방 및 대책. 서울: 창지사.

최석란(2002). 어린이의 또래관계. 서울: 다음세대.

최정자(1994). 지혜로운 엄마 아빠가 되기 위한 아이사랑법. 서울: 박우사.

한국청소년개발원(1999). 청소년폭력 가해자와 가해집단에 관한 연구. 연구보고 99-R 42.

허혜경, 김혜수(2010). 청년발달. 서울: 학지사.

허혜경, 김혜수(2017). 글로벌 시민교육. 서울: 창지사.

홍경자(2004). 청소년의 인성교육: 나는 누구인가. 서울: 학지사.

Baldry, A. C. (2003). Bullying in schools and exposure to domestic violence. *Child Abuse & Neglect, 27*(7), 713-732.

Bloch, D., & Merritt, J. (2003). *Power of positive talk.* 최인자 역(2009). 아이의 미래를 바꾸는 칭찬의 힘. 경기: 동화출판사.

Collins, M. (2002). *Circling round citizenship.* London: Paul Chapman Publishing.

EBS 생방송 60분 부모 제작팀(2010). EBS 60분 부모: 성장 발달편. 서울: 지식채널.

Fountain, S. (1994). *Learning together-global education 4-7.* Cheltenham: Stanley Thornes.

Olweus, D. (1993). *Bullying at school: What we know and what we can do.* Oxford, UK: Blackwell Publishers.

Vasta, R., Haith, M., & Miller, S. A. (1995). *Child psychology: The modern science.* New York: John Wiley & Sons.

금융감독원 금융교육센터, http://edu.fss.or.kr/fss/edu/main.jsp

기획재정부 어린이 경제교실, http://kids.mofe.go.kr

(사) 청소년금융교육협의회, www.fq.or.kr

투데이코리아, www.todaykorea.co.kr

한국은행 청소년 경제교실, www.bok.or.kr

JA코리아, www.jakorea.co.kr

Qualifications and Curriculum Authority, www.qca.org.uk/ages3-14/subjects

Qualifications and Curriculum Authority, www.qca.org.uk/ca/subjects/citizenship

제12장

특별한 관심이 필요한
자녀와 부모역할

이 장에서는 외둥이 자녀 및 쌍둥이 자녀, 장애 자녀, ADHD 자녀 그리고 학대받는 자녀의 특성과 부모역할에 대해 살펴보고자 한다.

1. 외둥이 자녀의 특성과 부모역할

외둥이(the only child)란 형제 없이 한 명의 자녀로 성장하고 있는 아동을 말한다. 최근에는 가족의 소규모화, 저출산 현상 등으로 인해 핵가족 형태 중에서 자녀 수가 가장 적은 외둥이가족이 증가하였다. 부모가 자녀 한 명만을 기르는 가족 형태인 외둥이가족은 여자 외둥이인 무남독녀로 구성된 부모와 딸, 남자 외둥이인 무녀독남으로 구성된 부모와 아들의 형태로 분류된다.

1) 외둥이 자녀의 특성

혼인신고한 지 5년이 경과되지 않은 부부 중에서 혼인관계를 유지 중인 가정을 대상으로 조사한 '2019 신혼부부통계'(통계청, 2020b) 결과에 따르면, 초혼 신혼부부 99만 8천 쌍 중 2019년 11월 1일 기준 자녀를 출산하지 않은 부부는 전체의 42.5%(42만 4천 쌍)를 차지하며, 2018년도(40.2%)에 비해 2.3%p 상승한 것으로 나타났다. 자녀를 출산한 부부 비중은 57.5%이고, 평균 출생아 수는 0.71명으로 전년(0.74명)보다 0.03명 감소한 것으로 나타났다. 또한 초혼 신혼부부의 자녀 출산 여부별 현황을 살펴보면, 자녀를 1명 둔 외둥이 자녀 가정의 비중이 가장 높은 것으로 나타났다.

외둥이에 관한 선행 연구를 살펴보면 상반되는 결과가 공존한다. 외둥이는 성인의 관심과 환경적 자극이 풍성한 환경에서 성장하므로 지적 발달이 우수하다는 결과(마민정, 2004; 송나리, 박성연, 1993)와 실제로는 그렇지 않다는 상반된 결과(류향자, 1999; 이현주, 1999; 전혜영, 1999; 정희영, 2014)가 존재한다.

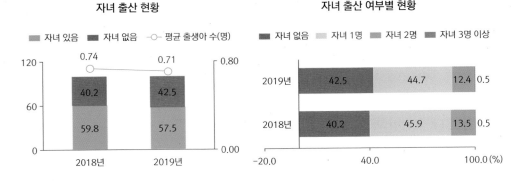

[그림 12-1] 자녀 출산 현황

출처: 통계청(2020b). 2019 신혼부부통계.

특히 외둥이가 우수하다는 연구의 근거를 살펴보면, 외둥이는 형제자매가 있는 아동에 비해 부모와의 빈번한 접촉으로 풍부한 자극을 제공받는 환경에서 성장하므로 언어 발달이 빠른 편이며, 그 결과 사고의 발달 및 지적 발달이 우수하다는 것이다(송나리 외, 1993: 박영애 외 2005 재인용). 일반적으로 외둥이는 형제아에 비해 부모나 성인으로부터 다양한 자극을 받아 지적 호기심과 인지 발달이 우수한 편이며, 자기 자신과 주변 환경을 긍정적으로 바라보는 경향이 있어 자아존중감 및 자아개념이 높은 것으로 알려져 있다. 또한 외둥이는 자기주장이 분명하고 주도적이며, 성취도 측면에서도 비교적 우수한 능력을 발휘한다는 결과가 있다(유구종 외, 2010).

외둥이의 성격 및 사회성 발달에 대한 연구 결과를 살펴보면, 형제가 있는 가정에서 자란 아동에 비해 외둥이가 사회성이 부족하다는 견해가 일반적이다. 예를 들어, 외둥이는 사회성 발달에 어려움이 있으며(박영애 외, 2005), 의사소통능력과 학교적응능력이 낮은 것으로 나타났는데(정희영, 2014), 여기에는 외둥이에 대한 고정관념이나 편견으로 작용하기도 한다.

반면에 사회성 발달 측면에서 외둥이가 형제아에 비해 우수하다고 보고한 연구 결과도 존재한다. 성격적 측면에서 외둥이가 형제아보다 활동성, 지배성, 사려성 등 더 바람직한 성격을 지니고 있으며(류향자, 1999; 전혜영, 1999), 자기조절능력(이은숙, 2011)과 자아존중감(정희영, 2014) 그리고 사회성, 자기 효능감, 학교적응능력이 더 높은 것으로 나타났다(경혜란, 2010; 김은선, 2006).

자녀의 발달에 있어서 형제자매의 유무가 중요한 환경 변인임에는 틀림이 없으나, 우리나라에서는 거의 세계 최저의 저출산 현상으로 인해 외둥이 가정이 대다수를 차지하고 있는 현재 상황을 고려할 때, 자녀가 많아야 자녀들의 성격이 좋아지며 외둥이는 사회성 발달이 부진하다는 것은 일종의 편견일 수 있다(박영애 외, 2005; 신용주 외, 2017).

2) 외둥이 자녀를 위한 부모역할

외둥이 자녀를 위한 부모역할을 살펴보면 사회성 발달과 관련된 내용이 대부분을 차지한다. 외둥이 자녀를 위한 부모역할 지침을 정리하면 〈글상자 12-1〉과 같다(박영애 외, 2005).

글상자 12-1   외둥이 자녀를 위한 부모역할 지침

1. 외둥이 자녀를 둔 부모는 특히 독립심을 함양하도록 조력한다.

   외둥이 자녀의 경우 부모에게 의존적일 수 있으므로 부모가 늘 함께 지내면서 불필요한 도움까지도 제공해 주는 경우가 많을 수 있다. 그러므로 외둥이일수록 해야 할 것과 하지 말아야 할 것, 어떻게 하면 독립적으로 생각하고 행동할 수 있는지 등을 가르치고 기회를 제공하여 독립심을 키워 주는 것이 중요하다.

2. 부모는 자율성과 함께 한계를 분명하게 제공해 주도록 한다.

   이것은 비단 외둥이 부모에게만 해당되는 내용은 아니다. 그러나 특히 외둥이 부모의 경우 자녀에게 일정 한도 내에서 자율성을 부여하되, 한계를 넘어서면 과감하게 통제하거나 야단을 칠 줄 알아야 한다. 부모가 자율성과 한계를 분명히 제공할 때, 오히려 외둥이 자녀는 부모와 신뢰 있는 관계를 형성하며 분명한 가치관을 정립할 수 있다.

3. 부모는 외둥이 자녀에게 다양한 상황에 접근할 수 있도록 지원한다.

부모는 외둥이가 사회적 관계 속에서 사회성 발달을 촉진할 수 있는 환경을 제공하도록 노력한다. 예를 들어, 형제가 없는 외둥이의 경우에는 '또래'관계를 통해 사회성을 키울 수 있으므로 친구들과의 접촉 기회를 자주 갖도록 관심을 가진다. 또한 친척이나 지역사회 등 다양한 상황에 노출함으로써 대인관계를 확대하고 사회성 발달을 촉진할 수 있는 환경적 배려를 아끼지 않는다.

4. 부모는 다양한 역할 모델을 제공함으로써 자녀가 사회성 발달과 경험을 갖도록 지원한다.

부모는 자녀에게 부모의 역할뿐만 아니라 친구, 교사, 상담가 등 다양한 역할 모델을 수행함으로써 계획성 있는 환경 자극과 경험을 제공하는 것이 중요하다. 부모의 이러한 의도적인 노력은 외둥이 자녀의 사회성 발달과 인지 발달을 촉진할 뿐 아니라 주위 환경에 대한 긍정적인 관점과 자아존중감을 높이는 데 기여한다.

출처: 박영애 외(2005). 현대인의 자녀양육.

2. 쌍둥이 자녀의 특성과 부모역할

1) 쌍둥이 자녀의 특성

쌍둥이(twins)는 한 자궁에서 자란 두 명 이상의 자녀를 의미한다. 쌍둥이는 이성 혹은 동성으로 구성되며, 일반적으로 이들은 연속적으로 태어난다. 쌍둥이는 일란성(monozygotic: MZ)과 이란성(dizygotic: DZ)으로 분류된다. 우리나라에서는 쌍둥이를 다둥이 또는 다태아라고도 부른다. 최근 우리나라에서는 다태아(多胎兒)의 출산율이 증가하고 있는 추세이므로, 쌍둥이 육아에 대한 관심이 점점 더 높아지고 있다. 우리나라의 2019년 출생통계(통계청, 2020a)를 살펴보면, 총 출생아 중에서 다태아 비중은 4.6%를 차지하여 2018년 대비 0.4%p 증가한 것으로 나타났다.

쌍둥이 출생률이 증가하는 가장 주된 원인으로는 불임 치료와 관련이 큰 이란성 쌍둥이의 출생을 들 수 있다. 우리나라의 경우 출산율이 점차 감소하

[그림 12-2] 다태아 출생아 수 및 비중 추이(1999~2019년)

출처: 통계청(2020a). 2019년 출생통계.

면서 인구 자연증가율은 꾸준히 감소하고 있는 추세이나, 불임 치료가 늘면
서 쌍둥이의 출산율은 매년 증가하고 있다. 통계청(2020a) 인구조사에 따르
면 쌍둥이가 매년 1만 명 이상 출생하는데, 그 이유 중 하나는 쌍둥이 출산
확률이 높은 불임시술을 통해 출산하는 부부가 증가하기 때문이다.

쌍둥이는 자궁 크기의 한계로 인해 일반 단태아에 비해 평균 약 3주 정도
빨리 출생하는 편이다. 쌍둥이는 임신 36주가 안 되어 출생하는 경우가 네
명 중 한 명꼴로, 혼자 태어나는 단생아보다 그 비율이 13배나 높다. 그러므
로 쌍둥이 인구의 절반 이상은 매년 체중이 2.5kg 미만의 저체중아로 태어
나고 있다. 쌍둥이 임신의 경우 초기 유산율이 증가되고, 임신 중기에 임신
중독증에 걸릴 확률이 2~5배 증가되며, 조산율이 높은 편이다. 이러한 태내
환경은 태아의 선천성 기형의 가능성을 증가시킨다.

우리나라의 경우 다태아 모(母)의 평균 연령은 34.5세로 단태아 모(32.9세)
보다 1.6세 더 높은 것으로 나타났다(통계청, 2020a). 다태아의 구성비는 어
머니의 연령이 높아질수록 증가하여 30대 후반에서 6.9%로 최고를 보인 후
40대 이상에서는 5.2%로 감소한 것으로 나타났다.

쌍둥이 임신의 경우 정기적으로 건강을 세심하게 관리하면 조산이나 출산
시 다양한 합병증의 위험을 상당히 낮출 수 있다. 이와 같이 미숙아로 태어

날 경우가 많은 쌍둥이는 건강에 이상이 생길 확률이 상대적으로 높기 때문에 특별한 조치와 양육상의 각별한 주의가 필요하다.

〈표 12-1〉 단태아 및 다태아 모(母)의 평균 연령(2009~2019년)　　(단위: 세)

	2009	2010	2011	2012	2013	2014	2015	2016	2017	2018	2019	증감
계*	31.0	31.3	31.4	31.6	31.8	32.0	32.2	32.4	32.6	32.8	33.0	0.2
단태아	31.0	31.3	31.4	31.6	31.8	32.0	32.2	32.4	32.6	32.7	32.9	0.2
다태아	32.0	32.2	32.5	32.7	32.9	33.2	33.3	33.6	33.9	34.3	34.5	0.2

*모의 연령 미상 제외
출처: 통계청(2020a). 2019년 출생통계.

〈표 12-2〉 모(母)의 연령별 다태아 비중 추이(2009~2019년)　　(단위: %, %p)

	2009	2010	2011	2012	2013	2014	2015	2016	2017	2018	2019	증감
계*	2.7	2.7	2.9	3.2	3.3	3.5	3.7	3.9	3.9	4.2	4.6	0.4
24세 이하	1.3	1.4	1.3	1.5	1.4	1.4	1.6	1.4	1.7	1.5	1.7	0.2
25~29세	2.0	2.1	2.2	2.2	2.2	2.2	2.4	2.5	2.3	2.4	2.5	0.1
30~34세	3.1	3.0	3.2	3.5	3.6	3.7	3.9	4.0	3.8	3.9	4.2	0.3
35~39세	3.9	3.8	4.1	4.5	4.6	5.0	5.0	5.5	5.7	6.2	6.9	0.7
40세 이상	2.9	2.7	3.4	3.7	3.0	3.5	3.5	3.9	3.7	5.1	5.2	0.1

*모의 연령 및 다태아 여부 미상 제외
출처: 통계청(2020a). 2019년 출생통계.

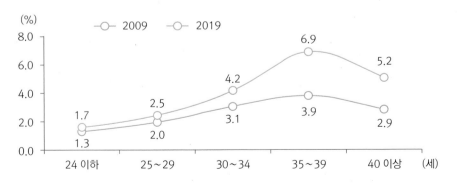

[그림 12-3] 모(母)의 연령별 다태아 비중 추이(2009년, 2019년)

출처: 통계청(2020a). 2019년 출생통계.

2) 쌍둥이 자녀를 위한 부모역할

쌍둥이는 유전적으로 상당한 동질성을 지니고 있으며, 태내에서부터 함께 성장하기 때문에 다른 형제나 남보다는 유사성이 매우 높다. 그렇지만 개인의 인격과 취향이 동일한 것은 아니다. 쌍둥이는 태내 환경부터 거의 동일한 환경에서 동일한 부모의 보살핌을 받으며 성장하므로 정신적으로 서로에 대한 밀착 수준이 강한 편이다. 쌍둥이 자녀를 양육하는 부모의 경우 육아상 신체적 어려움뿐만 아니라 쌍둥이 자녀 육아를 위한 지식과 정보를 수집하기도 쉽지 않다. 이에 여기서는 쌍둥이 자녀를 키우는 부모역할에 대해 살펴보고자 한다. 구체적인 부모역할 지침은 〈글상자 12-2〉와 같다(신용주 외, 2011; http://www.ezday.co.kr; http://www.raising-twins.com)

글상자 12-2   쌍둥이 자녀를 위한 부모역할 지침

1. 부모는 쌍둥이 각각의 특성을 잘 이해하도록 노력한다.

   쌍둥이는 한 배에서 같은 날 태어났으며, 유전적 동질성이 높다 하더라도 서로 다른 인격체이다. 따라서 부모는 자녀 각각의 인격과 개성을 인정하고 존중하며 키우는 것이 무엇보다 중요하다.

2. 부모는 쌍둥이에게 경쟁을 유발하는 행동을 삼간다.

   쌍둥이는 성장하는 과정에서 경쟁하려는 자아가 강하기 때문에 부모가 두 자녀를 비교하거나 경쟁시키는 것을 삼가야 한다. 특히 쌍둥이는 태어나는 순간부터 상당히 많은 시간을 함께 보내기 때문에 "누가 더 잘하나?" "누가 엄마 말을 더 잘 듣나 보자." 등의 말로 쌍둥이의 경쟁을 부추기는 말은 삼간다.

3. 부모는 자녀에게 공평한 태도를 유지한다.

   쌍둥이 자녀는 경쟁 심리가 강하기 때문에 부모 입장에서 가장 힘든 점 중 하나는 상벌의 문제이다. 부모는 칭찬할 때나 야단칠 때 쌍둥이 자녀 모두에게 공평한 태도를 가져야 한다. 한 아이에게 좀 더 애정을 보이면 다른 아이는 쉽게 상처받아 소외감을 느끼고 자아존중감이 낮아지기 쉽다.

4. 부모는 자녀의 사회성을 길러 주도록 노력한다.

쌍둥이는 서로 간에 정서적 교감이 크기 때문에 다른 친구를 사귐에 있어 다소 소극적이다. 특히 쌍둥이가 너무 둘만 함께 있고 싶어 하거나 서로에게 지나치게 의존한다면 사회성 발달에 문제가 생길 수 있다. 쌍둥이의 경우 굳이 친구의 필요성을 느끼지 못하거나, 부모 역시 자녀끼리 잘 지내므로 또래 친구의 필요성을 느끼지 못하는 경우가 많은데, 이럴 경우 사회성 습득에 어려움이 생길 수 있다. 그러므로 부모는 자녀가 다른 아동과 어울릴 수 있는 시간을 많이 마련해 주는 것이 중요하다.

5. 부모는 쌍둥이를 훈육할 때 중재 역할을 잘 수행하여야 한다.

쌍둥이는 함께하는 시간이 긴 데다 관심사가 비슷하거나 자기주장이 강할 경우에 자주 다툴 수 있다. 이때 부모가 둘 간의 다툼에 너무 깊이 간섭하거나 해결해 주기보다는 쌍둥이 간에 잘 해결할 수 있도록 중재 역할을 적절히 수행한다.

6. 부모는 쌍둥이 자녀의 독립심과 개성을 함양할 수 있도록 도와준다.

쌍둥이 자녀는 일반적으로 상호 간에 특별한 애착이 강하게 형성된다. 그러므로 부모는 쌍둥이의 이와 같은 남다른 친밀감(unique bonds)을 존중해 주는 동시에, 각자가 독립심(independence)을 가지고 행동하며 개성(individuality) 있는 존재로 성장할 수 있도록 지원한다. 일반적인 형제자매보다 쌍둥이의 경우에는 친밀한 애착관계와 개성, 독립심이 모두 균형 있게 발달할 수 있도록 세심한 주의를 기울인다.

7. 남녀 쌍둥이의 경우에는 성역할을 구분하여 키우지 않는다.

대부분의 부모는 남녀 쌍둥이가 태어나면 남자아이에게는 자동차와 같은 장난감을 사 주고, 여자아이에게는 인형을 사 주게 된다. 남녀 쌍둥이라도 성장하면서 자연스럽게 자신의 성을 인식하고 행동할 때까지는 부모가 가급적 양성평등적으로 대하는 것이 좋으며, 부모가 자녀를 대할 때 성역할을 규정짓거나 고정관념적으로 대하지 않는다.

8. 쌍둥이 자녀의 발달 상태가 각각 다를 수 있기 때문에 부모는 발달과정에서의 차이에 대해 너무 개의치 않는다.

자녀마다 각각의 발육과정에서 체중, 키, 언어 발달, 성격 등에서 차이를 보일 수 있으므로 부모는 너무 예민하게 신경 쓰지 않도록 한다. 단, 부모는 얌전한 자녀에게는 자연히 손이 덜 가고 활발한 자녀에게 손이 더 가기 쉬우므로 자녀에게 가급적 골고루 관심을 기울이도록 한다.

9. 육아 지원이 필요한 경우에는 과감하게 요청하되, 자녀를 가급적 분리하여 키우지 않는다.

쌍둥이 자녀를 키우는 것은 육체적으로나 정신적으로 힘든 일이다. 그러므로 쌍둥이 중 한 자녀를 조부모나 친척에게 맡겨서 따로 키우는 경우가 있는데, 장기적으로는 부모가 자녀를 양육할 때 경험하는 애착 형성, 상호작용, 친밀감, 우애 등의 측면에서 문제가 될 수 있다. 그러므로 부모가 육아가 힘들 때는 남편이나 부모, 친척에게 적극적으로 도움을 요청하되, 쌍둥이 자녀는 함께 키우는 것이 바람직하다.

출처: 신용주 외(2011). 대학생을 위한 부모교육; 이지데이, http://www.ezday.co.kr; GoDaddy, http://www.raising-twins.com

3. 장애 자녀의 특성과 부모역할

1) 장애의 개념 및 현황

장애의 개념은 사회적·문화적·정치적·경제적 상황에 따라 변화한다. 장애인이란 지체, 뇌병변, 시각, 청각, 언어, 지능, 정신, 자폐, 신장, 심장 등 정신적·육체적 결함으로 장기간에 걸쳐 일상생활 또는 사회생활에 상당한 제약을 받는 자를 의미한다. 일반적으로 장애란 신체 또는 정신의 기능 저하, 상실 등을 의미한다. 그러나 보다 확대된 의미에서 장애를 정의하면, 신체 또는 정신의 기능 저하, 상실 등과 같은 의학적 수준에서의 장애뿐만 아니라 그로 인해 발생하는 능력의 저하(disability)와 사회적 불이익(social handicap)을 모두 포함한다(WHO, 1998).

세계보건기구는 장애를 손상, 기능제약 등의 개인적 관점에서의 활동과 참여, 환경 요인과의 상황적 요인에 의해 결정되는 관점과 긍정적 용어 사용을 강조하는 방향으로 변화하고 있다. 우리나라도 이러한 국제적 권고를 수용하여 장애인이란 용어가 공식화되어 사용하고 있다. 영어식 표현에서도 그동안 사용되던 'the handicapped'나 'the disabled'라는 단어 대신 'the differently-abled' 'the challenged'와 같이 적극적이고 도전과 극복의 의미가 강한 용어를 사용하고 있으며, 특히 유엔을 비롯한 장애 관련 국제기구에서는 'people with disabilities'와 같이 '장애'보다는 '사람'을 강조하는 표현을 정식으로 채택하여 널리 권장하고 있다(UN, CRPT, 2014). 이는 우리 사회가 점점 더 장애인의 인권을 존중하는 방향으로 나아가고 있음을 시사한다.

우리나라는 1999년에 개정된 「장애인복지법 시행령」에서 장애의 기준을 명시하고 있다. 장애의 기준은 지체장애, 뇌병변장애, 시각장애, 청각장애, 언어장애, 심신장애, 지적장애, 정신장애, 발달장애로 분류되어 있으며, 2003년부터는 심장장애, 호흡기장애, 간장애, 안면장애, 장루장애, 뇌전증장애가

〈표 12-3〉 장애인의 분류

대분류	중분류	소분류	세 분류
신체적 장애	외부 신체 기능의 장애	지체장애	절단장애, 관절장애, 지체기능장애, 변형 등의 장애
		뇌병변장애	뇌의 손상으로 인한 복합적인 장애
		시각장애	시력장애, 시야결손장애
		청각장애	청력장애, 평형기능장애
		언어장애	언어장애, 음성장애, 구어장애
		안면장애	안면부의 추상, 함몰, 비후 등 변형으로 인한 장애
	내부 기관의 장애	신장장애	투석치료 중이거나 신장을 이식받은 경우
		심장장애	일상생활이 현저히 제한되는 심장기능 이상
		간장애	일상생활이 현저히 제한되는 만성·중증의 간기능 이상
		호흡기장애	일상생활이 현저히 제한되는 만성·중증의 호흡기기능 이상
		장루·요루장애	일상생활이 현저히 제한되는 장루·요루
		뇌전증장애	일상생활이 현저히 제한되는 만성·중증의 뇌전증
정신적 장애	발달장애	지적장애	지능지수가 70 이하인 경우
		자폐성장애	소아·청소년 자폐 등 자폐성 장애
	정신장애	정신장애	조현병, 조현정동장애, 양극성정동장애, 재발성우울장애

출처: 세종특별자치시청, https://www.sejong.go.kr/welfare/sub03_04.do

추가되었다. 장애개념의 범주별 장애 분류를 살펴보면 〈표 12-3〉과 같다.

　　장애 인구는 세계적으로 증가하는 추세인데, 그 주된 원인으로는 급격한 산업화에 따른 산업재해, 교통사고를 비롯한 각종 사고, 약물남용, 공해, 치료가 어려운 새로운 질병의 등장, 고령화, 자연재해, 전쟁 등 장애를 유발하는 다양한 요인의 증가를 들 수 있다(보건복지부, 2016). 우리나라 역시 장애 인구 출현율이 점점 증가하고 있는데, 그 주된 원인 중 하나로는 법적 장애

〈표 12-4〉 연도별 등록 장애인 현황 　　　　　　　　　　　　　(단위: 명)

구분	2008년	2011년	2014년	2017년	2020년
장애인 추정	–	2,683,477	2,726,910	2,668,411	–
등록장애인	2,137,226	2,611,126	2,646,064	2,580,340	2,622,950

출처: 보건복지부(2021), 2020년 장애인 실태조사.

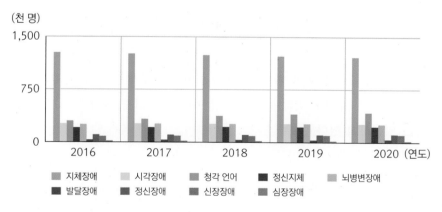

[그림 12-4] 장애범주별 등록장애인 추이(2016~2020)

주: * 1차 장애범주 확대(2000. 1.): 뇌병변장애, 발달장애, 신장장애, 심장장애 포함
　* 2차 장애범주 확대(2003. 7.): 호흡기장애, 간장애, 안면장애, 장루·요루장애, 간질장애 포함
　※ 발달장애는 자폐성장애, 정신지체는 지적장애로 명칭 변경(2007. 4.), 간질장애는 뇌전증장애로 명칭 변경(2015. 11.)
　* 현재 장애유형은 지체, 뇌병변, 시각, 청각, 언어, 지적, 정신, 자폐성, 신장, 심장, 호흡기, 간, 안면, 장루·요루, 뇌전증의 15가지 유형임
　* 장애등급제 폐지(2019. 7.)
출처: 보건복지부(2021). 시·도 장애인등록현황 자료.

인 종류가 확대된 것과 관련이 있다. 우리나라의 등록장애인 현황을 살펴보면 〈표 12-4〉와 같다.

2020년 장애인실태조사는 「장애인복지법」에 근거하여 1990년 1차 조사 이후 9번째 실시된 조사로 한국보건사회연구원을 통해 전국적으로 방문 면접 조사로 실시되었다. 우리나라의 등록장애인은 262.3만 명(2020년 5월 기준)으로 2017년에 비해 약 4.2만 명 증가하는 등 지속적인 증가 추세를 보이고 있다. 2020년도 장애인 실태조사 결과에 따른 장애 인구 현황을 살펴보면 [그림 12-4]와 같다.

2) 장애 자녀를 위한 부모역할

우리나라에서는 장애아동이 안정된 가정생활 속에서 건강하게 성장하고 사회에 활발하게 참여할 수 있도록 하며, 장애아동 가족의 부담을 줄이는데 이바지함을 목적으로 2012년부터 「장애아동 복지지원법」이 시행되고 있다. 동법 제3조에서는 장애아동을 위한 모든 활동에 있어서 장애아동의 이익이 최우선적으로 고려되어야 하며, 장애아동은 자신에게 영향을 미치는 모든 활동에 대하여 자신의 견해를 자유로이 표현할 권리를 최대한 보장받아야 한다고 명시하고 있다.

그리고 장애아동의 권리를 다음과 같이 규정하고 있다(「장애아동 복지지원법」 제4조).

① 장애아동은 모든 형태의 학대 및 유기 · 착취 · 감금 · 폭력 등으로부터 보호받아야 한다.
② 장애아동은 부모에 의하여 양육되고, 안정된 가정환경에서 자라나야 한다.
③ 장애아동은 인성 및 정신적 · 신체적 능력을 최대한 계발하기 위하여 적절한 교육을 제공받아야 한다.

④ 장애아동은 가능한 최상의 건강상태를 유지하고 행복한 일상생활을 영위하기 위한 의료적·복지적 지원을 받아야 한다.

⑤ 장애아동은 휴식과 여가를 즐기고, 놀이와 문화예술활동에 참여할 수 있는 기회를 제공받아야 한다.

⑥ 장애아동은 의사소통능력, 자기결정능력 및 자기권리 옹호 능력을 향상시키기 위한 교육 및 훈련 기회를 제공받아야 한다.

장애아동의 권리를 보장하기 위하여 장애아동을 위한 다양한 복지서비스를 제공하고 있는데, 구체적인 복지지원의 내용으로는 의료비 지원, 보조기구 지원, 발달재활서비스 지원, 보육지원, 가족지원, 돌봄 및 일시적 휴식지원, 지역사회 전환 서비스지원, 문화예술 등 복지지원이다. 장애아동을 위한

〈표 12-5〉 복지지원의 내용

복지지원 유형	내용
의료비 지원	• 「국민건강보험법」과 「의료급여법」에 따라 제공되는 의료에 드는 비용 중 장애아동의 부담을 지원
보조기구 지원	• 장애아동의 학습과 일상생활 활동에 필요한 보조기구를 교부·대여 또는 수리하거나 구입 또는 수리에 필요한 비용을 지급
발달재활 서비스 지원	• 장애아동의 인지, 의사소통, 적응행동, 감각·운동 등의 기능향상과 행동발달을 위하여 적절한 발달재활서비스를 지원
보육지원	• 어린이집 이용대상이 되는 장애아동에 대하여 보육료를 지원 • 어린이집 또는 유치원을 이용하지 아니하는 장애영유아에 대한 양육수당 지급
가족지원	• 장애아동의 가족이 장애아동에게 적합한 양육방법을 습득하고 가족의 역량을 키울 수 있도록 가족상담·교육 등의 가족지원을 제공
돌봄 및 일시적 휴식지원	• 장애아동 가족의 일상적인 양육부담을 경감하고 보호자의 정상적인 사회활동을 돕기 위하여 돌봄 및 일시적 휴식지원 서비스를 제공
지역사회 전환 서비스 지원	• 장애아동이 18세가 되거나 고등학교, 이에 준하는 각종 학교 또는 특수학교 전공과를 졸업한 후 주거·직업체험 등의 지역사회 전환 서비스를 제공
문화예술 등 복지지원	• 문화·예술·스포츠·교육·주거 등의 영역에서 장애아동에게 필요한 서비스가 지원되도록 최대한 노력

출처: 「장애아동 복지지원법」 제4조

복지지원 내용을 정리하면 〈표 12-5〉와 같다.

고무적인 것은 장애아동을 위한 보육지원이 활성화되고 있다는 점이다. 장애아동이 보육지원을 받을 수 있는 보육시설에는 장애아어린이집이 있다.

- 장애아어린이집: 장애아전문어린이집 및 장애아통합어린이집 등 장애아를 보육하는 어린이집
  - 장애아전문어린이집: 「장애아동복지지원법」 제32조에 따라 요건을 갖추고, 상시 12명 이상의 장애아(단, 미취학 장애아 9명 이상 포함)를 보육하는 시설 중 지방자치단체가 지정한 시설
  - 장애아통합어린이집: 장애아 전담교사를 배치하고 정원의 20% 이내에서 장애아 종일반을 편성·운영하거나 미취학 장애아를 3명 이상 통합 보육하고 있는 어린이집으로 시·군·구가 지정한 시설

장애아어린이집은 꾸준히 증가하고 있으며, 특히 장애아 통합시설의 경우 2004년 이후 944개소가 증가하는 등 장애아 통합보육이 활성화되고 있는 추세이다(2004년 332개소 → 2019년 1,276개소). 장애아통합·전문시설 현황을 살펴보면 [그림 10-5]와 같다.

장애 자녀를 둔 부모는 장애아어린이집을 통해 보육지원서비스를 제공받

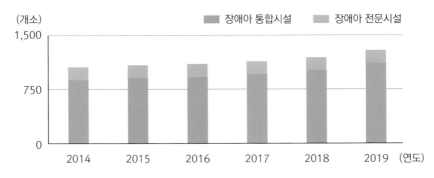

[그림 12-5] 장애아 통합·전문시설 현황(2014~2019)

출처: 보건복지부. http://www.mohw.go.kr

을 수 있다. 장애 자녀를 둔 부모를 대상으로 하는 부모교육의 필요성과 함께 장애아 부모가 활용할 수 있는 부모역할 지침을 살펴보면 〈글상자 12-3〉과 같다(박영애 외, 2005).

현재 우리나라에서는 장애인 단체나 사회복지기관 등에서 장애 자녀를 둔

글상자 12-3   장애 자녀를 위한 부모역할 지침

1. 부모는 자녀에 대한 전문가의 진단 결과를 가능한 한 빨리 수용해야 한다. 부모가 가급적 빨리 자녀의 장애 사실을 수용할 때 자녀에게 적절한 조치와 양육방법을 강구할 수 있다.
2. 부모는 자녀의 장애 사실에 대한 수치감이나 죄책감에서 해방되어야 한다. 가족 중 장애아가 태어난 것은 누구의 잘못이나 죄로 인한 것이 아닐뿐더러 장애아가 어느 가정에서나 발생할 수 있는 잠재적 가능성이 있음을 깨닫는다.
3. 부모는 조바심을 가지기보다는 인내심을 가지고 장애 자녀의 발달을 지켜봐야 한다.
4. 부모로서 자포자기하지 말고 장애 자녀를 위해 할 수 있는 일이 무엇인지 생각하여 가정에서의 최상의 양육을 제공하고자 노력한다.
5. 부모가 자녀가 지닌 능력 이상의 것을 강요하는 것은 자녀에게 오히려 실패감과 열등감 또는 반항하는 태도를 갖게 할 소지가 높기 때문에 위험하다. 장애아 교육은 정상아로 만드는 교육이 아니라는 것을 확실히 인식하고 자녀의 잔존능력과 잠재능력을 계발하는 데 초점을 둔다.
6. 모든 가족 구성원이 장애아동을 일관성 있게 대해야 한다. 예를 들어, 아버지는 장애 자녀를 엄격하게 대하는데 어머니는 불쌍하다며 관대하게 대하는 비일관적인 태도는 자녀교육에 부정적인 영향을 주게 된다.
7. 장애 자녀의 실수나 실패에 대해 꾸짖기보다는 격려해 주어 자녀에게 자신감을 심어 주는 것이 중요하다. 자녀를 꾸짖을 때는 먼저 외형적인 행동이나 결과보다는 동기에 기준을 둔다. 자녀의 바람직한 행동에는 칭찬을 아끼지 않음으로써 자녀를 가치 있는 존재로 인정해 주는 것이 중요하다.
8. 부모가 자녀에게 한결 같은 애정을 지니고 있음을 자녀가 충분히 느낄 수 있도록 적극적으로 표현해 준다.

출처: 박영애 외(2005). 현대인의 자녀양육.

🎧 장애-비장애 아동 통합을 위한 공연에 참가한 청소년

부모를 대상으로 부모교육을 실시하고 있으나, 그 내용은 주로 부모 자신을 부정적으로 생각하지 말고 부모와 자녀를 모두 가치 있는 인간으로서 인정하며 자녀에게 적절한 교육을 실시할 것을 강조하는 데 그치고 있다. 그러나 장애 자녀의 부모가 자신이 처한 특수한 상황에 적응하는 것을 돕고 자녀양육의 수준을 제고하도록 하기 위해서는 보다 전문적이고 심리학적 · 재활적 · 평생교육학적 접근방법을 활용한 부모효능감 증진 부모교육 프로그램을 개발해야 할 것이다(신용주 외, 2006).

4. ADHD 자녀의 특성과 부모역할

1) ADHD 자녀의 특성

점차 증가하고 있는 주의력 결핍 과잉행동장애(Attention Deficit Hyperactivity Disorder: ADHD) 아동으로 인해 우리나라에서도 ADHD 분야에 많은 관심이 집중되고 있다. ADHD란 학령 전기 또는 학령기에 흔히 관찰되는 주의산만, 과잉행동, 충동성 등을 나타내는 인지, 정서, 행동 면에서 결함을 동반하는 질환을 의미한다(이숙 외, 2009). 일반적으로 ADHD는 특정 과제에 주의를 기울임에 있어서 제한된 능력을 보이는 '부주의(inattention)', 어떠한 일을 심사숙고

하여 체계적으로 처리하지 못하고 목적 없이 행동하는 '충동성(impulsivity)' 그리고 같은 연령대의 또래에 비해 활동량이 많은 '과잉행동(hyperactivity)'의 특징을 보인다. 이 세 가지 행동 특성 중 두 가지 이상이 7세 이전에 나타나 적어도 6개월 이상 지속될 경우 ADHD라 할 수 있다.

　DSM-5(American Psychiatric Association, 1994)에 따른 ADHD의 진단 기준을 살펴보면 〈표 12-6〉과 같다(이정섭 외, 2008).

〈표 12-6〉 DSM-5(APA, 1994)에 따른 ADHD의 진단 기준

A. (1) 혹은 (2) 가운데 한 가지 해당
　(1) 다음과 같은 주의력 증상 9가지 중 6가지 이상의 증상이 발달 기준에 맞지 않고 부적응하게 6개월 이상 지속되는 경우
　　주의력 결핍
　　　a. 학업, 일, 기타 활동 중 세심한 주의를 기울이지 못하거나, 부주의한 실수를 자주 한다.
　　　b. 과제 수행이나 놀이 중 지속적인 주의집중에 어려움을 자주 겪는다.
　　　c. 대놓고 이야기하는데도 듣지 않는 것처럼 보일 때가 자주 있다.
　　　d. 지시를 따라오지 않고, 학업이나 심부름을 끝내지 못하는 경우가 자주 있다. (반항적이거나 혹은 지시를 이해하지 못해서가 아니다.)
　　　e. 과제나 활동을 체계적으로 조직하는 것에 곤란을 자주 겪는다.
　　　f. 지속적으로 정신을 쏟아야 하는 일을 자주 피하거나, 싫어하거나 혹은 거부한다.
　　　g. 과제나 활동에 필요한 것을 자주 잃어버린다(숙제, 연필, 책 등).
　　　h. 외부에서 자극이 들어오면 쉽게 주의가 산만해진다.
　　　i. 일상적인 일을 자주 잊어버린다.
　(2) 다음과 같은 과잉행동/충동성 증상 중 6가지 이상의 증상이 발달 기준에 맞지 않고 부적응하게 6개월 이상 지속되는 경우
　　과잉행동
　　　a. 손발을 가만두지 않거나, 자리에서 꼬무락거린다.
　　　b. 가만히 앉아 있어야 하는 교실이나 기타 상황에서 돌아다닌다.
　　　c. 적절하지 않은 상황에서 지나치게 달리거나 혹은 기어오른다(청소년이나 성인은 안절부절한 기분만을 갖기도 한다).
　　　d. 조용하게 놀거나 레저활동을 하지 못하는 수가 많다.
　　　e. '쉴 사이 없이 활동하거나' 혹은 마치 '모터가 달린 것같이' 행동한다.
　　　f. 자주 지나치게 말을 많이 한다.

충동성

      g. 질문이 끝나기도 전에 대답해 버리는 경우가 많다.

      h. 차례를 기다리는 것이 어렵다.

      i. 다른 사람에게 무턱대고 끼어들거나 방해한다(예: 말이나 게임에 끼어든다).

B. 장애를 일으키는 많은 증상이 7세 이전에 나타나야 한다.

C. 적어도 2군데 이상의 생활 영역(예: 학교, 직장, 가정)에서 이 증상들로 상당한 지장이 있어야 한다).

D. 사회활동, 학업, 직업 수행에서 임상적으로 중요한 장애의 증거가 명백하게 있어야 한다.

E. 증상이 전반적 발달장애, 정신분열증 또는 기타 정신증적 장애의 경과 중에만 발생하는 것이 아니고, 다른 정신장애(예: 기분장애, 불안장애, 해리장애, 성격장애)에 의해 더 잘 설명되지 않는다.

출처: 이정섭 외(2008). 주의력결핍 과잉행동장애의 진단과 치료. 가정의학회지, 29, 1-12.

    ADHD로 진단되는 아동의 전반적인 발달은 정상 범위에 있으나, 유난히 주의가 산만하면서 충동적으로 행동하고 항상 부산하게 움직이는 과잉행동 증상을 보인다(박성연 외, 2008). ADHD 아동 또는 이러한 성향을 보이는 아동은 집중력이 부족하고 지나치게 활동적이므로 사회에 적응하는 데 심각한 문제점을 지니고 있다. 유아기, 특히 5세 정도부터 ADHD의 다양한 증상을 보이기 시작하며, 일반적으로 남아가 여아에 비해 약 3~4배의 발병률을 보인다. ADHD의 증상이 유아기부터 나타나더라도, ADHD로 진단되는 것은 일반적으로 자녀가 초등학교에 다닐 무렵이다.

    이때부터 자녀는 학업적·사회적 요구가 증가됨에 따라 이전보다 행동 통제에 엄격한 기준이 적용되기 때문에 학습활동, 수업 태도, 교우관계, 공동작업 등에서 많은 문제점이 드러나게 된다. ADHD 아동은 교사나 친구와의 관계에서 주의집중이 어려우므로 대화 내용을 정확하게 기억하거나 실천하지 못하는 경우가 많으며, 교우관계가 원만하지 못해 자연히 학급에서 친구들이 꺼리는 유형이 되기 쉽다. 결과적으로 ADHD 아동은 집중력 부족, 주의산만, 과잉행동 등으로 인해 학교생활에 적응이 어려울 수 있다.

2) ADHD의 원인

ADHD의 원인은 아직 정확하게 규명되지는 않았으나, 유전적 · 기질적 요인과 환경적 요인 모두 영향을 미치는 것으로 알려져 있다. ADHD의 원인은 매우 다양하지만, 일반적으로 유전적 · 기질적 요인으로는 ADHD의 가족 연관성, 미세한 뇌손상 등을 꼽을 수 있으며, 환경적 요인으로는 부모의 성격이나 양육방식과 같은 심리사회적 요인과 성장환경 등이 복합적으로 작용하는 것으로 여겨진다. ADHD의 원인 중 자주 거론되는 요인을 소개하면 〈표 12-7〉과 같다.

〈표 12-7〉 ADHD의 원인

ADHD 원인	세부 요인
유전적 · 기질적 요인	• 가족 구성원 중 ADHD가 있는 경우 • 자녀 개인이 가지고 태어난 기질적인 요인에 의한 경우 • 대뇌피질 부분에 기능 결함이 있는 경우
임신 및 출산 관련 요인	• 출생 시 뇌손상이 있는 경우 • 임신 중 납, 니코틴, 알코올과 같은 유해물질에 태아가 노출되는 경우
환경적 요인	• 부모의 양육태도가 지나치게 지배적이고 엄격하며, 산만하고 침착하지 못한 행동을 보이는 경우 • 부모의 성격이 급해서 기다려 주지 못하는 경우 • 가정 불화 등으로 자녀에게 안정감을 주지 못하는 경우 • 환경적으로 장난감 등을 너무 많이 제공하여 산만한 환경을 조성하는 경우 • 아동 발달에 과중한 부담이 되는 활동(예: 과다한 학원 수강)이나 부적합한 활동을 지속적으로 제공하는 경우 • 자녀에게 인스턴트식품, 카페인, 탄산음료, 당류 등을 많이 섭취하게 하는 경우

출처: 조운주 외(2008). 유아교육기관에서의 유아생활지도.

이 외에도 ADHD의 원인은 열거하기 힘들 정도로 다양하며, 일반적으로 약물치료와 함께 ADHD 아동의 학업적·사회적 행동을 강화해 주는 적절한 중재 프로그램이 효과적인 것으로 나타났다(Barkley, 1990: 김경희, 2007 재인용). 예를 들면, ADHD 아동을 위한 사회성 기술훈련을 위한 아동집단 프로그램의 경우에는 미국 시카고 대학교의 피프너(Pfiffner)와 맥버넷(McBurnett)의 프로그램을 우리나라 실정에 맞게 재구성하였으며, 맥기니스(Mcginnis), 골드스타인(Goldstein), 엘리엇(Elliott)과 그레섬(Gresham)의 프로그램에서 사회적 기술 및 훈련방법을 참조하였다(안동현 외, 2004 재인용).

ADHD 아동을 위한 프로그램 중 하나인 친구 사귀기 프로그램은 ADHD 아동 중 사회성이 부족하여 친구를 잘 사귀지 못하는 초등학생을 대상으로 개발되었으며, 아동의 사회성 증진뿐만 아니라 부모역할을 강조하고 있다(안동현 외, 2004). 이 프로그램에서 특별히 강조하고 있는 부모역할은, 첫째, 자녀에게 사회적 기술을 가르쳐 주는 교사의 역할, 둘째, 자녀가 습득한 사회적 기술을 가정에서 활용할 수 있도록 상황을 형성해 주는 연출가의 역할, 셋째, 자녀가 습득한 기술을 연습해 볼 수 있는 놀이 친구의 역할, 넷째, 아동이 습득한 사회적 기술에 대한 강화를 해 주는 지원자의 역할, 다섯째, 생활 속에서 친사회적 기술을 솔선수범하여 보여 주는 역할 모델의 역할 등이다. 이 중 가장 비중 있는 부모역할은 '지원자의 역할'로서, 자녀가 보이는 친사회적 역할이나 올바른 역할에 대한 다양한 칭찬과 보상을 제공함으로써 자녀의 행동이 일상생활에서 자연스럽게 일반화되도록 가정에서 부모역할을 수행하는 것이 효과적이다.

3) ADHD 자녀를 위한 부모역할

ADHD 아동에게 가장 중요한 것은 부모역할이며, 따라서 부모를 위한 특별한 양육 지침이 필요하다. 부모는 ADHD에 대한 정확한 이해나 관찰 경험이 부족한 경우가 많기 때문에 ADHD 자녀를 그대로 방치하거나 혹은 정상

글상자 12-4　ADHD 자녀를 위한 부모역할 지침

1. 부모는 ADHD에 관련된 정보를 잘 활용하여 자녀를 양육하는 전문가적 자질을 갖추어야 하며, 자녀의 연령을 고려하여 자녀가 알아듣기 쉬운 언어, 개념, 예화 등을 사용하여 옳고 그른 행동에 대한 지식과 정보를 제공하여야 한다(Phelan, 1996).

2. 부모는 자녀의 연령과 특성에 맞게 자녀를 어떻게 양육해야 하는지에 관한 새로운 지침을 지속적으로 습득하려는 노력을 기울여야 한다(Phelan, 1996). ADHD 자녀를 둔 부모는 다른 부모에 비해 부모역할 수행의 차원이 다양하므로 부모역할 훈련 서적 및 정보를 항상 참고하는 것이 좋다(안동현 외, 2004).

3. 부모는 ADHD 자녀에게 꾸준히 유의해야 할 행동이나 실수하기 쉬운 상황에 대해 사전에 미리 행동 요령을 알려 주도록 한다(Phelan, 1996).

4. ADHD 아동은 주의집중이 어렵고 충동적으로 행동하는 경향이 있으므로 부모는 자녀의 기상, 식사, 간식, 숙제, 놀이, 휴식, 수면 등의 일상생활을 규칙적으로 계획해서 실천하도록 한다.

5. 가정에서의 규칙이나 지침 등을 간단하고 분명하게 정해 놓고 일관성 있게 지키도록 한다. 그리고 부모는 ADHD 자녀가 이를 정확하게 이해하거나 만족하는지 수시로 확인한다.

6. ADHD 자녀의 문제행동을 수정하기 위해서는 부모가 비판적이거나 지나치게 통제하는 것보다는 부모의 칭찬과 보상이 중요하므로 자녀에게 긍정적인 태도를 보이는 것이 바람직하다. 자녀의 바람직한 행동은 보상해 주고, 화나 짜증도 긍정적인 방법으로 발산하도록 유도한다. 예를 들어, 부모는 자녀에게 무엇이 하기 싫은지보다는 무엇을 하고 싶은지를 묻는 것이 좋다.

7. ADHD 아동은 성인의 감독이 필요하므로 항상 누군가가 자녀를 주목하고 있음을 알려 준다.

8. ADHD 아동은 사회성이 결핍되기 쉬우므로 친구와 함께 있을 경우에는 부모가 자녀 주위에서 지켜보는 것이 바람직하다. 때로는 자녀의 특성을 감안하여 친구를 선별하여 사귀도록 도와줄 필요도 있으며, 집으로 친구를 초대하여 자녀에게 보다 익숙한 환경에서 안정적으로 친구관계를 형성하도록 지지해 준다.

9. 부모는 ADHD 자녀의 학교활동을 지원한다. 주의력이 부족한 아동은 과제를 수행하는 데 시간이 많이 소요되므로 한꺼번에 많은 과제를 부과하지 않는다.

10. ADHD 자녀가 숙제를 일정한 장소에서 할 수 있도록 도와준다. 이때 TV나 컴퓨터 게임 등과 같이 자녀의 주의를 산만하게 하는 환경 요인을 가급적 제한한다.

11. 부모는 성적과 같은 성취 결과보다는 ADHD 자녀의 노력 여부에 초점을 맞춰 자녀를 격려한다. 특히 자녀가 주의집중을 하거나 산만하지 않으려고 노력할 경우에는 충분히 보상해 준다.

출처: 신용주 외(2006). 자녀지도와 부모교육; Phelan (1996). *All about attention deficit disorder.*

자녀를 ADHD로 오해할 수 있다. 특히 ADHD 성향을 지닌 자녀를 둔 부모 중 인내심이 적거나 자녀에게 감정이 결여되고 비판적이며, 자녀가 복종하지 않을 때 가혹한 벌을 주는 경우 부정적인 영향이 더 큰 것으로 나타났다(신용주 외, 2006). 그러므로 ADHD 자녀를 둔 부모는 〈글상자 12-4〉와 같은 부모역할 지침을 가정에서 활용하도록 한다.

5. 학대받는 자녀의 특성과 부모역할

자녀가 가정에서 겪는 다양한 경험과 적응 상태는 이후의 전반적인 발달에 지속적인 영향을 준다. 특히 부모와 자녀 간의 상호작용은 아동의 신체적·정서적·사회적 행동 발달에 결정적이다. 따라서 부모로부터 학대를 경험하였던 자녀는 많은 경우 장기간에 걸쳐 발달에 심각한 장애를 겪게 된다. 최근 증가하고 있는 가족 해체, 빈곤, 가족 스트레스의 증가, 가족의 사회화 기능 약화 등이 아동학대의 수준을 심화시키고 있다.

1) 학대의 개념

아동학대의 개념은 시대와 사회문화적 배경에 따라 그 범위와 기준이 다양하게 정의되고 있다. 일반적으로 아동학대란 일반적으로 신체적 폭력, 부적절한 양육, 유기, 신체적·성적 착취 또는 그 이상에서 아동의 건강이나 복지를 위협하는 행위이다(문혁준 외, 2010). 「아동복지법」에서는 아동학대에 대한 정의와 처벌 근거 그리고 관련 기관에 대한 법적 근거를 명시하고 있다.

「아동복지법」 제3조 제7항에 따르면 아동학대란 보호자를 포함한 성인이 아동의 건강 또는 복지를 해치거나 정상적 발달을 저해할 수 있는 신체적·정신적·성적 폭력이나 가혹 행위를 하는 것, 아동의 보호자가 아동을 유기하거나 방임하는 것이라 정의하였다. 물론 아동학대란 사회문화적 배경에 따라 다양하게 규정되고 있으나, 일반적으로는 부모, 보호자 또는 성인이 미성년자의 신체적 · 정서적 · 사회적 · 성적 발달을 저해하는 인위적인 행동을 뜻한다.

아동학대의 발생 요인은 개인적 요인, 가족 요인, 사회적 요인으로 나눌 수 있으며, 이를 표로 정리하면 〈표 12-8〉과 같다.

〈표 12-8〉 아동학대 발생 요인

요인	내용	
개인	• 정신장애 • 학대경험 • 약물중독	• 자녀에 대한 비현실적 기대 • 충동 • 부모역할에 대한 지식 부족 등
가족	• 빈곤, 실업 • 사회적 지지 체계 부족 • 원만하지 못한 부부관계	• 가정폭력 • 부모-자녀간 애착 부족 등
사회	• 자녀를 부모의 소유물로 여김 • 체벌의 수용	• 피해아동에 대한 법적인 부호 부재 및 미비 등

출처: 아동권리보장원. https://www.ncrc.or.kr

2) 아동학대의 유형

아동학대의 유형으로는 방임 및 유기, 신체적 학대, 정서적 학대, 성적 학대로 분류할 수 있다. 방임 및 유기, 신체적 학대, 정서적 학대, 성적 학대의 이네 가지 아동학대 유형은 상호 배타적인 것이 아니어서 아동학대가 일어날 때 어느 한 유형에 국한하여 발생하지 않고 중복적인 학대 유형이 더 많이 발생한다. 아동학대는 학대행위자의 보복이 두렵고, 학대 사실로 인해 자신을 비하하거나 수치스럽게 느낌으로써 학대 사실을 외부에 알리지 않아 겉으로 잘 드러나지 않은 특징이 있으므로, 세심한 주의와 관심이 요구된다. 아동학대의 유형별 특성을 살펴보면 다음과 같다(신용주 외, 2017; 이근주, 2021).

(1) 방임 및 유기

방임 및 유기는 일반적으로 자신의 보호·감독을 받는 아동을 유기하거나 의식주를 포함한 기본적 보호·양육·치료 및 교육을 소홀히 하는 행위(「아동복지법」 제17조 제6호)로서 적절한 음식, 의복, 의료적인 보호와 같은 아동의 필수적인 욕구를 충족시키지 않는 행위를 의미한다.

여기서 유기란 보호자가 아동을 보호하지 않고 고의적으로 버리는 극단적인 방임의 한 형태라 할 수 있다. 특히 생후 며칠이 지나지 않은 영아를 유기하는 행위는 생명을 위협하는 범죄 행위라 할 수 있다.

방임은 부모나 보호자가 고의적이고 반복적으로 아동 양육과 보호의 책임을 소홀히 함으로써 아동의 건강과 복지를 해치거나 정상적인 발달을 저해하는 모든 행위를 포함한다. 방임은 구체적으로는 물리적 방임, 의료적 방임, 교육적 방임, 정서적 방임 등으로 구분할 수 있다.

첫째, 물리적 방임은 부모나 보호자가 아동에게 의식주를 제공하지 않는 행위, 상해와 위험으로부터 아동을 보호하지 않는 행위, 불결한 환경이나 위험한 상태에 아동을 방치하는 행위, 아동의 출생신고를 하지 않는 행위, 보호자가 아동을 가정 내에 두고 가출한 경우 등이 해당되며, 가장 빈번히 발생하는 방임의 유형이다.

둘째, 의료적 방임은 아동에게 필요한 의료적 처치를 하지 않는 행위, 예방접종이 필요한 아동에게 예방접종을 실시하지 않는 행위, 장애아동에 대한 치료를 하지 않거나 거부하는 행위 등이 포함된다.

셋째, 교육적 방임에는 보호자가 아동에게 교육 기회를 제공하지 않거나 아동의 무단결석을 고의로 허용하는 행위, 학교 준비물을 챙겨 주지 않는 행위, 특별한 교육적 욕구를 소홀히 하는 행위 등이 포함된다.

넷째, 정서적 방임에는 아동과 대화를 하지 않거나 안아 주는 등의 아동이 필요로 하는 애정표현과 적절한 정서적 지지를 제공하지 않는 것, 신체적 접촉을 피하는 것, 아동과의 약속에 무관심한 것 등 아동에게 무관심·불안·

위축·산만·분노 등의 정서를 조장해 정서적 결핍을 주는 행위가 해당된다.

일반적으로 방임은 작위적인 신체적 학대와는 달리 부작위적인 성격이 더 강하고, 양육 과정에서 책임을 다하는 것과 최소한으로 하는 것의 구분이 어렵다는 점에서 방임을 판정하기란 쉽지 않다(이근주, 2021).

(2) 신체적 학대

신체적 학대란 보호자를 포함한 성인이 아동에게 우발적 사고가 아닌 상황에서 의도적으로 행하는 신체적 폭력, 아동의 신체에 손상을 주는 행위 또는 가혹 행위를 의미하며, 생후 36개월 이하의 영아에게 가해진 체벌은 어떠한 상황에서든 신체적 학대로 판단한다.

신체적 학대란 정당한 이유 없이 또는 이유가 분명히 있더라도 지나치게 감정적으로 아동에게 신체적 폭력이나 벌을 가함으로써 신체적 손상을 입히거나 신체적 손상 가능성이 있는 모든 행위, 신체적 손상을 입히도록 허용한 모든 행위, 심지어는 아동에게 과도한 일을 시키는 행위까지 모두 신체적 학대에 포함된다.

여기서 신체적 손상이란 구타나 폭력에 의한 멍, 화상, 찢김, 골절, 장기 파열, 기능의 손상 등을 의미하며, 또한 충격, 열·화학 물질이나 약물과 같은 다른 방법에 의해서 발생된 손상을 포함한다.

일반적으로 신체적 학대는 아동에게 직접적으로 가해지는 신체적 위해한 행위로서, 아동의 좌절과 분노를 수반하는 특징이 있다. 신체적 학대를 당한 아동은 성인이나 보호자의 분노나 통제의 상실로 인해 야기된 우발적이며 일회성 학대 행위일 수도 있지만 많은 경우 반복된 폭력에서 기인한다. 이러한 피해아동의 신체적 손상의 심각성은 경미한 수준에서부터 죽음으로까지 몰고 가는 극단적 수준에 이르기까지 다양하다.

(3) 정서적 학대

정서적 학대는 아동의 정신건강 및 발달에 해를 끼치는 학대 행위로서, 심리

적 학대라고도 불린다. 정서적 학대는 보호자를 포함한 성인이 아동에게 가하
는 언어적 모욕, 정서적 위협, 감금이나 억제, 기타 가학적 행위를 의미한다.

정서적 학대는 직접적인 학대와 간접적인 학대로 구분할 수 있다(이근주, 2021). 먼저, 직접적 학대는 아동에게 습관적으로 소리를 지르거나 무시하는 행동, 폭언 및 의식적·무의식적으로 아동을 거부하는 행동, 아동의 특별한 정서적 문제에 대해 적절한 전문가의 도움을 구하지 않거나 적절하게 반응하지 못하는 행위가 해당된다. 다음으로, 간접적인 학대는 아동에게 직접 학대를 행하는 것은 아니지만 가족 간의 갈등, 특히 부부간의 불화에 의한 구타, 폭언 등으로 아동에게 정신적 손상을 가하는 행위 등이 해당된다.

정서적 학대의 영향으로 아동은 자아존중감이 훼손되고 정서에 손상을 입을 수 있다. 또한 아동은 감정표현의 부족, 애정 결핍 또는 지나친 애정 욕구, 발달지체, 수동적·공격적 행동을 보일 수 있다. 아동학대로 인한 부정적 결과는 시간이 경과된 후에는 장기적인 정서적 손상으로 표출되기 때문에 정서적 학대는 모든 학대 유형 중 가장 본질적인 개념이라 할 수 있다.

(4) 성적 학대

성적 학대란 보호자를 포함한 성인이 자신의 성적 만족을 위해 18세 미만의 아동을 위협하거나 강제로 성행위를 하는 것으로, 성인이 아동에게 일방적으로 행하는 부적절한 성적 행동을 모두 포함한다. 「아동복지법」에서는 아동에게 음란한 행위를 시키거나 이를 매개하는 행위 또는 아동에게 성적 수치심을 주는 성희롱 등의 행위를 성적 학대로 명시하고 있다(「아동복지법」 제17조).

성적 학대는 성인이 성적 욕구충족을 목적으로 아동에게 가하는 신체적 접촉, 강간, 성적 행위, 성기 노출, 성적 착취, 성적 폭행, 성적 유희 등이 해당된다. 아동 성학대의 구체적인 행위에는, 성적 언어의 표현이나 학대행위자의 은밀한 신체 부위를 학대 아동에게 노출하거나 관음증과 같이 비접촉적 행위, 애정표현인 듯하면서 은밀한 신체 부위를 만지거나 자위 행위를 하

거나 삽입하는 행위, 성인이 아동에게 자신의 성기나 신체를 접촉하게 하거
나 아동의 성기를 만지는 행위, 아동 앞에서 옷을 벗으며 자신의 성기를 만
지는 행위, 아동의 옷을 강제로 벗기거나 키스를 하는 행위, 포르노 비디오
를 아동에게 보여 주거나 포르노물을 판매하는 행위, 아동 성매매나 아동매
매를 하는 행위 등이 모두 해당된다.

성적 학대를 당한 아동은 신체적 징후, 역기능적 징후, 심리적 스트레스
등을 장기적 경험할 수 있다. 학대 초기에는 수면장애와 불안 증세가 두드
러지고, 발달과업의 실패를 보이며, 우울증, 퇴행적 행동, 위축, 자살 충동과
같은 행동적 특징을 보이기도 한다. 일부 아동은 성적 학대에 관한 직접적
언급 없이 성적 행동을 느닷없이 하거나 성적 지식을 노출하기도 한다. 특
히 성적 학대의 경우 피해 아동과 가족이 학대 사실을 숨기려고 하는 경향
때문에 은폐되기 쉽다는 점에서 성적 학대에 대한 관심과 주의가 더욱 요구
된다.

3) 아동학대의 현황

우리나라에서는 이미 아동학대가 사회적 문제가 될 정도로 심각한 수준
이다. 우리나라의 아동학대 발생 건수는 증가 추이를 보이고 있는데, 이러한
현상은 아동학대 행위 자체의 증가뿐 아니라 국민의 아동학대에 대한 인식
수준이 높아져 아동학대 의심사례 신고 수가 증가함에 따른 결과라 할 수 있
다(국회입법조사처, 2016).

우리나라에서 아동학대 피해 경험률은 꾸준한 증가 추세를 보이고 있다.
아동학대 피해 경험률은 그 사회의 인권을 짐작할 수 있는 지표라 할 수 있
다. 다시 말해, 아동에 대한 인권과 안전을 보장하는 것은 신체적 · 사회적
약자의 위치에 있는 아동의 생존권과 삶의 질은 물론 미래 세대에 대한 그
사회의 책임성과 도덕성을 가늠할 수 있는 중요한 요소라 할 수 있다(통계청
http://www.index.go.kr/unify/idx-info.do?idxCd=8054).

아동학대 피해 경험률은 2019년 아동 10만 명당 380.9건으로 2018년 301.4건에 비해 증가하였다. 2001년 아동 10만 명당 17.7건에서 지속적으로 증가하고 있으며, 2007년 이후 안정된 추세를 보이다 2014년부터 다시 급격히 증가하는 추세를 보이고 있다. 이러한 수치는 아동학대 행위 자체의 증가와 함께 국민의 아동학대에 대한 인식 수준 향상과 사회적 민감성이 높아져 아동학대 의심사례 신고 건수가 증가함에 따른 결과라 할 수 있다(국회입법조사처, 2016).

특히 18세 미만 아동 수는 지속적으로 감소하고 있음에도 불구하고 아동학대 건수는 급격한 증가를 보이고 있어 아동학대에 대한 정책적인 대응이 요구된다.

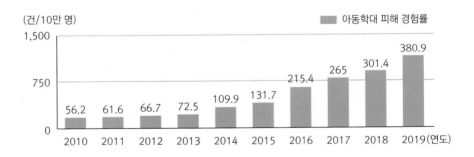

[그림 12-6] 아동학대 피해 경험률

주: 1) 아동학대 피해 경험률 = (아동학대 사례건수 ÷ 18세 미만 추계인구) × 100,000
　　2) 아동학대 사례 건수는 최종 학대 판단건수임
출처: 보건복지부(2020). 학대피해아동보호현황; 통계청(2020c). 장래인구추계.

전체 아동학대 대상자별 특성을 살펴보면, 남아가 51.4%, 여아가 48.6%로 남아의 아동학대 피해가 좀 더 심각했다. 아동학대 대상자의 연령별 분포를 살펴보면, 13~15세(24.7%), 10~12세(22.6%), 7~9세(18.4%), 16~17세(13%), 4~6세(11.4%), 0~3세(10%) 순으로 학대피해가 심각한 것으로 나타났다([그림 12-7] 참조).

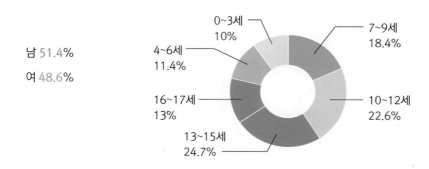

[그림 12-7] 아동학대 대상자별 특성

출처: 아동권리보장원. https://www.ncrc.or.kr

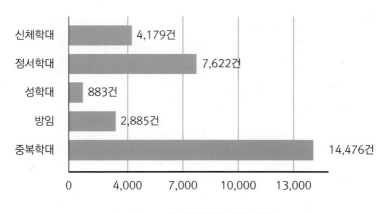

[그림 12-8] 아동학대 사례 유형

출처: 아동권리보장원. https://www.ncrc.or.kr

아동학대 사례 유형으로는 중복학대(14,476건)가 가장 높은 비중을 차지하였으며, 그다음으로는 정서학대(7,622건), 신체학대(4,179건), 방임(2,885건), 성학대(883건)의 순으로 나타났다([그림 12-8] 참조).

이는 실제 아동학대가 발생할 경우 한 가지 학대 유형보다는 두 가지 이상의 학대 유형이 복합적으로 발생하는 경우가 더 많은 것을 보여 준다. 중복학대의 경우 피해아동의 후유증이 더 복합적이고 심각하게 나타날 수 있으므로 중복학대에 의한 피해아동의 다각적인 개입이 요구된다.

이러한 아동학대 현황은 아동학대 발생률(incidence), 즉 아동학대의 실제 사례 수가 아니라 학대나 방임으로 보고된 사례 수이다. 따라서 아동을 학대하는 부모가 학대 사실이 외부에 알려지는 것을 피하거나, 학대에 대한 인식 부족, 체벌이나 물리적 힘의 사용에 대한 허용적인 문화 등의 이유로 신고되지 않은 학대 사례까지 감안한다면 우리나라의 아동학대 피해의 실제 규모는 훨씬 더 심각할 것이다.

4) 아동학대의 대책 및 부모교육

아동학대는 장기적인 후유증을 낳을 수 있다. 따라서 학대의 후유증을 최소화하기 위해서는 학대 피해아동을 위한 치료적 개입이 우선적으로 이루어져야 할 것이며, 문제의 근원을 해결하기 위해 학대 부모를 위한 교육과 치료가 병행되어야 한다. 여기서 아동학대의 대책 및 부모교육에 대해 살펴보고자 한다.

(1) 아동학대의 대책

아동학대가 발견되거나 신고되면 가정 위기의 징후이므로 학대받은 아동을 위한 치료와 위기 개입이 이루어져야 한다. 국가와 지방자치단체에서는 아동학대를 누구나 쉽게 기억하는 번호로 신고받을 수 있도록 하기 위해 2014년 9월부터 아동학대 신고전화가 112로 통합되었다. 또한 학대받은 아동의 발견·보호·치료·아동학대 예방 및 방지를 위한 통보, 아동학대행위자를 위한 상담 및 교육, 아동학대행위자 또는 아동학대행위자로 신고된 자 및 그 가정에 대한 조사, 기타 학대받은 아동의 보호를 위하여 필요한 사항 등의 업무를 수행하는 아동보호전문기관을 전국적으로 설치하여 운영하고 있다(「아동복지법」 제10조, 제22조). 아동권리보장원 홈페이지(https://www.ncrc.or.kr)를 통해 아동학대와 관련된 다양한 정보를 얻을 수 있다.

아동학대 신고 방법은 [그림 12-9]와 같다.

▌**언제?**
• 아동의 울음소리, 비명, 신음소리가 계속되는 경우
• 아동의 상처에 대한 보호자의 설명이 모순되는 경우
• 계절에 맞지 않거나 깨끗하지 않은 옷을 계속 입고 다니는 경우
• 뚜렷한 이유 없이 지각이나 결석이 잦은 경우
• 나이에 맞지 않는 성적 행동을 보이는 경우

▌**무엇을?**
• 신고자의 이름, 연락처
• 아동의 이름, 성별, 나이 주소
• 학대행위자로 의심되는 사람의 이름 , 성별, 나이, 주소
• 아동이 위험에 처해 있거나 학대를 받고 있다고 믿는 이유

　* 아동이나 학대행위자의 정보를 파악하지 못해도 신고는 가능하며,
　　가능한 많은 정보를 제공하도록 합니다.

▌**어떻게?**
• 전화: 국번없이 112
• 방문: 관할 경찰서, 시 · 군 · 구
• 신고자의 신분은 아동학대범죄의 처벌 등에 관한 「특례법」 제10조,
　제62조에 의해 보장됩니다.

[그림 12-9] 아동학대 신고 방법

출처: 아동권리보장원. https://www.ncrc.or.kr

　　우선 학대 피해아동에 대해서는 즉각적인 의료적 조치 또는 학대행위자로 부터의 격리 조치가 수반되어야 한다. 피해아동의 학대로 인한 후유증의 심각성을 고려하여 상담 및 심리치료가 병행되어야 한다. 피해아동이 발생하면 지방 및 지역의 아동보호 전문기관과 긴밀하게 연계하여 상담 및 치료 또

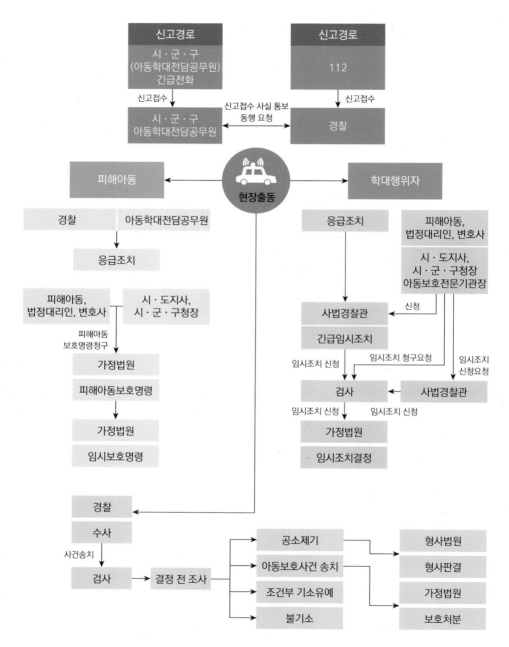

[그림 12-10] 아동학대 신고 시 처리 절차

출처: 아동권리보장원. https://www.ncrc.or.kr

는 일시보호 서비스를 제공한다. 학대아동에 대한 구체적인 서비스는 아동학대 신고 후 [그림 12-10]과 같은 과정으로 진행된다. 아동학대 신고가 접수되면, 현장조사 및 사정으로 사례판정이 이루어진 다음 판정 결과에 따라 법적 처리 및 적절한 보호가 이루어진다.

만약 학대행위자가 부모인 경우 학대 피해아동은 부모에 대한 불신감과 적대감이 상당할 뿐만 아니라 자신에 대해서도 부정적인 태도를 지니기 쉽다(표갑수, 2000: 정현숙 외, 2002 재인용). 또한 학대를 받고 성장한 아동은 향후 자녀를 학대하는 부모가 될 가능성이 높다는 연구 결과를 고려할 때(한국형사정책연구원, 2000; Baumrind, 1994), 폭력과 학대의 세습화를 예방하기 위한 교육 내용, 부모와의 긍정적인 관계 형성, 아동의 자신감 증진 등의 내용으로 아동을 위한 치료적 개입과 교육이 이루어져야 한다(이재연 외, 2008).

「아동학대범죄의 처벌 등에 관한 특례법」 제10조 2항에서는 아동학대신고의무자를 규정하고, 여기에 해당하는 사람이 직무를 수행하면서 아동학대범죄를 알게 된 경우나 그 의심이 있는 경우에 아동보호전문기관 또는 수사기관에 즉시 신고할 것을 명시하고 있다. 또한 「아동학대범죄의 처벌 등에 관한 특례법」 제63조 2항에서는 정당한 사유 없이 아동학대신고의무자가 신고를 하지 아니한 경우 1천만 원 이하의 과태료를 부과할 것을 명시하고 있다.

(2) 학대 부모를 위한 부모교육

아동학대는 가정에서 부모에 의해 이루어지는 경우가 대부분인데, 이 경우에는 학대 부모, 그 가정의 부부 또는 부모-자녀의 심리사회적 상태 및 가족 역동성과 깊은 관련이 있다.

2008년 전국아동학대현황 보고 결과를 살펴보면 유기를 제외한 모든 학대유형에서 발견된 학대행위자의 공통적인 원인 중 '양육태도 및 방법 부족'이 가장 높은 비율을 차지하였으며, 다음으로 '사회경제적 스트레스 및 고립'과 '중독 및 질환 문제'의 순으로 나타났다. 이는 학대행위자의 아동학대 행위가 개인의 기질적인 특성에서 비롯되기보다는 자녀양육에 대한 정보 부족,

미흡한 양육태도, 사회적 관계망의 고립 및 경제적 스트레스 등의 환경 요인에서 기인함을 알 수 있다(보건복지가족부, 2009). 이와 같이 아동학대의 상당 부분이 알코올 중독, 빈곤 및 정신질환, 가정 불화 등과 관련이 높으며, 한부모가정의 경우 전체 아동학대 사례의 약 40% 정도를 차지하는 것으로 나타났다. 한국형사정책원(2000)의 연구 결과, 친족에 의한 성학대 중 상당 부분을 차지하는 친부에 의한 성학대의 경우 경제적 어려움, 배우자의 가출로 인한 성적 배출구의 봉쇄, 성도착이나 질병 등 생물학적 요인, 알코올 의존증, 정신질환 등이 복합적으로 작용하여 발생하는 현상으로 나타났다(정현숙 외, 2002 재인용).

따라서 아동학대의 예방과 재발을 방지하기 위해서는 부모교육과 함께 학대행위자들을 대상으로 전문적인 치료적 개입과 임상서비스 등 학대 아동의 가족을 위한 복지서비스가 강화되어야 할 것이다. 학대 피해 부모를 위한 부모교육의 내용을 정리하면 〈글상자 12-5〉와 같다(표갑수, 2000).

글상자 12-5　학대 부모를 위한 부모교육

1. 부모 자신의 만성적인 자신감 결여와 정신질환에 대한 치료 및 상담의 필요성을 부각시킨다.
2. 긍정적인 방법으로 감정을 전달하는 의사소통 기술을 교육한다.
3. 사회적 고립을 극복하고 사회와의 유대를 강화하는 방법에 대해 교육한다.
4. 아동의 발달, 능력, 한계, 욕구 등에 대한 전반적인 이해를 증진시킨다.
5. 바람직한 자녀양육 방법과 체벌을 사용하지 않는 훈육방법에 대해 지도한다.
6. 효과적인 스트레스 대처방법을 교육한다.
7. 성장기에 부모로부터 받은 상처를 새로운 차원에서 이해함으로써 학대의 세대 간 전수를 단절시키기 위한 교육을 실시한다.
8. 가족 상호 간의 정서적 지지와 부부관계 개선을 위한 교육을 실시한다.

출처: 표갑수(2000). 아동청소년복지론.

참고문헌

경혜란(2010). 외동아와 형제아의 사회성과 자기효능감이 학교적응에 미치는 영향. 연세
　　대학교 교육대학원 석사학위 청구논문.

국회입법조사처(2016). 우리나라 아동학대 사건의 현황 및 시사점. 지표로 보는 이슈, 제67호.

김경희(2007). 아동과 청소년의 이상심리학. 서울: 박영사.

김은선(2006). 외동아와 형제아의 성격특성, 자기효능감과 학교적응 비교연구. 강원대학
　　교 교육대학원 석사학위 청구논문.

류향자(1999). 외동이와 형제아의 성격특성과 학교적응 비교연구. 연세대학교 대학원 석
　　사학위논문.

마민정(2004). 외동이 부모역할과 리더십. 숙명여자대학교 사회교육원 부모교육사 워크
　　숍 자료집(미간행).

문혁준, 김진이, 양성은, 이은주, 천희영, 황옥경(2010). 가족복지. 서울: 창지사.

박성연, 김상희, 김지신, 박응임, 전춘애, 임희수(2008). 자녀와의 진정한 만남을 위한 부모교
　　육(개정판). 경기: 교육과학사.

박영애, 최목화, 양명숙, 나종혜, 김민정(2005). 현대인의 자녀양육. 서울: 학지사.

보건복지가족부(2009). 2008 아동·청소년 백서.

보건복지부, 중앙아동보호전문기관(2015). 2014 전국아동학대 현황보고서. 세종: 보건복지부.

보건복지부(2016). 보건복지 70년사(사회복지 편). 세종: 보건복지부.

보건복지부(2020). 학대피해아동보호현황. 세종: 보건복지부.

보건복지부(2021). 2020년 장애인 실태조사. 세종: 보건복지부.

보건복지부(2021). 시·도 장애인등록현황 자료. 세종: 보건복지부.

송나리, 박성연(1993). 외동이의 사회적 능력 및 인지능력 발달에 관한 연구. 아동학회지,
　　14(1), 91-107.

신용주, 김혜수(2006). 자녀지도와 부모교육. 서울: 형설출판사.

신용주, 김혜수(2011). 대학생을 위한 부모교육. 서울: 학지사.

신용주, 김혜수(2017). 다음 세대를 위한 부모교육. 서울: 학지사.

안동현, 김세실, 한은선(2004). 주의력 결핍 장애아동의 사회기술훈련. 서울: 학지사.

유구종, 조희정(2010). 외동이의 사회적 능력 특성 탐색. 열린유아교육연구, 15(6), 137-160.

이근주(2021). 아동복지론. 경기: 교문사.

이숙, 유희정, 최진아, 이춘아(2009). 훈련중심 부모교육(2판). 서울: 학지사.

이순형, 민하영, 권혜진, 정윤주, 한유진, 최윤경, 권기남(2010). 부모교육. 서울: 학지사.

이은숙(2011). 아동의 자기조절능력이 학교적응에 미치는 영향: 외동이와 형제아의 비교

를 중심으로. 서울기독대학교 대학원 석사학위논문.

이재연, 박은미, 황옥경, 김형모, 이은주, 강현아(2008). 아동복지론. 서울: 학지사.

이정섭, 옥선명(2008). 주의력 결핍 과잉행동장애의 진단과 치료. 가정의학회지, 29, 1-12.

이현주(1999). 외둥이와 형제아의 언어능력과 사회성 간의 관계연구. 성신여자대학교 대학원 석사학위논문.

전혜영(1999). 외둥이와 형제아의 자기능력 지각과 또래관계 형성능력에 관한 연구. 대구대학교 대학원 석사학위논문.

정현숙, 유계숙, 어주경, 전혜정, 박주희(2002). 부모학. 서울: 신정.

정희영(2014). 부모-자녀 의사소통 유형에 따른 초등학교 외동아와 형제아의 학교적응력 차이. 한국교원대학교 대학원 박사학위논문.

조운주, 최일선(2008). 유아교육기관에서의 유아생활지도. 서울: 창지사.

통계청(2015). 2015년 출생통계. 세종: 통계청.

통계청(2020a). 2019년 출생통계. 세종: 통계청.

통계청(2020b). 2019 신혼부부통계. 세종: 통계청.

통계청(2020c). 장래인구추계.

표갑수(2000). 아동청소년복지론. 서울: 나남출판.

한국형사정책연구원(2000). 아동성학대의 실태 및 대책. 서울: 한국형사정책연구원.

한미현, 문혁준, 강희경, 공인숙, 김상희, 안선희, 안효진, 양성은, 이경열, 이경옥, 이진숙, 천희영(2013). 아동복지(제3판). 서울: 창지사.

Baumrind, D. (1994). The social context of child maltreatment. *Family Relations, 43*(4), 360-369.

Phelan, T. W. (1996). *All about attention deficit disorder*. Glen Ellyn, IL: Child Management Inc.

UN, CRPT(Committee on the Rights of Persons with Disabilities). (2014). Concluding observations on the initial report of the republic of Korea, CRPD/C/Kor/CO/1, 2014.

WHO. (1998). *The world health report*.

국가법령정보센터, http://www.law.go.krr

보건복지부. http://www.mohw.go.kr

세종특별자치시청, https://www.sejong.go.kr/welfare/sub03_04.do

아동권리보장원, https://www.ncrc.or.kr/

이지데이, http://www.ezday.co.kr

GoDaddy, http://www.raising-twins.com

제13장

가족유형에 따른
부모역할

1. 한부모가족을 위한 부모역할

1) 한부모가족의 특성

우리나라는 한부모가족의 비중이 지난 20년간 서서히 늘어나고 있는 추세이며, 특히 이혼으로 인한 한부모가족이 증가하였다. 한부모가구의 80% 정도가 모자 가구로서 여성 가구주가 대부분이다(통계청, 2015c). 우리나라의 경우 한부모가구 중 사별로 인한 한부모가구의 비율은 줄어드는 반면, 미혼 및 이혼으로 인한 한부모가구의 비율은 증가하였다. 특히 이혼으로 인한 한부모가구의 비율은 1990년 8.9%에서 2015년 37.3%로 급증하였다.

한부모가족은 일반적으로 가족생활에 있어서 몇 가지 특성을 나타낸다. 한부모가족은 부 혹은 모의 역할 부재로 인해 한부모가 혼자서 감당해야 하는 부모역할 수행상의 어려움을 경험하게 된다. 한부모가족이 겪게 되는 일반적인 어려움은 다음과 같다(김혜경 외, 2011; 신용주 외, 2011).

① 경제적 문제

한부모가족이 겪는 가장 심각한 문제 중 하나는 경제적 문제이며, 한부모가족의 경제적 어려움은 모자가족이 부자가족보다 더욱 두드러졌다. 모자가족의 경우 「모·부자복지법」 또는 「국민기초생활보장법」 대상이 되는 저소득 한부모가족은 과반수 정도를 차지하는 것으로 보인다.

② 역할 변화에 따른 적응 문제

한부모가족이 된 후 부나 모의 역할 부재를 보완하기 위해 나머지 가족 구성원의 역할이 변화하여야만 한다. 이전에는 부모가 함께 수행하던 역할을 한부모가 혼자서 수행하여야 하는 이중고, 삼중고의 현실과 새로운 가정환경에의 적응과정에서 자녀와 갈등을 유발하기도 한다. 모자가족의 경우 모의 취업 상황, 부자가족의 경우 부의 가사노동이나 자녀양육 문제가 주된 적응 문제라 할 수 있다.

③ 자녀양육 문제

모자가족 및 부자가족은 자녀양육과 관련된 다양한 어려움을 호소하고 있다. 예를 들면, 부모는 자녀의 훈육, 교육, 아이 돌봄의 공백, 부모-자녀 의사소통 문제, 자녀의 생활 적응, 교우관계 등 많은 어려움이 있다.

④ 정서적 문제

발생 원인과는 상관없이 한부모가족의 자녀는 한쪽 부모의 상실감을 경험하게 된다. 자녀가 겪는 정서적 문제로는 한쪽 부모를 잃게 됨으로 인한 상실감, 분노, 좌절, 우울 등 다양하고 복합적이다. 한부모의 경우에는 배우자가 수행하여야 할 정서적 지지 체계의 부재로 인해 심리적·정서적 어려움을 경험하기도 한다. 대부분의 한부모는 생활과 자녀양육의 모든 책임을 혼자서 떠맡아야 하는 어려움으로 인해 많은 스트레스를 겪고 있으며, 이러한 스트레스는 자녀에게도 부정적인 영향을 주게 된다.

⑤ 자녀와 함께하는 물리적 시간의 절대적 부족

한부모의 경우 과중한 부모역할을 혼자서 수행함에 따라 자녀와 함께하는 절대 시간이 부족할 수밖에 없다. 하루 종일 직장에서, 퇴근 후에는 가사노동 등으로 인해 자녀의 학업 지도나 대화 부족 등에 따른 다양한 문제가 유발될 수 있다. 일반가족의 어머니와 마찬가지로 한부모가족의 어머니도 자녀교육에 대한 열의는 높으나, 실제적으로 자녀양육 및 학업과 관련된 교육에 신경 쓸 시간적·경제적 여유가 부족한 실정이다.

⑥ 사회적 편견

아직도 우리 사회에는 양쪽 부모와 함께 생활하는 가족을 정상 가족으로,

한부모가족을 결손 가족으로 보는 사회적 편견이 존재하고 있다. 이러한 부정적인 사회 인식이 개선되지 않는 한 한부모가족 자녀에게 미칠 부정적인 영향은 자명하다.

　우리나라에서는 대부분의 모자가족이 경제적 문제와 사회적 편견으로 인해 어머니 역할을 수행하는 데 있어서 많은 긴장감과 어려움을 호소하고 있다. 부자가족도 해체 이후 평균 2년 정도는 역할 변화에 대한 재적응의 과도기를 경험하는 것으로 나타났다. 최근에는 이혼으로 인한 한부모가족의 증가로 인해 부부관계는 종료되더라도 자녀양육에 대한 권리, 책임 및 의사결정에 있어서 부모역할을 공동으로 수행하여야 한다는 공동 후견(joint custody)의 형태가 늘어나고 있다. 그리고 가정이 해체됨에 따라 한부모뿐만 아니라 자녀도 재적응을 위한 시간과 노력이 필요하다.

2) 한부모가족의 부모역할

　한부모는 현실적으로 부모의 역할을 오롯이 홀로 감당하여야 한다는 양육의 부담감과 함께 자신이 한부모이므로 자녀를 더욱 잘 키워야 한다는 강박관념까지 가질 수 있다. 이러한 한부모의 양육에 대한 부담감은 부모 자신은 물론 자녀와의 관계에도 부정적인 영향을 줄 수 있다. 따라서 한부모는 두 부모의 역할을 감당해야 한다는 양육 스트레스를 줄이고 자신감을 갖고 자녀를 양육하는 것이 부모역할의 시작이라 할 수 있다.
　한부모가 부모역할을 잘 수행하기 위해서는 자녀 격려하기와 자녀의 책임감 길러 주기 그리고 자녀를 잘 양육하기 위해 부모 스스로의 행동을 변화시키는 것이 중요하다(최혜순 외, 2019).

① 자녀 격려하기
자녀 격려하기는 자녀의 장점과 한 일에 대해 초점을 맞춤으로써 자신감과 자아존중감을 갖게 하는 과정이다. 부모의 격려를 통해 자녀는 자신감을 갖고, 자신의 능력을 신뢰할 수 있다. 한부모가족의 자녀는 가정 해체라는 경험을 통해 위축되었을 가능성이 높으므로, 부모에게 격려받는 경험을 통해 자신감과 자아존중감을 향상시킬 수 있다.

자녀를 격려하는 부모가 되기 위해서는 부모 자신이 먼저 긍정적으로 변화되어야 한다. 부모 자신이 긍정적으로 변화하면, 자녀가 불완전하더라도 기회를 주어 더 발전하도록 격려하고, 자녀가 가치 있는 존재임을 느낄 수 있도록 지원할 수 있다. 부모는 자녀를 격려함으로써 부모-자녀 관계를 긍정적으로 정립할 수 있다.

② 자녀의 책임감 길러 주기

한부모가정에서는 가족 구성원들이 상대적으로 다중의 역할을 해야 하기 때문에 가족 구성원 각자 자신의 책임을 다하여야 한다. 이를 위해 부모는 첫째, 자녀가 자신의 행동에 대해 스스로 책임을 지도록 하며, 둘째, 자녀 스스로 어떤 행동이 적절한지를 스스로 결정하도록 하고, 셋째, 자연적 또는 사회적인 사건이나 질서로부터 자녀 스스로 배우도록 해야 한다. 이러한 방법을 통해 자녀는 자신의 선택, 의사결정, 행동의 결과에 대한 책임감을 함양할 수 있다.

③ 부모 자신의 행동을 변화시키기

한부모는 자신의 잘못으로 한부모가정이 되었다고 자책하기보다는, 스스로를 격려하고 당당해지도록 노력해야 한다. 부모는 자신의 행동을 변화시킴으로써 자녀의 행동을 변화하도록 해야 한다. 더 이상 스스로나 가족 구성원을 비판하거나 실수를 지적하기보다는 자기 자신과 자녀를 사랑하고 가치 있게 여겨야 한다.

3) 한부모가족의 자녀교육 지침

근래 증가하고 있는 한부모가족의 적응을 돕고 새로운 삶의 출발을 지원하는 정부와 민간의 프로그램이 많이 소개되고 있다. 그중에서 '가족과 성상담소'가 마련한 한부모가족의 문제를 함께 풀고 지원하는 자조 모임 행사에서 발표된 한부모의 홀로서기 방법과 부모역할 지침을 소개하면 〈글상자 13-1〉과 같다(http://www.womenlink.or.kr).

글상자 13-1   한부모가족 자녀를 위한 부모역할 지침

1. 먼저 이혼이 결정될 무렵 자녀가 있는 곳에서 '아이는 당신이 맡으라'는 식의 이야기는 하지 않는다.
2. 어머니 혹은 아버지로서의 역할 이전에 인간이라는 사실을 인식한다.
3. 스스로 행복한 사람만이 자녀에게 행복을 줄 수 있다는 것을 깨닫는다.
4. 자녀는 기르는 것이 아니라 '스스로 자란다'는 사실을 인식한다.
5. 이혼을 실패로만 생각하는 세상의 잣대로 스스로를 평가하지 않는다. 그래야만 비로소 한부모는 피해의식과 죄책감에서 벗어날 수 있다.
6. 사회적 인간으로서 한부모 스스로 자아정체성의 중요성을 인식한다.
7. 한부모는 부족한 존재가 아니라고 생각하며 스스로 긍정적인 면을 찾는다.
8. 한부모 자신을 기쁘게 하는 작은 것을 주변에서 찾아보고 때로는 스스로를 위해 작은 것이라도 선물한다. 한부모 자신의 사기를 북돋거나 격려하는 행위는 사소하지만 스스로의 가치를 느낄 수 있는 기회가 된다.
9. 좋은 이성 친구는 삶을 풍요롭게 하고 새로운 가족이 될 수 있으므로 이성에 대한 마음을 열어 놓는다. 이는 자녀가 인생의 부담이라는 생각에서 벗어날 수 있게 해 준다.
10. 외로움이나 불행은 행복이나 즐거움과 마찬가지로 언젠가는 지나간다고 생각하고, 현재와 미래에 충실히 임한다.
11. 한부모는 자녀에게 가능한 한 이혼 전과 같은 태도를 취한다. 이혼 후 특히 여아를 불쌍하게 보거나 보상 심리로 잘 대해 주거나 과잉보호하는 등의 행위는 절대 금물이다.
12. 자율적인 가정환경을 조성하여 자녀가 자립심을 기를 수 있도록 한다.

13. 솔직한 대화로 신뢰를 쌓아 자녀에게 부모가 결코 그들을 떠나지 않는다는 확신을 갖게 한다.

14. 부모의 이혼 후 우울해하거나 내성적으로 바뀐 자녀의 경우에는 친척이나 친구와 친밀한 관계를 가질 수 있도록 배려하여 긍정적 사고방식과 사교성을 기르도록 노력한다.

15. 상대편 부모에 관한 이야기, 특히 험담은 하지 않도록 한다.

16. 자녀가 상대편 부모를 그리워할 때는 막지 않도록 하지만, 자녀가 상대편 부모를 그리워하지 않을 때는 굳이 상대 부모에 관한 이야기를 하지 않는다.

17. 한부모가 스트레스를 받더라도 자녀에게 '애물단지' '아빠(엄마)에게 가라' '너 때문에 내 팔자가…'와 같은 이야기는 하지 않는다.

18. 자신의 생활이 고달프더라도 자녀에게 그 스트레스를 풀거나, '너는 반드시 잘돼야 한다'는 지나친 기대와 압박감을 주지 않는다.

19. 비상시를 대비해서 주변의 한두 집과는 친밀한 유대관계를 갖는다.

20. 가정마다 이혼 후 갖게 되는 장점을 찾아 그것을 최대한 살려서 단점이 최소화되도록 노력한다.

21. 이혼 후 삶의 경험이 한부모에게는 물론 자녀에게 자기 발견과 자아실현을 할 수 있는 기회가 될 수 있도록 노력한다.

출처: 한국여성민우회, http://www.womenlink.or.kr

한부모가족을 위해서 친인척, 지역사회, 국가에서 할 수 있는 일을 살펴보면 〈글상자 13-2〉와 같다(오영희 외, 2010).

글상자 13-2 | **한부모가족을 위해 친인척·지역사회·국가에서 할 수 있는 일**

• 친인척이 할 수 있는 일
  - 전화나 방문 등을 통해 한부모가족에게 정서적 지원을 한다.
  - 남자 친척(외삼촌, 이모부, 큰아버지, 고모부 등)은 아버지의 빈자리를 채워 주고, 여자 친척(이모, 고모, 큰엄마 등)은 어머니의 빈자리를 채워 주어 성역할 모델 부재의 어려움을 해소한다.
  - 휴가철에 한부모가족과 함께 시간을 보낸다.
  - 가족행사(생일, 명절, 결혼식 등)에 서로 참여한다.

• 지역사회에서 할 수 있는 일
 - 한부모를 부정적으로 보지 않는다. 한부모에 대한 사회적 편견을 갖지 않는다.
 - 한부모도 많은 장점이 있음을 인식한다.
 - 한부모를 위한 일회성 강연보다는 종합적 시리즈로 프로그램을 제공한다.
 - 일반인이 한부모에 대해 긍정적 이해를 할 수 있도록 매스컴이 협력한다.
 - 복지기관 이외에 종교나 NGO 단체도 한부모가족을 위한 프로그램을 실시한다.

• 국가에서 할 수 있는 일
 - 저소득 한부모가족을 위해 다양한 경제적 지원 방안(예: 장기저리 융자, 주택우
   선분양)에 역점을 둔다.
 - 가족생활교육 전문가와 가족상담자를 두어 상담교육 사업을 활성화한다.
 - 이혼한 경우 자녀 양육비 지급을 법제화한다.
 - 한부모가족을 위한 직업 알선 및 직업교육을 강화한다.
 - 한부모가족을 위한 단체 보호시설의 보호 기간을 연장하고 시설을 확충한다.

출처: 오영희 외(2010). 가족복지.

2. 다문화가족을 위한 부모역할

1) 다문화가족의 개념

현대사회는 '지구촌 시대'라고 불릴 정도로 세계화되어 가고 있으며, 우리나라도 예외는 아니다. 이제는 주변이나 TV에서 외국인을 보는 것은 흔한 일이 되었으며, 국제결혼 역시 증가 추세에 있어 우리 사회도 다문화사회로 변화하고 있다.

교육인적자원부의 '다문화가족 자녀교육 지원 대책'(2006)에서는 다문화가족이란 "우리와 다른 민족 또는 문화적 배경을 지닌 사람들로 구성된 가정"이라 정의하고 있다. 현재 국내에서 다문화가족이라고 하면 크게 결혼이민

자가족, 외국인근로자가족 그리고 탈북이주민(새터민)가족의 세 가지 형태로 분류된다.

다문화가족의 유형별 특징을 살펴보면 다음과 같다(황매향 외, 2010).

첫째, 결혼이민자가족은 국제결혼가족을 의미한다. 국제결혼가족은 한국 국적을 가진 부모 한 사람이 다른 외국 국적의 배우자와 결혼하여 가정을 구성한 경우이다. 우리나라의 경우 대부분 한국 남성과 외국 여성이 결혼하여 가정을 이룬 경우가 많다. 결혼이민자는 한국 국적을 취득하는 경우와 출신국의 국적을 보유하는 경우가 있으며, 이들 가정의 자녀는 대부분 한국 국적을 취득하지만 일부 아동은 18세 이전까지 이중 국적을 취득하기도 한다.

둘째, 외국인근로자가족은 주로 부모가 이주근로자로, 그 자녀는 국내에서 출생한 경우와 부모가 먼저 입국한 후 자녀를 입국시켜 함께 생활하는 경우가 있다. 대부분의 경우 부모나 자녀 모두 출신국의 국적을 지니고 한국에서 체류하는 편이다.

셋째, 탈북이주민가족은 고유한 한민족이나 분단의 역사 속에서 상이한 문화의 차이로 인해 적응이 필요한 사람들이다. 탈북이주민들은 탈북하는 과정에서 생존의 위협으로부터 살아남은 경험이 있기 때문에 심리적 안정, 사회 정착, 문화적 적응 등 많은 영역에서 지원이 필요하다.

2) 다문화가족의 어려움

우리 사회에서 다문화가족이 겪고 있는 어려움은 크게 가족의 사회적응 문제와 자녀의 학교적응 문제로 나눌 수 있다. 다문화가족은 근본적으로 안고 있는 여러 가지 문제 요인과 함께 사회적응 문제에 봉착하므로 여러 어려움을 겪게 된다.

첫째, 우리 민족은 순혈주의에 입각하여 단일민족임을 자랑스럽게 여기고 혈연관계를 중요시해 왔다. 따라서 아직까지도 국제결혼가족에 대한 부정적인 시각과 사회적 편견이 존재하는 것이 현실이다. 이러한 우리 사회의 편견은 다문화가족 구성원이 근거 없는 열등감과 차별적 분위기를 경험함으로써 정서적인 어려움을 겪게 하는 주된 원인이 된다.

둘째, 다문화가족은 경제적 빈곤 상태로 인해 어려움을 겪는 경우가 많으며, 이러한 경제적 문제는 자녀의 교육 문제에도 영향을 미친다. 결혼이민자 가족의 경우 농어촌 지역에서, 이주근로자가족의 경우에는 도시에서 단순기능직에 종사하는 경우가 많다. 따라서 그들은 낮은 사회경제적 지위와 함께 자녀양육에 필요한 최소한의 복지 혜택과 교육 지원만을 받으므로 자녀의 교육에 어려움이 가중된다.

셋째, 다문화가족은 문화적 차이에서 비롯된 사회적 적응의 어려움으로 음식, 예절, 사회문화에서부터 부부 갈등, 자녀 및 기타 가족과의 갈등, 가족원으로부터의 고립 등에 이르는 다양한 갈등의 소지를 안고 생활한다. 특히 우리나라의 가부장적 또는 남성 중심적 가치관 및 생활 태도는 여성 결혼이민자의 심각한 적응 문제를 유발한다.

넷째, 대다수의 다문화가족은 의사소통의 어려움을 겪고 있다. 여성 결혼이민자의 경우 의사소통이 불편한 채로 임신·출산·육아 과정을 거쳐야 하므로 한국어에 익숙해질 시간의 부족과 가정에서 자녀교육상 언어소통 문제가 야기된다. 이러한 의사소통의 어려움은 자녀의 언어능력 부족과 학업 부진으로 연결되어 자녀의 학교적응에 또 다른 어려움을 초래한다.

특히 다문화가족 자녀의 학교생활 부적응 문제는 상당히 심각한 수준이다.

첫째, 다문화가족의 자녀는 낮은 학업 성취도, 언어능력의 부족 등으로 인해 기초학습능력이 낮은 경향이 두드러진다.

둘째, 그들은 친구들과 대인 관계의 어려움, 부정적 자아개념, 자아정체성의 혼란 등의 어려움을 겪게 된다. 다문화가정 자녀의 경우 단순히 엄마가 외국인이어서 따돌림을 경험하기도 하는데, 이는 아직도 다문화가정 자녀에 대한 사회적 편견이나 부정적인 인식이 심각함을 알 수 있다.

셋째, 다문화가족의 자녀는 성장과정에서 자아정체성의 혼란과 갈등을 경험하며, 모국의 문화, 역사, 언어를 잃어버리거나 수치스러워하게 되는 정서적 손상을 받을 수 있다.

3) 다문화가족의 부모역할

다문화가족은 일반가족과 마찬가지로 자녀의 교육적 기능을 주로 여성 주양육자가 담당하는 경우가 대부분이다. 일반적으로 다문화가족 부모는 자녀의 정체성 형성에 많은 어려움이 있으며, 특히 결혼이주민 여성의 경우 한국어나 한국 문화에 익숙지 못한 상태에서 자녀양육을 맡게 되는 경우가 많으므로 부모역할의 미숙함을 호소한다. 그러므로 다문화가족의 효율적인 자녀양육을 위해서 가장 중요한 것은 자녀의 자아정체성을 올바르게 형성하도록 도와주는 일과 학교를 비롯한 사회에 잘 적응할 수 있도록 지원하는 일이라 할 수 있다(박성연 외, 2008). 다문화가족 자녀를 위한 부모역할 지침을 정리하면 〈글상자 13-3〉과 같다(박성연 외, 2008).

이 외에도 사회적 차원에서 다문화가족의 부모가 겪는 어려움과 자녀의 학교생활 적응을 위한 제도적 지원이 이루어져야 할 것이다. 정부나 지역사회에서는 다문화가족 학부모를 위한 다국어 가정통신문 발송, 다문화가족 간의 연락체계 구축, 지역의 인적지원 네트워크 구축, 학교 및 교실 환경의 다문화적 요소 강조, 다문화적 교육 내용의 학습활동 권장 등을 통해 다문화가족의 적응을 지원할 수 있다. 또한 지역사회복지관이나 건강가정지원센터 등에서 다양한 지역사회 친화적 프로그램의 개발과 실시를 통해 다문화가족의 복지 향상을 도모할 수 있다.

글상자 13-3 다문화가족 자녀를 위한 부모역할 지침

1. 다문화가족 부모는 자녀가 한국인으로서의 정체성과 다른 문화인으로서의 정체성 간의 균형을 이룰 수 있도록 교육한다. 한국인 아버지나 어머니를 두고 한국에서 생활하므로 한국인으로서의 생활과 사고방식을 이해하는 것은 당연하나, 한국인이 아닌 부모의 문화 및 풍습을 자연스럽게 이해하고 문화 간의 우열보다는 차이를 수용하는 교육이 중요하다. 가정 내 문화교육을 통해서 자녀가 속한 집단의 귀속감을 느끼고, 그 집단적 정체의식 속에서 자신이 타인과 다른 고유한 존재라는 자아정체성을 올바르게 형성할 수 있을 것이다.

2. 효과적인 부모역할 수행을 위해 부와 모 간의 문화적 균형감을 자녀에게 보여 주는 것이 필요하다. 부부가 상대방의 문화에 대해 경시하거나 존중하지 않는 태도를 보인다면 자녀는 특정 문화권에 대한 신뢰감을 상실할 수 있으며, 나아가 부모의 두 문화 간 통합감을 기초로 건강한 자아정체성을 형성하는 데 어려움을 느낄 수 있기 때문이다.

3. 다문화가족 부모는 자녀가 자아정체성을 바르게 형성할 수 있도록 든든한 사회적 지지체계를 구축하는 것이 중요하다. 자녀가 부모에게 존중받고 지원받는다고 느낄 때 자아존중감이 향상되고, 그로 인해 학교나 사회에서 경험하게 될 어려움을 보다 효율적으로 해결하게 된다. 부모는 자녀가 또래와 외모나 언어 구사 능력 등이 다르다는 이유로 부정적인 자아상을 형성하지 않도록 자녀에게 긍정적인 지지와 인정을 꾸준히 제공하는 것이 중요하다.

4. 다문화가족 부모는 자녀의 언어 발달을 위하여 친척, 이웃, 또래와 이야기할 수 있는 기회를 자주 제공하도록 한다. 다문화가족 자녀는 두 개 이상의 언어 문화에 노출되어 있기 때문에 모국어(한국어) 습득이 부진할 수 있으므로, 친구나 친척이 많이 모이는 장소에서 자연스럽게 한국어를 습득할 수 있도록 하면 언어교육에 도움이 될 수 있다. 자녀의 언어 발달은 학교생활 적응이나 학업 성취에 영향을 미치므로 부모의 적극적인 지원이 필요하다.

5. 부모는 자녀가 학교나 사회에서 잘 적응할 수 있도록 학업 성취, 적절한 대인관계 기술 등을 지도해야 한다. 다문화가족의 자녀는 다른 사람에 비해 가정, 학교, 나아가 사회에서 문화적 편견이나 배타적인 태도를 경험할 기회가 많을 수 있다. 그러므로 자녀가 일방적인 도움을 항상 요구하기보다는 다른 사람에게 자신의 개성을 알리고 긴밀한 대인관계나 상호 협력을 유지하는 개방적인 자세를 갖도록 지도한다.

출처: 박성연 외(2008). 자녀와의 진정한 만남을 위한 부모교육(개정판).

3. 재혼가족을 위한 부모역할

1) 재혼가족의 특성

오늘날에는 이혼율의 증가와 함께 재혼가족이 점차 증가하고 있다. 재혼가족이란 배우자 중 최소한 한 명은 초혼이 아닌 성인 남녀의 재결합을 의미하며, 재구성가족, 계부모가족, 혼합가족, 두 개의 핵가족 등 다양하게 불린다(장혜경 외, 2002).

재혼가족은 배우자가 서로 사랑과 신뢰를 기초로 결혼한다는 부분에서는 초혼과 동일하나 재혼, 특히 유자녀 재혼은 초혼과는 상이한 여러 가지 특성을 나타낸다(박명순 외, 2015; 윤경자 외, 2010).

첫째, 재혼가족은 재혼 전에 많은 상실과 변화를 겪은 후 몇 가지 가족 전환과정을 경험하게 된다. 가족 전환과정에서 재혼가족은 새로운 가족과의 관계형성, 역할기대, 자아정체성, 가족정체성 등 복합적인 관계 및 심리적 변화과정을 경험한다. 이 과정에서 가족은 예상치 못했던 다양한 갈등을 겪게 되는데, 이를 해결하지 않은 채 계부모-자녀 관계가 정립될 경우 그로 인해 부수적으로 여러 문제가 발생할 수 있다.

둘째, 재혼가족은 초혼가족과 달리 결혼생활의 시작부터 이미 형성된 가족 구조로 출발하게 되므로 가족 구성원 간에 오해가 발생하지 않도록 분명한 의사소통이 요구된다.

셋째, 유자녀 재혼은 일반가족의 경우와 달리 더 강하고 친밀한 부모-자녀 관계가 부부관계보다 선행할 수 있다. 재혼가족의 부모-자녀 유대감은 재혼부부간의 유대감보다 훨씬 이전에 형성되었다는 특징이 있다. 재혼가족의 부부는 응집력 있는 결혼생활에 적응해야 하는 동시에 친자녀뿐 아니라 계자녀와도 새로운 유대관계를 형성해야 하므로 부부 유대감에 영향을 받을 수 있다.

넷째, 전 배우자와 전 인척 등 이전 결혼생활에서의 관계가 완전히 종료된 것이 아니며, 그들의 존재로 인해 재혼가족의 가족관계가 영향을 받고 가족의 경계가 모호해지는 문제가 발생할 수 있다.

다섯째, 재혼가족에 대한 선입견이나 부정적인 시각이 실제 결혼생활을 어렵게 한다. 예를 들면, 계모가족의 경우 『콩쥐팥쥐』나 『장화홍련전』 『신데렐라』 등의 이야기에서 등장하는 사악한 계모와 구박받는 의붓자녀라는 부정적인 인식이 재혼생활 적응의 어려움을 유발할 수 있다. 재혼가족은 불완전하거나, 문제가 있는 가족이라고 보거나, 가족을 구성하는 중요한 요인이 혈연이라는 편견이 재혼가족 구성원의 적응에 부정적 영향을 줄 수 있다.

여섯째, 재혼가족에서 발생할 수 있는 의붓형제 간의 문제가 있다. 부모가 친형제로 자연스럽게 양육하더라도 의붓형제 간의 경쟁의식, 서열의식 등이 재혼가족의 전체적 통합에 갈등 요인으로 작용할 수 있다.

일곱째, 재혼 부모는 비현실적인 기대를 안고 출발하게 된다. 계부모는 물론 계자녀조차 새로운 가족이 형성되는 즉시 서로에게 유대감과 사랑을 느끼리라고 기대한다. 하지만 이러한 비현실적인 기대로 인해 계부모가 계자녀에게 즉각적인 사랑을 느끼지 못하면 죄의식에 빠질 수 있다. 계부모는 자신의 훈육방식이 계자녀에게 무조건적으로 받아들여지고 효과적일 것이라 기대하지만, 그렇지 않을 경우 혼란과 불안에 빠져 위축될 수 있다.

여덟째, 재혼가족의 자녀는 헤어진 친부모와의 추억을 가지고 있으며, 친부모를 그리워할 수 있다. 이러한 감정은 자녀의 재혼가족 적응에 영향을 주며, 재혼가족이 되어 함께 동거하는 부모와 헤어진 부모 간의 갈등으로 인해 무력감과 좌절감을 느낄 수 있다.

2) 재혼가족의 부모역할

재혼가족은 새로이 형성된 가족관계에서 상당한 스트레스와 갈등을 겪을 수 있으며, 가족 간의 경계가 모호하여 가족 구성원의 역할을 분명하게 정해 놓지 않으면 부모역할 수행과 가족관계 형성이 모두 힘들어질 수 있다. 재혼 가정이 부모역할을 성공적으로 수행하기 위해서는 건강한 가정환경을 조성하는 것이 중요하다. 부모역할을 수행하기 위해 고려해야 할 사항을 살펴보면 다음과 같다(최혜순 외, 2019).

① '우리 감정'에 기초한 가족문화 형성하기

재혼가정은 새로 구성된 가족 구성원들과 '우리'라는 감정(we-feeling)을 공유할 수 있도록 가족문화를 조성하는 것이 중요하다. 이러한 가족문화는 기본적으로 배우자에 대한 신뢰와 자녀에 대한 믿음에서 비롯된다.

② 배우자 지지하기

배우자를 서로 지지한다. 부부간의 유대와 지지가 확고하여 부부관계가 안정적인 재혼가족의 경우에는 긍정적인 부모-자녀 관계를 형성한다. 부모-자녀 관계가 안정적이면 가족 구성원 간의 관계나 훈육상의 어려움에 직면하더라도 완충적인 역할을 하여 갈등 상황을 극복할 수 있는 버팀목이 될 수 있다.

③ 전혼에서의 부모-자녀 관계 배려하기

재혼가족의 경우 전혼에서의 부모-자녀 관계를 배려해 주는 것이 필요하다. 부모는 자녀가 친부모를 기억하거나 친부모와 지속적으로 교류하는 것을 인정해 준다. 자녀 입장에서는 새 부모가 친부모와 경쟁하거나 못 만나게 하지 않고 또 다른 부모역할을 시도한다면 새롭게 부모-자녀 관계를 정립하는 데 도움이 된다.

④ 가족 구성원의 욕구 파악 및 친밀감 쌓기

재혼가족으로 형성된 초기에는 재혼가족이 당면한 문제들을 정확하게 인식하는 것이 필요하다. 예를 들면, 가족 구성원들 간에 신뢰를 쌓을 수 있는 일대일의 시간 가지기, 친부모, 새 부모, 새 자녀 모두의 욕구 파악하기 등을 통해 가족 구성원의 욕구를 파악하여 충족시켜 줄 수 있는 방안을 마련하고, 어느 정도 시간이 소요될지 예측해 보며, 해결하기 어려운 부분은 어떤 것이 있는지 등에 대해 서로 공유한다. 이러한 과정을 통해 새로운 가족 구성원들은 서로에게 친밀감을 형성하고, 애정을 돈독히 쌓아 갈 수 있다.

⑤ 소속감 및 연대의식 공유하기

재혼가족이 가족 관계에서 오는 갈등과 딜레마 상황을 극복하고 안정화 단계에 접어든다는 것은 소속감 형성 및 연대의식 공유라는 경험을 통해서 가능하다. 물론 재혼가족의 경우 소속감과 연대의식을 공유하는 수준까지 도달하기 위해서는 시간이 다소 걸릴 수 있으므로 시간적 여유를 가지며 적응하는 것이 중요하다.

재혼가족의 부모역할 수행은 가정 적응의 성공과 가장 밀접하게 관련되어 있다. 그러므로 다양한 재혼준비교육 프로그램이 개발되고 있으며, 재혼가족에서의 효과적인 부모역할을 제시하고 있다. 일부 계부모는 지나치게 완벽한 부모역할을 하려고 하여 오히려 자녀에게 부담감을 주기도 하므로, 자연스럽게 적응하면서 신뢰 있는 계부모-자녀 관계를 서서히 형성해 나가는 것이 중요하다. 재혼가족을 위한 부모역할을 소개하면 〈글상자 13-4〉와 같다(박성연 외, 2008; 신용주 외, 2011).

| 글상자 13-4 | 재혼가족의 부모역할 지침 |

1. 재혼과 계부모역할에 대해 현실적인 기대를 가지고, 재혼으로 인해 나타나는 변화를 인정한다.
2. 계부모역할에 대해 부부가 서로 합의하고 일관성 있게 자녀를 양육한다.
3. 자녀에 대해 긍정적인 태도로 부모역할에 임한다.
4. 성공적인 재혼가족은 구성원 모두의 노력으로 이루어진다는 사실을 인식한다.
5. 부부관계가 모든 관계의 중심임을 모든 가족이 인식한다. 따라서 자녀 간 갈등, 친부모와의 갈등 등 모든 가족 문제는 부부관계 중심으로 해결한다.
6. 자녀에게 같이 살지 않는 친부모가 현실 속 또는 기억 속 어디든 존재하고 있다는 사실을 인정해 준다.
7. 자녀의 감정, 비언어적 행동, 요구 등에 민감하게 대처하여 원만한 부모-자녀 관계를 형성한다.
8. 전혼 자녀가 있는 경우 재혼 후에 자녀를 출산하는 문제는 신중하게 결정한다.
9. 배우자의 경우 전혼에 대한 상실감, 자녀의 경우에는 친부모에 대한 상실감을 이해하고 긍정적으로 수용한다.
10. 결혼은 끝나도 부모역할은 남는다는 점을 인식한다.

출처: 박성연 외(2008). 자녀와의 진정한 만남을 위한 부모교육(개정판); 신용주 외(2011). 대학생을 위한 부모교육.

3) 재혼가족의 자녀교육 지침

재혼가족에서 성장하는 자녀는 다른 가족과는 다르게 경험할 수 있는 몇 가지 어려움이 있다.

첫째, 재혼가족 자녀는 친부모와의 관계를 재정립하는 것이 중요하다. 친부모와의 관계를 유지하거나 정리하는 일이 자녀에게는 심리적으로나 시간적으로 상당한 노력이 필요하다.

둘째, 계부모와의 유대감을 발전시켜야 한다. 때로는 이 문제가 자녀 입장에서 친부모에게 상실감을 유발하기도 한다.

셋째, 자녀는 재구성된 형제나 자매, 확대된 친척관계를 수용하여야만 한다.

넷째, 가족의 재구성으로 인한 적응의 시간과 노력이 필요하다. 물론 재혼은 재혼하는 당사자나 부모의 재혼을 받아들여야 하는 자녀 모두에게 생활상의 변화, 적응 문제, 스트레스를 유발하므로 부정적인 정서를 표출할 상황이 자주 발생하기도 한다(박성연 외, 2008).

이와 같은 자녀의 적응이 필요한 상황은 때로는 자녀의 심리적 · 행동적 일탈 행위를 유발하기도 하고, 또 다른 가정 해체의 원인이 되기도 한다. 재혼가족에서 부모가 자녀를 양육할 때 유념해야 할 자녀교육 지침을 정리해 보면 〈글상자 13-5〉와 같다(박성연 외, 2003; 박성연 외, 2008; 유효순 외, 2004).

글상자 13-5   재혼가족의 자녀교육 지침

1. 계부모 스스로 재혼가족은 정상적인 가족 형태가 아니라는 허설(虛說)을 버려야 한다.
2. 계부모는 의붓자녀에게 적응하면서 모든 자녀를 똑같이 사랑해야 한다는 강박관념을 버리고, 시간을 두고 자녀와 원만한 관계를 형성하도록 노력해야 한다. 계부모는 의붓자녀가 적대감을 표시할 때 당황하거나 좌절하기보다는 부정적인 감정을 적절하게 표현하는 방법을 알려 준다.
3. 새어머니는 나쁘다는 사회적 통념에 시달리지 말고 소신껏 자녀를 양육한다.
4. 친부모-자녀 관계는 계부모-자녀 관계의 갈등 요인이 될 수 있다. 계부모는 자녀가 친부모의 존재를 빨리 잊도록 강요하기보다는 자녀의 기억 속에 친부모가 있다는 사실을 인정하는 것이 중요하다. 그리고 자녀가 친부모와의 관계를 정리하는 데 시간과 감정이 소요되므로 계부모가 느긋한 마음을 가지도록 한다.
5. 계부모는 의붓자녀 간에 혈연적인 관계는 없으나, 가장 친밀한 관계가 될 수 있다는 긍정적인 믿음을 가지도록 노력한다.
6. 의붓형제 간에 발생하는 갈등 시 어느 한쪽 편만을 들기보다는 형제간의 문제는 그들끼리 해결할 수 있도록 기회를 만들어 주거나 지켜보는 것이 효과적이다.
7. 가족의 재구성으로 확대된 친척과의 관계에서는 자녀의 입장에서 어색하지 않도록 배려하여 큰 갈등 없이 적응할 수 있도록 도와준다.

출처: 박성연 외(2003). 자녀와의 진정한 만남을 위한 부모교육; 박성연 외(2008). 자녀와의 진정한 만남을 위한 부모교육(개정판); 유효순 외(2004). 부모교육.

4. 맞벌이가족을 위한 부모역할

오늘날 산업화 현상과 함께 많은 여성이 경제 영역으로 활동 무대를 넓혀 가고 있다. 주로 남성에게 주어졌던 경제활동이 산업화 이후 여성에게도 그 기회가 확대되어, 초기에는 주로 자녀가 없는 젊은 미혼 여성만 취업했으나 점차 기혼 여성의 취업도 늘어나면서 부부가 모두 직장에 나가는 맞벌이가 족(dual career family)이라는 새로운 가족 형태가 등장하였다. 취업 여성의 증가에 따라 등장한 맞벌이가족은 구조적인 면에서는 핵가족 또는 확대가족의 형태를 이루고 있다. 여기서는 맞벌이가족의 특성과 함께 부모역할에 대해 살펴본다(허혜경 외, 2013).

1) 맞벌이가족의 특성

맞벌이가족의 발생 원인은 산업화, 도시화 그리고 여성 고등교육의 기회 확대로 설명할 수 있다. 전근대적인 농경사회에서는 가정과 일터의 구분 없이 부부가 생계를 공동으로 담당하였으나, 산업화 이후 직장과 가정이 분리되어 남성은 직업 역할을 수행하고 여성은 가사노동을 담당하게 되었다. 즉, 산업화와 도시화가 진행됨에 따라 일터와 가정이 분리되고, 남성은 생계유지를 위한 경제활동을, 여성은 무보수의 가사노동을 전담하게 되었다.

핵가족화, 여성의 사회 진출 증가, 가사노동의 간소화 등으로 여성의 경제활동, 특히 기혼 여성의 경제활동이 활발해지는 추세이다. 여성의 교육 수준이 향상되고 자아실현 욕구가 증가하였으며, 가족계획으로 자녀양육 기간이 단축되고, 가전제품의 과학화로 가사노동이 간편해져 생활이 편리해졌으며, 여성 노동력에 대한 수요가 증가하는 등 전반적인 사회적 상황이 변화하고 있다.

맞벌이가족이 증가함에 따라 부부는 자녀양육 및 가사노동 분담 문제, 가족관계 문제 등 가정을 경영하는 데 있어 새로운 어려움을 경험하고 있다. 맞벌이가족의 특징으로는 남편과 아내의 보다 동등한 관계 수립과 그에 따른 여성의 자아실현과 자아존중감의 증진을 들 수 있다. 맞벌이가족은 가사노동의 역할 분담, 의사결정에 있어서 동등한 발언권, 평등한 동반자 관계를 유지할 수 있다는 점에서 젊은 부부에게 바람직한 가족 유형으로 인식되고 있다. 또한 맞벌이가족의 장점으로는 부모-자녀 관계를 긍정적으로 유지할 수 있다는 점, 남편과 아내가 일과 가족역할 모두에 능숙해질 가능성이 높다는 점, 경제적 여유 등을 들 수 있다.

취업 동기에 따라 기혼 여성의 취업 동기 유형을 분류해 보면 〈표 13-1〉과 같다(박충선, 1991; 이영숙 외, 2004; 허혜경 외, 2013).

〈표 13-1〉 기혼 여성의 취업 동기 유형

유형	내용
생계유지형	• 기혼 여성이 가족의 경제적 필요에 의하여 비자발적 취업을 하는 형태
내조형	• 생계 위협을 받지는 않으나 경제적 여유를 위하여 취업을 하는 경우 • 남편의 발전을 위하여 학업을 계속하도록 하고 여성이 전적으로 생계를 담당하는 경우
자아실현형	• 중산층 이상 고학력 여성이 취업을 통해 자아를 실현하는 경우
여가활용형	• 주로 중산층을 중심으로 경제적 여유, 내조, 자아실현 등을 크게 의식하지 않고 자신의 취미나 여가를 위해 취업하는 형태

출처: 허혜경 외(2011). 현대사회의 가정.

2) 맞벌이가족의 어려움

맞벌이가족에 대하여는 전통적인 입장의 부정적인 견해와 발전적인 입장의 긍정적인 견해가 대립한다. 맞벌이가족의 결혼생활은 상호 배려적이 아니라 수단적 결혼관이 강하다는 비판적 견해도 있다. 맞벌이가족 여성의 경우에는 자녀양육과 가사노동을 주로 여성이 전담해야 한다고 생각하는 '슈퍼우먼 콤플렉스(superwoman complex)'가 강한 것으로 나타났는데, 이것은 아내, 부모, 직장인으로서의 모든 역할을 완벽하게 수행하려는 여성에게 스트레스가 많은 상황을 나타내는 용어이다(정옥분 외, 2008).

맞벌이가족의 행복과 성공은 아내의 취업에 대한 남편의 태도에 의해 좌우된다고 해도 과언이 아니다. 우리나라 맞벌이가족의 가장 큰 과제는 자녀양육과 가사노동 분담이다. 남편이 아내의 직업을 인정하고 집안일을 분담하고 자녀양육과 정서적 지원을 제공하면 가정생활의 어려움이 극복될 수 있다(정옥분, 2004).

어머니의 취업은 자녀에게 성취 지향적 모습을 보여 줌으로써 높은 성취 동기를 유발하고 학업 동기를 부여하는 긍정적 자극이 될 수 있는 반면, 고독감과 불안감을 주어 학업 성취를 저하할 수도 있다. 그러나 대부분의 연구에서는 어머니의 취업 여부보다는 어머니의 직업이 전문직인지 단순노동직인지가 더 영향력 있는 변인으로 보인다(허혜경 외, 2011). 전문적 직업을 가진 어머니는 자녀에 대한 높은 교육열을 가지고 있으며, 이러한 태도가 자녀의 인지 발달, 학업 성취도, 사회성 발달과 긍정적인 관계가 있다는 것이다(조복희, 1997). 다시 말해, 어머니의 취업 여부보다 어머니의 학력, 직종, 사회경제적 지위 등의 가정환경이나 취업 선호도, 경력 지향성과 같은 어머니의 직업에 대한 태도 등이 자녀양육에 더 큰 영향을 미친다는 것이다.

취업모의 경우 자녀의 발달과 가정의 역할 수행에 영향을 미치는 요인은 다양하다. 맞벌이가족의 역할 수행에 영향을 미치는 요인을 개인적·관계적·환경적 및 사회적 차원에서 나누어 정리하면 〈표 13-2〉와 같다.

맞벌이가족 여성의 삶의 질은 결혼 만족도와 남편의 가사 참여도에 영향을 받는다. 여성이 가정생활과 직업생활 사이에서 경험하는 역할 긴장을 최소화하기 위해서는 가사노동에 대한 고정관념을 탈피하여야 한다.

아직까지도 가사분담에 있어서 부부간 형평성이 유지되지 않는 현실은 통계청(2015c)에서 20세 이상 기혼남녀를 대상으로 실시한 생활시간조사 결과

〈표 13-2〉 맞벌이가족의 역할 수행에 영향을 미치는 요인

요인	세부 내용
개인적 요인	• 인성(예: 배우자의 지배 욕구, 감정적으로 친밀해지려는 욕구, 자기 분야에서 최고가 되려는 욕구) • 태도와 가치(예: 배우자의 자녀양육에 대한 견해, 남성과 같은 여성의 직업적 성공에 대한 견해) • 관심과 능력(예: 배우자가 직업적인 일과 가족관계에 얼마나 관여하는가? 직업과 직업에 대한 계획에 부부 모두 만족하는가?) • 직업에서의 단계(예: 부부 중 한 사람은 직업적으로 발전하고 있는데 다른 한 사람은 퇴직을 생각하고 있는가?)
관계적 요인	• 평등과 권력(예: 의사결정은 어떻게 이루어지며 그 과정은 공평한가? 가사, 자녀양육, 경제문제에 대한 동의는 어떻게 이루어지고 있는가?) • 배우자의 지지(예: 대부분의 분야에서 서로 지지한다고 생각하는가?) • 가치관과 기대의 공유(예: 남성과 여성의 역할에 대한 견해가 같으며 같은 인생목표를 가지고 있는가?)
환경적 · 사회적 요인	• 직업 상황(예: 직업적 시간은 융통성이 있는가? 성차별의 증거가 있는가? 작업장에서 성희롱을 금지하는 정책이 있는가?) • 고용주의 견해(예: 어떤 종류의 가족정책이 있는가? 고용인에 대한 전반적인 태도는 어떠한가?) • 자녀양육의 편리성과 질(예: 자녀양육을 쉽게 할 수 있는가? 그것은 부모가 원하는 기준과 맞는가?) • 지지체계(예: 친인척은 가까이에 사는가? 가까운 친구나 동료도 맞벌이가족인가? 지역사회는 맞벌이가족 부모의 요구에 부응하는가?)

출처: 이영숙 외(2004). 가족문제와 복지.

를 보면 알 수 있다. 이 결과에 의하면, 여성은 남성에 비해 압도적으로 많은 시간을 가사노동에 할애하고 있었다. 기혼 남성의 가사노동 시간은 1999년부터 2014년까지 15년간 완만하게 증가하여 2014년에는 하루에 38분의 가사노동을 하였다. 여성의 가정관리 시간은 감소 추세이기는 하나 아직도 세 시간이 넘는 시간을 가사노동에 할애하는 것으로 나타났다. 이는 가정 내 가

사 분담의 책임이 아직도 여성에게 집중되어 있음을 시사한다.

맞벌이가족에서 남성의 가사노동 참여를 확대시키기 위해서는 부부간의 효과적인 의사소통과 감정 표현이 필수적이다. 취업 여성의 역할 긴장을 감소시키기 위해서는 여성에게 집중된 가정 내 역할을 부부가 공유하기 위한 의사소통기술과 감정표현기술이 요구된다.

3) 맞벌이가족의 자녀교육 지침

맞벌이가족에서 자녀양육에 필요한 부모역할 지침을 정리하면 〈글상자 13-6〉과 같다(박영애 외, 2005; 정옥분 외, 2008; 허혜경 외, 2011).

이와 같이 맞벌이가족 내에서 부부가 사회적 역할과 부모역할을 동시에 수행하기 위해서는 다양한 어려움이 수반된다. 아직도 우리 사회에서는 자녀양육과 가사노동에 대한 책임이 여성에게 있다고 간주하는 사회적 분위기가 팽배하다. 이러한 사회적 부담으로 인해 맞벌이가족의 여성은 직장 일, 어머니 역할, 아내 역할 등에 대한 역할 부담이 심각하다. 따라서 가정의 삶의 질과 복지 증진을 위해서는 아버지의 양육 참여와 가사 분담, 맞벌이 상황에 대한 인식 개선이 필요하다.

글상자 13-6   **맞벌이가족 자녀를 위한 부모역할 지침**

1. 부모와 자녀를 돌보는 양육자의 양육방식에는 일관성이 있어야 한다. 맞벌이가족에서는 부모가 일하는 동안 자녀를 양육해 주는 사람과 부모가 같은 권위를 가지고 있는 것이 좋다. 또한 자녀를 돌보는 양육자와 부모는 가급적 동일한 양육 기준을 가지고 있는 것이 바람직한데, 그것은 가령 자녀가 동일한 행위로 인해 낮에는 돌보는 양육자에게 칭찬을 받고 저녁에는 부모에게 야단을 맞는다면 가치관의 혼란을 빚기 때문이다. 일관성 없는 양육은 자녀의 가치관 정립과 성격 형성에 부정적인 영향을 주며, 자녀는 지나치게 의존적인 성향을 보일 수 있다.

2. 돌보는 양육자의 권위를 인정하고 존중한다. 부모가 자녀 앞에서 돌보는 양육자의 잘 못을 꾸짖거나 탓하는 행동은 바람직하지 못하다. 왜냐하면 이러한 행위를 목격한 자 녀가 돌보는 양육자에 대한 신뢰감이 상실되어 양육 효과가 감소되기 때문이다.

3. 맞벌이부모는 퇴근 후 짧은 시간이나마 자녀와 하루 일과에 대해 대화하는 시간을 갖 는 등 자녀와 질적으로 의미 있는 시간을 갖도록 노력한다. 자녀와 함께 있는 시간이 어느 정도인가도 중요하나 함께하는 시간을 어떻게 보내는가는 더 중요하다. 물론 자 녀가 2세 이전 영아기에는 시간의 질뿐만 아니라 양도 중요하므로 주말이나 공휴일 에는 가급적 자녀와 함께 시간을 보내는 것이 바람직하다.

4. 아버지의 적극적인 육아 및 가사 참여가 필요하다. 맞벌이부부에게 자녀양육은 어머 니만의 역할이 아니라 부부가 함께 담당해야 하는 역할이다. 그러므로 아버지의 육아 참여와 가사 분담은 아내의 부족한 일손을 돕는 차원이 아니라, 자녀가 육아와 집안일 을 함께하는 아버지를 통해 양성평등한 가정과 바람직한 성역할을 배운다는 교육적 의의가 크다.

5. 부모는 자녀를 과잉보호하거나 지나친 물질적 보상을 하는 것을 지양한다. 많은 맞벌 이부부는 죄책감 때문에 자녀의 요구에 지나치게 수용적인 태도를 취하기 쉽다. 이러 한 관계가 지속되면, 자녀는 부모에게 점점 더 지나친 요구를 하게 되고, 급기야는 응 석받이나 이기적인 자녀로 성장하기 쉽다. 따라서 부모는 자녀의 요구에 대해서 분명 한 한계를 설정할 필요가 있다. 특히 부모는 미안함과 사랑을 자녀에게 물질적·경제 적 차원으로 보상하려고 하는 태도를 지양해야 한다.

6. 자녀에게는 부모의 맞벌이 여부보다는 자녀에 대한 부모의 마음가짐과 양육태도가 중 요하다. 맞벌이부모는 자녀가 부모의 일을 자랑스럽게 여기고 수용하도록 도와주는 것이 중요하다. 이를 위해 부모, 특히 어머니는 자신의 일에 자부심을 갖고 당당하게 성취해 나가는 모습을 보여 주어야 한다.

7. 맞벌이부부의 경우 가사노동과 경제활동으로 인해 양육의 질이 훼손당하는 것보다는 조부모의 지원을 요청하는 것이 보다 적극적인 대안이 될 수 있다. 최근 맞벌이가족의 육아문제나 자녀의 발달을 위해 외형상으로는 핵가족이지만 실제로는 확대가족의 성 격을 띠는 수정확대가족이 점차 증가하고 있다.

출처: 박영애 외(2005). 현대인의 자녀교육; 정옥분 외(2008). 부모교육; 허혜경 외(2011). 현대사회의 가정.

참고문헌

김혜경, 도미향, 문혜숙, 박충선, 손홍숙(2011). 가족복지론. 경기: 공동체.

박명순, 김현경, 이수현(2015). 부모교육. 서울: 학지사.

박성연, 김상희, 김지신, 박응임, 전춘애, 임희수(2003). 자녀와의 진정한 만남을 위한 부모교육. 서울: 교육과학사.

박성연, 김상희, 김지신, 박응임, 전춘애, 임희수(2008). 자녀와의 진정한 만남을 위한 부모교육(개정판). 경기: 교육과학사.

박명순, 김현경, 이수현(2015). 부모교육. 서울: 학지사.

박충선(1991). 맞벌이가족의 출현배경. 가족복지 세미나 자료집, 3-24.

보건복지부(2015). 2015 보건복지통계연보. 세종: 보건복지부.

설동훈, 김윤태, 김현미, 윤홍식, 이해경, 임경택, 정기선, 주영수, 한건수(2005). 국제결혼 이주여성 실태조사 및 보건복지 지원 정책방안. 서울: 보건복지부.

신용주, 김혜수(2011). 대학생을 위한 부모교육. 서울: 학지사.

신용주, 김혜수(2016). 노인복지론. 경기: 공동체.

오영희, 박창옥, 강영식, 김현정(2010). 가족복지. 서울: 동문사.

유효순, 지성애(2004). 부모교육. 서울: 정민사.

윤경자, 김정옥, 현은민(2010). 건강가정론. 경기: 공동체.

이영숙, 박경란, 전귀연(2004). 가족문제와 복지. 서울: 신정.

장혜경, 민가영(2002). 이혼여성의 부모역할 및 자녀양육 지원방안에 관한 연구. 서울: 한국여성개발원.

정옥분(2004). 발달심리학: 전생애 인간발달. 서울: 학지사.

정옥분, 정순화(2008). 부모교육. 서울: 학지사.

조복희(1997). 가정학 연구방법론. 서울: 교문사.

최일, 김병석, 안정희(2010). 다문화교육의 이론과 실제. 서울: 학지사.

최혜순, 이미현(2019). 현대사회의 변화와 함께하는 영유아교육기관 부모교육. 경기: 어가.

통계청(2015a). 2015년 출생통계.

통계청(2015b). 경제활동인구조사.

통계청(2015c). 한국의 사회동향.

허혜경, 김혜수, 박인숙(2011). 현대사회의 가정. 서울: 문음사.

허혜경, 김혜수, 박인숙(2013). 현대 가정의 이해. 서울: 문음사.

황매향, 고홍월(2010). 초등교사를 위한 다문화상담 길잡이. 서울: 학지사.

한국여성민우회, http://www.womenlink.or.kr

찾아보기

내용

저자 소개

✏ 신용주(Shin, Yong-Joo)

이화여자대학교 문학사
미국 Texas A&M University 성인 및 평생교육학 석사/박사
영국 University of Birmingham, School of Public Policy 방문 교수
미국 University of Texas at Austin, School of Social Work 방문 교수
동덕여자대학교 사회과학대학장, 평생교육원장
한국성인교육학회 회장, 한국지역사회교육협의회 이사
서울 송파구 지역사회복지협의체 위원장
현 동덕여자대학교 명예 교수

〈저서〉

『뉴 노멀 시대의 결혼과 가족』(공저, 창지사, 2021), 『평생교육 방법론』(2판, 학지사, 2021), 『평생교육 프로그램 개발론』(학지사, 2017), 『다음 세대를 위한 부모교육』(공저, 학지사, 2017), 『자녀지도와 부모교육』(공저, 형설출판사, 2005) 외 다수

✏ 김혜수(Kim, Hye-Soo)

성신여자대학교 문학사
미국 University of Southern California 교육심리학 석사/박사
한국방송통신대학교 원격교육연구소 연구원
한국정보문화진흥원 선임 연구원
가천대학교 겸임 교수
현 성신여자대학교 외래 교수

〈저서〉

『글로벌 시민교육』(공저, 창지사, 2017), 『현대사회와 가정』(공저, 동문사, 2017), 『청년 심리와 교육』(공저, 학지사, 2015) 외 다수

미래를 여는

부모교육
Parent Education for the Next Generation

2021년 9월 20일 1판 1쇄 발행
2022년 2월 10일 1판 2쇄 발행

지은이 • 신용주 · 김혜수
펴낸이 • 김진환
펴낸곳 • ㈜ **학지사**

04031 서울특별시 마포구 양화로 15길 20 마인드월드빌딩
대표전화 • 02)330-5114   팩스 • 02)324-2345
등록번호 • 제313-2006-000265호

홈페이지 • http://www.hakjisa.co.kr
페이스북 • https://www.facebook.com/hakjisa

ISBN 978-89-997-2496-1 93370

정가 21,000원

저자와의 협약으로 인지는 생략합니다.
파본은 구입처에서 교환해 드립니다.

이 책을 무단으로 전재하거나 복제할 경우 저작권법에 따라 처벌을 받게 됩니다.

출판 · 교육 · 미디어기업 **학지사**

간호보건의학출판 **학지사메디컬** www.hakjisamd.co.kr
심리검사연구소 **인싸이트** www.inpsyt.co.kr
학술논문서비스 **뉴논문** www.newnonmun.com
교육연수원 **카운피아** www.counpia.com